Lichter, Neßhöver, Slodczyk
Wunder, Pleiten und Visionen

Jörg Lichter · Christoph Neßhöver
Katharina Slodczyk (Hg.)

WUNDER, PLEITEN UND VISIONEN

Ein Streifzug durch 60 Jahre
deutsche Wirtschaftsgeschichte

Econ

Econ ist ein Verlag der Ullstein Buchverlage GmbH

ISBN 978-3-430-20036-3

© Ullstein Buchverlage GmbH, Berlin 2007
Alle Rechte vorbehalten
Umschlaggestaltung: Etwas Neues entsteht, Berlin
Umschlagmotiv: Ullstein Bild (Care-Pakete, Streik Rheinhausen), SV-Bilderdienst
(Währungsreform, VW-Käfer), akg-images (Ludwig Erhard)
Autorenfoto Umschlagklappe: © privat (Lichter), Handelsblatt (Neßhöver, Slodczyk)
Gesetzt aus der Janson bei LVD GmbH, Berlin
Druck und Bindung: Bercker, Kevelaer
Printed in Germany

Inhalt

Vorwort 9

1945	Rowohlt – Rotation und Romane	11
1946	Care-Pakete – Geschenke des Himmels	17
1947	Marshallplan – Kalkulierte Hilfe	23
1948	D-Mark – Der Tag X	29
1949	Tarifvertragsgesetz – Das Gesetz der Gesetze	35
1950	Lebensmittelmarken – Ende der Schein-Wirtschaft	40
1951	Bayer – Geld, Girls und Gerstensaft	46
1952	Sowjetische AGs – Die Milliarden-Hypothek	52
1953	Londoner Schuldenabkommen – Abs' Meisterstück	58
1954	Adidas – Die Schuhe von Bern	64
1955	Porsche – Luxus aus Blech	70
1956	TV-Werbung – Da weiß man, was man hat	75
1957	Römische Verträge – Die Überstundenkrise	81
1958	Bergbau – Der Anfang vom Ende	88
1959	BMW – Drei Männer und die Knutschkugel	94
1960	Kernkraft – Zerlegt und klein geschreddert	100
1961	Pille – Praktisch wie eine Aspirin	106
1962	Arbeitslosenversicherung – Wie im Schlaraffenland	112
1963	Erhard – Der qualmende Engel	119
1964	Gastarbeiter – Von Muskeln und Menschen	125
1965	Farbfernsehen – Hopsende Soße	131
1966	Siemens – Unter Hochspannung	137
1967	Stabilitätsgesetz – Kurzer Flirt mit Keynes	144
1968	Mehrwertsteuer – Geburt eines Goldesels	150
1969	Planwirtschaft – Vorwärts per »Retrognose«	156
1970	Borgward – Blitzkarren und Leukoplastbomber	162

INHALT

1971	Bretton Woods – Angriff auf Fort Knox	*169*
1972	SAP – Langsam, aber gewaltig	*174*
1973	Ölkrise – Die fetten Jahre sind vorbei	*179*
1974	ÖTV-Streik – Mit Maultaschen und Butterbrezeln	*185*
1975	Vollbeschäftigung – Vergangen und vorbei	*191*
1976	Schleyer – Der die RAF besiegte	*197*
1977	Quelle – »Wollen! Wägen! Wagen!«	*203*
1978	VW-Käfer – Sterben, um zu leben	*209*
1979	Taz – Ewiger Konkursbetrieb	*213*
1980	BTX – Abschied von Stern und Raute	*219*
1981	RGW – »Gewagt und verloren«	*225*
1982	Milliardenkredite – Hilfe für die DDR	*231*
1983	Zündholzmonopol – Feuer und Flamme	*237*
1984	E-Mail – »Dann machte es ›Bing‹«	*242*
1985	Daimler – Integriert und implodiert	*247*
1986	Neue Heimat – »Berliner Backwahn«	*253*
1987	Herstatt – Raumstation Orion brennt	*259*
1988	DDR-Chip – »Mit den Krümeln vom Kuchen«	*265*
1989	Herrhausen – Banker unter lauter Bankiers	*271*
1990	Nixdorf – Tödlicher Kulturschock	*277*
1991	Euro – Diktat der Deutschen	*283*
1992	Expo – Zu hoch geschraubt	*290*
1993	Rheinhausen – »Doch platt gewalzt«	*297*
1994	Treuhand – Ein Ding der Unmöglichkeit	*303*
1995	MP3 – Eine deutsche Erfindung	*309*
1996	Telekom – »T« wie Trecker	*316*
1997	Neuer Markt – Die Gier der Glücksritter	*322*
1998	Münchener Rück – Hausgemachtes Erdbeben	*327*
1999	Hoechst – Die Rotfabrik	*333*
2000	Dax – 30 auf einen Streich	*339*
2001	Mercedes – Kratzer im Lack	*345*

INHALT

2002	Pay-TV – Pleite oder Monopol	*351*
2003	Agenda 2010 – Baustelle Hartz IV	*357*
2004	Salamander – Lurchis Abenteuer	*363*
2005	Lufthansa – Wundervogel mit Faktor zwei	*369*
2006	Mannesmann – Die Engländer kommen	*375*

Zeittafel *381*
Danksagung *422*

Anhang *422*
    Personenregister *422*
    Institutionen- und Firmenregister *427*
    Abbildungsverzeichnis *431*

Vorwort

Nichts kann spannender sein als sechs Jahrzehnte Wirtschaftsgeschichte – wenn man sie nicht mit trockenen Statistiken beschreibt, sondern als Sternstunden der damaligen Zeitgenossen erzählt. 1946 spucken die Rotationsmaschinen die ersten Rororo-Romane aus. 1954 wird die deutsche Nationalmannschaft in Adidas-Schuhen Fußballweltmeister. 1961 bringt Schering die Pille auf den Markt. 1969 beschließt das SED-Politbüro der DDR, schon bald das Wohlstandsniveau der Bundesrepublik zu übertreffen. 1975 steigt die Zahl der Arbeitslosen in Deutschland zum ersten Mal auf über eine Million. 1978 läuft der letzte Käfer in Wolfsburg vom Band. Und wer erinnert sich noch daran, dass es bis 1983 ein staatliches Monopol für Zündhölzer gab?

Das vorliegende Buch erzählt die deutsche Wirtschaftsgeschichte nicht aus der volkswirtschaftlichen Vogelperspektive, sondern aus der Sicht derer, die dabei waren. Handelsblatt-Reporter suchten ein ganzes Jahr lang nach Zeitzeugen und sprachen mit Managern, Ministern, Bankiers, Betriebsräten oder einfach nur mit Leuten, die »damals« zufällig dabei waren – zum Beispiel, als 1956 der erste Werbespot im Fernsehen zu sehen war. Oder als 1966 die Siemens AG entstand. Oder als 1997 der Neue Markt sein Debüt an der Frankfurter Börse gab. Jede dieser Episoden spricht für sich. Jede einzelne Geschichte präsentiert ein spannendes Stück Wirtschafts- und Gesellschaftsgeschichte.

Aus der Summe unternehmerischer Entscheidungen entsteht in der Gesamtperspektive ein einzigartiges Bild der deutschen Volkswirtschaft. Sechs Jahrzehnte Wirtschaftsgeschichte nach dem Ende des Zweiten Weltkriegs – das waren sechs Dekaden großer Männer und Frauen, die etwas bewegt haben. Sicherlich: Manche Vision endete nicht mit einem kleinen persönlichen Wirtschaftswunder, sondern mit Pleiten und Niederlagen. Zur deutschen Wirtschaftsgeschichte gehören auch das Ende des Autokonzerns Borgward Ende der sechziger Jahre, die Pleite der Herstatt-Bank in den siebziger Jahren oder der letzte Hochofen, der 1993 in Rheinhausen erlosch.

Wer nicht wagt, der nicht gewinnt. Diese Maxime war vor allem in

VORWORT

den ersten Jahrzehnten der deutschen Wirtschaftsgeschichte das Credo der Aufbaugeneration. Diese Pioniere der Industrie prägten die Wirtschaft viel stärker, als wir es heute im Zeitalter der angestellten Manager, Jobhopper und anonymen Aktiengesellschaften noch wahrhaben wollen.

Die Wirtschaftsgeschichte wird nicht hauptsächlich von Konjunkturzyklen und langfristigen Trends bestimmt, sondern entsteht aus der Summe vieler einzelner Unternehmensentscheidungen. Während Politiker nur den Rahmen für die Wirtschaft setzen können, sind letztendlich die einzelnen Unternehmer die »Macher«, die die Wirtschaftsgeschichte schreiben. Daran kann dieses Buch ein Stück weit erinnern und zugleich auch einige Lehren für die Gegenwart und die Zukunft vermitteln.

Wir reden heute viel über die Globalisierung und die »schöpferische Zerstörung« alter Business-Modelle durch das Internet. Viele in Deutschland reagieren ängstlich auf diese Herausforderungen. Wer die deutsche Wirtschaftsgeschichte genauer betrachtet, der wird überrascht feststellen: Erste Wellen der Globalisierung rollen schon in den fünfziger Jahren über Deutschland hinweg. Und die schöpferische Zerstörung im Sinne des Ökonomen Joseph Schumpeter veränderte das Land in den sechziger und siebziger Jahren nicht minder tiefgehend als heute. Viele Champions von heute, beispielsweise BMW, standen in den fünfziger Jahren am Rande des Abgrunds. Sie mussten sich neu erfinden, um überleben zu können. Auch daran erinnert dieses Buch.

Bernd Ziesemer
Chefredakteur »Handelsblatt«

1945

Rowohlt – Rotation und Romane

Im November 1945 erhält Rowohlt eine neue Lizenz. Der findige Verlag bringt Weltliteratur nach Deutschland, die sich jeder leisten kann, und symbolisiert so den Erfolg der deutschen Verlagsindustrie.

»Sehen Sie mal, wie stabil die sind«, ruft der Verleger und hopst auf dem Buch herum. »Die können draußen im Garten liegen bleiben, da kann es draufregnen, und die können Sie dann morgen weiterlesen.« Heinrich Maria Ledig-Rowohlt führt das erste Muster eines Taschenbuchs vor. Doch sein Gegenüber, ein Stuttgarter Bankier, hält nichts von der absonderlichen Idee. Bücher im Hosentaschenformat, geleimt

Verleger Heinrich Maria Ledig-Rowohlt mit Büchern aus dem Rowohlt-Verlag

1945

und ohne festen Einband? Stattdessen gibt er mehrere Millionen Mark »einem schwäbischen Kerl, der Radios in Vasen einbaute und sich davon goldene Berge versprach«, erinnert sich Ledig-Rowohlt später. »Die Firma ging dann Pleite, und der Banker erschoss sich.«

Heinrich Maria Ledig-Rowohlt findet einen anderen Geldgeber und bringt als erster Verleger das Taschenbuch auf den deutschen Markt. Heute zählt Rowohlt zu den bedeutendsten literarischen Verlagen Deutschlands. Mit einer amerikanischen Lizenz beginnt am 9. November 1945 das zweite Leben von Rowohlt. Zugleich markiert das Datum den Aufbruch der gesamten westdeutschen Buchindustrie aus der geistigen Armut der Nazi-Zeit. Und der Tag steht auch für unternehmerischen Erfolg. Vergangenes Jahr erwirtschaftete die Buchbranche hierzulande einen Umsatz von mehr als neun Milliarden Euro.

Rowohlt – das ist zuerst eine Geschichte von Vater und Sohn. Der Alte, Ernst Rowohlt, gründet den Verlag 1908 und gehört schon in den zwanziger Jahren zu den schillerndsten Figuren der Literaturszene. Heinrich Maria ist sein Sohn – was der Vater lange verschweigt, denn Heinrich ist das uneheliche Kind aus einer Liaison mit der Schauspielerin Maria Ledig. Der Alte stellt den Sohn zwar im Verlag an, bleibt aber beim »Sie«. Nur im Vertrauen erzählt Ernst Rowohlt manchem Autor, dass Heinrich sein Sohn ist.

Dann kommen die Nazis. Ernst Rowohlt erhält Berufsverbot, die Hälfte der Bücher aus dem Programm seines Verlags wird beschlagnahmt oder verbrannt. Rowohlt emigriert nach Brasilien, kehrt aber 1940 nach Deutschland zurück und wird zum Militärdienst eingezogen. In Abwesenheit des Vaters leitet Heinrich Maria den Verlag. Er führt die Geschäfte bis zum Jahr 1943, ehe auch er Soldat wird und die braunen Machthaber den Verlag schließen.

Kaum ist die Nazi-Herrschaft zu Ende, macht sich Heinrich Maria Ledig-Rowohlt auf. Zu Fuß wandert er von Heilbronn bis nach Stuttgart, ein Fünfpfundbrot im Gepäck, um bei der US-Militärverwaltung eine Drucklizenz zu ergattern. Da er als politisch unbelastet gilt und hervorragend Englisch spricht, hält er am 9. November 1945 die erhoffte Lizenz in Händen. Verlagssitz wird Stuttgart.

Der alte Rowohlt sitzt derweil entmutigt in einer Hamburger Mansardenwohnung. Er hat die Kontakte zu Autoren und Geldgebern, aber

1945

keine Lizenz, weil den Alliierten seine Rückkehr nach Nazi-Deutschland verdächtig vorkommt. Um wieder ins Geschäft zu kommen, reist der Alte nach Stuttgart, nennt den Junior »Goldsöhnchen« und bietet ihm das Du an. Sie tun sich zusammen.

Aber: »Kaum lief die Sache, hat mein Vater sie in Hamburg einfach übernommen«, erinnert sich Ledig-Rowohlt. Einmal schickt der Sohn ein Telegramm an den Vater, in dem er gegen die Bevormundung protestiert. Die Antwort: »Ich glaube, bei dir piept's.«

Wie alle Verlage kämpft auch Rowohlt anfangs mit dem Mangel an Papier. Die Lösung, schreibt Walther Kiaulehn in »Mein Freund, der Verleger«, weiß wieder der Sohn. Nach der Devise »Möglichst viele Buchstaben auf möglichst wenig Papier für möglichst wenig Geld« schlägt Heinrich Maria Ledig-Rowohlt vor, Romane wie Zeitungen auf der Rotationsmaschine zu drucken. Romane von sonst 300 Seiten passen so auf dreißig Zeitungsseiten im Format 28 mal 38 Zentimeter. »Du bist wahnsinnig! Weißt du, wie teuer der Maschinensatz ist?« sagt der Vater. »Die Satzkosten bedeuten gar nichts, wenn du 100 000 druckst«, antwortet der Sohn.

Ernst Rowohlt ist verblüfft. Vor dem Krieg hatten Romane nie mehr als eine Auflage von 5000 Exemplaren. »Wie würdest du denn diese Romane aus der Rotationsmaschine nennen?« fragt er den Sohn. »Wie wäre es denn mit ›Rowohlts Rotations-Romane‹? Es ließe sich abkürzen als ›RoRoRo‹.« Der alte Rowohlt ist begeistert: »Der Name ist ausgezeichnet, gerade weil er das Technische betont und etwas Anreißerisches und Marktschreierisches hat!«

Im Dezember 1946 erscheinen die ersten RoRoRo in einer Auflage von jeweils 100 000 Stück, darunter »In einem andern Land« von Ernest Hemingway und »Schloss Gripsholm« von Kurt Tucholsky. Jeder kostet 50 Pfennig – in einer Zeit, in der eine Zigarette auf dem Schwarzmarkt zwischen vier und acht Mark wert ist.

Von jedem Autor bringt Rowohlt nur ein Werk heraus: Die Leser sollen möglichst viele Schriftsteller kennenlernen. Mit Rowohlt entdecken die Deutschen die Literatur, die zwischen 1933 und 1945 verboten und verbrannt worden war. Drei Millionen Stück verkauft Rowohlt von den ersten 25 RoRoRo-Büchern.

Mit der Währungsreform 1948 beginnt jedoch das Ende der Rota-

1945

tionsromane. Die Ansprüche der Käufer steigen, sie wollen keine Notlösungen mehr. Gerade noch rechtzeitig kommt Ledig-Rowohlt mit seinen Taschenbüchern. Diese Art der Massenproduktion von Büchern hat er 1949 bei einer Reise nach New York kennengelernt. Die Herstellungskosten liegen um ein Drittel niedriger als bei einem herkömmlichen Buch.

Außerdem hat Vater Rowohlt eine weitere Einnahmequelle aufgetan. Er lässt in jedem Buch einige Seiten mit Werbung für Zigaretten platzieren – oft in geschickter Anspielung auf die Handlung. Kritik an dieser Form der kommerziellen Nutzung von Literatur lässt den Verleger kalt: »Die besten Zeitschriften der Welt verkaufen einen Teil ihrer Seiten an Inserenten, warum macht man das nicht auch mit Büchern?«

Im Sommer 1950 erscheinen vier Rowohlt-Taschenbücher in einer Auflage von jeweils 50 000 Exemplaren: »Kleiner Mann – was nun?« von Hans Fallada, »Abgrund des Lebens« von Graham Greene, »Das Dschungelbuch« von Rudyard Kipling und wiederum Tucholskys »Schloss Gripsholm«. Bis Oktober folgen acht weitere Bände. Von den Rotationsromanen ist allein der eingängige Titel geblieben: »Rororo« wird in der jungen Bundesrepublik zum Synonym für Taschenbücher schlechthin.

Bald macht sich Rowohlt auf die Suche nach neuen, jungen Schriftstellern – und manchmal spielt dabei auch sehr Menschliches eine Rolle. In seiner Biographie über Ernst Rowohlt schildert Paul Mayer folgende Szene: Kurt W. Marek, der Cheflektor des Verlags, erzählt Ernst Rowohlt von zwei vielversprechenden Autoren. »Ich kann nur einen bringen«, sagt Rowohlt. Aber er schaue sich beide an. Wenig später sagt Rowohlt zu Marek: »Ich habe mich über den einen erkundigt, ich glaube, den nehmen wir!« – »Wieso?« – »Sein Vater hat was mit Kaffee und Schnaps zu tun.« Eine Verabredung für den folgenden Abend sei abgemacht. »Da gibt's Schnaps«, sagt Rowohlt.

Es gibt keinen Schnaps. Stattdessen verbringen Rowohlt und Marek ernüchternde Stunden mit dem Autor. Auf dem Heimweg sagt Rowohlt zu Marek: »Sie haben doch gesagt, die beiden sind gleich gut, nicht?« – »Ja.« – »Wissen Sie was? Wir nehmen den anderen!«

Der andere hieß Jens, Walter Jens. 1950 bringt Rowohlt dessen erstes großes Buch »Nein – Die Welt der Angeklagten« heraus. Cheflektor

ROWOHLT – ROTATION UND ROMANE

1945

Marek landet zur gleichen Zeit mit dem Archäologie-Roman »Götter, Gräber und Gelehrte«, veröffentlicht unter dem Pseudonym C. W. Ceram, einen der größten Erfolge des Verlags. Sein Buch wird in 28 Sprachen übersetzt. An großen Autoren mangelt es dem Rowohlt-Verlag nie: Paul Auster, Ernest Hemingway und John Updike für die amerikanische Literatur, Albert Camus und Jean-Paul Sartre für die französische oder Kurt Tucholsky, Friedrich Christian Delius und heute Jungstar Daniel Kehlmann für die deutschsprachige.

Es ist Donnerstag, der 7. Oktober 2004. In Frankfurt läuft die Buchmesse. Mittags gibt die Schwedische Akademie der Wissenschaften bekannt, dass Elfriede Jelinek den Literaturnobelpreis erhält. Jelinek gehört zu den renommierten Autoren von Rowohlt. Minuten nachdem die Information über die Sender läuft, stürmen Reporter, Fotografen und Fernsehteams den Verlagsstand. Sprachengewirr, Spanisch, Englisch, Französisch, Durcheinander, Chaos.

»Wir liegen uns nicht in den Armen und lassen die Sektkorken knallen, sondern schauen zuerst: Wie viele Bücher können wir liefern, und wie viele müssen wir nachdrucken«, sagt Helmut Dähne, der als Geschäftsführer mit Verleger Alexander Fest heute den Rowohlt-Verlag leitet. »Ein Buchverlag ist zuallererst ein Wirtschaftsunternehmen«, sagt Dähne.

Mit knapp 70 Millionen Euro Umsatz im Jahr liegt Rowohlt nach Angaben der Fachzeitschrift »Buchreport« auf Rang 21 von insgesamt rund 3000 Verlagen in Deutschland. Finanzprobleme, die dem Traditionsverlag vor einigen Jahren zu schaffen machten, sind überwunden, auch wenn dies einen Preis hatte: Ein Drittel der Stellen wurde abgebaut, die Anzahl der Titel im Programm reduziert. Heute arbeiten 140 Mitarbeiter für den Verlag aus Reinbek bei Hamburg. An jedem Arbeitstag bringen sie zweieinhalb neue Bücher heraus – das macht rund 500 Taschenbücher und 100 Hardcover-Bände im Jahr. Rowohlt gehört zur Stuttgarter Verlagsgruppe Georg von Holtzbrinck, zu der neben weiteren Verlagen wie S. Fischer und Kiepenheuer & Witsch auch Zeitungen wie »Die Zeit« und das »Handelsblatt« gehören.

»Für die meisten Menschen haben Buchverlage etwas Verschlafenes«, sagt Rowohlt-Geschäftsführer Helmut Dähne. »Man stellt sich dort gemütliche Menschen mit Manchesterjacke und Pfeife vor. Ein

1945 Dichter kommt herein mit zerfleddertem Manuskript, trifft sich mit dem Lektor, und dann sitzen die beiden mit roten Wangen über dem Manuskript und setzen Kommas.« Dähne sitzt in einem Raum mit weißen, fast kahlen Wänden. Auf dem weißen Schreibtisch steht wenig mehr als ein Telefon und ein Notebook.

Doch auch wenn sich Rowohlt wie die anderen deutschen Literaturverlage in sechzig Jahren verändert hat: »Es gibt Bücher, für die gilt: Egal, ob sie Verlust bringen, wir machen die«, sagt Helmut Dähne. »Ein Band mit zeitgenössischen Gedichten wird zum Beispiel oft nur einige hundert Mal verkauft. Das ist eine Größenordnung, die sich billiger im Kloster abschreiben als in einer Maschine drucken lässt.« Doch nur so lasse sich der literarische Anspruch betonen: »Wir wollen etwas bewegen, Denkanstöße liefern, das können Sie nicht, wenn Sie Schrauben herstellen.«

Der alte Rowohlt hätte es nicht besser sagen können.

Jörg Hackhausen

1946

Care-Pakete – Geschenke des Himmels

Erst haben sie die Deutschen besiegt, dann eilen sie ihnen zu Hilfe: Im Februar 1946 entscheiden die Amerikaner, ihre notleidenden Feinde von einst wieder aufzupäppeln – und schicken Care-Pakete.

Die ersten Nylonstrümpfe. Daran erinnert sie sich noch ganz genau. Das Gesicht hellt sich auf, scheint sich zu verjüngen, wenn die Bilder von damals zurückkommen. Eine Hand voll Glück in schwerer Zeit – es steckte in einem hellbraunen Pappkarton, auf dem in schwarzen Großbuchstaben »CARE« stand und darunter »U.S.A.«. Darin lag ein Zettel mit den Worten »gepackt für Familie Gause«. Die Strümpfe waren durchsichtig, hellbeige und, wie sie sagt, »ziemlich grob gestrickt«.

Verteilung von Care-Paketen an die Bevölkerung

CARE-PAKETE – GESCHENKE DES HIMMELS

1946

15 Jahre war meine Mutter damals alt, im Sommer 1947. Heute ist sie 74. Es gibt keine Fotos von ihr aus dieser Zeit, aber es gibt die Bilder in ihrem Kopf, und die sind farbig. »Ich trug lange braunrote Zöpfe bis zum Po«, erzählt sie, und dann, dass sie mit den Strümpfen »die Sensation im Dorf« war. Damals sah sie auch erstmals Menschen mit dunkler Haut, amerikanische Soldaten. Nett waren die. Aber ein bisschen gefürchtet hat sie sich doch.

Was sonst noch in dem Paket war? Kaffee, sagt meine Mutter, Margarine und dann natürlich Zigaretten, das beliebte Tauschmittel. Aber wirklich erinnern kann sie sich vor allem an die Strümpfe. Nylon, und der graue Alltag bekam Farbe – auch wenn es nur ein blasses Beige war.

Wie meiner Mutter erging es vielen Deutschen kurz nach dem Zweiten Weltkrieg. Zu verdanken hatten sie es 22 amerikanischen Wohlfahrtsverbänden und Harry S. Truman, dem US-Präsidenten. Am 27. November 1945 gründen die Verbände die Hilfsorganisation »Cooperative for American Remittances to Europe« – kurz Care. Ende Februar 1946 genehmigt Truman die ersten Paketlieferungen mit Lebensmitteln und Kleidern für das hungernde Europa.

Es wird eine der größten Solidaritätsaktionen aller Zeiten: Fast zehn Millionen braune Kartons erreichen bis 1960 allein deutschen Boden. Sie werden weltberühmt – als »Care-Pakete«. »Noch heute können viele von uns das Wort ›Care‹ nicht hören, ohne tief bewegt zu sein«, erinnert sich der frühere Bundespräsident Roman Herzog.

Es ist eine Geschichte, aus Trümmern geboren. Und sie legt zugleich die Wurzeln frei, das Fundament der bisweilen strapazierten, aber bis heute ungebrochenen deutsch-amerikanischen Freundschaft. Ende 1945 liegt Europa am Boden. Der Zweite Weltkrieg ist zu Ende, die Deutschen sind besiegt, in den Ruinen der Städte leben Menschen ohne Obdach, Kleidung und Medikamente. Noch immer sterben viele an Unterernährung. In den USA kursieren zunehmend Berichte über das Elend in Europa. Entsetzt lesen die Amerikaner von Menschen, die täglich nicht mehr als 800 Kalorien zum Überleben haben.

Meine Mutter ist eine von ihnen. Nach der späten Flucht aus Königsberg 1944 ist sie in Pfaffendorf gelandet, einem kleinen Ort in Bayern. Zusammen mit ihrem Vater, der querschnittsgelähmten Mutter und dem zweijährigen Bruder wohnt sie in zwei kleinen, unbeheiz-

CARE-PAKETE – GESCHENKE DES HIMMELS

1946

ten Kammern auf einem Bauernhof. Sie muss für alle sorgen, auch für den Vater, den letzten Direktor des Stadtgeschichtlichen Museums von Königsberg. Erst spät ist er aus polnischer Gefangenschaft heimgekehrt. Doch in dem bayerischen Dorf ist die Not kaum geringer. »Ich habe das Butterbrotpapier ausgekocht«, erzählt meine Mutter. »Damit wenigstens ein paar Fettaugen auf der Suppe schwammen.«

Der Krieg hat die Menschen in Europa ausgezehrt. Ihr Glück im Unglück ist, dass in den USA viele Immigranten leben, die noch Verwandte und Freunde in Europa haben. Das Päckchen für meine Mutter kommt vermutlich von einem Freund ihres Vaters, der früh in die USA auswanderte. Sicher ist sich die Familie über die Identität des Wohltäters aber nicht: »Wir konnten nur rätseln.«

Unvergessen bleibt vielen Deutschen dagegen der Name Lincoln Clark. Nach den Horrormeldungen aus Europa berät Amerika über Möglichkeiten, den verhungernden Menschen zu helfen. Ein Vorschlag von vielen: Alle Amerikaner sollen eine Mahlzeit pro Woche auslassen und für Europa aufsparen. Nur: Wie sollte das vom Mund abgesparte Essen zu den Notleidenden gelangen? Lincoln Clark aus New York, der bereits seit längerem für verschiedene Hilfsorganisationen arbeitet, hat schließlich die zündende Idee. Er rät, Pakete zu schicken – ein Plan, der schon nach dem Ersten Weltkrieg diskutiert wurde. Bei den Wohlfahrtsverbänden rennt Clark damit offene Türen ein. Sie gründen den Dachverband »Care« und beginnen mit dem Versuch einer systematischen Organisation. Kein leichtes Unterfangen.

Peter Molt weiß das besser als viele andere. Er ist ein feiner älterer Herr mit einer Menge Erinnerungen und noch mehr Wissen. Lange war er Vize-Chef von Care Deutschland, bis heute sitzt er im Vorstand. »In Amerika waren keineswegs alle Bürger dafür, uns wieder aufzupäppeln«, schwäbelt er. »Für die Soldaten in Deutschland galt zeitweise sogar ein Fraternisierungsverbot. Die durften nicht mit uns reden.« Doch US-Präsident Truman bricht den Bann, indem er die Care-Aktion öffentlich unterstützt. Für 15 Dollar können die Amerikaner Patenschaften für eines der Pakete übernehmen – Truman persönlich finanziert mit 1500 Dollar die ersten hundert Lieferungen. Prominente machen unterdessen Werbung für Care. Neben Ingrid Bergman und dem Entertainer Bob Hope auch Marlene Dietrich.

CARE-PAKETE – GESCHENKE DES HIMMELS

1946 Zunächst werden die Lager der Armee ausgeräumt, in denen noch rund 2,8 Millionen Verpflegungspäckchen für die geplante Invasion in Japan auf Halde liegen. Später dann stellt Care eigene Proviantkisten zusammen. Am 11. Mai 1946 ist es so weit: Die ersten Pakete erreichen Le Havre in Frankreich. Nur wenige Wochen später, am 15. Juli, landet auch eine Großlieferung in Deutschland. In Bremen macht der US-Frachter »American Ranger« fest – mit 35 700 Paketen an Bord.

Die ersten Kartons, diejenigen aus Armeebeständen, enthalten noch die »Ten-in-One«-Rationen. Der Inhalt sollte zehn Soldaten jeweils eine Mahlzeit sichern. Fleisch, Cornflakes, Zucker und Butter gehören ebenso zum Proviant wie Kaffee und Zigaretten. Die von Care gepackten Kisten sind mehr auf die zivile Gesellschaft zugeschnitten. Mehr Fleisch, mehr Fett. Nährwert: etwa 40 000 Kalorien.

»Die Amerikaner hatten die Wahl«, erzählt Molt, »entweder ein anonymes Standardpäckchen schicken oder es gezielt zusammenstellen für einen bestimmten Empfänger.« So kommen auch Mäntel nach Deutschland, Schuhe und – zur Freude nicht nur der Frauen – Nylonstrümpfe. Wie hoch die Pakete im Kurs stehen, zeigt nicht zuletzt ihr Tauschwert. Als eine Frau aus Frankreich in einer Heiratsanzeige ein Care-Paket für einen Ehemann bietet, erhält sie 2437 Zuschriften – eine von vielen Anekdoten, die man bei Care gesammelt hat.

Aber wie lief die Verteilung in Deutschland? Wie fanden die Pakete überhaupt ihren Empfänger? »Das war wie ein Wunder«, sagt Peter Molt. Ein Wunder, für das es aber eine Erklärung gibt – die Bürokratiesucht der Deutschen. »Die Verwaltung, insbesondere die Kommunalverwaltung«, berichtet Molt, »funktionierte sofort wieder.« Damit wurden die Aufenthaltsorte der Menschen bestimmbar. Die Päckchen gingen zunächst an die deutschen Wohlfahrtsverbände wie etwa die Caritas. Die machten dann den Empfänger ausfindig. So kam auch Molts Familie zu ihrem Paket, eine Tante aus Utah hatte gespendet. Woran er sich als Erstes erinnert? Ein Lächeln: »Blockschokolade von Hershey's«.

Die liegt zuhauf auch in Paketen, die ab 1948 auf ungewöhnlichem Weg Berlin erreichen. Am 24. Juni 1948, kurz nach der Währungsreform, versucht die Sowjetunion, Berlin unter ihre alleinige Kontrolle zu bekommen – und sperrt alle Zufahrtswege in die Stadt. Es droht eine

20

CARE-PAKETE – GESCHENKE DES HIMMELS

1946

neue Hungersnot. Da kommt Hilfe aus der Luft – und sie bringt Care-Pakete mit. General Lucius D. Clay, der Militärgouverneur der amerikanischen Besatzungszone, richtet eine Luftbrücke ein. Sein Motto: »Jetzt erst recht«. Mehr als ein Jahr lang fliegen die Maschinen vom Typ C-54 Skymaster, die schnell den Spitznamen »Rosinenbomber« erhalten, nach Berlin und bringen lebenswichtige Güter im Minutentakt – »Geschenke des Himmels«, 1000 Pakete pro Tag. Auch nach Aufhebung der Blockade durch die Russen am 12. Mai 1949 fliegen die Bomber weiter. Bis Ende 1949 haben fünf Millionen Päckchen deutschen Boden erreicht. Die Arbeit von Care aber geht mit der Luftbrücke nicht zu Ende. Im Gegenteil: Die Organisation weitet sich aus und benennt sich zweimal um. 1994 wird aus »American« schließlich schlicht »Assistance« – Hilfe.

Was die Deutschen dieser Hilfe letztlich zu verdanken haben, ist nicht zu ermessen. Die Dimension lässt sich jedoch erahnen, als am 30. Juni 1960 erstmals eine Statistik erstellt wird. Bis zu diesem Zeitpunkt sind 9 534 822 Pakete in Westdeutschland und Berlin verteilt worden, rund 82 000 gingen in die Sowjetische Besatzungszone. Der Wert der Hilfe betrug damals über 362 Millionen D-Mark.

Dass die sowjetisch besetzten Gebiete so viel weniger Pakete erhielten, ist auf den zu dieser Zeit beginnenden Kalten Krieg zurückzuführen. Viele Care-Mitarbeiter waren Soldaten, teilweise Bedienstete des US-Geheimdienstes. Das war den Russen nicht ganz geheuer. Und unbestritten war die Hilfe der USA auch Kalkül. Nur ein zu Kräften gekommenes Westdeutschland würde sich auf Dauer selbst helfen können – und ein Bollwerk gegen den Ostblock sein.

Heute ist Care eine der größten Hilfsorganisationen der Welt. Pakete werden aber nur noch in Ausnahmefällen geschnürt. Meist bietet Care Hilfe zur Selbsthilfe an – etwa Projekte zum Aufbau eigener Schulsysteme oder Handwerkszentren. Die neuen Krisengebiete liegen in Lateinamerika, Afrika oder Asien.

Dort sind auch keine Nylonstrümpfe mehr gefragt – ganz im Gegensatz zu damals. Ob meine Mutter wusste, dass 1946 sogar ein eigenes Gewerbe entstand? Die »Laufmaschenaufnehmerinnen« saßen meist von morgens bis abends in Schaufenstern und besserten unermüdlich die kostbaren Beinkleider aus. Die Bezahlung erfolgte nach Erfolgs-

CARE-PAKETE – GESCHENKE DES HIMMELS

1946

prinzip – pro aufgenommener Masche gab es ein paar Pfennige. »Natürlich«, sagt meine Mutter und lacht. »Das war eine Wahnsinnsarbeit.« Für sie kam diese neue Dienstleistung aber zu spät. Als sich die ersten Aufnehmerinnen etablierten, waren die Nylonstrümpfe meiner Mutter aus Amerika schon dahin. Nach einem Theaterbesuch mit ihrem Vater blieb sie an einem Sessel hängen, die Strümpfe zerrissen. »Aber ich habe sie danach noch viele Jahre lang aufbewahrt – in einem braunen Karton.«

Jan Keuchel

1947

Marshallplan – Kalkulierte Hilfe

Obwohl er Ludwig Erhard nicht gefiel: Der Aufbauplan, den US-Außenminister George Marshall im Juni 1947 ersinnt, ist ein Geniestreich – auch wenn er manchmal etwas zu viel des Guten bringt.

Zornig und verärgert ist George Catlett Marshall, als er am 28. April 1947 sein Büro im State Department zu Washington betritt. Seit ein paar Monaten erst ist er US-Außenminister. Aber wie kaum ein anderer kennt der Ex-General den europäischen Kriegsschauplatz. Zwei Jahre ist es gerade her, da hatte Großbritanniens Premierminister Winston Churchill den 66-Jährigen noch als den »wahren Urheber des

Plakat zum European Recovery Program (ERP), auch Marshallplan genannt, der vom Bundestag am 26. Januar 1951 ratifiziert wurde

MARSHALLPLAN – KALKULIERTE HILFE

1947

Sieges« über die Nazis gepriesen. Doch nun laufen die USA Gefahr, diesen Sieg zu verspielen, befürchtet George Marshall.

Der Minister kommt gerade aus Europa. Er hat die Trümmer gesehen, das Leiden, die Armut, die der Krieg in Deutschland und anderswo hinterlassen hat – zwei Jahre nach der Kapitulation sind die Auswirkungen des Krieges kaum gelindert. Wenn man nicht aufpasse, dann »geht Europa vor die Hunde«, ermahnt Marshall all die Zweifler in Washington, denen die Hilfsleistungen für die einstigen Feinde jetzt schon zu teuer sind. »Der Patient Europa liegt im Sterben, während die Ärzte noch immer beraten«, warnt Marshall.

Und der Ex-General, der schon im Ersten Weltkrieg in Frankreich kämpfte, denkt strategisch. Die wirtschaftliche Misere macht die Bevölkerung Westeuropas Marshall zufolge anfällig für den Kommunismus. In einer Rede an der Harvard-Universität im Juni 1947, ein Monat nach seiner Europareise, spricht George Marshall viel über Wirtschaft, denkt aber noch mehr an Politik: »Alle, die es darauf abgesehen haben, das menschliche Elend zu einem Dauerzustand zu machen, um in politischer oder anderer Hinsicht Nutzen daraus zu ziehen, werden auf den Widerstand der Vereinigten Staaten stoßen.« Gemünzt sind solche Sätze auf die Herrscher in Moskau.

Besonders in Westdeutschland entfaltet der gigantische Hilfsplan, der Marshalls Namen trägt und der ihm 1953 den Friedensnobelpreis beschert, eine politische Wirkung, die die Bundesrepublik bis heute prägt. Ratifiziert wird das Marshallplan-Abkommen vom Bundestag am 26. Januar 1951. Es ist der erste staatsrechtliche Vertrag der jungen Republik – und einer ihrer wichtigsten.

Dabei musste Marshall daheim in den Vereinigten Staaten kämpfen, um seine Vision umzusetzen. Denn sie scheint sogar für die USA zu teuer zu sein. »Um den Marshallplan dem Kongress zu verkaufen, musste die drohende kommunistische Gefahr überzeichnet werden«, schreibt der deutsch-amerikanische Historiker Fritz Stern im Rückblick. 12,4 Milliarden Dollar sind es, die innerhalb von vier Jahren im Rahmen des »European Recovery Program« (ERP) nach Westeuropa fließen. Der Jahresetat der USA liegt damals gerade mal bei 40 Milliarden Dollar.

Der Marshallplan bedeutet eine gigantische Anstrengung für die junge Weltmacht USA: Auf heutige Werte umgerechnet, entspricht der

MARSHALLPLAN – KALKULIERTE HILFE

1947

Marshallplan rund 85 Milliarden Euro. Deutschland erhält jedoch nur 10,8 Prozent dieser Summe, die beiden Kriegsverbündeten Großbritannien (24,7 Prozent) und Frankreich (21 Prozent) bekommen den Löwenanteil, sogar Italien (11,7 Prozent) erhält mehr.

Für die USA sind die enormen Summen der Preis der neuen Eindämmungspolitik gegen die Sowjetunion, die US-Präsident Harry Truman Anfang 1947 ausgerufen hat und für die Marshall mit seinem Plan ein äußerst wirksames Instrument liefert. Vor allem für das westliche Deutschland bedeutet das »Containment«, die Politik zur Verhinderung des Kommunismus, eine Wende. Unmittelbar nach Kriegsende behandeln die USA das Land noch als besiegten Feindstaat. Im Herbst 1944 denkt US-Finanzminister Henry Morgenthau laut darüber nach, das Land aufzuteilen und zu einem Agrarstaat zu degradieren. Doch nun zieht der Kalte Krieg herauf, und die USA brauchen ein gesundes, prosperierendes Westdeutschland – als Schutzschild gegen die kommunistischen Nachbarn.

Marshalls Idee wird von Propaganda flankiert. Kaum ist der Plan beschlossen, tauchen auf Westdeutschlands Hauswänden und Litfaßsäulen Werbeplakate für die Marshallhilfen auf. Rundfunk und Zeitungen sekundieren. Für viele Bürger der drei Westzonen ist das eine Sensation. Denn nicht nur aus der Sowjetischen Besatzungszone (SBZ) transportieren die Alliierten noch 1947 alles ab, was nützlich erscheint. Mit den Reparationen sollen die besiegten Deutschen für die Schäden bezahlen, die der von ihnen losgetretene Krieg hinterlassen hat. Tag für Tag verliest ein Sprecher der Westalliierten im Nordwestdeutschen Rundfunk die »Demontageliste« mit den Namen jener Firmen, die ihre Industrieanlagen abbauen müssen. Die Nachkriegszeit ist voller Widersprüche: Während der Wiederaufbau seit 1947 mit Geldern aus dem Marshallplan finanziert wird, finden noch bis zum Jahr 1949 Demontagen statt.

Viele Deutsche sind zunächst enttäuscht vom Marshallplan. Statt in die zerstörte Infrastruktur zu investieren, das heißt neue Jobs zu schaffen, sorgt die »Economic Cooperation Administration«, die die Hilfsgelder verteilt, nur für weitere Lebensmittel. Doch die gibt es dank der Care-Pakete und des Nothilfeprogramms »Garioa«, das die deutsche Bevölkerung mit nützlichen Gütern zur Selbstversorgung ausstattete,

1947

schon ausreichend. Im ersten Jahr des Marshallplans, 1948, bestehen die Lieferungen nur zu knapp einem Drittel aus Industriegütern.

Der spätere Wirtschaftsminister und Kanzler Ludwig Erhard bemängelt denn auch schon 1948 die falsche Gewichtung der Hilfen: »Wir haben in Deutschland nach der Währungsreform kein Kapital, das uns irgendwie gestatten würde zu investieren.« Der gestrenge Ordnungspolitiker Erhard kritisiert zudem den »planwirtschaftlichen Charakter« des Marshallplans. Bestätigt werden Erhards Bedenken durch bürokratische Exzesse in Washington, wo noch 1948 trotz Beschaffungsermächtigungen über fast 100 Millionen Dollar zahlreiche Lieferungen im amerikanischen Vorschriftendickicht stecken bleiben.

Die wenig hilfreichen Lieferungen haben auch mit dem Misstrauen gegenüber dem Ex-Gegner im Lager der Alliierten zu tun. ERP-Adressaten wie Frankreich möchten verhindern, dass Deutschland wieder zu einer konkurrenzfähigen Industriemacht aufsteigt. Erst nach einer wütenden Intervention von US-Militärgouverneur Lucius D. Clay ändern sich die Dinge langsam. Schon im zweiten Marshallplan-Jahr überwiegen die Industriegüter: Güterwagen, Bergbauausrüstungen oder wichtige Rohstoffe wie Baumwolle und Rohöl.

Manches läuft dennoch schief. Die Lieferungen von Rohgummi und Reifen etwa nehmen überhand und werden in die USA zurückverfrachtet. Obendrein bleibt die Lederindustrie pro Monat auf 9000 Tonnen Marshallplan-Leder sitzen, weil sie es nicht verarbeiten kann: Die Kapazitäten reichen einfach nicht aus. Die Textilindustrie hingegen boomt. Sie profitiert von den Baumwoll-Lieferungen aus den USA und kann so Millionen Deutsche neu einkleiden – auch wenn der Marshallplan größtenteils nur minderwertigen Rohstoff ins Land bringt.

Das ERP verfügt aber noch über einen zweiten Schlüssel zum Erfolg: die so genannten Gegenwertmittel. Für diese Waren aus den USA müssen deutsche Abnehmer den D-Mark-Gegenwert in einen Sonderfonds einzahlen. Nach der Währungsreform im Juni 1948 sammeln sich ansehnliche Summen, die als Investitionskredite vergeben werden. Dank der Marshallplangelder können beispielsweise westdeutsche Kraftwerke ihre Leistung in relativ kurzer Zeit deutlich erhöhen. Noch heute vergibt die aus dem ERP hervorgegangene Kreditanstalt für Wiederaufbau zahlreiche Kredite, etwa an Existenzgründer.

Flankiert wird der Marshallplan von der Grundidee des Freihandels. »Die USA waren schon vor und während des Krieges von einem protektionistischen Land zu einem mit liberalem Handel umgeschwenkt«, sagt Christoph Buchheim, Professor für Wirtschaftsgeschichte an der Universität Mannheim. Und das soll künftig auch für die Europäer gelten. Von den USA forciert, wird deshalb 1948 die OEEC gegründet, die »Organisation for European Economic Co-Operation«. Dieser Vorläufer der heutigen OECD – »Organisation for Economic Cooperation and Development« – soll den freien Handel fördern und zugleich das entscheidende Forum für den Wiederaufbau Europas werden. So fördert der Marshallplan auch die Reintegration Deutschlands in die Weltwirtschaft.

1947

Wirtschaftshistoriker streiten bis heute darüber, ob die Lieferungen des Marshallplans das bundesdeutsche Wirtschaftswunder in bedeutender Weise angefacht haben. Werner Abelshauser von der Universität Bielefeld schreibt den Marshallplanhilfen »keine entscheidende Bedeutung« für das Wirtschaftswunder zu: »Sie kamen zu spät, um als Initialzündung eines Aufschwungs wirken zu können, der längst mit eigenen Mitteln in Gang gesetzt worden war.« Für Christoph Buchheim hingegen spricht viel gegen die These, dass die US-Hilfen für Europa vornehmlich politischen Zielen nützen sollten. »Der Marshallplan wäre auch ohne Kalten Krieg notwendig gewesen«, sagt Buchheim – schon um die Zahlungsbilanzkrisen der Europäer zu lösen und sie so wieder zu solventen Käufern von US-Exporten zu machen.

Politisch ist der Erfolg des Marshallplans auf zwei Ebenen unbestritten. Auf Jahrzehnte prägt er bei den Deutschen ein positives Amerikabild. Die Sieger waren keine Besatzer, sondern sie waren großzügig. »Nie wieder war die US-Außenpolitik so sensibel für die Probleme des Auslands«, sagt der Zeitzeuge Hermann Glaser, Autor zahlreicher Bücher über den Nationalsozialismus. Zudem stärkt das neue Selbstbewusstsein der Deutschen das westliche Lager im Systemkonflikt mit dem Kommunismus.

Der Erfolg des Marshallplans vertieft allerdings auch den Graben zwischen Ost und West – in Deutschland und anderswo. Eigentlich hatten die Namen osteuropäischer Länder ebenso auf der Liste der Teilnehmer stehen sollen: Offen war das ERP-Programm ursprünglich für

MARSHALLPLAN – KALKULIERTE HILFE

1947 jedes Land – sogar für die Sowjetunion. Immerhin reist 1947 eine 120-köpfige Delegation aus Moskau nach Paris, um über die Teilnahme am Marshallplan zu verhandeln. Nach nur drei Tagen jedoch rauscht Außenminister Wjatscheslaw Molotow mit seinem Tross wieder ab. Die Sowjets haben erkannt, dass der Marshallplan ein Danaergeschenk ist. Sie vermuten, dass die US-Milliarden einen Keil in das gerade neu formierte sozialistische Lager treiben könnten. So hat Polen durchaus Interesse am Marshallplan, und auch die Tschechoslowakei will mit dabei sein. Es bedarf schließlich Stalin'scher Härte, um Prag auf die Moskauer Linie zu zwingen – im Februar 1948 wird per Staatsstreich ein kommunistisches Regime in der Tschechoslowakei installiert.

So kann Osteuropa nur neidisch zuschauen, wie mit Marshallplan und Währungsreform der Kriegsverlierer Deutschland schnell wieder auf die Beine kommt. Zeitzeuge Glaser, später von 1964 bis 1990 Schul- und Kulturdezernent in Nürnberg, erinnert sich an die Aufbruchsjahre: »Es gab starke Kräfte des Optimismus – und in diese Zeit fällt die amerikanische Aufbauhilfe. Wie auf den Plakaten dargestellt, so war der Marshallplan ein wirtschaftliches Schiff, auf das man aufsteigen konnte.«

Markus Ziener

1948

D-Mark – Der Tag X

Im Juni 1948 kommt die D-Mark und verändert die Bundesrepublik. Die Währungsreform ist von langer Hand vorbereitet und bis ins Detail ausgetüftelt worden – schon von den Nazis.

Frühjahr 1948: Die Operation »Bird Dog« läuft auf Hochtouren und unter strengster Geheimhaltung. Zwischen Februar und April treffen 23 000 Kisten – in New York aufgegeben und mit dem falschen Bestimmungsort Barcelona getarnt – per Schiff in Bremerhaven ein. Hier wird die Fracht gelöscht, nach Frankfurt transportiert und in den Kellern der alten Reichsbank zwischengelagert – für den Tag X.

Dann ist es so weit. Spezialzüge und Lastwagen bringen die Kisten zu den Lebensmittelkarten-Stellen. Ihr Inhalt: 500 Tonnen Geldscheine, gedruckt auf schlechtem Papier, das Wasserzeichen fehlt. Doch es sind keine »Blüten«. Davon können sich die Menschen in den drei

Bankbeamter vor einem Haufen gebündelter Reichsmarkscheine, die durch die Währungsreform ungültig wurden und zur Einstampfung in Papiermühlen bestimmt sind

1948

deutschen Westzonen am 20. Juni überzeugen. Laut Gesetz der Militärgouverneure bekommt jeder sein »Kopfgeld«: 40 Deutsche Mark. Die unselige Reichsmark, das »Hitler-Geld«, verschwindet endlich.

Sparguthaben werden im Verhältnis 100 Reichsmark zu 6,50 D-Mark zusammengestrichen. »Jetzt sind wir alle gleich, jetzt geht's bergauf«, denken viele. Und wie! Über Nacht kommt das immense Ausmaß der gehorteten Waren zum Vorschein. In den Auslagen, die jahrelang leer waren, bieten Geschäftsleute plötzlich wieder Schuhe, Kleidung, Fahrräder und Kochtöpfe an – dieser »Schaufenstereffekt« prägt das kollektive Gedächtnis der Wiederaufbaugeneration. Nun ist der Kunde wieder König, vom Bezugsmarkenkäufer und Bittsteller zum gefragten D-Mark-Besitzer avanciert. Das deutsche Wirtschaftswunder beginnt.

Doch schnell bekommt die Euphorie einen Dämpfer. Die Sowjets prangern die »imperialistische Spaltungspolitik« der Westalliierten an und kontern am 24. Juni in ihrer Besatzungszone mit einer eigenen Währungsreform. Nun beginnt das Tauziehen der Siegermächte um die alte Reichshauptstadt. Mit der fast einjährigen Berlin-Blockade eskaliert der Kalte Krieg. Der »Eiserne Vorhang« wird undurchdringlich.

Auch in den Westzonen wächst die Unzufriedenheit. Der Grund: Die Preise steigen massiv, an der Lohnhöhe ändert sich aber zunächst nichts. »Heute stehen Millionen mit leeren Taschen und hungrigen Augen vor den Auslagen der glänzend ausgestatteten Läden«, empört sich Hans Böckler, der Vorsitzende des Deutschen Gewerkschaftsbundes (DGB). Im November 1948 rufen die Gewerkschaften zum Generalstreik auf – aus Protest gegen die Währungsreform und die gleichzeitig eingeleitete liberale Wirtschaftspolitik.

Was die Zeitgenossen nicht wissen: Die vorübergehenden Sondergewinne der Unternehmen sind einkalkuliert und die Einführung des neuen Geldes ist von langer Hand geplant. Die Vorgeschichte der Währungsreform reicht zurück bis in die Zeit des Zweiten Weltkriegs.

Von entscheidender Bedeutung sind dabei zwei Männer, die 1944 eng zusammenarbeiten. Der eine: Otto Ohlendorf. Er ist seit 1939 Chef des Sicherheitsdienstes (SD) Inland im Reichssicherheitshauptamt und tritt Ende 1943 außerdem als stellvertretender Staatssekretär und »starker Mann« ins Reichswirtschaftsministerium ein. 1941/42 hat Ohlendorf die SS-Einsatzgruppe D in der Sowjetunion geleitet, die 90 000

1948

Menschen ermordete. Dafür wird Ohlendorf bei den Nürnberger Einsatzgruppen-Prozessen 1948 auf der Anklagebank sitzen. Der andere Mann heißt Ludwig Erhard, der Vater des Wirtschaftswunders und spätere Bundeskanzler. Schon im Krieg hat er das Fundament für seine Nachkriegskarriere gelegt: als Leiter des kleinen, von der Reichsgruppe Industrie (RI) finanzierten »Instituts für Industrieforschung«.

Seit Stalingrad wissen beide: Der Krieg ist verloren, mehr als ein »Straffrieden« à la Versailles scheint nicht mehr möglich. Deshalb beschäftigen sich Ohlendorf und Erhard, die Revolution 1918/19 und die Weimarer Hyperinflation in schlechter Erinnerung, bereits zu Kriegszeiten intensiv mit Problemen, die beim Übergang von der Kriegs- zur Friedenswirtschaft entstehen werden. Der Wiederaufbau müsse »unter Führung und Initiative des Unternehmertums« erfolgen, stellt Erhard in einem Exposé fest, das er an Ohlendorf richtet. Diesmal will man nicht konzeptionslos in den Frieden schlittern wie in den jungen Jahren der Weimarer Republik.

Otto Ohlendorf koordiniert in Abstimmung mit der RI die Arbeit hochkarätiger Expertenzirkel, in denen Industrielle, Banker und Wissenschaftler umfangreiche Pläne für die Nachkriegszeit entwickeln. Das ist zwar offiziell per »Führer«-Befehl verboten, aber nicht sonderlich gefährlich. Denn Ohlendorfs Chef, »Reichsführer SS« Heinrich Himmler, lehnt das von Rüstungsminister Albert Speer repräsentierte Modell der gelenkten Kriegswirtschaft als »total bolschewistisch« ab. Himmler hält seine schützende Hand über die Nachkriegsplaner.

Die Kommandowirtschaft, das ist in den Zirkeln um Ohlendorf und Erhard unstrittig, soll nach dem Ende der Kampfhandlungen möglichst schnell vom Modell der »staatlich und damit sozial gebundenen Marktwirtschaft« abgelöst werden, das der Ökonom Alfred Müller-Armack schon Anfang der dreißiger Jahre entwickelt hat. An die Stelle des bürokratischen Lenkungsapparats müsse im Frieden ein »aktives und wagemutiges Unternehmertum« treten, stellt Ohlendorf klar. Dann würden wieder Angebot und Nachfrage das Wirtschaftsgeschehen bestimmen.

Doch es gibt ein großes Problem – die zerrütteten Finanzverhältnisse. Denn das NS-Regime handelt nach der Devise: Geld spielt keine Rolle. Aus taktischen Gründen verfolgt Adolf Hitler eine Politik der zurückgestauten Inflation: Der Staat zapft über verschiedene Umwege

1948

einen großen Teil der privaten Guthaben für sich ab. Das Geld steht zwar weiter im Sparbuch, ist aber nur noch ein fiktiver Wert und wird buchstäblich an der Front verpulvert.

Seit Juni 1939 bestimmt allein Hitler das Ausmaß der Geldschöpfung. Der Notendruck läuft auf Hochtouren, zuletzt steigt die Staatsschuld auf mindestens 450 Milliarden Reichsmark – das Fünffache des im Haushaltsjahr 1943/44 erwirtschafteten Sozialprodukts. Gleichzeitig trocknen die rationierten zivilen Versorgungskanäle immer mehr aus. Schleichhandel und Schwarzmärkte sind weit verbreitet. Würde sich der angestaute Kaufkraftüberhang nach Aufhebung des Lohn- und Preisstopps plötzlich entladen, müsste das in einer Marktwirtschaft zur offenen, galoppierenden Inflation mit kaum beherrschbaren Störungen führen.

Dem beugen die Expertenzirkel vor, in denen auch der Deutsche-Bank-Vorstand Hermann Josef Abs und der spätere Bundesbank-Präsident Karl Blessing sitzen. Ausgehend von Erhards für die Reichsgruppe Industrie ausgearbeiteter Denkschrift »Kriegsfinanzierung und Schuldenkonsolidierung« entwickeln sie ein ausgereiftes Schuldenabbauprogramm. Die Eckpfeiler: Der überwiegende Teil der privaten Ersparnisse wird ersatzlos annulliert, der Aktien- und Sachwertbesitz – durch eine kosmetische, aus Gründen der »sozialen Optik« erhobene Vermögensabgabe – geschont. Hinzu kommen eine drastische Erhöhung der Verbrauchssteuern und eine allgemeine Preissteigerung um etwa 20 Prozent.

Das binnenwirtschaftliche Konsolidierungsprogramm ergänzen die Fachleute durch strategische Außenwirtschaftsplanungen. Deutschland in die Weltwirtschaft wieder einzugliedern, die Devisenzwangswirtschaft aufzuheben, die Exportanstrengungen zu verstärken und sich eng an die USA anzulehnen – das sollen die zentralen Ziele für die Nachkriegswirtschaft sein.

Die beginnt, anders als die Experten zunächst erwartet hatten, mit der bedingungslosen Kapitulation Hitler-Deutschlands. Doch das ist nicht weiter schlimm. Denn schnell wird klar: Die Alliierten haben sich nur unzureichend auf die Probleme im besetzten Deutschland vorbereitet, die aus der gigantischen Staatsverschuldung resultieren. »Das Wichtigste ist, dass die Währungsreform an die deutschen Verhältnisse

1948

angepasst ist«, teilen angloamerikanische Finanzoffiziere der Sonderstelle »Geld und Kredit«, dem amtlichen deutschen Währungsreformgremium, im November 1947 mit. »Das kann die Militärregierung nicht machen, das muss von deutscher Seite gemacht werden.«

In der von Ludwig Erhard geleiteten Sonderstelle laufen die in den Wirren der letzten Kriegswochen abgerissenen Kontaktfäden der Nachkriegsplaner erneut zusammen. An ihrem Arbeitsort, der Bad Homburger Villa Hansa, holen sie die alten Pläne aus der Schublade – während die vier zerstrittenen Siegermächte im Alliierten Kontrollrat nur noch den Schwarzen Peter für die mit separaten Währungsreformen verbundene Teilung Deutschlands hin- und herschieben.

Am 20. April fährt ein schwer bewachter, mit Milchglasscheiben versehener Bus die Mitglieder der Sonderstelle zum Fliegerhorst von Rothwesten bei Kassel. Dort gelingt es den deutschen Experten in wochenlanger Überzeugungsarbeit, die Vertreter der Westalliierten auf ihr Konzept einzuschwören: Am 20. Juni 1948 verlieren die kleinen Sparer fast alles, Aktien- und Sachwertbesitzer hingegen beinahe nichts.

Gleichzeitig startet Erhard, mittlerweile aufgestiegen zum Direktor der Verwaltung für Wirtschaft, der Vorläuferin des Bundeswirtschaftsministeriums, seine liberale Offensive. Schlagartig löst er das Bewirtschaftungssystem weitgehend auf und führt von heute auf morgen die Marktwirtschaft ein. Wie geplant, steigen die Preise. Auch die Verbrauchssteuern werden erhöht. Erhards Politik dient einzig und allein dem Ziel, die Kapitalbildung der Unternehmen zu fördern. Darin sieht er den Königsweg zu einem dynamischen Wirtschaftswachstum.

Dieser Kurs stößt allerdings auf heftigen Widerstand. Die Kaufkraft der Bevölkerung wird rasch abgeschöpft. »Das ist das praktische Resultat Ihrer Politik, dass Sie die Menschen zur Verzweiflung treiben durch das, was Sie Freiheit nennen«, begründet der SPD-Abgeordnete Erwin Schoettle im Wirtschaftsrat, dem Vorläufer des Bundestags, den Antrag seiner Fraktion, Erhard zu entlassen.

Geschäftsboykotts und Massenkundgebungen erschüttern die Westzonen. Erhard jedoch weist die Kritik als »hysterisches Gekeife der Kollektivisten aller Sorten« zurück. Daraufhin rufen die Gewerkschaften am 12. November 1948 zum Generalstreik auf. Das Ziel: Schluss mit der Preistreiberei, Sturz des »Wirtschaftsdiktators«.

1948   Doch wenig später schon sitzt Erhard fester im Sattel denn je. Der Lohnstopp ist kurz vor dem Generalstreik aufgehoben worden, im Frühjahr 1949 sinken auch die Preise leicht. Nachdem die alliierten Außenhandelsauflagen weggefallen sind und die D-Mark im September 1949 abgewertet worden ist, setzt der angestrebte Exportboom ein. Unterstützt von Marshallplangeldern gelingt der Durchbruch zu einem anhaltenden, dynamischen Wirtschaftswachstum.

Trotz ihrer sozialen Schieflage ist die Währungsreform die Initialzündung des deutschen Wirtschaftswunders. Breite Bevölkerungsschichten können ihren Wohlstand in den fünfziger Jahren deutlich steigern – hier liegt die Grundlage für die erfolgreiche Konsolidierung der westdeutschen Nachkriegsdemokratie. Die D-Mark tritt ihren Siegeszug an, heute noch würde eine Mehrheit der Deutschen sie gerne wieder gegen den Euro eintauschen.

Anders als Ludwig Erhard hat Otto Ohlendorf allerdings nicht lange Freude am aufblühenden Wirtschaftswunder. Im Nürnberger Einsatzgruppen-Prozess wird er zum Tode verurteilt. Trotz seiner wirtschaftspolitischen Verdienste lehnen die Alliierten sämtliche Gnadengesuche ab. Sein mörderischer Feldzug durch die Sowjetunion bricht ihm das Genick – 1951 wird Ohlendorf gehängt.

Michael Brackmann

1949

Tarifvertragsgesetz – Das Gesetz der Gesetze

Massenstreiks und Ärger mit den Besatzern: Das Tarifvertragsgesetz tritt im April 1949 noch vor dem Grundgesetz in Kraft – und stürzt die junge Bundesrepublik in stürmische Zeiten.

Die Euphorie, die durch die Währungsreform in den drei Westzonen am 20./21. Juni 1948 mit den über Nacht gefüllten Schaufenstern ausgelöst wurde, verfliegt im darbenden Nachkriegsdeutschland schnell. Nach der weitgehend aufgehobenen Bewirtschaftung und dem Ende der Preisbindung explodieren die Preise. Ein Ei kostet plötzlich bis zu einer D-Mark – und das bei einem durchschnittlichen Monatseinkommen von damals 140 D-Mark.

Verwaltungsrat der amerikanisch-britischen Bi-Zone. Darunter Wirtschaftsdirektor Ludwig Erhard (2. von links) und der Vorsitzende des Verwaltungsrats Dr. Hermann Pünder (3. von links)

TARIFVERTRAGSGESETZ – DAS GESETZ DER GESETZE

1949

Gewerkschafter sind empört. Für den 12. November 1948 ruft der Deutsche Gewerkschaftsbund (DGB) zu einem 24-stündigen Generalstreik auf. Die Militärregierungen der britischen und amerikanischen Zone lassen den Streik nach einigem Zögern zu.

Auch wenn die Militärs die Augen davor verschließen: Es ist ein politischer Streik. Ludwig Erhard, Wirtschaftsdirektor in der amerikanisch-britischen Bi-Zone, hat die Gewerkschaften gerade mit seiner scharfen Ablehnung wirtschaftsdemokratischer Vorstellungen und seiner Polemik gegen das »hysterische Gekeife der Kollektivisten«, welche sich gegen eine geistige Bevormundung durch eine »Bonzokratie« wenden, aufgebracht. Erhard entschuldigt sich zwar später, aber er wird zur Zielscheibe des Gewerkschaftsprotests.

Das »Handelsblatt« veröffentlicht am 9. November 1948 die zehn Forderungen der Gewerkschaften. Die meisten richten sich gegen Preiswucher, Warenhortung und Steuerbetrüger. Aber drei Forderungen zielen auch auf die generelle Demokratisierung der Wirtschaft ab, auf gleichberechtigte Mitwirkung der Gewerkschaften in allen Organen der wirtschaftlichen Selbstverwaltung, auf Planung und Lenkung im gewerblich-industriellen Sektor und auf die Überführung der Grundstoffindustrie und Kreditinstitute in Gemeinschaftseigentum.

Der Streik im November 1948 wird die größte von den Gewerkschaften beschlossene Arbeitsniederlegung in der deutschen Nachkriegsgeschichte. Nach DGB-Angaben beteiligen sich 9,25 Millionen der 11,7 Millionen Arbeitnehmer der Bi-Zone an dem Streik.

Die Wirkung des Streiks droht indes zu verpuffen, die Medien berichten kaum darüber. Das »Handelsblatt« schreibt nur, dass der Vorsitzende des Zwei-Zonen-Verwaltungsrats, Hermann Pünder, die eingeschlagene Wirtschaftspolitik unverändert fortsetzen wolle.

Aber es gibt an diesem Tag noch eine Meldung, die die Gewerkschaften interessiert. Es ist eine Botschaft, die für sie ungleich wichtiger ist als der millionenfache Protest, weil sie schon bald zur Versöhnung der Gewerkschaften mit der neuen Wirtschaftsordnung führen wird. In dieser Nachricht heißt es: »Durch das vom Wirtschaftsrat verabschiedete Tarifvertragsgesetz wird die Selbstverwaltung der unmittelbar Beteiligten wiederhergestellt.« Am 5. April 1949 wird das revolutionäre Gesetz verabschiedet – noch vor dem Grundgesetz.

TARIFVERTRAGSGESETZ – DAS GESETZ DER GESETZE

1949

Selbstverwaltung? Tarifautonomie? Wie kam es dazu? Nachdem sich die durch den Lohnstopp gefesselten Gewerkschaften auf wirtschaftsdemokratische Lenkungsdiskussionen beschränkt haben, setzen sich im März 1948 die Befürworter der Tarifautonomie um die Gewerkschafter Josef Brisch und Erich Bührig durch. Der Arbeitsrechtsausschuss der Gewerkschaften beauftragt den Kölner Arbeitsrechtler Hans C. Nipperdey, einen Entwurf für ein Tarifvertragsgesetz vorzulegen, der die Vorstellungen der Gewerkschaft widerspiegelt. Eine Viererkommission der Arbeitnehmervertretungen ändert Nipperdeys Entwurf nur in einem Punkt: Eine Ablösung der Normen des Tarifvertrags durch eine Betriebsvereinbarung wird ausgeschlossen. Das Tarifvertragsgesetz war, resümiert der Sozialwissenschaftler Jürgen Nautz in seiner Dissertation, auch ein Mittel zur Unterordnung der Betriebsräte.

Im Herbst 1948 bringt die SPD-Fraktion im Wirtschaftsrat, dem Parlament der Bi-Zone, den Gewerkschaftsentwurf in Übereinstimmung mit den Arbeitgebern fast wortgleich als Initiativantrag ein. Damit nimmt sie der »Verwaltung für Arbeit«, die eine Regelung mit einem materiellen Prüfungsrecht der staatlichen Arbeitsbehörden durchsetzen will, das Heft des Handelns aus der Hand.

»Das am 9. 11. 1948 von allen Parteien im Wirtschaftsrat angenommene Tarifvertragsgesetz«, heißt es rückblickend im »Handelsblatt« vom 14. Dezember 1948, »will die sichere gesetzliche Grundlage wiederherstellen, auf der die Gewerkschaften und die Vereinigungen der Arbeitgeber wie vor 1933 frei von staatlicher Bevormundung in Selbstverantwortung die Löhne und sonstigen Arbeitsbedingungen ihrer Mitglieder in Tarifverträgen regeln können.«

Das neue Tarifvertragsgesetz orientiert sich am amerikanischen »free collective bargaining« und an der Weimarer Tarifvertragsordnung. Die in der Weimarer Republik mögliche staatliche Zwangsschlichtung schließt das neue Recht aus, es bekräftigt aber die zwingende und unmittelbare Wirkung des Tarifvertrags auf das Günstigkeitsprinzip, wonach von den Normen eines Tarifvertrags nur abgewichen werden darf, wenn der Arbeitnehmer so bessergestellt wird. Mit der möglichen Einbeziehung betrieblicher und betriebsverfassungsrechtlicher Angelegenheiten und der Nachwirkung des Tarifvertrags geht es über das Weimarer Recht hinaus.

TARIFVERTRAGSGESETZ – DAS GESETZ DER GESETZE

1949

Das »Handelsblatt« arbeitet in seiner Ausgabe vom 14. Dezember 1948 alle Neuerungen heraus, schreibt von der Wiederherstellung einer demokratischen Ordnung und zeigt sich zuversichtlich, dass die Militärregierung ihre Zustimmung geben wird. Die lässt jedoch zunächst auf sich warten. Obwohl der Wirtschaftsrat das Gesetz in dritter Lesung am 10. November 1948 einstimmig beschließt, zieht sich der Abschluss der Gesetzgebung bis Anfang April 1949 hin. Zunächst drängt der Länderrat auf einen größeren Einfluss der Länder bei der Erklärung der Allgemeinverbindlichkeit von Abschlüssen, setzt sich damit aber nicht durch. Dann macht die Militärregierung Schwierigkeiten bei der Genehmigung des Gesetzes. Die Alliierten wünschen, dass bei der Aufhebung der Allgemeinverbindlichkeit ein öffentliches Interesse gegeben sein muss, und stoßen sich an der Allgemeinverbindlichkeitserklärung aus sozialen Gründen. Ende März stimmen sowohl der Wirtschaftsrat als auch der Länderrat dem entsprechend geänderten Gesetz zu.

Die Militärregierung akzeptiert das Gesetz schließlich am 5. April 1949, am 9. April tritt es in Kraft. Erst gut einen Monat später, am 23. Mai, wird das Grundgesetz verkündet. Formal ist das Tarifvertragsgesetz vorkonstitutionelles Recht, es wird aber in das Bundesrecht übernommen. Zunächst gilt es nur in der britischen und amerikanischen Zone, erst vier Jahre nach seiner Verabschiedung erstreckt es sich auf das gesamte Bundesgebiet.

Der Wissenschaftler Jürgen Nautz wertet das Tarifvertragsgesetz als »einen die Bundesrepublik prägenden Grundkompromiss« zwischen den Gewerkschaften und Arbeitgebern. In der Abwehr staatlicher Eingriffe haben Gewerkschaften und Arbeitgeber zusammengefunden. Von 1949 bis Ende 2004 werden mehr als 351 000 Tarifverträge geschlossen, 454 der heute geltenden 61 888 Tarifverträge wurden für allgemein verbindlich erklärt. Noch immer werden zwei von drei Arbeitnehmern von tarifgebundenen Arbeitgebern beschäftigt.

Nicht allen gefällt der Grundkompromiss zwischen Arbeit und Kapital über das Tarifvertragsgesetz. Für den Sachverständigenrat, die »fünf Weisen« unter den deutschen Ökonomen, stehen Reformen des Tarifvertragsgesetzes seit Jahren auf der Reform-Agenda. Der Rat dringt nicht nur auf wirksame Öffnungsklauseln in den Tarifverträgen, sondern wie die Arbeitgeber auch auf eine Klarstellung des Günstigkeits-

TARIFVERTRAGSGESETZ – DAS GESETZ DER GESETZE

1949

prinzips. Die CDU/CSU-Bundestagsfraktion hat in ihrem Gesetzentwurf zur Modernisierung des Arbeitsrechts im Jahr 2003 dazu einen konkreten Vorschlag formuliert. Danach sollen in den Günstigkeitsvergleich auch die Beschäftigungsaussichten einbezogen werden.

Daraus wird allerdings vorerst nichts. Ein flexibleres Tarifvertragsrecht ist im Koalitionsvertrag, den CDU/CSU und SPD Ende 2005 schließen, nicht vorgesehen. Das Tarifvertragsrecht bleibt eines der am wenigsten geänderten Gesetze der Nachkriegszeit – und das wohl mindestens so lange noch, wie die große Koalition in Berlin regiert.

Rainer Nahrendorf

1950

Lebensmittelmarken – Ende der Schein-Wirtschaft

Kaffee statt »Muckefuck«: Anfang Mai 1950 schafft Ludwig Erhard die Lebensmittelmarken ab und entlässt Westdeutschland endgültig in die Marktwirtschaft. Die Marken aber gibt es noch heute.

»Notfallvorsorge« stand in der Stellenausschreibung. Damit konnte Michael Rothe zunächst nichts anfangen, als er sich vor fünf Jahren für die Leitung des Wirtschaftsamtes im Bezirksamt zu Berlin-Spandau bewarb. Vorsorge für welche Notfälle? In einem Wirtschaftsamt?

Rothe bekommt den Job. Sein Auftrag lautet: Werden in seinem Bezirk im Westen der Hauptstadt die Lebensmittel knapp, muss er sie rationieren, indem er Lebensmittelmarken ausgibt. »Dett et det heute

Alte Frau mit Lebensmittelmarken, die im August 1939 eingeführt worden waren und in der BRD im Mai 1950 abgeschafft wurden

noch jipt, haick nich jewusst«, gibt Rothe zu und zuckt mit den schmalen Schultern. Dann lehnt er sich auf den überfüllten Schreibtisch in seiner Amtsstube und sagt: »Für mich war dat ein Dokument der Jeschichte.«

1950

Eine Geschichte, deren – vorerst – letztes Kapitel am 1. Mai 1950 geschrieben wurde. An diesem Tag verteilten die bundesdeutschen Behörden die letzten Lebensmittelmarken in der Nachkriegs-Bundesrepublik. »Dieser Tag hat eine große symbolische und politische Bedeutung«, sagt der Bielefelder Wirtschaftshistoriker Werner Abelshauser. Die Naturalwirtschaft in Deutschland verschwindet, und die Marktwirtschaft kommt.

In der DDR gibt es Lebensmittelmarken noch acht Jahre länger als im Westen. Für die Deutschen in der Sowjetischen Besatzungszone ist die Versorgung mit Nahrungsmitteln viel länger prekär. Die Bodenreform von 1945, die Großbetriebe aufsplittete und unter Kleinbauern verteilte, schmälert den Ernteertrag allzu sehr.

Im Westen bringt das historische Werk seinem Schöpfer zunächst allerhand Scherereien mit den Besatzungsmächten ein. Wenige Tage nach der Währungsreform im Sommer 1948 verkündet Ludwig Erhard: Für große Warengruppen ist die Bewirtschaftung aufgehoben. Der einzige Bezugsschein, den man künftig noch brauche, sei die neue Deutsche Mark, kündigt der Wirtschaftsdirektor der Bizone an.

Die Alliierten erfahren von Erhards Schritt ebenso wie alle Bürger: aus dem Radio. Kaum hat die Militärregierung den »Verrückten namens Erhard« reden gehört, zitiert sie ihn – wie der »Spiegel« 1953 schrieb – vor die Wirtschaftsoffiziere im kleinen Versammlungsraum des IG-Farben-Hauses in Frankfurt. Die Offiziere haben präzise Statistiken parat: Alle 18 Jahre ein Hemd, alle 29 Jahre ein Paar Strümpfe, alle 98 Jahre einen Anzug – eine höhere Zuteilung lasse die Produktion je Kopf nicht zu, wird Erhard belehrt. Wie er unter diesen Umständen die Bewirtschaftungsvorschriften ändern könne? Der Dolmetscher traut sich kaum, Erhards Antwort zu übersetzen: »Ich habe sie nicht geändert. Ich hebe sie auf«, sagt Ludwig Erhard.

Und das tut er auch. Ins Leitsätzegesetz vom 24. Juni 1948 lässt Erhard schreiben: »Der Freigabe aus der Bewirtschaftung ist vor ihrer Beibehaltung der Vorzug zu geben.« Damit befreit Erhard die Wirt-

1950

schaft von staatlicher Preissetzung. Nach jahrelanger Kriegs- und Planwirtschaft gelten ab Mai 1950 wieder die Regeln des freien Marktes.

Als historischen Moment empfinden das damals die wenigsten. »Der natürliche Lauf der Dinge« sei das gewesen, erzählt Dieter Pohmer. Der Ökonom aus Tübingen, der von 1984 bis 1991 Mitglied des Sachverständigenrates war und die Bundesregierung jahrelang beriet, studierte damals an der Freien Universität in Berlin Betriebswirtschaftslehre im vierten Semester. »Bei halbwegs freier Preisgestaltung waren schon nach der Währungsreform die meisten Waren wieder da«, erzählt Pohmer. Viele Güter seien schon vor 1950 ohne Bezugsscheine zu haben gewesen, auch Kaffee: »Das war eben eine Preisfrage. Wer sich Kaffee nicht leisten konnte, trank eben ›Muckefuck‹, berlinerisch für ›Mückendreck‹«, sagt Pohmer und lacht in sich hinein: »Das war so ein Gesöff, Kaffee-Ersatz eben.« Die meisten Bundesbürger haben sich schon daran gewöhnt, dass der Staat nicht mehr verteilt, sondern sich jeder sein Auskommen selbst verdienen muss.

Nach mehr als zehn Jahren geht 1950 die Schein-Wirtschaft zu Ende. Am 28. August 1939, vier Tage bevor der erste Schuss im Zweiten Weltkrieg fiel, waren die Lebensmittelmarken in Deutschland eingeführt worden. Fleisch, Kaffee-Ersatz, Zucker – all das gab es jetzt nur noch gegen auf Karten zusammengefasste Marken, weil die Nazi-Führung eine Hungerkrise wie im Ersten Weltkrieg befürchtete.

Wer wie viel zu essen bekam, entschied der »Führer«: pro Woche 2400 Gramm Brot, 500 Gramm Fleisch und 270 Gramm Fett – das war die Ration für den »Normalverbraucher«. Für »Schwer- und Schwerstarbeiter« gab es mehr, ebenso für Schwangere, Stillende und Kinder. »Ausreichend fanden das die wenigsten«, sagt der ehemalige Wirtschaftsweise Dieter Pohmer. »Aber«, fügt er hinzu, »es gab keine Diskussionen darüber.«

Nach dem Krieg ist die Versorgungslage nicht besser – im Gegenteil: Deutschland erntet 1945 weniger Getreide als 1939. Die Bestände der Alliierten reichen nicht, um die Menschen zu versorgen, auch sie rationieren die Lebensmittel. Die Kaloriensätze sind sogar zunächst noch geringer als unter den Nationalsozialisten. Volkswirtschaftlich ist der Grund für die von der Obrigkeit kontrollierte Zuteilung knapper Güter für Alliierte und Nazis der gleiche: eine vermeintliche soziale Gerechtigkeit. Nicht nur Vermögende, auch Ärmere sollen in Zeiten hoher Inflation ihre Grundbedürfnisse befriedigen können. Der Haken dieser Theorie: Wo der Staat die Verteilung zu monopolisieren versucht, entsteht ein Schwarzmarkt. Und dort sind die Preise für rationierte Güter viel höher. Die Gewinne der Schwarzhändler wachsen, und die Not der Bevölkerung auch.

So wird Nachkriegsdeutschland zu einem Land mit drei Währungen. In Reichsmark werden Steuern und die Gehälter des öffentlichen Dienstes bezahlt. Mit »Besatzungsgeld«, das sich nicht in Mark wechseln lässt, wird der Warenverkehr zwischen deutschen und alliierten Stellen abgewickelt. Wichtigste Währung sind jedoch Zigaretten. Auf dem Schwarzmarkt ist dafür fast alles zu haben.

Wie eng der Schwarzhandel an den Konjunkturverlauf gekoppelt ist, zeigt der Handel mit Lebensmitteln: Sinken die Zuteilungen, steigen die Preise – normalerweise. Es sei denn, der Markt wird mit gefälschten Lebensmittelmarken überschwemmt – wie Ende 1946 mit denen für Fett. »Obwohl die Fettrationen um die Hälfte herabgesetzt wurden, liegen die Fettpreise um 15 bis 20 Prozent tiefer als bei Jahresbeginn«, schreibt der »Spiegel« am 4. Januar 1947. Keine zwei Jahre nach Kriegsende sind die Bezugsscheine so professionell gefälscht, dass »ein hohes Markenangebot den Rationentiefstand ausgleicht«.

Daneben kursieren auch gestohlene Lebensmittelmarken. Wie der »Spiegel« berichtet, bringen die Diebe einen Tausender-Posten Marken, der in Unna bei Dortmund gestohlen wurde, schon tags darauf in Hamburg in Umlauf. Doch wehe dem, der auf dem Schwarzmarkt handelt und gegen das Bewirtschaftungssystem verstößt! Ihn verfolgt die Polizei. Nur staatlicher Druck vermag die Staatswirtschaft leidlich durchzusetzen.

Das war unter den Nazis nicht anders, nur noch sehr viel riskanter, erinnert sich der Ökonom Pohmer: »Meine Fleischmarken kauf ich beim Fleischer!« – das habe sein Großonkel beim »Aschinger«, einem Imbiss in Berlin, einst geschrieen. Der Onkel, fast taub, habe ja selbst nicht gehört, wie laut er war, erzählt der Neffe – heute 80 Jahre alt. Umstehende hätten gelacht, weil sie das für einen Witz hielten, sagt Pohmer. Dabei sei das äußerst gefährlich gewesen. »Da hätte nur mal ein

LEBENSMITTELMARKEN – ENDE DER SCHEIN-WIRTSCHAFT

1950

Falscher drunter sein müssen – die Nazis haben dich einen Kopf kürzer gemacht, wenn sie dich erwischt haben.«

Selbst nach dem Krieg gedeiht ein Klima, in dem die gesellschaftliche Ächtung derjenigen, die cleverer sind als der Staat, normal ist. Auch das junge »Handelsblatt« wettert gegen die »Selbstversorger«, »berufsmäßigen Hamsterer« und »Schwarzmarktversorger«. Als im Ruhrgebiet mehrere tausend Lebensmittelkarten nicht abgeholt werden, schreibt die Zeitung am 8. November 1947: »Die so ›großherzig‹ auf ihre Ansprüche verzichtenden Zeitgenossen sind alles andere als Wohltäter der Menschheit. Sie haben sich gewissermaßen zu ›Selbstversorgern‹ ernannt und fühlen sich meist recht wohl dabei.« Es handele sich um »dunkle Existenzen, zumindest um solche mit zweifelhafter Arbeitsmoral«. Mitgemacht hat dennoch fast jeder Zweite – zumindest einer Befragung in der britischen Besatzungszone 1947 zufolge.

Was man alles für eine Lebensmittelmarke über fünf Pfund Butter bekommen konnte? Sexuelle Aufklärung zum Beispiel. Diesen Tausch geht jedenfalls Beate Uhse ein. Die gelernte Pilotin hat 1946 die »Schrift X« verfasst, einen Leitfaden zur Empfängnisverhütung nach der Knaus-Ogino-Methode. Weil das revolutionäre Werk reißenden Absatz findet und Uhse reichlich Geschäftssinn hat, arbeitet die pfiffige Frau es zu einer Broschüre aus. 2000 Exemplare plus 10 000 Werbezettel druckt ein Unternehmen in Uhses Heimatstadt Flensburg – im Tausch gegen ihre Lebensmittelmarken über fünf Pfund Butter. Heute ist Beate Uhse an der Börse und gehört zu den fünfzig bekanntesten Marken im Land.

Auch wenn heute für einen Gutschein über fünf Pfund Butter wohl keine Druckerei mehr die Maschinen anwerfen würde: »Die Karten sind als Wertgegenstände zu behandeln«, steht noch immer in der Dienstanweisung, der Michael Rothe in Berlin-Spandau zu folgen hat. Bei ihm lagern – wie in jeder Gemeinde der Republik – für den Ernstfall Lebensmittelmarken in geheimen Depots. In Spandau liegen sie im Keller, hinter vier verschlossenen Türen, in einem Stahlschrank, bei konstanter Temperatur. Die Schlüssel zu all diesen Türen hat nur Rothe.

Alle zwei Jahre prüft er, ob die Lebensmittelmarken noch in Ordnung sind und die Menge für die aktuelle Einwohnerzahl ausreicht. Die Verteilung ist genau geplant: In Rothes Dachzimmer im alten Span-

LEBENSMITTELMARKEN – ENDE DER SCHEIN-WIRTSCHAFT

dauer Rathaus stecken an 15 Punkten Nadeln in einer Karte des gesamten Bezirks. »Ick weeß jenau, welcher von unsren Leuten wo Dienst zu schieben hätte.«

Die Aufgabe gehört mit Abstand zu den verantwortungsvollsten in Rothes Amt – und zu den unwahrscheinlichsten. Gewerbeanmeldungen oder Gaststättenerlaubnisse bestimmen den Alltag des Beamten. An die Lebensmittelmarken denkt Rothe nur alle paar Jahre, wenn deren Überprüfung wieder einmal auf dem Dienstplan steht: »Det is doch so unwahrscheinlich, det wir die Karten austeilen, da denk ick nicht ständig drüber nach.«

Dorit Heß

1950

1951

Bayer – Geld, Girls und Gerstensaft

Im Dezember 1951 wird die »Farbenfabriken Bayer AG« gegründet – und das Ereignis kräftig gefeiert. Der Kampf um die Neuordnung der deutschen Großchemie ist beendet.

Der frisch gewählte Vorstandsvorsitzende zeigt sich spendabel. »Zum Zwecke der Durchführung kameradschaftlicher Veranstaltungen«, diktiert Ulrich Haberland seiner Sekretärin Anfang 1952 das Rundschreiben mit der Nummer 1577, »stellt die Werksleitung jedem Belegschaftsmitglied DM 5,– zur Verfügung.« Die Party kann beginnen.

Und sie beginnt. »Eine stattliche Kolonne Mädchen aus den Betrieben sind in Eile als Bedienerinnen zusammengestellt, Autos mit Blu-

Bayer-Kreuz. Zeitschriftenwerbung der Farbenfabriken Bayer AG (1944)

men fahren vor«, jubelt später die Reporterin des Mitarbeiterblattes »Unser Werk«. Im voll besetzten Festsaal des Standorts Dormagen fließt das Bier in Strömen. Die Frauen der firmeneigenen Tanzgruppe werfen auf der Bühne die Beine hoch in die Luft und jonglieren mit weißen Hüten.

1951

Die Freude ist berechtigt. Wenige Tage zuvor ist die »Farbenfabriken Bayer Aktiengesellschaft« neu gegründet worden. Fünfeinhalb Jahre Ungewissheit sind vorbei. Am 19. Dezember 1951 sind 24 Direktoren, Geheimräte, Professoren und Notare zur Gründungsversammlung im Leverkusener Chemiewerk zusammengekommen. Im holzgetäfelten Konferenzsaal des viktorianischen Verwaltungsgebäudes legen sie den Grundstein für den Neuanfang eines der größten deutschen Industrieunternehmen – das dank Aspirin längst in aller Welt bekannt ist.

Wer hätte das gedacht. Im Frühjahr 1945 ist in den Bayer-Werken noch niemandem zum Feiern zumute. Die Bombenangriffe der Alliierten haben Häuser und ein Viertel der Anlagen im Werk Leverkusen zerstört, die Produktion steht still. Und auch das bekannte Firmen-Signet, das mächtige Bayer-Kreuz, 72 Meter hoch, mit 2200 Glühbirnen erleuchtet, strahlt nicht mehr über Leverkusen.

Fünfeinhalb Jahre liegen zwischen beiden Ereignissen, zwischen Furcht und Freude, Zukunftsangst und Optimismus. In diesen Jahren spielt die Geschichte des Kampfes um Wiederauferstehung und Neuordnung der deutschen Chemieindustrie. Sie ist zugleich die Geschichte vom Gezerre um die Überbleibsel eines Konzerns, über den die »New York Herald Tribune« schrieb, er sei »das mächtigste, skrupelloseste und verabscheuenswürdigste Unternehmen, das es je gegeben hat«: die IG Farbenindustrie AG.

Die erblickt 1925 das Licht der Welt. Die deutsche Großchemie hat sich zur Fusion durchgerungen. Sie will damit dem wachsenden internationalen Konkurrenzdruck besser standhalten. Aus den drei Platzhirschen, den »Farbenfabriken vorm. Friedr. Bayer & Co«, der »Badischen Anilin und Sodafabrik Ludwigshafen« (BASF) und den »Farbwerken vorm. Lucius & Brüning/Hoechst«, sowie kleineren Firmen entsteht der damals größte deutsche Industriekonzern – und einer der erfolgreichsten.

1951

Die IG Farben gilt als weltweit führend in der Chemieforschung. In Hochzeiten beschäftigt sie 190 000 Menschen, die Gummi, Chemikalien, Medikamente oder Seifenstoffe produzieren und in alle Welt exportieren. Rund um Leverkusen befinden sich die Betriebe des Pharmageschäfts der IG: Die Farbenfabriken Bayer heißen »Betriebsgemeinschaft Niederrhein« der IG Farben mit Werken in Leverkusen, Dormagen, Uerdingen und Wuppertal. Auch eine Fotofabrik gehört dazu.

Die schiere Größe des Konzerns weckt im Ausland Furcht und Hass. Letzteres vor allem, seit die IG Farben eine immer bedeutendere Rolle in der Kriegsmaschinerie der Nazis spielt und zehntausende Fremd- und Zwangsarbeiter einsetzt. Für die Alliierten, insbesondere für die Amerikaner, wird die IG Farben schnell zum Sinnbild des deutschen »Kriegsverbrecherkonzerns«. Und den wollen sie nach dem Sieg über Deutschland beschlagnahmen und in kleine Einzelteile zerlegen. »Wir werden die IG Farben in alle Winde zerstreuen«, prophezeit 1945 der US-Senat in einem Bericht.

So soll es auch der »Betriebsgemeinschaft Niederrhein« ergehen, als die US-Truppen 1945 die Kontrolle an die Briten übergeben. Deren Vermögen wird – wie das der gesamten IG – von den Alliierten beschlagnahmt. Und: Das Werk Leverkusen soll demontiert, die Beschäftigten sollen nach Hause geschickt werden. Die britischen Offiziere zitieren im November die Werksleitung um Ulrich Haberland vor das Leverkusener Verwaltungsgebäude und verkünden den neuen, programmatischen Namen des Unternehmens: »IG Farbenindustrie in dissolution/in Auflösung«.

Für Bayer beginnt ein Schwebezustand, der erst Ende 1951 endet. Dass im Leverkusener Werk letztlich nur wenige Anlagen demontiert werden und alle vier Standorte sowie die Fotofabrik in der späteren Farbenfabrik Friedrich Bayer AG erhalten bleiben, schreiben Historiker heute zwei Faktoren zu: dem Pragmatismus der Briten und dem geschickten Vorgehen des Chefs Ulrich Haberland.

»Haberland«, schreibt das »Handelsblatt« 1952, »ist ein Mann, der nicht nur das Rüstzeug mitbrachte, ein großes Unternehmen zu leiten. Er hat eine gehörige Portion Mut und einen Optimismus, der so rustikal verankert sein muss, dass er wirklich unverwüstlich ist.« Bei Bayer gilt Haberland wegen seiner Hartnäckigkeit in den Verhandlungen mit den Alliierten als Architekt der »zweiten« Firmengründung. Gegründet worden war die Offene Handelsgesellschaft »Friedr. Bayer et comp.« ursprünglich am 1. August 1863 in Wuppertal-Barmen.

1951

Der Pfarrerssohn Haberland stammt aus der Nähe von Halle und fängt 1928 eine Karriere bei der IG Farben an. Schnell steigt der Chemiker auf und übernimmt 1943 die Leitung der »IG Farben Betriebsgemeinschaft Niederrhein«. Die alliierten Kontrolleure belassen Haberland zunächst auf seinem Posten: Er soll die Produktion wieder ankurbeln. Das gelingt ihm auch. Ein Jahr nach Kriegsende arbeiten in den Bayer-Werken wieder mehr als 10 000 Menschen.

Während die Chemieproduktion an den Bayer-Standorten immer stärker zulegt, bleibt die Frage nach deren rechtlicher Zukunft ungeklärt. Bis 1950 bewegt sich in den Gesprächen zur Entflechtung der IG Farben zwischen deutschen Vertretern und der »Alliierten Hohen Kommission« (AHK) wenig. Bayer, BASF und Co. bleiben unter Kontrolle der AHK. Die Fronten verhärten sich. Denn die Pläne der Alliierten sehen lange Zeit die rigorose Aufteilung der IG Farben vor, zuerst in fünfzig und später in zwölf Einzelteile. Ziel: Die Marktmacht soll zerstört und eine Rückkehr zum »Kartell«, wie US-Kontrolleure die IG nannten, verhindert werden.

Haberland und die Chefs der anderen Chemieriesen »in dissolution« wollen diese Atomisierung auf jeden Fall vermeiden. Ihr Plan: die Bildung von drei großen Gruppen, aus denen die IG Farben entstanden ist – Bayer, BASF, Hoechst. »Nur als sinnvoll verbundene Einheiten können die Chemiewerke auf dem Weltmarkt überleben«, wirbt Haberland bei den Alliierten.

Die britischen Offiziere sind schnell überzeugt, zumal sie erkannt haben, dass der Chemieindustrie bei der Versorgung der notleidenden Bevölkerung eine Schlüsselrolle zukommt. Also belassen sie die Bayer-Gruppe zunächst im Verbund, verfolgen sie in der Frage der gesamten IG-Farben-Entflechtung doch ohnehin einen gemäßigten Kurs. »Davon hat Bayer schon früh profitiert«, erinnert sich Haberland später. Dennoch bleibt bis 1951 eine der zentralen Forderungen der AHK: Das Werk Dormagen und die Fotofabrik müssen aus der Bayer-Gruppe herausgelöst werden.

1951

Wie stark aber die Diskrepanz zwischen Briten und Amerikanern in der Frage der Entflechtung ist, zeigt ein einzigartiges Dokument, das die Befindlichkeiten ein Jahr vor der Bayer-Neugründung beschreibt. Die AHK hatte im August 1950 ihre Pläne zur rigorosen Aufspaltung der IG Farben untermauert. Einige Wochen später besucht die renommierte US-Wirtschaftsjournalistin Agnes Meyer die »Farbenfabriken Bayer unter alliierter Kontrolle«, wie der Konzern mittlerweile heißt, und interviewt den Generaldirektor. Ulrich Haberland geht in die Offensive: Der Plan der Alliierten sehe »die Zerstörung der deutschen Chemieindustrie zu einem Zeitpunkt vor, in dem die deutsche Bevölkerung dringend Arbeitsplätze braucht«, schimpft er in seinem Interview mit Agnes Meyer, deren Artikel Ende 1950 in der »Washington Post« erscheint. Haberland beschwert sich zudem, dass in den USA sämtliche IG-Farben-Manager als Kriminelle angesehen würden.

Meyer entgegnet, dass die IG Farben in den USA mit »ruinöser Preispolitik und Kriegsvorbereitung« verbunden werde und als unehrenhaft gelte. Es entwickelt sich ein Streitgespräch, und – ob gewollt oder nicht – es markiert einen Wendepunkt in der Entflechtungsdebatte. Statt wie bislang im Hintergrund zu agieren, setzen die deutschen Chemiemanager und Wirtschaftsfunktionäre auf öffentlichen Druck. Bayer-Arbeiter demonstrieren, die Gewerkschaft schaltet sich ein, und Haberland unterstreicht im Frühjahr 1951 auf einer ersten großen Pressekonferenz selbstbewusst die Forderungen der Deutschen.

Schließlich spielt die Politik dem Schicksal von Bayer in die Hände: Der Ost-West-Konflikt bahnt sich an, und die deutsche Chemie wird zum neuen Machtfaktor, schreibt der Historiker Werner-Otto Reichelt in dem 1956 erschienenen Buch »Das Erbe der IG-Farben«. Bundeskanzler Konrad Adenauer schaltet sich auf Drängen von Haberland im Herbst 1951 ein weiteres Mal in den Konflikt um die Bayer-Neuordnung ein – mit Erfolg: Das Werk Dormagen darf im Verbund bleiben, die Fotofabrik Agfa wird 1952 zur selbständigen Tochtergesellschaft von Bayer.

Im Dezember 1951 ist der Weg endlich frei für die 24 Herren, die der »Farbenfabriken Bayer Aktiengesellschaft« in Leverkusen neues Leben einhauchen. Und schon am 6. Februar 1953 lautet die Schlagzeile im »Handelsblatt«: »Farbenfabriken Bayer gut gerüstet«. Der

Reporter lobt die »umfassende Wiederaufbaupolitik« in den Werken seit Kriegsende. 30 000 Mitarbeiter hat Bayer zu jener Zeit, der Umsatz erreicht 1952 fast 826 Millionen D-Mark. Das war die Grundlage für das rasante Wachstum der folgenden Jahrzehnte.

Bayer ist heute mit einem Umsatz von knapp 29 Milliarden Euro und 106 000 Mitarbeitern einer der führenden Konzerne in Deutschland und hat sich in den vergangenen Jahren stark verändert. Die Massenchemie-Sparte, die große Mengen chemischer Vorprodukte für zahlreiche Industrien herstellt, wurde 2005 unter dem neuen Namen Lanxess abgespalten, Bayer konzentriert sich auf Pflanzenschutzmittel, Hightech-Kunststoffe und Gesundheitspräparate. Für 16,7 Milliarden Euro kauft der Konzern 2006 die Berliner Schering AG und stärkt dadurch seine Pharmasparte.

Doch auch über der neuen Bayer AG wacht in Leverkusen das traditionelle, mächtige Bayer-Kreuz. 1958 hat Haberland die neu aufgebaute Leuchtreklame wieder angeschaltet. Seither gehen bei dem Bauwerk mit einem Kreisumfang von 160 Metern nur noch aus friedlichen Gründen die Lichter aus – einmal im Jahr, zum Schutz der Zugvögel.

Bert Fröndhoff

1952

Sowjetische AGs – Die Milliarden-Hypothek

Im April 1952 gibt die UdSSR 66 »Sowjetische AGs« an die DDR zurück. Sie sind nur ein Beispiel für die hohen Reparationen der SBZ, deren wahrer Umfang erst heute langsam ans Licht kommt.

Hauchdünn ist das Durchschlagpapier, auf dem die Besatzungsmacht ihre Befehle kundtut. Am 26. März 1946 beschwert sich Generalmajor Fedotow beim Präsidenten der Provinz Brandenburg über den schleppenden Fortgang der Kabeldemontagen. Erst neunzig Kisten für den Abtransport seien fertig – statt zweitausend. Nur vier Kabeltrommeln statt 1900. Werde der Plan nicht eingehalten, würden die Verantwortlichen zu »strenger Verantwortung« gezogen, lässt der sowjetische Offizier wissen.

Demontage von Industriegütern der DDR durch die sowjetische Besatzungsmacht

SOWJETISCHE AGS – DIE MILLIARDEN-HYPOTHEK

1952

»Und das ist noch eine vergleichsweise milde Drohung«, sagt Klaus Jochen Arnold, »für Sabotage an der Demontage konnte die Todesstrafe drohen.« Vorsichtig schließt der Historiker die Akte und räumt sie zurück ins Regal im brandenburgischen Landeshauptarchiv in Potsdam.

Nach der Befreiung von der Nazi-Diktatur durch die Alliierten 1945 müssen Millionen Deutsche in Ost und West mit ansehen, wie sich die Sieger bei den Besiegten entschädigen: Mit Industrieanlagen, Fertigprodukten und Rohstoffen stottern die Deutschen ihre Kriegsschuld ab. Erst seit Mitte der neunziger Jahre wird immer deutlicher, wie ungleich West- und Ostdeutschland von Reparationen betroffen waren. Angesichts dieser enormen Hypothek wundert es fast, dass die DDR vierzig Jahre überlebt hat. Das spricht für die Aufbauleistung der Ostdeutschen, die in gewisser Weise ihr eigenes »Wirtschaftswunder« vollbrachten.

Während den Westalliierten bald an der wirtschaftlichen Gesundung ihrer Zonen gelegen ist und die USA ab 1947 die zukünftige Bundesrepublik mit Marshallplangeld hochpäppeln, treibt die vom Zweiten Weltkrieg am stärksten verheerte Sowjetunion bis in die fünfziger Jahre ihre Reparationsforderungen mit aller Macht ein. Erst am 29. April 1952 gibt die UdSSR 66 »Sowjetische AGs« zurück. Der Tag markiert den Anfang vom Ende der Reparationen in der DDR.

Alles beginnt in Potsdam. Im Juli 1945 beraten US-Präsident Harry Truman, Großbritanniens Premier Winston Churchill und Sowjetführer Josef Stalin im Schloss Cecilienhof über das besiegte Deutschland. Die mächtigen Drei am eigens für die Konferenz in Moskau hergestellten runden Tisch sind sich einig: Wiedergutmachung muss sein. Auf 20 Milliarden Dollar setzen die drei die Reparationssumme fest. Die UdSSR soll davon die Hälfte erhalten – obwohl Stalin die Schäden seines Landes auf 130 bis 150 Milliarden Dollar beziffert.

Weil die Westmächte fürchten, die UdSSR könnte Deutschland mit ihren Ansprüchen ruinieren, setzen sie eine »zonale« Reparationsregelung durch: Die Sieger sollen sich jeweils in ihren »eigenen« Zonen bedienen. Demontagen heißen im Potsdamer Abkommen »einmalige Entnahmen aus dem Nationalvermögen«. Daneben sind »Entnahmen aus der laufenden Produktion« sowie »Arbeitsleistungen« vorgesehen.

SOWJETISCHE AGS – DIE MILLIARDEN-HYPOTHEK

1952

Für die Sowjetische Besatzungszone (SBZ) bedeutet das einen Karthago-Frieden. Mit weniger als einem Viertel des deutschen Kapitalstocks muss die SBZ die Hälfte der Reparationen schultern.

Und die UdSSR setzt ihre Ansprüche entschlossen durch. »70 000 zivile sowjetische Experten wurden beispielsweise in Uniform entsandt, um in der SBZ nach Demontageobjekten zu suchen«, sagt Klaus Jochen Arnold. Das Büro des Historikers im brandenburgischen Landeshauptarchiv liegt nur wenige Kilometer entfernt vom Schloss Cecilienhof. Früher logierte hier hinter den Bäumen am Ende der Kopfsteinauffahrt die Staatssicherheit. Die Garagen mit den hohen Holztüren haben ihre Erbauer bis heute überdauert.

In der DDR waren die Demontagen ein Tabuthema, das gebot die Rücksicht auf die verbündete Schutzmacht im Osten. Erst seit 1997 lässt sich ihr Ausmaß genauer schätzen. Da stößt Arnolds Kollege Jochen Laufer in einem Archiv in Moskau auf eine Liste mit 3470 demontierten Betrieben – ein Glückstreffer, denn die meisten sowjetischen Akten zur Demontage sind noch heute unter Verschluss. Deshalb trägt Arnold nun die Akten aus deutschen Quellen zusammen – das Projekt finanziert die Deutsche Forschungsgemeinschaft. 15 000 Akten hat er gesichtet und in einer Datenbank geordnet. Sie soll der künftigen Forschung dienen.

Arnold sitzt vor seinem Laptop. Gibt er etwa »BMW« ein, erscheinen 28 Verweise. Der Auto- und Luftfahrtkonzern verlor 1945 sein Auto- und Motorradwerk in Eisenach. Im September 1946 wird das Werk der Sowjetischen AG »Awtowelo« (Awo) angegliedert. Am BMW-Stammsitz in München, wo bis dahin meist Flugzeugmotoren gebaut wurden, müssen die BMWler das Autobauen erst lernen.

Gemessen am Bruttoanlagevermögen von 1936 verliert die SBZ zwischen 1945 und 1948 fast ein Drittel ihrer Industrieanlagen. Das Audi-Werk in Zwickau verfügt 1944 über 942 Werkzeugmaschinen, nach den Demontagen sind es 1946 nur noch 98. »Im Vergleich zu den Demontagen waren die Kriegsschäden in der SBZ deutlich geringer«, sagt Historiker Arnold. In den Westzonen ist der Kapitalstock 1948 dagegen schon wieder acht Prozent größer als vor dem Krieg.

Fünf Demontagewellen lässt die UdSSR zwischen 1945 und 1948 über ihre Besatzungszone rollen. Das zermürbt die Mitarbeiter, wie

Wolfgang Leonhard, der im Mai 1945 mit dem späteren Staatsratsvorsitzenden Walter Ulbricht aus Moskau in die SBZ kommt, in seinem Buch »Die Revolution entlässt ihre Kinder« beschreibt: »Wieder wird der Genosse zu den Russen geladen. Sie sagen ihm, der Betrieb werde erneut demontiert. Er redet auf sie ein. Es hilft nichts.« Der Funktionär weigert sich, die Kollegen zu informieren. »Wenn Sie es nicht tun«, antwortet der sowjetische Offizier, »werde ich den Arbeitern mitteilen, was Sie inzwischen an Pajoks und Sondervergünstigungen erhalten haben.« »Pajoks« waren die Care-Pakete der Sowjets für privilegierte Ostdeutsche. Am nächsten Tag verteidigt der Funktionär vor der Belegschaft die zweite Demontage.

Anderswo wird sogar offiziell protestiert. In einem von Arnold gefundenen Dokument beklagt sich die Leitung der Reuter & Straube AG in Halle beim Ministerpräsidenten über die Demontagen: »Wir kommen überhaupt nicht wieder hoch, es wird Ackerland gemacht.«

Der Widerstand gegen die Reparationen im Osten Deutschlands bleibt allerdings gering – auch weil die Sowjets rigoros vorgehen. Für die Werke von Carl Zeiss und Schott um Jena belegen Arnolds Akten, dass Werksangehörige wegen »Sabotage« an der Demontage inhaftiert wurden. Auch überwachen 2000 Rotarmisten der »15. Selbständigen Trophäenbrigade« den Abbau des weltberühmten Unternehmens, der auch 2457 Tonnen sanitärer Anlagen einschloss.

Im Westen hingegen kommt es zu direkten Konfrontationen mit den Besatzern. Weil im März 1950 demonstrierende Arbeiter die Demontagen blockieren, besetzen britische Truppen, das Maschinengewehr im Anschlag, die Salzgitterwerke bei Braunschweig, die bis 1945 zu den »Reichswerken Hermann Göring« gehörten.

In der SBZ bleibt Angestellten und Betriebsleitern nur, den Frust herunterzuschlucken. Doch vergessen wird er nie. Besonders das Bahnsystem ist schwer von Demontagen betroffen. Von 23 275 Kilometern zweigleisiger Strecken existieren 1950 nur noch 17 268 Kilometer – ein Viertel weniger als zuvor. Der Abbau der zweiten Gleise ist nach Ansicht des Historikers Rainer Karlsch bis heute »im kollektiven Gedächtnis der Ostdeutschen« das »Synonym für die sowjetische Demontagepolitik«.

Weil die »Deindustrialisierung« der SBZ zunehmend auch der so-

SOWJETISCHE AGS – DIE MILLIARDEN-HYPOTHEK

1952

wjetischen Militärverwaltung zu denken gibt, legt die Sowjetische Militärverwaltung (SMAD) ab Juni 1946 den Schwerpunkt auf Produktionsentnahmen – von Kohle und Stahl bis hin zu Holz und Beton. Schon im Februar 1945 hatte Großbritanniens Premierminister Winston Churchill die Sowjets gewarnt: »Wenn Sie wollen, dass Ihr Pferd den Karren zieht, dann müssen Sie ihm schon eine gewisse Menge Hafer geben – oder wenigstens Heu.« Heu gibt es nun, doch die Karren fahren immer nur in eine Richtung: nach Osten.

Rund 200 Betriebe werden Mitte 1946 enteignet und als »Sowjetische Aktiengesellschaften« geführt. Zu SAGs werden die wichtigsten Unternehmen der SBZ wie die Chemiefabriken von Leuna und Buna, die IG-Farben-Werke in Wolfen und Bitterfeld oder der Panzer- und Zementhersteller Krupp-Gruson in Magdeburg. Mit den SAGs produzieren 16 Prozent der ostdeutschen Wirtschaft direkt für die UdSSR. Die Sowjetunion kontrolliert nun die Schlüsselbranchen der ostdeutschen Wirtschaft, und sie verfügt damit in der Deutschlandpolitik über eine neue Option: Selbst bei einer Wiedervereinigung bliebe ihr Einfluss gesichert. Auch die deutschen Betriebe profitieren: Für sie ist es immer noch besser, eine SAG zu sein, als demontiert zu werden.

Wirtschaftlich erweisen sich die SAGs zudem als ein besseres »Geschäft« als die meisten Demontagen. Denn die Sowjets legen durchaus Wert auf kapitalistischen Profit. Bis 1953 machen die enteigneten Betriebe 3,5 Milliarden Mark Gewinn. Der größte Teil davon fließt in die Sowjetunion. Und wer keine Gewinne liefert, der wird wieder abgestoßen. 74 SAGs geben die Sowjets schon im Februar 1947 zurück – zu unrentabel. Im Frühjahr 1950 folgen weitere 23.

Das Ende der Zwangswirtschaft zeichnet sich erst im April 1952 ab. Bei der größten Rückgabeaktion gehen 66 Unternehmen zurück in DDR-Besitz – das SED-Regime muss dafür 1,75 Milliarden Mark zahlen und 430 Millionen Mark Schulden übernehmen. Abzahlen muss der SED-Staat diese »Schulden« jedoch nie. Nach dem Volksaufstand vom 17. Juni 1953 geben die Sowjets am 1. Dezember 1953 auch die letzten 33 SAGs zurück – »entschädigungslos«. Zum 1. Januar 1954 wird die DDR von allen weiteren Reparationsforderungen »befreit«.

Nach sowjetischen Angaben hat die DDR 4,29 Milliarden Dollar an Wiedergutmachung geleistet. Historikern erscheint diese Zahl viel zu niedrig – tatsächlich liegt sie wohl mindestens doppelt so hoch. Für den Historiker Rainer Karlsch hat die DDR »die höchsten im 20. Jahrhundert bekannt gewordenen Reparationsleistungen erbracht und damit mehr Reparationen geleistet, als die Sowjetunion ursprünglich von ganz Deutschland gefordert hat«.

Nach dem Fall der Berliner Mauer 1989 wird die so ungleiche Reparationsbelastung zwischen Ost und West noch einmal zum Thema. Hans Modrow, bis März 1990 Ministerratsvorsitzender der DDR, fordert im Februar 1990 von der Bundesrepublik 15 Milliarden DDR-Mark, um die innerdeutsche Reparationsbilanz auszugleichen. Der Bremer Historiker Arno Peters behauptet sogar, die Bundesrepublik schulde der DDR 727 Milliarden D-Mark (363 Milliarden Euro) für Reparationen – inklusive Zinsen. Finanzminister Theo Waigel beeilt sich, solche Forderungen zurückzuweisen. Zahlen wird der Westen dennoch. Über die Mittel für den »Aufbau Ost« und Sozialtransfers ist inzwischen fast viermal so viel Geld in die neuen Bundesländer geflossen wie von Historiker Peters errechnet: 1400 Milliarden Euro.

Jörg Lichter, Christoph Neßhöver

1953

Londoner Schuldenabkommen – Abs' Meisterstück

Im Februar 1953 unterschreibt die Bundesrepublik das Londoner Schuldenabkommen. Deutschland bekommt wieder Kredit – die zweite Etappe des Wirtschaftswunders kann beginnen.

Hermann Josef Abs war vieles in seinem Leben: zweimal Vorstand der Deutschen Bank, von 1938 bis 1945 und von 1957 bis 1967. Geldbeschaffer für die Kriegspläne Hitlers und gleichzeitig Informant der Kriegsgegner im »Kreisauer Kreis«. Von den Briten nach Kriegsende erst verhaftet, dann umgehend zum Finanzberater gemacht. Einer der engsten politischen Vertrauten Konrad Adenauers und bis zu seinem

Konferenzraum im Londonderry House während der Unterzeichnung des Auslandsschulden-Abkommens am 27. Februar 1953

Tode 1994 die graue Eminenz der deutschen Wirtschaft. Ein stahlharter Bankier, der die Deutsche Bank unter größten Mühen nach dem Krieg wieder gründete und zum führenden Kreditinstitut machte. Ein frommer Katholik, der vielen mit seinem Privatvermögen half. Auf keinen anderen deutschen Wirtschaftsführer trifft das Bonmot des Schriftstellers Ernst Jünger besser zu, man müsse nur alt genug werden, um alles und das Gegenteil von allem zu erleben.

Abs selbst jedoch sah als seine wichtigste Lebensleistung weder den Aufstieg der Deutschen Bank noch seine Rolle in der Deutschland AG an. In Erinnerung bleiben wollte der am 15. Oktober 1901 geborene Rheinländer vor allem mit einer von ihm ausgehandelten hochkomplexen internationalen Finanzvereinbarung, die schon kurz nach ihrer offiziellen Unterzeichnung am 27. Februar 1953 für viele Jahrzehnte in völlige Vergessenheit geriet: Mit dem Londoner Schuldenabkommen übernimmt die junge Bundesrepublik die Vorkriegsschulden des Deutschen Reiches, reguliert die eigenen Nachkriegsschulden, verschafft sich wieder internationale Kreditwürdigkeit – und schafft damit die Voraussetzungen für einen beispiellosen Exportboom. Der schwierige Kompromiss mit den Gläubigerstaaten leitete den »finanzökonomischen Teil des deutschen Wirtschaftswunders« ein, wie die Historikerin Ursula Rombeck-Jaschinski in ihrem Buch »Das Londoner Schuldenabkommen« schreibt.

Für den Bankier Abs gleichen die Verhandlungen einem Balanceakt auf der Rasierklinge. Bundesfinanzminister Fritz Schäffer prophezeit ihm von Anfang an: »Wenn Sie Erfolg haben, werden Sie an einem Birnbaum aufgehängt, wenn Sie Misserfolg haben, an einem Apfelbaum.« Einerseits braucht die Bundesrepublik dringend eine Einigung mit ihren privaten und staatlichen Gläubigern, wenn sie in die Familie der freien Völker zurückkehren will. Andererseits kann Westdeutschland nach Expertenrechnungen maximal 500 Millionen Mark an Schuldendienst verkraften, ohne einen finanziellen Zusammenbruch zu riskieren – viel zu wenig Geld nach Meinung der amerikanischen und britischen Verhandlungspartner.

Als Abs in London eintrifft, steckt er in der Klemme: Gibt er zu wenig nach und riskiert ein Scheitern der Verhandlungen, bleibt die Bundesrepublik vielleicht für Jahre auf den internationalen Finanz-

1953

märkten handlungsunfähig. Gibt er zu viel nach, drohen ein wirtschaftliches Desaster und politische Debatten analog der Versailles-Diskussion nach dem Ersten Weltkrieg, als Rechtsnationalisten die Weimarer »Erfüllungspolitik« hinsichtlich der internationalen Reparationsforderungen anprangerten.

Die eigentlichen Schuldenverhandlungen beginnen am 5. Juli 1951 mit einer »Vorkonferenz« im Lancaster House. In den prächtigen Räumen des 1825 gebauten Palasts mit seinen exquisiten Louis-Quatorze-Möbeln trifft sich die deutsche Delegation mit ihrem Leiter Abs zum ersten Mal mit den Vertretern der privaten und staatlichen Gläubiger. Das Wort führten vor allem die Amerikaner und Briten. Der britische Delegationsleiter Sir George Rendel beschwört das »gegenseitige Verständnis und die freie Zusammenarbeit«. Und der amerikanische Vertreter der privaten Anleihegläubiger, James Rodgers, sagt unter großem Beifall, die Regelung der deutschen Auslandsschulden sei »ein kleiner, aber wesentlicher Teil der deutschen Rehabilitierung« nach dem Ende der Hitler-Diktatur.

Schon bald aber beginnt das »Geplänkel über jedes Detail und der Streit über jedes Komma«, wie James Rodgers einräumt. Auf der eigentlichen Hauptkonferenz vom 28. Februar bis 8. August 1952 kulminieren die Meinungsdifferenzen. Im Kern geht die Auseinandersetzung um die Fragen, ob die Bundesrepublik Deutschland als Rechtsnachfolgerin des Deutschen Reiches alle oder nur einen Teil der Auslandsschulden bedienen könne, was mit den seit 1939 aufgelaufenen Zinsen geschehen solle und wie viel Schuldendienst insgesamt sie leisten könne. Unterschiedlichste Interessen der einzelnen Gläubiger und zahlreiche juristische Details verkomplizieren eine befriedigende Lösung.

Was Abs' Mission zusätzlich erschwert: Die Auslandsschulden finanziell bedienen zu können ist durch eine politisch und moralisch zwar unausweichliche, wirtschaftlich aber äußerst belastende Entscheidung Konrad Adenauers geschrumpft: Der Bundeskanzler hat schon im September 1951 die Bereitschaft zu einer sofortigen milliardenschweren Wiedergutmachung an Israel zu Protokoll gegeben, über die seine Unterhändler parallel zu den Londoner Gesprächen in Den Haag verhandeln.

Als Abs vor den 300 Teilnehmern der Hauptkonferenz aus dreißig

Staaten nach langem Hin und Her erstmals konkrete Zahlen nennt, prophezeit ihm der Brite Rendel »stürmische Tage«. Die deutsche Delegation beziffert die »Rückzahlungskapazität« der Bundesrepublik auf die besagten 500 Millionen Mark pro Jahr. Nach damaligem Umtauschkurs sind das gerade einmal 125 Millionen Dollar oder ein Viertel aller erfassten Zins- und Tilgungsansprüche.

Abs muss sich während der Schuldenkonferenz immer wieder politische Rückendeckung in Bonn verschaffen, weil verschiedene Kräfte in der Regierung und in der »Bank deutscher Länder« – der Vorläuferin der Bundesbank – weiter gehende Kompromisse ablehnen. Gleichzeitig muss der Verhandlungsführer auch Rücksicht auf die privaten Darlehensnehmer aus der deutschen Industrie nehmen, für die es bei den Londoner Schuldenverhandlungen um nicht weniger als ihre eigene Überlebensfähigkeit auf den internationalen Märkten geht.

Für die Vereinigten Stahlwerke aus dem Ruhrgebiet führt ein junger Rechtsanwalt in enger Abstimmung mit Abs die Verhandlungen: Dieter Spethmann, der spätere langjährige Vorstandsvorsitzende der Thyssen AG. Abs bestellt den damals 27-Jährigen – oft erst um 22.15 Uhr – zu sich an den Frankfurter Rossmarkt 2, um sich Bericht über die Verhandlungen des Konzerns in New York erstatten zu lassen. Das »große Erlebnis« prägt Spethmann nachhaltig. Bis heute nennt er Abs als Ersten, wenn man ihn nach der beeindruckendsten Persönlichkeit der Nachkriegsjahre fragt.

Abs verhandelt zäh, mutig, detailversessen und oft bis an die Grenze seiner physischen Kraft. Mehrmals steht die Konferenz kurz vor dem Scheitern. In einer Rede vor dem Düsseldorfer Industrieclub sagt der Bankier später: »Ich hoffe, dass Sie nie begreifen, welche Mühen die Regelung der Auslandsschulden machte.« Nur durch mehrere Kompromisse kann Abs die Verhandlungen mit tatkräftiger Hilfe der amerikanischen Regierung retten, die sich gegen die härter auftretenden Briten und Franzosen behauptet.

Die deutsche Delegation setzt durch, wie im berühmten Artikel 5, Absatz 2 des Londoner Schuldenabkommens festgehalten ist, dass sämtliche Reparationsansprüche der westlichen Staaten aus dem Zweiten Weltkrieg bis zum Abschluss eines förmlichen Friedensvertrags aufgeschoben werden. Ein Teil der Gläubigerforderungen – die so ge-

1953

nannte Schattenquote – soll außerdem erst nach der Wiedervereinigung Gesamtdeutschlands wieder aufleben. Insgesamt verringern sich die Auslandsschulden der Bundesrepublik durch die geschickte Verhandlungsführung des Bankiers von 29,3 auf 14,5 Milliarden Mark. Im Gegenzug gesteht Deutschland den Gläubigern eine hohe Rückzahlungssumme zu: 567 Millionen Mark Zins und Tilgung in den ersten fünf Jahren und 765 Millionen Mark für die Zeit danach. Nach der Abmachung wollte die Bundesrepublik ihre Rückzahlungen bis zum Jahr 1988 in Raten ableisten. Aus der Perspektive einer kriegsgeschädigten Wirtschaft erschienen die vereinbarten Lasten 1952/53 »nicht leicht zu tragen«, schreibt der Wirtschaftshistoriker Werner Abelshauser.

Als die Vertreter von 21 Staaten das Londoner Schuldenabkommen am 27. Februar 1953 um elf Uhr feierlich im Londonderry House unterzeichnen, können sie nicht ahnen, wie stark sich die deutsche Wirtschaft in den folgenden Jahren entwickeln wird. Der Vorsitzende der Konferenz, John W. Gunter, spricht nach über zwanzig Monaten Verhandlungen von einem »vernünftigen Kompromiss«, einer »gerechten und billigen Regelung«.

In Deutschland schreiben verschiedene Kommentatoren zwar durchaus negativ über das Abkommen, eine zweite Versailles-Debatte aber können die Gegner nicht in Gang bringen – zumal der schnelle Aufschwung der Exportwirtschaft alle Kritik rasch erstickt. Bis 1958 erwirtschaftet die Bundesrepublik bereits einen Außenhandelsüberschuss von 44,5 Milliarden Mark. Der Schuldendienst frisst schon bald nicht mehr als 5 Prozent der gesamten Exporterlöse. Deutschland tilgt seine Verbindlichkeiten in den nächsten Jahren vorzeitig. Bis 1961 sind bereits alle Zahlungen an Frankreich und Großbritannien abgeschlossen und rund ein Drittel aller Vorkriegsschulden abgelöst. Die Wirklichkeit bestätigt, was Hermann Josef Abs nach dem Abkommen prophezeit hatte: Der Schuldendienst funktioniert so problemlos, dass ihn schon bald alle als »selbstverständlich ansehen«. Die deutsche Öffentlichkeit schert sich nicht mehr um das Londoner Schuldenabkommen.

Nur zweimal lebt die Erinnerung noch einmal auf. Nach der Wiedervereinigung muss sich Bundesfinanzminister Theo Waigel 1990 mit der »Schattenquote« beschäftigen. Die Bundesschuldenverwaltung legt Schuldverschreibungen über 185 Millionen D-Mark mit einer Laufzeit

LONDONER SCHULDENABKOMMEN – ABS' MEISTERSTÜCK

1953

von zwanzig Jahren auf, um die 1953 zunächst gestundeten Zinsrückstände aus Vorkriegsanleihen zu bezahlen. Und Ende der neunziger Jahre wühlen Anwälte, Journalisten und Historiker erneut in den Archiven der Schuldenkonferenz: Im Zusammenhang mit der Debatte über die Entschädigung von Zwangsarbeitern häufen sich nun wieder die kritischen Stimmen über Abs. Schließlich habe der deutsche Bankier durch den Paragraphen 5 des Schuldenabkommens nicht nur Reparationszahlungen verhindert, sondern auch eine frühzeitige Auseinandersetzung mit den Ansprüchen der Zwangsarbeiter. Bis heute streiten die Historiker, ob Abs durch seine harte Haltung 1953 als Verantwortungsethiker lediglich Zeit für eine endgültige Regelung aller Ansprüche gegen Deutschland erkaufen oder sich der moralischen Verantwortung gegenüber Juden und Zwangsarbeitern schlicht entziehen wollte.

Alles Geschichte. Aber so ganz will die deutsche Vergangenheit nicht vergehen. An die Schuldenkonferenz erinnert immer noch ein winziger Einzeltitel im Bundeshaushalt: Unter Ziffer F 532 05–059 sind im Etat 18 000 Euro für den Schiedsgerichtshof und die Gemischte Kommission, die über die Einhaltung des Vertrags von 1953 wachen, aufgelistet.

Bernd Ziesemer

1954

Adidas – Die Schuhe von Bern

Im Juli 1954 gewinnt Deutschland die Fußball-Weltmeisterschaft mit Schraubstollen von Adi Dassler. Der Aufstieg von Adidas zu einem der größten Sportkonzerne der Welt beginnt.

Die Schraubstollen waren es, diese länglichen Zapfen unter den Fußballschuhen, die man so schnell und einfach austauschen kann. Sie gaben der deutschen Fußball-Nationalelf den entscheidenden Kick, 1954 im Regen von Bern. Sie haben dafür gesorgt, dass Fritz Walter, Helmut Rahn und Co. das Endspiel der Weltmeisterschaft 1954 gewannen. Zumindest gibt es einige Leute, die bis heute fest davon überzeugt sind.

Der Adidas-Schuhproduzent Adolf Dassler beim Präparieren der Stollen von Fußballschuhen des deutschen Fußballteams

ADIDAS – DIE SCHUHE VON BERN

1954

Jenö Buzánsky ist so einer. »Der wesentliche Unterschied zwischen beiden Mannschaften waren die austauschbaren Stollen«, soll er einmal gesagt haben. Buzánsky muss es wissen, denn er war der rechte Verteidiger des ungarischen Teams, das den Deutschen an jenem 4. Juli 1954 auf dem matschigen Rasen im Berner Wankdorfstadion völlig überraschend nach einer 2 : 0-Führung mit 2 : 3 unterlag.

Andere wiegeln ab. Zu ihnen gehört Karl Heinz Lang. »Die Sache auf die Stollen zu reduzieren ist schon fast eine Beleidigung des Schuhs«, sagt der 64-Jährige. Denn die Schuhe seien auch sehr leicht und biegsam gewesen, was mindestens genauso wichtig sei wie die Stollen. Auch Lang steckt tief in der Materie drin, denn er arbeitet seit 31 Jahren für Adidas und ist so etwas wie der Archivar oder das lebende Gedächtnis des Sportkonzerns.

Wie wichtig waren nun die Stollen für den Sieg? Und wer hat sie erfunden? Der Streit darüber tobt seit vielen Jahren. Nur eines ist unbestritten. Das Finale von Bern war eine der Sternstunden in der Geschichte des Unternehmens Adidas – eines der Ereignisse, die die Firma aus Herzogenaurach nach dem Krieg zu einem der führenden Sportkonzerne der Welt aufsteigen ließen. Heute ist Adidas mit einem Jahresumsatz von mehr als zehn Milliarden Euro weltweit die Nummer zwei der Branche und im Fußball verwurzelt wie kein anderer Wettbewerber. Als offizieller Ausrüster und Sponsor der jüngsten Fußball-WM in Deutschland waren die drei Streifen im Sommer 2006 fast rund um die Uhr auch im letzten Winkel der Erde auf dem Fernsehschirm zu sehen. Nicht nur »Poldi«, »Miro«, »Schweini« und Co., auch jeder Schiedsrichter und jeder Balljunge lief mit Adidas-Leibchen auf den Platz. Der größere Konkurrent Nike musste sich dagegen mit einer Nebenrolle als Sponsor einzelner Teams begnügen. Das gilt auch für Puma, den Erzrivalen von Adidas.

Adidas und die deutsche Fußball-Nationalmannschaft, das ist inzwischen eine Beziehung wie die zwischen Bayern und der CSU. Angefangen hat alles Anfang der fünfziger Jahre. Mannschaftskapitän Fritz Walter bittet Adolf Dassler, Gründer, Namensgeber und damals Chef von Adidas: »Adi, mach uns mal ein paar Schuhe, in denen man den Ball spürt.« Und Dassler macht – einen weichen, leichten Fußballschuh, mit Schraubstollen-Gewinden in der Sohle. Kein Vergleich zu den damals

1954

gängigen Stiefeln aus dickem Leder, fest gegerbt und vorn mit Stahlkappen verstärkt. Untendrunter sind angenagelte Lederstollen, so dick wie Weinkorken. Fritz Walter ist es auch, der seine Mannschaftskollegen und den Bundestrainer Sepp Herberger regelrecht überredet, Dasslers Entwicklung eine Chance zu geben. Vor allem die bodenständigen Nürnberger Spieler um Max Morlock lehnen den Wechsel partout ab.

Wie sehr sich die neuen Schuhe auszahlen werden, das ist im WM-Finale von 1954 zunächst nicht absehbar: Die Ungarn sind haushohe Favoriten, sie haben die Mannschaft von Sepp Herberger in der Vorrunde mit 8 : 3 in Grund und Boden gespielt und sind seit 34 Partien ungeschlagen. Sie strotzen vor Selbstbewusstsein. Schon nach acht Minuten liegen die Deutschen mit 0 : 2 zurück. Die Ungarn schalten einen Gang zurück. Dann geschieht das Wunder, das ganz Fußball-Deutschland bis heute fasziniert. Erst erzielt der Nürnberger Max Morlock den Anschlusstreffer, dann gelingt Helmut Rahn der Ausgleich. In der 84. Minute wird der Essener, den sie alle nur »Boss« nennen, mit dem Siegtor zum 3 : 2 für deutsche Fußballfans unsterblich.

Seither suchen die konsternierten Ungarn Erklärungen für ihre überraschende Niederlage. Da gab es angeblich Fehlentscheidungen des englischen Schiedsrichters William Ling, der ein Tor wegen Abseits nicht gegeben hat. Aber einen anderen Grund erkennen sie im überlegenen Schuhwerk der Deutschen. Das ganze Turnier über ist es trocken, die Spielfelder sind pickelhart. Am 4. Juli jedoch regnet es in Strömen, der Rasen im Wankdorfstadion ist tief und rutschig.

Adi Dassler hat die passenden Stollen dafür im Gepäck. Schlank und hoch sind sie, wie geschaffen für das Schmuddelwetter. So graben sich die Kunststoffstollen in den nassen Boden und geben der deutschen Elf einen sicheren Stand. Auch das geringe Gewicht zahlt sich aus. Die Schuhe wiegen 350 Gramm und sind damit fast halb so schwer wie die damals üblichen Modelle. Jedes Gramm zählt in jenem Endspiel, denn in dem Dauerregen saugt sich das Leder voll, »da kann sich das Gewicht schnell einmal verdoppeln«, sagt Adidas-Mann Lang.

Der 64-Jährige, der als einer von ganz wenigen der heutigen Adidas-Beschäftigten noch mit Adi Dassler selbst zusammengearbeitet hat, steht in einem mit Jalousien verdunkelten Raum in der Adidas-Schuh-

1954

fabrik im fränkischen Scheinfeld, dem letzten deutschen Reservat in der Adidas-Welt. Sonst wird nur noch im Ausland produziert. Hier in Scheinfeld werden die Sonderwünsche von Stars wie David Beckham erfüllt – und hier lagert die Adidas-Geschichte.

Lang hat Tausende von Schuhen gesammelt, jedes Paar ein Zeugnis großer Erfolge vergangener Tage. Da sind die Olympischen Spiele in Helsinki 1952. In einer Woche holt Läuferlegende Emil Zatopek mit seinen Adidas-Spikes drei Goldmedaillen – über 5000 und 10 000 Meter sowie im Marathon. Acht Jahre später, die Olympischen Spiele sind dieses Mal in Rom, tragen drei von vier Athleten die Marke mit den drei Streifen. Und 1974 wird die Fußball-Elf um Franz Beckenbauer Weltmeister – in Adidas-Ausstattung.

Stets versteht es Firmengründer Adolf Dassler, die Triumphe in bare Münze umzuwandeln. Schon am Tag nach dem WM-Sieg von Bern lässt der Schuster aus Herzogenaurach Anzeigen schalten, in denen er seine neuen Schuhe anpreist. Die Kick-Schuhe von Bern wollen auch die meisten Fans sehen, die die Adidas-Fabrik in Scheinfeld besuchen. Morlocks berühmter rechter Schuh ist gut erhalten. Die drei weißen Streifen an den Seiten sind leicht vergilbt, doch das historische Stück kommt schlank und elegant daher, modernen Sneakers nicht unähnlich. Auch die Schraubstollen an der Unterseite unterscheiden sich auf den ersten Blick nur wenig von denen, die es heute zu kaufen gibt.

Eigentlich sind Schraubstollen keine Erfindung von Adidas. »Das hatten andere auch«, gibt Firmenarchivar Lang zu. Tatsächlich lieferte sich Adi Dassler damals eine Auseinandersetzung mit seinem Bruder Rudolf. Die Geschwister hatten vor dem Krieg in ihrer »Gebrüder Dassler Schuhfabrik« zusammengearbeitet. Nach Kriegsende trennen sich die Wege, die Brüder werden zu erbitterten Gegnern, die kein Wort mehr miteinander reden. 1948 gründet Rudolf die Sportfirma Puma, und Adolf ruft Adidas ins Leben. Beide bleiben in ihrem Heimatort Herzogenaurach, über Jahrzehnte nur voneinander getrennt durch das Flüsschen Aurach. Beide forschen parallel an neuen Fußballschuhen, beide versuchen die Nationalmannschaft auszustatten, beide werben um die Gunst von Trainerlegende Sepp Herberger. Letztlich hatte Adi die Nase vorn, weil sich Rudolf mit Herberger zerstritten haben soll. Seit damals pflegt Adidas eine enge – Konkurrenten wie Puma

ADIDAS – DIE SCHUHE VON BERN

1954

behaupten gern: zu enge – Verbindung zum Deutschen Fußballbund (DFB). Bis heute treten die Spieler der Nationalmannschaft in Adidas-Schuhen und den Trikots mit den drei Streifen an.

Mit den Jahren weitet der Konzern seine Beziehungen auch ins internationale Fußballgeschäft aus. Vor allem Adis Sohn Horst Dassler sorgt in den siebziger und achtziger Jahren dafür, dass Adidas zum Haus- und Hoflieferanten des europäischen Fußballverbands Uefa und des Weltverbands Fifa wird. Die Liaison mit den in der Schweiz beheimateten Verbänden zahlt sich bis heute aus. So hat der US-Konzern Nike die Deutschen in den achtziger und neunziger Jahren zwar als weltweit größten Sportanbieter weit hinter sich gelassen. Im Fußballgeschäft ist Adidas allerdings noch immer deutlich stärker als die US-Amerikaner.

An der Dominanz von Adidas bei den wichtigsten Turnieren wird sich so schnell nichts ändern. Uefa-Chef Lennart Johansson lobt den Partner Adidas in den höchsten Tönen: »Wir sind in der glücklichen Lage, mit einer der führenden Fußballmarken zusammenzuarbeiten«, sagte der Schwede während der WM 2006 in Berlin. Da hatte Johansson gerade mit Adidas-Chef Herbert Hainer die Verträge für die Europameisterschaft 2008 unter Dach und Fach gebracht.

Auch für die WM 2010 in Südafrika hat Hainer längst seine Beziehungen zur Fifa spielen lassen. Das Unternehmen aus Herzogenaurach wird den WM-Tross erneut ausstatten. Kein Wunder, dass Fußball bis heute einer der wichtigsten Umsatzbringer von Adidas ist. Im WM-Jahr 2006 nimmt die Firma mit dem Verkauf von T-Shirts und Fußballschuhen mehr als 1,2 Milliarden Euro ein – so viel wie nie zuvor. 15 Millionen Bälle und drei Millionen Trikots verkaufen die Franken allein im heißen Fußballsommer 2006. Die meisten Kunden tragen die Shirts eher beim Besuch der Kneipe um die Ecke als auf dem Fußballfeld. Für Profikicker gibt es inzwischen mehr als zwei Dutzend unterschiedliche Stollenarten von Adidas. Und schon heute tüfteln die Adidas-Entwickler an Bällen, Schuhen und Trikots für die EM 2008. Denn eins ist klar: Dann sollen neue Rekorde her. »Wir wollen den Erfolg noch steigern«, sagt Adidas-Chef Hainer.

Für Adidas war das Jahr 1954 ein Meilenstein auf dem Weg zum globalen Sportkonzern. Für das ungarische Team dagegen brach eine Welt zusammen. Die Spieler, die Politiker, ja das ganze Volk waren felsenfest davon überzeugt, dass ihre Mannschaft gewinnen würde. Mit der Niederlage können sich viele Mannschaftsmitglieder bis heute nicht abfinden. »Dieses Spiel ist immer noch ein Albtraum für mich«, sagt Gyula Grosics, der damals für die Ungarn das Tor hütete. Seinem Kollegen Jenö Buzánsky geht es ähnlich: »Jedes Jahr am 4. Juli denke ich daran und bekomme immer noch Schweißausbrüche.«

Joachim Hofer

1955

Porsche – Luxus aus Blech

Mit einem Todesfall beginnt im September 1955 der Aufstieg einer der begehrtesten Automarken der Welt: Porsche. Ein halbes Jahrhundert später kontrolliert der Nachfahr sogar seinen Ahnen – Volkswagen.

Ein tödlicher Unfall ist es, der 1955 aus einer jungen Automarke eine Legende macht. Es ist der Abend des 17. September, als ein 24-Jähriger mit seinem Porsche 550 Spyder von einem entgegenkommenden Auto gerammt wird: James Dean ist tot. Erst kurz zuvor hatte der amerikanische Filmstar seinen ersten Porsche, einen 356-1500-ccm-Speedster-Cabrio S, gegen den neuen Spyder getauscht. Der jugendliche Draufgänger sucht das Tempo und die Eleganz. In Drehpausen fährt James Dean sogar mit seinem Porsche Autorennen. Für die Firma Porsche ist der rennsportbegeisterte Schauspieler der ideale Werbeträger in den USA.

Ferdinand Porsche und Sohn Ferdinand »Ferry« Porsche vor einem Porsche 356

Doch erst sein Unfall macht die gerade einmal sieben Jahre alte Automarke Porsche über Nacht weltberühmt. Das, was am 8. Juni 1948 mit der technischen Abnahme des ersten Porsches, des 356, begonnen hat, wird zu einem der größten Erfolge der deutschen Unternehmensgeschichte.

1955

Der Ursprung des erfolgreichen Sportwagenherstellers hat freilich nichts mit der Glitzerwelt des Zelluloids zu tun. Der Ursprung ist die verrückte Vision, einen Sportwagen zu bauen – und das direkt nach dem Krieg, zu einer Zeit, in der die Menschen alles andere brauchen als einen luxuriösen Traum aus Blech.

Die Wiege dieses Traums steht in einem schlichten Holzbau in Gmünd, einem kleinen Ort in Kärnten, nahe des Katschbergs an einer der steilsten Passstraßen der Alpen. Hierher hatte der Krieg 1944 die Hälfte der knapp 600 Mitarbeiter von Ferdinand Porsche, einem der genialsten Ingenieure seiner Zeit, dem Entwickler des »Volkswagens«, verschlagen. Am Stammsitz in Stuttgart-Zuffenhausen, wohin das Unternehmen erst 1950 zurückkehrt, ist es durch die Bombenangriffe zu gefährlich geworden. Seine Familie hat Porsche ins österreichische Zell am See evakuiert.

Mit von der Partie ist auch Ferdinand Porsches Sohn. Weil er den gleichen Vornamen trägt wie der Vater, wird er »Ferry« gerufen, um Verwechslungen zu vermeiden. Unter seiner Führung machen sich die Porsche-Ingenieure daran, einen Sportwagen zu entwickeln. Es soll der erste Wagen der Porsches werden, der auch ihren Namen trägt. Bisher hat Porsche senior stets für andere Firmen Autos entworfen: erst für den österreichischen Hofkutschenlieferanten Lohner, für Austro-Daimler und Daimler in Stuttgart, dann für Steyr und Auto-Union. Nun also endlich soll ein Porsche auch Porsche heißen.

»Das war eine alte Idee meines Vaters«, hat Ferry Porsche später erzählt. »Als er von Austro-Daimler zu Mercedes wechselte, dachte er daran, etwas Ähnliches aufzubauen, wie es seinerzeit Bugatti getan hatte.« Als Ferdinand Porsche für Adolf Hitler den VW-Käfer erfindet, entwickelt er eine Sportwagenversion gleich mit. Aber die Nazis sehen keinen Bedarf für ein solches Fahrzeug. Alle weiteren Träumereien beendet der Krieg.

Mit der eigenen Sportwagenfirma baut Ferry Porsche zwar auf den

1955

Kenntnissen seines Vaters auf. Doch er nutzt auch die Chance, aus dessen Schatten zu treten. Denn Vater Ferdinand kann zunächst nicht viel helfen. Er sitzt fast zwei Jahre in Internierungshaft der Franzosen und kommt erst im August 1947 wieder frei. Ferry ist mit Autos aufgewachsen. Von frühester Kindheit an begleitet er den Vater ins Büro. Mit zwölf darf er bereits im Rennwagen des Vaters fahren: »Ich kam, wenn man so will, mit dem Auto auf die Welt.«

Als am 8. Juni 1948 der erste Porsche 356 fertig ist und von den österreichischen Behörden technisch abgenommen wird, ist Ferry Porsche sicher, dass der Wagen – in mühsamer Handarbeit im Bergdorf Gmünd hergestellt – gelungen ist. »Keine Schraube hätte ich anders gemacht«, soll Vater Ferdinand anerkennend gesagt haben. Er habe ihm auf die Schulter geklopft, erzählt Ferry in seiner Biographie. »Ich hätte die Aufgabe genau so wie du angepackt.« Für den 39-jährigen Ferry Porsche ist es das größte Lob, das er sich vorstellen kann.

Im Herzen des ersten Porsches schlummert noch viel Volkswagen. Der 356-1 ruht auf einem Gitterrohrrahmen, den das Porsche-Team selbst zusammenschweißt. Beim Motor greift Porsche auf das VW-Aggregat mit 1131 ccm und knapp 35 PS zurück, das – ungewöhnlich – vor der Hinterachse liegend eingebaut wird. Das Getriebe dagegen hat Ferry Porsche hinter der Hinterachse angeflanscht. Die Radaufhängung vorn sowie Lenkung und Bremsen sind ebenfalls original VW-Teile, die dank kleiner Veränderungen eine bessere Straßenlage und höhere Leistung garantieren. Mit seinen 600 Kilogramm Gewicht ist der offene Roadster mit einer Spitzengeschwindigkeit von 135 Stundenkilometern für damalige Verhältnisse wieselflink.

Der 356-1 überrascht sogar seine Konstrukteure bei den Erprobungsfahrten am Katschberg. »Er jagte hinauf wie eine Gämse«, erinnert sich Ferry später. Bereits einen Monat nach seiner Geburt, am 8. Juli 1948, gewinnt der erste Porsche in Innsbruck locker sein erstes Rennen. Bis zur Serienreife muss Ferry Porsche allerdings nachbessern. Der Gitterrohrrahmen ist zu aufwendig, und der Mittelmotor rückt wieder hinter die Hinterachse. So ist der 356-2 komfortabler und bietet vor allem mehr Raum für Gepäck.

Die Arbeitsbedingungen in den Anfangsjahren sind abenteuerlich. Aus der Schweiz muss Porsche die Bleche beziehen; eine Lieferung aus

1955

dem besetzten Deutschland ist noch nicht möglich. Deutsche Zündkerzen schmuggeln die Ingenieure in ihren Manteltaschen an den Grenzposten vorbei. Aber der erste Porsche kommt im rechten Moment auf den Markt. Die Währungsreform in den Westzonen am 20. Juni 1948 und der wirtschaftliche Aufschwung lassen die Lust der Deutschen auf ein bisschen Luxus wachsen.

Dennoch braucht Porsche unbedingt einen starken Partner. Bei einem Treffen mit dem neuen Volkswagen-Chef Heinrich Nordhoff beweist Ferry Porsche großes Verhandlungsgeschick. Er erreicht, dass VW Porsche die nötigen Bauteile für die Sportwagenproduktion liefert, Porsche über das VW-Vertriebsnetz verkauft und in den eigenen Werkstätten wartet. Im Gegenzug sollen die Porsche-Ingenieure künftig VW-Konstrukteure beraten. Der Deal lässt Porsche erst wachsen – und er beschert der Familie Porsche in den folgenden Jahrzehnten ein Milliardenvermögen. Denn Ferry Porsche trotzt Nordhoff darüber hinaus eine Lizenzgebühr von fünf D-Mark für jeden zu 100 Prozent von Porsche entwickelten VW ab, der verkauft wird. Zudem erschließt sich die Familie Porsche mit der Generalvertretung für Volkswagen in Österreich eine weitere Geldquelle, die bis heute sprudelt. Heinrich Nordhoff ist so großzügig, weil er befürchtet, die Porsches würden sonst für einen Konkurrenten einen zweiten »Käfer« bauen. Das wäre eine Katastrophe, schließlich baut VW fast nur dieses eine Modell.

Porsche kann nun Gas geben. Vom 8. Juni 1948 bis zum 20. März 1951 werden in Gmünd 52 Porsche gebaut. Dann kehrt die Firma zurück nach Zuffenhausen. 1950 kostete der 356 als Coupé 9950 D-Mark – das ist ein Preis, der als vergleichsweise niedrig gilt. Im selben Jahr wird Ferrys Vater Ferdinand 75 Jahre alt. Zur Feier auf dem Schloss Solitude bei Stuttgart gibt sich VW-Chef Nordhoff ebenso die Ehre wie Rennlegende Rudolf Caracciola, der auf Wagen von Mercedes, die Porsche entworfen hatte, zahlreiche Rennen gewann.

Durch die Haft ist der Porsche-Stammvater jedoch gesundheitlich angegriffen. Nach einem Schlaganfall stirbt er im Januar 1951, nur vier Monate nach der Geburtstagsfeier. Nun liegt das Schicksal des Sportwagenherstellers allein in den Händen von Ferry Porsche. Und dort liegt es gut: Bis 1965 verkauft Porsche vom Modell 356 rund 78 000 Exemplare. Zudem lebt das kreative Talent der Familie weiter – in Fer-

1955

rys Sohn Ferdinand Alexander. Er schafft 1963 mit dem Porsche 911 den Nachfolger für den 356 – die Ikone der Autowelt wird noch heute gebaut.

Doch Anfang der neunziger Jahre fährt Porsche wegen verfehlter Modellpolitik und schlechter Währungsabsicherung im US-Geschäft in die Krise. Zuvor hatten Streitigkeiten zwischen den beiden Familienstämmen Porsche und Piëch die Firma belastet. Louise Piëch, die Tochter von Ferdinand Porsche, hatte nach dessen Tod die Hälfte der Unternehmensanteile geerbt. Die Folge der Streitereien zwischen den beiden Autofamilien: Im Konzern darf kein Familienmitglied mehr Karriere machen. Das trifft besonders Ferdinand Piëch, den Sohn von Louise und Anton Piëch, scheint er doch als Einziger im Clan das Zeug zum Unternehmenslenker zu haben. Den ersten 911er hat er mitentwickelt. Piëch macht bei Audi Karriere und wird 1993 VW-Chef.

Im selben Jahr bricht bei Porsche die Zeit von Wendelin Wiedeking an. Nur mit einer Kapitalspritze der Familie hat das Unternehmen überlebt. Mit japanischen Methoden entschlackt der Westfale nun die Produktion, schafft mit dem neuen 911er das Comeback und weitet mit dem Boxter und dem Geländewagen Cayenne die Modellpalette erfolgreich aus. Mit einem viertürigen Sportcoupé will Wiedeking zudem die großen Konkurrenten Mercedes und BMW angreifen. Im Geschäftsjahr 2006 verdient das Unternehmen 1,4 Milliarden Euro – bei einem Rekordumsatz von 7,3 Milliarden Euro. Kein Fahrzeughersteller in der Welt kommt auf eine höhere Umsatzrendite.

Mit den Gewinnen der vergangenen Jahre gelingt dem in der Welt der Megakonzerne wie Daimler-Chrysler oder General Motors verhältnismäßig kleinen Sportwagenbauer im September 2005 ein Überraschungscoup. Porsche steigt mit 20 Prozent bei VW ein – bei dem Konzern, den es ohne Ferdinand Porsche wohl nie gegeben, ohne den es aber auch die Marke Porsche nie gegeben hätte. Im Verlauf des Jahres 2006 stockt Porsche die Beteiligung auf 27,4 Prozent auf. Insgesamt investiert die Firma aus Zuffenhausen mehr als vier Milliarden Euro in die Beteiligung. Dafür hat Porsche in Wolfsburg heute das Sagen.

Nun ist vereint, was irgendwie immer schon zusammengehörte. Einstweilen jedenfalls.

Martin-W. Buchenau

1956

TV-Werbung –
Da weiß man, was man hat

Am 3. November 1956 flimmert der erste TV-Werbesport in deutsche Stuben. Beppo Brehm kleckert und setzt auf »Persil – und nichts anderes.«

Sie: »Xaver, da schau her, was'd wieder gemacht hast. Also, also, du bist doch a richtiger Dreck …«

Er: »Sprich's nicht aus, wir sind nicht daheim.«

Sie: »Aber du benimmst dich so, als wenn'sd daheim wärst. Ich, wenn ich Wirt wär, mein Lieber …«

Werbeplakat der Firma Henkel für das Waschpulver Persil (1912)

1956

Er: »Ja, was wäre dann, wenn du der Wirt wärst?«
Sie: »'Nausschmeißen tät ich dich!«
Wirt: »Mahlzeit, die Herrschaften. Oh, ein kleines Malheur. Gisela! Serviette!«
Er: »Entschuldigen Sie, bittschön.«
Wirt: »Aber ich bitte Sie, das kann doch vorkommen. Dafür gibt's doch Gott sei Dank Persil. Nicht wahr, gnädige Frau? Wünsche weiter gut zu speisen.«
Beide: »Danke.«
Er: »Sixt, Lieserl, das ist eben der Unterschied zwischen dir und dem feinen Mann.«
Sie: »Was – na ja ...«
Er: »Du machst alleweil gleich ein Trara und ein Theater, wenn bloß so ein kleines Fleckerl auf'd Tischdecken kommt. Der gebildete Mensch sagt nur: ›Persil – Persil und nichts anderes‹.«

Die Volksschauspielerin Liesl Karlstadt gibt die giftige Hausfrau, Beppo Brehm ihren schusseligen Ehemann. Und mit ihrer Kabbelei schreiben die beiden Geschichte, steht diese doch im Mittelpunkt des ersten Werbespots, der hierzulande über die Fernsehschirme flimmert – am 3. November 1956. Dass der Waschmittelkonzern Henkel mit einem Lobgesang auf Persil die Premiere liefert, ist kein Zufall. Der Konsumgüterhersteller hat dies von langer Hand eingefädelt. Möglich gemacht hat es der Wendelstein, eine jener ruppigen Anhöhen, die dem Inntal seinen rauen Charakter geben. Für die Geschichte der deutschen Werbung wäre er nicht erwähnenswert, wäre ein Teil von ihm nicht irgendwann Henkel-Eigentum geworden.

Ausgerechnet einen Kalkfelsen des Wendelstein machen die Techniker des Bayerischen Rundfunks (BR) in den fünfziger Jahren als idealen Standort für eine Antenne aus, um das Inntal mit Fernsehsignalen zu bestrahlen. Und weil auch Henkel sich dem neuen Medium nicht in den Weg stellen mag, ist schnell eine Regelung gefunden: Der BR stellt seinen Mast auf – und sollte es jemals in seinem Programm Werbung geben, gebührt Henkel der erste Spot.

Als »Sündenfall« wird der Einzug der Marken in die Fernsehwelt von manchen interpretiert, schreiben Heinz Fischer und Arne Westermann in ihrer »Knappen Geschichte der Hörfunk- und Fernsehwerbung in Deutschland«. Doch irgendwoher muss das Geld ja kommen für das neue Medium, das an den Start ging, ohne dass vorher groß überlegt wurde, wer die flimmernden Bilder bezahlen sollte.

1956

Am 27. November 1950 geht der Nordwestdeutsche Rundfunk (NWDR) auf Sendung – aus einem Luftschutzbunker. Erst vier Monate später wird eine monatliche Fernsehgebühr von fünf Mark geplant. Auch die Gerätehersteller sind am finanziellen Wohlergehen der Sender interessiert: Schließlich macht jede zusätzliche Stunde Programm ihre Produkte attraktiver. Also versprechen sie für die ersten 100 000 verkauften Geräte einen Programmzuschuss von fünfzig Mark pro Fernseher.

Werbung hätte der Nordwestdeutsche Rundfunk damals schon gern gehabt – doch sein Ansinnen wird abgelehnt. Heimlich verhandelt der Sender über Jahre mit möglichen Werbekunden. Das große Vorbild heißt Amerika: Dort werden 1953 schon umgerechnet 1,2 Milliarden Mark mit Fernsehspots umgesetzt. Doch in der Bundesrepublik gibt es einflussreiche Gegner: die Zeitungs- und Zeitschriftenverleger, die um ihre Anzeigeneinnahmen zittern. Sie seien aber erst spät zu dieser Einsicht gekommen, schreibt Hans Bausch, ehemaliger Intendant des Süddeutschen Rundfunks, in einem Buch: »Von den deutschen Zeitungsverlegern wurde das neue Medium genauso wenig ernst genommen wie einst das Radio in den frühen 20er-Jahren.«

Im Frühjahr 1956 haben die Sendeanstalten genug. Sechs Intendanten preschen vor: Sie wollen Werbung ausstrahlen – der Bayerische Rundfunk macht im November den Anfang. »Ätherpest Werbefernsehen« giftet die Programmzeitschrift »Hörzu« und schaltet bald selbst Werbung. Die Einnahmen der ersten Werbeblöcke fließen aber nicht in die Senderkassen, sondern in die Kulturhaushalte der Länder. An den ersten 23 Tagen folgen auf Persil 107 weitere Werbespots. Die Zeitungs- und Zeitschriftenverleger klagen dagegen – und scheitern.

Lang sind die Spots, selten unter einer Minute. Damals kostet eine Sekunde Werbung siebzig Mark – vorausgesetzt, der Spot dauert nicht länger als zwanzig Sekunden. Für längere Filmchen gibt es Rabatt. »Heute könnte man sich diese Länge allein schon aus ökonomischen Gründen nicht mehr leisten«, sagt Thomas Tönnesmann, der heutige Marketingleiter Wasch- und Reinigungsmittel bei Henkel.

TV-WERBUNG – DA WEISS MAN, WAS MAN HAT

1956

»Man hört einen Seufzer ja oft aus Frauenmund, nun hat dieser Seufzer ja leider seinen Grund, denn Sonntag für Sonntag, wenn wir spazieren gehen, juchei, die arme Frau Meier muss in die Küche gehen.« So wirbt Pfanni-Knödel in den fünfziger Jahren. Die Regale sind endlich wieder prall gefüllt in dieser Zeit. Doch viele Produkte sind so neuartig, dass sie eine Erklärung brauchen. Die neue Warenwelt überfordert manchen Deutschen, der die kargen Nachkriegsjahre erlebt hat. Konsum aus reinem Genuss? Das war noch nicht drin: »Gesundheit nicht vergessen – Lakritze essen«, wirbt Haribo.

Mit jedem Prozent Wirtschaftswachstum werden die Werbefiguren, ob Schauspieler oder Zeichentrick, runder und wohlgenährter. »Kuchen macht Männer sanft und verträglich«, verspricht Dr. Oetker.

»Damals war es leichter, die Menschen zu erreichen, denn Fernsehwerbung war noch neu«, sagt Siegfried Schmidt, Kommunikationswissenschaftler von der Uni Münster. Und so wirken die Spots der Fünfziger heute wie eine Welt der Märchen: Meist werden die Probleme einer Hausfrau reimenderweise und im Handumdrehen gelöst. »Man konnte unschuldig erzählen: Die Leute haben daran geglaubt«, sagt Schmidt.

1958 wird der einmillionste Fernsehapparat verkauft. Was für die Zuschauer die »Hörzu« und ihr Igel Mecki, das ist für die werbetreibende Industrie der wöchentlich erscheinende »Infratest-Index«: Er berichtet über Programme und ihre Tauglichkeit für Werbung. Atemberaubende Erfolge listet er auf: Der Kräuterlikör Sechsämtertropfen ist teilweise ausverkauft, jeder kennt das Versandhaus Witt dank seines vogelstimmigen Slogans »Nix Kiwitt, Witt Weiden.«

Auch neue Werbeformate werden dankbar entgegengenommen: So preist der Showmaster Peter Frankenfeld bereits 1954 in seinem Fernsehquiz »1 : 0 für Sie« ein Produkt der Firma Riz an: »Auch für Sie das individuelle Parfüm, Ihr persönlicher Begleiter zu Glück und Erfolg. Fragen Sie nach Horoskop, Ihr Sternbild – Ihr Parfüm.«

Wer glaubt, die Vermischung von Ratespielen und Werbung sei eine Erfindung unserer Tage, der hat nicht die drei Herren im Anzug auf ihren lanzenbewehrten Schaukelpferdchen im »Werbeversturnier« des Vorabendprogramms gesehen. Markennamen sollen sie verreimen. »Da wird selbst ein Ober stolz, raucht er eine Overstolz« – tobender Applaus, Siegerkranz, ein Küsschen vom Burgfräulein. Der Erfolg der

TV-WERBUNG – DA WEISS MAN, WAS MAN HAT

1956

Fernsehwerbung weckt Begehrlichkeiten. Industrie, Werber und Zeitungsverleger gründen die Studiengesellschaft für Funk- und Fernsehwerbung. Ziel: ein zweites Fernsehprogramm, an dem sie beteiligt sein wollen. Doch die Verleger zerstreiten sich untereinander.

Erst Anfang der sechziger Jahre einigt sich die Bundesregierung unter Bundeskanzler Konrad Adenauer mit den Ländern auf eine weitere öffentlich-rechtliche Anstalt: Am 1. April 1963 geht das ZDF auf Sendung. Mit ihm weht ein Hauch Amerika in die deutschen Wohnzimmer: »Heute« ist in seinen Anfangstagen ein boulevardeskes Nachrichtenmagazin nach amerikanischem Vorbild.

Zu dieser Zeit hat Werbung sich langsam, aber sicher verändert. In den Werbeagenturen herrschen US-Methoden, den Kunden wird alles aus einer Hand geboten, vom Entwurf einer Marketing-Kampagne über die Konzeption eines TV-Spots bis hin zur Werbeschaltung. »Die Produkte mussten nun mit emotionalem Mehrwert versehen werden«, erläutert Kommunikationswissenschaftler Schmidt.

In den Spots füllen sich die Straßen mit Autos, schon wird der Motorroller als Alternative angepriesen – angesichts der Parkplatznot. Frauen tauchen nicht nur als Heimchen am Herd auf, sondern auch als Fräuleinwunder im Büro. Der Deutsche reist und entdeckt die Welt. Genuss ist kein Fremdwort mehr, wie die Schauspielerin Marianne Koch, die allgegenwärtige Werbe-Ikone der sechziger Jahre, demonstriert: Sie kuschelt mit der Ado-Goldkante und mit Lux-Seife, die »neun von zehn Hollywood-Stars verwenden«.

Mit den späten Sechzigern ist Schluss mit einfacher Reklame. Ästhetik hält Einzug, »Werbung ist die wahre Kunst unserer Tage«, sagt Branchenstar Michael Schirner. »Die Werbung hat die Kunst instrumentalisiert, während die Kunst den Alltag instrumentalisiert hat – und Alltag in Reinkultur ist die Werbung«, ergänzt Kommunikations-Professor Schmidt.

Mit Andy Warhol wird ein Werbegrafiker zum Star der Kunstszene, mit Charles Wilp prägt ein Fotograf eine neue Ästhetik durch Spots für Afri-Cola. 1970 investiert die deutsche Industrie 645 Millionen Mark in Fernsehwerbung – rund fünfmal mehr als 1960. Die Welt wird bunter, das Fernsehen auch. Die Fußball-Weltmeisterschaft 1974 bringt den Durchbruch für das Farb-Fernsehen. Die Achtziger werden zur

1956

goldenen Zeit der Werbe-Kunst: »Ästhetisch hochgerüstet«, sind die Filmchen, sagt Werbeexperte Schmidt, »es waren die vielleicht interessantesten und chicsten Spots.«

Henkel-Marketing-Macher Tönnesmann ergänzt: »Die Leistungen der Produkte haben sich in den letzten Jahrzehnten einander angenähert. Ziel der Werbung war und ist, die eigene Marke im Verbraucherbewusstsein gegenüber dem Konkurrenten besserzustellen. Also musste die Werbung mit reinen Produkteigenschaften um andere differenzierende, psychologisch emotionale Elemente angereichert werden.«

Das Privatfernsehen geht 1986 an den Start, auch hier ist alles bunt, so bunt wie die leicht bekleideten Damen in der legendären RTL-Show »Tutti Frutti«. Die stärker werdenden Zweifel am Wahrheitsgehalt der Werbung kontert die Industrie entweder mit Pseudo-Seriosität wie Henkel in seinem Persil-Studio: »Persil. Da weiß man, was man hat. Guten Abend.« Oder mit fröhlich-albernen Slogans: »Ich hab's nur gebracht, Sapur hat's gemacht«, wirft der Mann im Fernsehen ein, bevor er auf einem von Sapurschaum gereinigten Teppich entfliegt.

Doch die bunte, schöne Bilderwelt hat einen großen Nachteil, erklärt Kommunikationswissenschaftler Schmidt: »Viele erinnerten sich zwar an Spots, aber nur wenige an die Produkte dahinter.« Und so werden die neunziger Jahre zu den mageren Neunzigern in Sachen Werbeinhalte. »Fümf ist Trümpf«, heißt es beispielsweise in der Werbung der Post zur Einführung der fünfstelligen Postleitzahl im Jahr 1993.

Besserung ist nicht in Sicht: Heute zappen sich die genervten Konsumenten an lästigen Werbeblöcken vorbei, die Sender kontern mit immer drastischeren Produktplatzierungen im laufenden Programm. Was einst Neugier erregte, ist heute »die schlimmste Nervensäge«. Das schrieb die Werbefachzeitung »Horizont« im Jahr 2000.

Warum aber fließt immer noch so viel Geld in Fernsehwerbung? 9168 Spots täglich laufen derzeit im deutschen Fernsehen, errechnete die Marketingabteilung von Henkel. Werbung macht 11 Prozent des Programms aus. Der Münsteraner Professor Schmidt glaubt, die Antwort zu kennen: »Fernsehwerbung ist in der Gesellschaft nicht gut beleumdet – aber trotzdem kennt jeder die Spots.«

Thomas Knüwer

1957

Römische Verträge – Die Überstundenkrise

Im März 1957 unterschreiben die Vertreter sechs europäischer Länder die Römischen Verträge. Die Geburtsstunde der Europäischen Union schlägt. Fast wäre das Projekt an der Höhe von Überstundenzuschlägen gescheitert.

Jupiter ist nicht gut aufgelegt. Der römische Wettergott lässt es wie aus Kübeln regnen. Dabei hat sich Rom für diesen Tag so herausgeputzt. Das Ambiente war einzigartig, wird sich später der Ökonom Alfred Müller-Armack erinnern.

Empfänge in der legendären Villa Massimo wechseln sich mit solchen in italienischen Gärten ab. Die Kirchenglocken läuten. Trotz des schlechten Wetters säumen Schulkinder mit Fähnchen in den Händen die Auffahrtsstraße zum Kapitol, dem kleinsten, aber bedeutends-

Unterzeichnung der Römischen Verträge im Palazzo Senatorio am 27. März 1957. Von links: Bundeskanzler Konrad Adenauer, Staatssekretär im Auswärtigen Amt Walter Hallstein, Italiens Ministerpräsident Antonio Segni

1957

ten der sieben Hügel des antiken Roms, auf dem einst die Triumphzüge endeten.

Dort oben belagert ein Heer von Reportern und Kameraleuten den Konservatoren-Palast. Sie halten ein historisches Ereignis fest, das sich im größten Saal abspielt: Die Vertreter Frankreichs, Italiens, Belgiens, der Niederlande, Luxemburgs und Deutschlands unterzeichnen die Verträge über die Gründung der Europäischen Wirtschaftsgemeinschaft (EWG) und der Europäischen Atomgemeinschaft (Euratom). Sie werden später als die Römischen Verträge in die Geschichtsbücher eingehen, und als Geburtsurkunde der Europäischen Union.

An diesem Tag, dem 25. März 1957, beginnt eine neue Zeit in Europa: Sechs Länder einigen sich auf eine wirtschaftliche Zweckgemeinschaft, wollen Handelsbarrieren untereinander abbauen und eine gemeinsame Zollpolitik betreiben. Sie legen das Fundament für etwas, das Stück für Stück, Jahrzehnt für Jahrzehnt zu einem größeren Gebilde heranwächst, zu einer Staatengemeinschaft der 27, die große Teile ihrer Politik gemeinsam gestalten. 13 Mitgliedsstaaten haben sogar eine einheitliche Währung.

Für die Bundesrepublik Deutschland unterschreiben an jenem regnerischen Montag 1957 Konrad Adenauer und Walter Hallstein die Verträge von Rom. Hallstein ist damals Staatssekretär im Auswärtigen Amt. Er ist mehr als nur Adenauers rechte Hand. Er ist der Kopf der deutschen Europapolitik.

Adenauer hält den Füllfederhalter bereits in der Hand, als ihm die Verträge gereicht werden. Er unterzeichnet sie mit ernstem Gesicht. Und das hat wohl vor allem einen Grund, mutmaßt das Nachrichtenmagazin »Spiegel« später. Adenauer kannte den genauen Wortlaut der Verträge zu diesem Zeitpunkt gar nicht. »Ich weiß nicht einmal, was ich unterschrieben habe«, soll er nach der feierlichen Zeremonie gestöhnt haben.

Der Ökonom Müller-Armack, Teilnehmer an der Regierungskonferenz zur Vorbereitung der Verträge, berichtet später: Die Politiker hätten nur eine Anlage zum Vertrag unterzeichnet. »Das Übrige war weißes Papier.« Denn bis zur letzten Minute sei noch fieberhaft an den Formulierungen gearbeitet worden.

Als schließlich alle Unterschriften geleistet sind und die Herren einander beglückwünschen, löst sich die Anspannung in einem befreien-

RÖMISCHE VERTRÄGE – DIE ÜBERSTUNDENKRISE

1957

den Lächeln. Es ist vollbracht – trotz aller Krisen und Rückschläge. Konrad Adenauer dankt der Stadt Rom, vor allem aber dem belgischen Außenminister Paul-Henri Spaak. Es ist dieser rundliche, stets temperamentvolle belgische Sozialist, der den neuen Anlauf unternommen hatte, die westeuropäischen Kernländer miteinander zu verbinden, nachdem 1954 der erste Versuch gescheitert war: die Europäische Verteidigungsgemeinschaft.

Dahinter stand die Idee: Mögliche Gefahren, die von einer Aufrüstung Deutschlands ausgehen, lassen sich nur durch die militärische Integration neutralisieren. Doch Frankreich ist dafür nicht zu begeistern. Die Kommunisten und Gaullisten in der Nationalversammlung erteilen dem Plan eine Abfuhr.

Gemeinsam mit dem niederländischen Außenminister Johann Willem Beyen beschließt Spaak aber schon kurze Zeit später, das Stichwort Integration erneut aufzugreifen. Sie schlagen einen über zehn Jahre verteilten Zollabbau vor, um eine umfassende Wirtschaftsintegration zu erreichen.

Spaak arbeitet ein Memorandum zur Gründung einer Wirtschaftsgemeinschaft aus. Die Außenminister der Montanunion, die Anfang Juni 1955 in Messina zusammenkommen, finden Spaaks Vorschlag und ein deutsches Memorandum auf dem Tisch, das für einen »Gemeinsamen Markt« plädiert. Er soll etappenweise realisiert werden. Die Minister setzen sich dafür ein, gemeinsame Institutionen aufzubauen, die nationale Wirtschaft mit der der Nachbarländer zu fusionieren und ihre Sozialpolitik zu koordinieren.

Spaak wird mit der Leitung einer Sachverständigengruppe betraut, die Einzelheiten ausarbeiten soll. In der Hoffnung, dass sich Großbritannien dem Projekt anschließt, wirbt er bei dem britischen Premier Anthony Eden dafür und versucht ihn mit einem deutschlandpolitischen Argument ins Boot zu holen. Spaak beruft sich dabei auf Adenauer. Dieser sehe in der Integrationspolitik das wirksamste Mittel, um Deutschland vor sich selbst zu schützen. Adenauer widerspricht später der weit verbreiteten Interpretation, er habe die europäische Integration angestrebt, um ein Wiederaufleben des deutschen Nationalismus zu verhindern. Ihm sei es darum gegangen, dass Europa gegenüber den Riesenmächten bestehen könne.

RÖMISCHE VERTRÄGE – DIE ÜBERSTUNDENKRISE

1957

Ohnehin lässt sich Großbritanniens Premier Eden nicht für Spaaks Idee gewinnen. Dafür ist dieses Mal der französische Außenminister Christian Pineau dabei. Später sind es dann in erster Linie Frankreich und Deutschland, die Europa voranbringen – allen voran Helmut Kohl und François Mitterrand in den späten achtziger und frühen neunziger Jahren sowie der französische Politiker Jacques Delors als Präsident der Europäischen Kommission.

1957 leisten Walter Hallstein auf deutscher Seite und der Staatssekretär Maurice Faure auf französischer Seite die Vorarbeiten. Erst vier Tage vor der Unterzeichnung der Verträge, am 21. März 1957, unterrichtet Hallstein den Deutschen Bundestag über das Ergebnis der Verhandlungen. Unter dem Eindruck des Kalten Krieges gibt es für ihn und Adenauer keine vernünftige Alternative zum Zusammenschluss der europäischen Länder. Die SPD sieht das ähnlich, beklagt aber, zu spät und vor allem unzulänglich über den Inhalt der Verträge informiert worden zu sein. Die Sozialdemokraten bemängeln zudem, in dieser Sache lediglich von einem Staatssekretär unterrichtet zu werden, wo doch der Kanzler selbst oder der Außenminister gefordert wäre.

In der Debatte ergreift schließlich Wirtschaftsminister Ludwig Erhard das Wort. Erhard ist kein Freund eines kleineuropäischen Kontinentalblocks. Er drängt auf weitere Zollsenkungen im Rahmen des Allgemeinen Zoll- und Handelsabkommens (GATT) und der Organisation für wirtschaftliche Zusammenarbeit in Europa (OEEC, diese Organisation war Vorläuferin der OECD). Schon Ende Mai 1956, kurz vor der Außenministerkonferenz von Venedig, hat er sich an den damaligen Außenminister Heinrich von Brentano gewandt und gewarnt, der Gemeinsame Markt dürfe sich keinesfalls autark oder protektionistisch von der übrigen Welt abschließen. Mit Nachdruck müsse eine möglichst weitgehende liberale Zoll- und Handelspolitik angestrebt werden.

Seit Konrad Adenauer Anfang 1956 von allen Kabinettsmitgliedern eine klare positive Haltung zur europäischen Integration forderte, sind Erhards Kritik Grenzen gesetzt. Doch er überschreitet sie. Als die Verhandlungsergebnisse durchsickern, lässt Erhard die Presse wissen, der Gemeinsame Markt möge in seiner nun beschlossenen Form politisch notwendig sein, bleibe aber volkswirtschaftlicher Unsinn.

Im »Handelsblatt« erscheint am 18. März 1957 ein ungezeichneter

RÖMISCHE VERTRÄGE – DIE ÜBERSTUNDENKRISE

1957

Artikel unter der Überschrift »Die beste Integration ist der freie Handel«. Der sachkundige Autor, der die Bedenken gegen das Integrationsprojekt noch einmal in letzter Minute zusammenfasst, offenbart sich nicht, ist aber unschwer zu erraten. Drei Tage später sagt Ludwig Erhard im Bundestag, es sei seine Pflicht gewesen, dieses Vertragswerk auf seinen volkswirtschaftlichen Inhalt hin zu prüfen.

Erhard verwahrt sich gegen den Vorwurf mangelnder europäischer Gesinnung und bemängelt die geringe Dynamik im Vertrag. Aber seine Haltung bleibt ambivalent. Wieder warnt der Bundeswirtschaftsminister, der gemeinsame Außenzoll dürfe kein Hochschutzzoll sein. Er spricht von der Gefahr einer europäischen Inzucht und wirbt für eine größere Freihandelszone.

Erhard nennt nicht den Adressaten seiner Kritik. Aber jedermann weiß, dass Frankreich gemeint ist. Das Nachbarland fürchtet die Wettbewerbskraft der deutschen Wirtschaft und verbirgt sein Interesse an einem möglichst protektionistischen Charakter der künftigen Zollunion mit hohen Zollmauern nicht.

Schon im Oktober 1956, als sich die Brüsseler Regierungskonferenz zur Ausarbeitung der Verträge über die Wirtschafts- und die Atomgemeinschaft bereits auf große Teile der Verträge geeinigt hatte, knirschte es hörbar im deutsch-französischen Verhältnis. Frankreich drängte vor der endgültigen Schaffung des Gemeinsamen Marktes auf eine »Harmonisierung der sozialen Lasten«.

Da sich Frankreich im Wettbewerb durch seine günstigen Sozialbedingungen benachteiligt sah, hieß dies im Klartext: Die Arbeitslöhne sollten angeglichen, Überstundenzuschläge einheitlich geregelt werden. Das ist in Deutschland jedoch Angelegenheit der Tarifvertragsparteien, nicht der Politik. Die Wochenarbeitszeit der deutschen Arbeiter betrug damals 45,4 Stunden, die der Angestellten 46,5 Stunden.

Auch wollte Frankreich Exportbeihilfen und Importsteuern beibehalten und bei schweren Zahlungsbilanzkrisen Schutzklauseln in Anspruch nehmen. Auf der Außenministerkonferenz in Paris am 20. und 21. Oktober 1956 spitzt sich der Konflikt zu. Frankreich fordert eine Angleichung der wöchentlichen Arbeitszeit und eine Vereinheitlichung der Überstundenzuschläge bis spätestens sechs Jahre nach Inkrafttre-

RÖMISCHE VERTRÄGE – DIE ÜBERSTUNDENKRISE

1957

ten der Verträge. Die deutsche Delegation lehnt dies ab, die Pariser Konferenz endet mit einem völligen Fehlschlag.

Adenauer will die Krise bei seinem für November 1956 in Paris geplanten Treffen mit dem französischen Ministerpräsidenten Guy Mollet überwinden. Als Adenauer nach Paris reist, ist die außenpolitische Lage bis zum Bersten gespannt. Russische Truppen haben den Volksaufstand in Ungarn niedergeschlagen, der Suez-Konflikt erreicht seinen Höhepunkt, britische und französische Truppen sind in Ägypten gelandet, Russland droht mit seinem Eingreifen.

Dies alles erhöht die Kompromissbereitschaft. Deutsche und französische Experten einigen sich darauf: Die Angleichung bestimmter sozialer Verhältnisse darf nicht mehr Vorbedingung für den Übergang in die zweite Etappe des Gemeinsamen Marktes, sie soll vielmehr das Ziel gemeinsamer Bemühungen sein. Frankreich verpflichtet sich zudem, seine bisher gewährten Ausfuhrbeihilfen abzubauen, und stimmt zu, dass der europäische Ministerrat nach einer gewissen Zeit das französische System der Beihilfen und Abgaben bei einer Zahlungsbilanzkrise aufheben kann. Auch können nun mit Zustimmung Frankreichs Binnenzölle abgebaut und schneller an den gemeinsamen Zolltarif angeglichen werden. Deutschland erklärt sich im Gegenzug mit der zentral organisierten Versorgung mit Kernbrennstoffen einverstanden.

Adenauer und Mollet genehmigen das Verhandlungsergebnis der Experten ohne Änderungen. Die Gefahr eines drohenden dritten Weltkriegs beschäftigt sie mehr als die »technischen Fragen« der künftigen EWG und Euratom. »Angesichts der tragischen Ereignisse in Ungarn und der drohenden sowjetischen Haltung gegenüber Großbritannien und Frankreich wäre es absurd gewesen, wenn die Einigung Europas an der Frage der Bezahlung der Überstunden oder an der Frage einer zentralen Versorgung der Gemeinschaftsunternehmen mit Kernbrennstoffen gescheitert wäre«, schreibt der Europaexperte Karl Carstens, der spätere Bundespräsident, im Rückblick.

Der Vertrag sieht später eine Angleichung der Löhne von Männern und Frauen bei gleichwertiger Arbeitsleistung vor, jedoch keine Verpflichtung zu einheitlichen Überstundenzuschlägen. Was Carstens als Verdienst Adenauers feiert, ist sein eigenes, hat er doch den Kompromiss geschmiedet.

RÖMISCHE VERTRÄGE – DIE ÜBERSTUNDENKRISE

1957

Die schwerste Krise im Verhandlungsprozess ist damit beigelegt, aber im Frühjahr 1957 kommt es zu Auseinandersetzungen über die Assoziierung der überseeischen Hoheitsgebiete. Die Einigung gelingt bei der Pariser Konferenz am 19. und 20. Februar 1957. Die mit den Mitgliedsländern verbundenen überseeischen Gebiete sollen mit der EWG assoziiert werden und wirtschaftliche und soziale Investitionen erhalten, zu denen alle Mitgliedsländer beitragen. Die Nachrichtenagentur Agence France Presse meldet, der Investitionsfonds solle für die ersten fünf Jahre eine Summe von 580 Millionen US-Dollar erreichen. 200 Millionen davon entfallen auf Deutschland, das selbst von diesen Zahlungen nicht profitiert.

Der »Spiegel« berichtet Ende Februar 1957, die Pariser Konferenz habe keinen brüderlichen europäischen Kompromiss, sondern einen bedeutenden Erfolg für Frankreich gebracht. Die Deutschen hätten unter Zeitdruck verhandelt und immer wieder nachgegeben, weil sie das Projekt nicht platzen lassen wollten.

Einen Monat später feiert Adenauer im Heldensaal des Kapitols seinen Europahelden Spaak und würdigt den historischen Moment. Er unterstreicht den friedlichen Charakter der europäischen Gemeinschaft und betont, der Beitritt stehe allen europäischen Staaten offen.

Die Unterzeichnung der Römischen Verträge gilt rückblickend als ein außenpolitischer Höhepunkt der Adenauer-Ära, große Beachtung findet sie im Frühjahr 1957 nicht. Am 5. Juli 1957 verabschiedet der Bundestag mit den Stimmen der SPD und der Regierungskoalition das Zustimmungsgesetz zu den Europaverträgen. Es dauert gerade einmal vier Stunden, um ein großes Kapitel der Weltgeschichte abzuschließen.

Rainer Nahrendorf

1958

Bergbau – Der Anfang vom Ende

Im Februar 1958 fährt der Bergbau an der Ruhr die ersten »Feierschichten«. Beendet ist der qualvolle Niedergang dieser Branche bis heute nicht.

Ganz genau sieht er alles noch vor sich: dort das große Tor mit Pförtnerhäuschen, drüben das Magazin und die Kaue, die Backsteinfassade mit dem Stahlfachwerk, hier der Förderturm. »Überall zwischen den Gebäuden waren große Grünflächen.« Günter Stoppa wendet und dreht sich um die eigene Achse, geht ein paar Schritte in die eine Richtung und wieder zurück, während er seinen ehemaligen Arbeitsplatz beschreibt: die Zeche Katharina im Norden von Essen. »Und dort hinten war eine riesige Gleisanlage«, sagt Stoppa mit einer ruckartigen Bewegung und zeigt auf einige dürre Büsche.

Schweigemarsch der Bergarbeiter in Essen-Gladbeck gegen die Auswirkungen der Kohlekrise

BERGBAU – DER ANFANG VOM ENDE

1958

Die Gleise sind schon lange abgebaut, die meisten Zechengebäude verschwunden. Wo einst der Förderturm thronte, parken heute die Mitarbeiter eines Wachdienstes. Zwischen Autos und Mülltonnen ragt ein schlankes, silbrig glänzendes Rohr gut vier Meter in die Höhe. »Das ist notwendig, damit Methangas aus der alten Grube austreten kann«, erklärt Stoppa, ein kräftiger, großer Mann, dessen fast faltenloses Gesicht die 73 Lebensjahre nicht verrät. Gegenüber ruht eine Kohle-Lore.

Das ist alles, was noch an die Zeche erinnert im heutigen Gewerbegebiet Katharina, wo sich Firmen wie Kötter Security, Schrott Herholz, Isolierarbeiten Schuh & Co. und der Avsa Grill niedergelassen haben.

Hier begann der Niedergang der deutschen Steinkohlenindustrie. Am 22. Februar 1958 legten die Bergleute auf Katharina und einigen Zechen in der Umgebung die erste »Feierschicht« ein: 16 000 Männer erschienen nicht zur Arbeit, um die Kohleberge nicht noch weiter zu erhöhen. Millionen Tonnen des schwarzen Rohstoffs lagen schon auf Halde, weil der Absatz zurückgegangen war.

Die Feierschichten 1958 waren der Anfang vom Ende des Bergbaus im Ruhrgebiet. Seit dem Jahr, in dem der FC Schalke 04 zum letzten Mal die Schale des Deutschen Meisters in die Glückaufkampfbahn holte, geht es abwärts – mit der Zahl der Zechen und der Beschäftigten, mit der Fördermenge, dem Absatz und den neuen Sohlen, die immer tiefer getrieben werden müssen, um zur Kohle vorzudringen.

Der Abschied von der Kohle ist einer auf Raten, verlängert durch Subventionen und politisches Taktieren. Zwischendurch lässt ein Überraschungscoup der Industrie von gestern auf eine Zukunft hoffen – wie im Herbst 2004 der Plan von RAG-Chef Werner Müller, eine neue Zeche zu bauen. An dem schleichenden Tod des Bergbaus wird das aber nichts ändern: Die Bundesregierung hat entschieden, den subventionierten Steinkohlenbergbau voraussichtlich im Jahr 2018 zu beenden.

Die Krise im Jahr 1958 kommt im Revier überraschend. In den Jahren zuvor ist der Bedarf an Kohle noch so groß, dass diese sogar aus den USA importiert wird. Und seit Mitte der fünfziger Jahre wirbt Deutschland Gastarbeiter an, um den Arbeitskräftemangel im Bergbau auszugleichen.

Um die Bergleute bei Laune zu halten, greifen Regierung und Unternehmen tief in die Tasche. Die Politik subventioniert den Bau von

1958

Wohnungen und Häusern in Zechennähe, die Firmen lassen sich auf Lohnerhöhungen von knapp 10 Prozent ein, obwohl der Produktivitätsfortschritt gerade mal 1,5 Prozent beträgt. Ein letztes Mal hat der deutsche Steinkohlenbergbau Hochkonjunktur.

Der Niedergang hat viele Gründe, einer heißt Öl. Neben der Importkohle, die ständig billiger wird, ist es vor allem das Heizöl, das die heimische Kohle immer mehr verdrängt. Sogar Bundeskanzler Konrad Adenauer, an sich ein entschiedener Befürworter der Revier-Kohle, nutzt daheim die Vorteile einer Ölheizung. Er habe zu Hause in Rhöndorf bei Bonn seine Heizung von Koks auf Öl umgestellt, erzählt Adenauer bei einer Sitzung zur Bergbaukrise im Sommer 1958. Das sei bequemer, denn es sei in Rhöndorf nicht möglich, »einen Mann zu bekommen, der die Koksheizung versorgt und den Abtransport der Asche übernimmt«, klagt der Bundeskanzler.

Immer mehr Bürger setzen auf Öl. Liegt der Heizölverbrauch in der Bundesrepublik 1958 noch bei 7,7 Millionen Tonnen pro Jahr, steigt er bis 1969 auf 58 Millionen Tonnen. Die Kohleförderung geht im gleichen Zeitraum um ein Viertel auf 111 Millionen Tonnen zurück. Fast zwei Drittel der 600 000 Arbeitsplätze gehen verloren, die Zahl der Schachtanlagen zwischen Lippe und Ruhr halbiert sich auf 76. Inzwischen gibt es dort nur noch sechs Bergwerke mit mehr als 20 000 Mitarbeitern.

Die Probleme des Bergbaus sind aber auch hausgemacht. Ende 1957 erhöhen die Zechengesellschaften die Kohlepreise – gegen den Widerstand von Bundeswirtschaftsminister Ludwig Erhard. Der Mann, der den Energiemarkt liberalisieren will, warnt die Kohlevorstände: »Der Ruhrbergbau könnte sich angesichts der Verstärkung des Wettbewerbs zwischen den Energiearten durch eine Übersteigerung von Preisforderungen selbst Schaden zufügen.«

Die Zechenbetreiber lassen sich nicht beeindrucken. Diese Haltung »beruhte auf dem Gefühl der eigenen Unersetzlichkeit«, urteilen die Verfasser der »Gesellschafts- und Wirtschaftsgeschichte Rheinlands und Westfalens«. Das erweist sich als trügerische Gewissheit, durch die die Kohle an Wettbewerbsfähigkeit verliert.

Die Kumpel im Revier reagieren auf die Krisensymptome mit Demonstrationen. 60 000 von ihnen reisen am 26. September 1959 zu einem Schweigemarsch nach Bonn. »Wäre der Anlass nicht so ernst, wäre es ein netter Ausflug gewesen, für Transport und Proviant war gesorgt«, erzählt Günter Stoppa.

1958

Der Essener stammt aus einer Bergmannsfamilie: Schon sein Vater war Bergmann, der Großvater auch. Günter Stoppa und seinen beiden Brüdern soll dieses Los eigentlich erspart bleiben – so will es ihr Vater. »Was Besseres« sollen sie werden. Sie lernen ein Handwerk – und landen doch im Bergbau. »Das war mal die einzig florierende Branche im Ruhrgebiet«, erzählt Stoppa, der Maurer lernte.

Fast zwanzig Jahre arbeitet er auf Zeche Katharina, bis Anfang der siebziger Jahre, kurz bevor sie stillgelegt wird und er zur Zeche Zollverein einige Kilometer nördlich wechselt. Dass er auf Katharina nicht alt werden würde, war Günter Stoppa seit den Feierschichten Anfang 1958 klar. Einen neuen Job hat er sich dennoch nicht gesucht: »Die Politik konnte ja nicht von heute auf morgen mit dem Bergbau Schluss machen. Bis zur Rente würde man sich schon durchschlagen, haben wir gedacht«, sagt Stoppa.

Das Kalkül geht auf – auch weil bei deutschen Politikern lange die Angst umgeht, eine vom Ruhrgebiet ausgehende »Radikalisierung« könnte der zweiten deutschen Republik ähnliche Schwierigkeiten bereiten, wie sie die Weimarer Republik hatte. Vertreter der Kohle-Lobby verstärken die Befürchtung. Sie streuen das Gerücht, Millionen Tonnen Kohle auf den Ruhrhalden hätten 1933 mit dazu beigetragen, Adolf Hitler an die Macht zu bringen. »Heute könnten sie unter Umständen helfen, Chruschtschow an die Ruhr zu bringen«, sagt der Geschäftsführer des Unternehmensverbands Ruhrbergbau, Theobald Keyser.

So argumentiert auch Heinrich Gutermuth, Vorsitzender der Bergarbeitergewerkschaft. Es gebe »Tendenzen zur Radikalisierung« an der Basis. Knapp ein Fünftel der Betriebsräte seien Kommunisten. Man müsse verhindern, dass diese Zahl wie 1946 wieder auf mehr als zwei Drittel ansteige. Gutermuth »operierte mit falschen Zahlen«, schreibt der Historiker Christoph Nonn später in seinem Buch »Die Ruhrbergbaukrise«.

Die Betriebszeitungen der Zechen lesen sich klassenkämpferisch: Da ist von »Geldsäcken« die Rede, die die Feierschichten anordnen, von »Lug und Trug« und von Konzernherren und Regierung, »die ihr so-

1958

ziales Mäntelchen fallen« lassen. Ausgestellt sind die Zeitungen im Bergbaumuseum in Bochum. Zwischen Ikonen der Heiligen Barbara, der Schutzheiligen der Bergleute, und einer Wäscheleine mit Bergmannshose sind dort die Indizien des Niedergangs versteckt – wenige Quadratmeter in einem Museum mit zwanzig Sälen.

Angesichts dieser Parolen ist es kein Wunder, dass Kanzler Adenauer die Ruhrkrise 1959 als das »innenpolitische Hauptproblem« bezeichnet, »eine sehr gefährliche Situation, die man gar nicht sorgfältig genug behandeln kann«. Selbst der liberale Erhard ringt sich durch, den Wettbewerb auf dem Energiemarkt einzuschränken. Denn man könne sich nicht leisten, »das Ruhrgebiet in politischen Flammen aufgehen zu lassen«. Um die Kohle zu schützen, belegt die Politik Heizöl im September 1959 mit einer Steuer von 30 Mark pro Tonne.

Der Kohle hilft weder das noch der Pakt zwischen Unternehmern und Gewerkschaftern. Die kämpfen seither gemeinsam, um das Leben des deutschen Steinkohlenbergbaus durch Staatshilfen zu verlängern. Das vergrätzt schon in den späten fünfziger Jahren andere Industriezweige, die eine einseitige Subventionierung der Ruhrkohle ablehnen. In Briefen an die Regierung machen die Firmenvertreter ihrem Unmut Luft. Der Chef der CSU-Landesgruppe im Bundestag, Hermann Höcherl, nennt die Ölsteuer einen »ganz abscheulichen Wechselbalg«.

Die Sondersteuer ändert nichts an der Strukturkrise im Bergbau. Weitere Zechen werden stillgelegt. Bis Mitte der sechziger Jahre gelingt es immerhin, keinen Bergmann ins »Bergfreie fallen zu lassen« – zu entlassen. Das ändert sich mit der ersten Rezession in der Geschichte der Bundesrepublik Ende der sechziger Jahre.

Erneut befürchten Politiker einen Zusammenbruch im Ruhrgebiet, ein Chaos mit Folgen für das ganze Land. »Wenn es an der Ruhr brennt, gibt es im Rhein nicht genug Wasser, das Feuer zu löschen«, sagt Rainer Barzel, der Vorsitzende der CDU/CSU-Fraktion im Bundestag. Karl Schiller, Wirtschaftsminister der großen Koalition ab 1966, spricht von einem »Heuhaufen«, der durch ein einziges achtlos hingeworfenes Streichholz in Flammen aufgehen könne.

Was tut Schiller, um das zu verhindern? Das Gleiche wie sein Vorgänger Erhard, nur verkauft er es besser. Der SPD-Minister initiiert die »konzertierte Aktion Kohle«. Die führt unter anderem zur Gründung der »Ruhrkohle AG« (RAG), einer privaten Einheitsgesellschaft für alle Zechen. Die RAG soll den Bergbau neu strukturieren.

Die Verwandlung des Ruhrgebiets hatte begonnen. Und es gibt seitdem kaum einen Politiker, der nicht darüber schwärmt, wie blau er doch wieder sei, der Himmel über der Ruhr – eine Anlehnung an ein Diktum Willy Brandts. Der hatte im Wahlkampf 1961 gefordert, der Himmel über der Ruhr müsse wieder blau werden. Nur dachte Brandt nicht an Zechenschließungen, sondern an Umweltpolitik.

Heute sind viele Zechen Industriedenkmäler. Das hat Männern wie Günter Stoppa einen neuen Job verschafft. Der Mann, der über dreißig Jahre auf dem Pütt schuftete, gibt sein Wissen heute auf andere Art weiter: In blitzsauberer Bergmannsmontur führt er Touristen über das Gelände der Zeche Zollverein in Essen.

Katharina Slodczyk

1959

BMW – Drei Männer und die Knutschkugel

Im Dezember 1959 ist BMW so gut wie pleite. Doch im letzten Moment retten zwei Nobodys und ein Millionär die bayerische Autofirma davor, vom ewigen Konkurrenten Daimler-Benz gefressen zu werden.

Der Aufsichtsratschef von BMW hält das Ende für gekommen: »Das Unternehmen verfügt seit der Währungsreform über keine Rentabilität. Seine Illiquidität hat ein Ausmaß angenommen, das man als gefährlich bezeichnen muss. Auch das derzeitige Programm der Gesellschaft gewährleistet keine nachhaltige Rentabilität – vielmehr bringt es mit Gewissheit weitere Verluste«, eröffnet Hans Feith den versammelten Aktionären.

Junge Frau in der Isetta (auch »Knutschkugel« genannt) in den fünfziger Jahren

BMW – DREI MÄNNER UND DIE KNUTSCHKUGEL

Seine Lösung: das Kapital um 70 Millionen Mark erhöhen und die neuen Aktien an den schärfsten Konkurrenten verkaufen. BMW, die stolze bayerische Automarke, würde somit von Daimler-Benz geschluckt. Der schwäbische Stern aus Stuttgart übernähme die Macht in München.

1959

Nicht gerechnet jedoch hat Feith mit den Kleinaktionären, die sich an jenem 9. Dezember 1959 zur 39. und vermeintlich letzten Hauptversammlung der BMW AG eingefunden haben. »Pfui!«, »Absetzen!«, »Staatsanwalt her!« tönt es unablässig durch die Münchener Kongresshalle.

Aufsichtsratschef Feith und BMW-Chef Heinrich Richter-Brohm können kaum einen Satz zu Ende bringen, ohne von der »wutentbrannten Masse«, wie der »Handelsblatt«-Korrespondent die Aktionäre beschreibt, unterbrochen zu werden.

Nach über zwölf Stunden steht die Sensation fest: BMW bleibt bayerisch. Vorstand, Aufsichtsrat und Großaktionär Deutsche Bank müssen sich den Kleinaktionären beugen. Es ist nicht nur der erste große Sieg von Kleinaktionären über Großkapitalisten in Deutschland. Es ist auch der Tag der Wiederauferstehung von BMW, der Automarke, die zunächst in Vergessenheit zu geraten drohte, in den folgenden Jahrzehnten aber zu einer der profitabelsten der Welt wird – und zum Inbegriff von »Made in Germany«.

Drei Männern ist der überraschende Auftakt dieser Erfolgsgeschichte geschuldet. Zwei von ihnen sind bis dahin kaum bekannt: Erich Nold und Friedrich Mathern. Sie sind es, die im Dezember 1959 den Unmut der Aktionäre gegen den Plan von Aufsichtsrat und Vorstand stundenlang anfachen: Kleinaktionär Nold, Sohn eines Kohlenhändlers, hat sich Stimmrechte anderer Aktionäre übertragen lassen und verliest stundenlang Zeitungsartikel und Briefe frustrierter Aktionäre.

Da Aufsichtsratschef Feith zugleich Vorstand des Großaktionärs Deutsche Bank ist, ist es Nold ein Leichtes, die Aktionäre aufzuputschen. Der Saal wittert einen Interessenkonflikt: »Eine Treuhand wäscht die andere«, wird Feith entgegengebrüllt. Es ist ein Disput über »Corporate Governance«, Jahrzehnte bevor eine deutsche Regierungskommission unter diesem Begriff Empfehlungen für eine verantwortungsvolle Unternehmensführung gab.

1959

Aber das wortgewaltige Spektakel ist nur ein Ablenkungsmanöver. Nold will dem Rechtsanwalt Mathern, der die BMW-Händler vertritt, Zeit geben, per Telefon einen anderen Investor als Daimler aufzutreiben. Das gelingt zwar nicht. Doch mit einem Trick überlisten die beiden die Kapitalvertreter und verhindern den Verkauf von BMW an den großen Konkurrenten.

Erich Nold hat sich vorbereitet: Nach Paragraph 125, Absatz VII, des Aktiengesetzes kann eine Hauptversammlung mit nur 10 Prozent der Stimmrechte die Vertagung beschließen, wenn die Bilanz fehlerhaft ist. Und das ist sie: Der Vorstand hat die Entwicklungskosten für das neue 700er-Modell komplett in die Bilanz eingerechnet – wohl um die Lage des Konzerns dramatischer erscheinen zu lassen.

Leicht gewinnen Nold und Mathern die Abstimmung, der Ausverkauf von BMW ist gestoppt. Im Januar 1960 treten fast der gesamte Aufsichtsrat und auch der Vorstandschef zurück. BMW ist führungslos.

Nun kommt der dritte Mann ins Spiel: Herbert Quandt. Der Daimler-Deal war seine Idee gewesen. Bislang hält der Industrielle, der über seine Holding Teile der deutschen Industrie kontrolliert, nur eine kleine Beteiligung an BMW. Aber aus seiner Sicht ist die Firma am Ende. Die Modellpalette besteht fast nur aus der »Isetta« – Kosename »Knutschkugel« – und dem Achtzylinder-Luxusgefährt 507, den sich etwa Rock-'n'-Roll-Legende Elvis Presley liefern lässt.

BMW baue »nur Fahrzeuge für Tagelöhner und Generaldirektoren«, spottet der »Spiegel«. Die Wünsche der neuen Mittelklasse hat das Unternehmen ignoriert. Der Werbeslogan »Auto fahren viele – Anspruchsvolle fahren BMW« verfängt viel zu selten.

Auch wenn BMW eine Traditionsmarke ist, die 1928 ihr erstes Automobil, den BMW 3/15 PS DA 1, herausbrachte, ist das Autogeschäft für die Münchener neu. Sie bauten in Bayern zunächst nur Flugzeugmotoren – auf die geht das Markenlogo mit dem blau-weiß hinterlegten Propeller zurück – und Motorräder. Die Autowerke von BMW waren erst in Berlin, dann nach der Übernahme der Fahrzeugfabrik Eisenach in der Wartburgstadt. 1945 gehen sie durch die deutsche Teilung verloren.

Wie es zur Autoproduktion an der Isar kam? »Es haben mutige Leute nachts mit dem Rucksack die Konstruktionszeichnungen, das wichtigste

Kapital, aus Eisenach über die Zonengrenze gebracht, immer mit der Gefahr, dass plötzlich hinter ihnen ein russischer Soldat ›Stoj!‹ ruft«, erzählt Eberhard von Kuenheim, der von 1970 bis 1993 BWM-Chef war.

1959

Die Schmuggler kommen durch, und BMW beginnt in München von vorn. Doch der Neustart will nicht gelingen. 1958 liegt der Verlust bei zwölf Millionen, 1959 bei 15 Millionen Mark. Bei jedem ausgelieferten Wagen zahlt der Hersteller bis zu 5000 Mark drauf. Herbert Quandt sieht keine Zukunft mehr für BMW und bietet dem Großindustriellen Friedrich Flick den kleinen Autokonzern an.

Der hat seine eigenen Pläne: Er will das bayerische Unternehmen zur verlängerten Werkbank von Daimler-Benz machen, wo er mit 40 Prozent des Kapitals das Sagen hat. Denn Daimler kommt mit der Produktion nicht nach und braucht dringend neue Mitarbeiter. Mitten im vollbeschäftigten Deutschland – 1959 gibt es in der Bundesrepublik 187 199 Arbeitslose – sind die aber kaum zu finden. Da käme BMW mit seinen 5500 Facharbeitern wie gerufen.

Schon vor der Hauptversammlung gilt die Sache als ausgemacht. Doch mit ihrem Plan stolpern zwei der reichsten Männer der Republik über die Nobodys Nold und Mathern. Quandt erlebt seine Niederlage live mit – aus einer der hintersten Reihen der Halle. Aber er reagiert nicht indigniert, er denkt um. Die Entschlossenheit der Kleinaktionäre und der Überlebenswille von BMW beeindrucken den vielfachen Millionär.

Er ist bereit, die Sanierung selbst anzuführen und in BMW zu investieren. Doch selbst für den Multimillionär Quandt ist der Kapitalbedarf von 70 Millionen Mark äußerst hoch. Weil die Deutsche Bank beleidigt ist und nicht mitmachen will, übernimmt Quandt die Konsortialführerschaft für neue Aktien im Wert von 40 Millionen Mark selbst. Gut 30 Millionen erlöst BMW durch einen Teilverkauf seiner Triebwerkssparte.

Aber Quandt will sich absichern, so gut es geht. Kurz vor der Hauptversammlung 1959 hat BMW den 700er vorgestellt. Der Kleinwagen soll helfen, die Zeit zu überbrücken, bis die Firma einen echten Mittelklassewagen entwickelt hat. Die ersten Reaktionen auf den neuen BMW – Listenpreis: 4900 Mark – sind ermutigend: In kurzer Zeit lie-

1959

gen 25 000 Bestellungen vor. Mehr als zwei Jahre wäre das Werk in Milbertshofen ausgelastet.

Herbert Quandt, der wegen eines Augenleidens kaum sehen kann, lässt sich den neuen Wagen vorführen: Er fährt mit den Händen seine Konturen nach, setzt sich hinters Steuer. Er lässt den Prototyp nach Stuttgart fahren, um ihn Daimler-Benz-Vorstand Fritz Nallinger vorzuführen, den Quandt als Daimler-Aufsichtsrat kennengelernt hat.

Nach einer Testfahrt sagt Nallinger zu Quandt: »Von meiner Familie darf da zwar keiner drin fahren, denn es hat den Tank vorn, aber sonst ist das ein gutes Fahrzeug.« Und: »Den Wagen kann man bauen.« So rettet Nallinger BMW vor den Klauen seines eigenen Konzerns.

Später nennt Quandt »1960 das Jahr meiner vielleicht schwersten Entscheidung«. Aber es geht gut. Am 1. Dezember 1960 segnet die BMW-Hauptversammlung das Sanierungskonzept ab. 1963 zahlt der Konzern seinen Aktionären wieder eine Dividende. 1968 überschreitet der Konzernumsatz die Milliarden-Marke.

Aber groß wird BMW erst durch eine weitere Entscheidung von Quandt. 1970 macht er den im Autobau unerfahrenen Eberhard von Kuenheim zum Konzernchef. Erneut muss BMW eine grundlegende Strategieentscheidung treffen – wie 1959.

»1970 stand BMW vor der Frage, wie sich das Unternehmen behaupten, wie es überleben sollte«, sagt von Kuenheim heute. Zwar beträgt 1969 der Umsatz 1,5 Milliarden Mark, dem 700er ist 1961 der BMW 1500 gefolgt (1,5 Liter Hubraum, 80 PS, 150 km/h Spitze), und der Wagen sieht gut aus, aber der Verkauf läuft nur schleppend. Ihm folgen der 1600-2, der 1800 und der 1800 TI. Die Motoren werden immer kraftvoller. BMW hat sich in der oberen Mittelklasse etabliert – in einer Nische, die sich der Konzern selbst geschaffen hat.

Aber das Unternehmen ist mit 140 000 produzierten Autos im Jahr zu klein. Experten gehen davon aus, dass ein Autokonzern jährlich eine halbe Million Wagen bauen muss, um alleine bestehen zu können. Die Konsolidierung der Autoindustrie geht in die nächste Runde. Allerdings: »BMW fehlte das Geld für große Investitionen«, sagt Eberhard von Kuenheim.

Der BMW-Chef setzt auf die Oberklasse, und seine Strategie geht – zur Freude des Hauptaktionärs – auf. 1980 beträgt der Umsatz fast sieben Milliarden Mark, 1990 bereits 27 Milliarden. 2006 bringt es BMW auf 49 Milliarden Euro Jahresumsatz und 2,9 Milliarden Euro Gewinn.

Und 1993, im letzten Jahr unter dem Vorstandschef von Kuenheim, verkauft die blau-weiße Marke aus Bayern erstmals mehr Luxuslimousinen als Mercedes.

Christoph Neßhöver

1960

Kernkraft – Zerlegt und klein geschreddert

Im November 1960 nimmt das erste deutsche Atomkraftwerk seinen Betrieb auf. Gut zwei Jahre dauert der Bau, die Demontage zieht sich fast zwanzig Jahre hin.

Mächtige Stahlplatten, leicht gewölbt und etwas angerostet, türmen sich zu Dutzenden auf unordentlichen Stapeln. Daneben liegen 3500 Tonnen klein geschredderter Beton auf mehreren Haufen. Der größte ist zwei Meter hoch.

So sieht es aus, das Ende eines Reaktors, der deutsche Industrie-

Bundesminister für Atomfragen Siegfried Balke (Mitte) besichtigt den Versuchsreaktor Kahl am Main vor dessen Inbetriebnahme im Oktober 1960

KERNKRAFT – ZERLEGT UND KLEIN GESCHREDDERT

1960

geschichte schrieb. Dort, wo das Herzstück des Versuchsatomkraftwerks Kahl (VAK) noch vor wenigen Jahren stand, klafft jetzt ein 24 Meter tiefes und 14 Meter breites Loch, in dem sich Regenwasser sammelt.

Der Abriss des Atomkraftwerks läuft auf Hochtouren. Bald soll nur noch eine grüne Wiese zu sehen sein – dort am Main zwischen Hanau und Aschaffenburg, wo der erste Atomstrom ins deutsche Netz eingespeist wurde. Nur noch die alte Turbine und zwei Infotafeln werden dann an die einst gefeierte Anlage erinnern.

Dazwischen liegen über vier Jahrzehnte bewegter deutscher Atomgeschichte – eine unbändige Euphorie zu Beginn, eine langsam wachsende Skepsis und schließlich der radikale Ausstiegsbeschluss. Der historische Wert des Reaktors ist unbestritten. »Hier wurde Pionierarbeit geleistet – sowohl beim Aufbau als auch beim Abriss«, sagt Ludger Eickelpasch, der als Leiter des Kernkraftwerks seit Jahren für die Abwicklung des Reaktors verantwortlich ist.

Am 13. November 1960 um 22.04 Uhr nimmt das Versuchsatomkraftwerk Kahl laut handschriftlichem Eintrag im Reaktorbuch den Betrieb auf. Elf Personen sind im Leitstand anwesend, als im Druckbehälter die erste nukleare Kettenreaktion ausgelöst wird. Nach weiteren Probeläufen speist der Reaktor ein halbes Jahr später erstmals Strom ins Netz ein.

Der Einstieg Deutschlands ins Atomzeitalter verläuft atemberaubend schnell. 1955 fallen mit den Pariser Verträgen, die das Besatzungsstatut beenden und die Bundesrepublik in die Souveränität entlassen, die Restriktionen, die nach dem Krieg selbst die friedliche Nutzung der Kerntechnik untersagten. Noch im selben Jahr wird das »Bundesministerium für Atomfragen« gegründet – unter der Leitung von Franz Josef Strauß. Vier Jahre später steht das Bundesatomgesetz, das die wissenschaftliche und wirtschaftliche Anwendung der Kerntechnik regelt, und kurze Zeit danach nimmt bereits das Atomkraftwerk in der Nähe von Kahl seinen Betrieb auf. Die Bundesrepublik ist nach den USA, der UdSSR, Frankreich und Großbritannien das fünfte Land, das Atomstrom erzeugen kann.

Gerade einmal ein Jahrzehnt nach dem Atombombenabwurf in Hiroshima kennt die Phantasie, was die Nutzung der Kernenergie angeht,

KERNKRAFT – ZERLEGT UND KLEIN GESCHREDDERT

1960 kaum Grenzen. In zwei großen, von den Vereinten Nationen organisierten Konferenzen entwerfen Politiker und Wissenschaftler abenteuerliche Szenarien, wie mit der Kernkraft der wachsende Energiehunger der Welt befriedigt werden kann. Atomenergie soll kostengünstig Strom liefern, Flugzeuge und Lokomotiven antreiben und langfristig sogar mit Minireaktoren im Keller Mehrfamilienhäuser beheizen.

Der Autohersteller Ford präsentiert gar die Designstudie Nucleon: ein Auto, das nicht mit Benzin oder Diesel, sondern mit Kernbrennstoff betrieben werden soll. Der Nucleon ist dafür mit einem kleinen Kernreaktor ausgestattet. Eine Füllung soll für mehr als 8000 Kilometer reichen.

Mit Kerntechnik wird nicht zuletzt auch Politik gemacht. Die USA bieten ihren Verbündeten als Gegenleistung für den Verzicht auf Atomwaffen die Lieferung kompletter Forschungsreaktoren zur friedlichen Kernenergienutzung an – sechs Kilogramm Uran mit eingeschlossen. Im Nachkriegs-Deutschland ist der Energiehunger besonders groß. Der Stromverbrauch wächst um stolze 15 Prozent pro Jahr, und neue Kraftwerke werden dringend benötigt, um das Wirtschaftswunder am Laufen zu halten. Die neue Technologie kommt da gerade recht. »Die friedliche Nutzung der Atomenergie bedeutet denselben Einschnitt in die Menschheitsgeschichte wie die Erfindung des Feuers für primitive Völker«, sagt Strauß im Jahr 1957. Der vollmundige Spruch hängt noch heute unter einer großen Schwarz-Weiß-Fotografie des damaligen Atomministers im inzwischen angestaubten Besucher- und Informationszentrum des Versuchsatomkraftwerks.

Ganz so mutig wie die Politiker sind die Betreiber freilich nicht. RWE und Bayernwerk haben den Meiler in Kahl als Versuchsreaktor ausgelegt. Gerade einmal 16 Megawatt Leistung bringt die Anlage – so viel schaffen heute schon drei große Windanlagen. Auch die Entwicklungskosten von 50 Millionen Mark sind selbst für damalige Verhältnisse eher bescheiden.

Im Antrag, mit dem RWE-Atompionier Heinrich Mandel am 10. Mai 1957 bei der Allgemeinen Elektricitäts-Gesellschaft (AEG) einen Siedewasserreaktor bestellt, wird der Auftrag klar umrissen: »Zweck der Bestellung ist es, mit dem zu erstellenden Atomkraftwerk Erfahrungen bezüglich Planung, Bau, Betrieb, Anlagekosten und Betriebskosten von

1960

Atomkraftwerken zu gewinnen.« Die Betreiber wollen in Kahl Erkenntnisse für den späteren Betrieb von Großkraftwerken sammeln.

Der junge Diplomingenieur und spätere RWE-Vorstand Mandel hält die Anlage so klein wie möglich, um das finanzielle Risiko zu begrenzen. Er legt sie aber auch so groß wie nötig aus, um die Erkenntnisse auf spätere Großanlagen hochrechnen zu können. Erste Versuche gibt es zwar schon, etwa das sogenannte Atomei in Garching bei München. Der Reaktor mit der eiförmigen Kuppel dient aber nur Forschungszwecken. Kahl soll als erste Anlage unter realen Bedingungen Strom produzieren.

Die Unbekümmertheit der sechziger Jahre kommt auch RWE und Bayernwerk zugute. In nicht einmal 29 Monaten können sie den Siedewasserreaktor hochziehen, dessen Komponenten die AEG zu großen Teilen aus den USA bezieht. Die Baugenehmigung, heute hoheitliche Aufgabe des Bundes, wird unkompliziert vom Landratsamt Alzenau erteilt, die Betriebsgenehmigungen werden teilweise nachgereicht.

Das Gelände ist damals leicht zugänglich, während später selbst die Abrissstelle von Sicherheitsdiensten bewacht wird. Und auch die Überwachung der Strahlenrisiken ist zunächst höchst unkonventionell: In den Anfangsjahren halten die Betreiber auf dem Werksgelände eine eigene Schafherde und lassen die Milch der Tiere untersuchen.

Auch in den umliegenden Gemeinden ist von Skepsis zunächst keine Spur. Als der Reaktordruckbehälter mit der Bahn aus dem Ruhrgebiet angeliefert wird, feiern die Anwohner auf dem Werksgelände ein Volksfest. Die Gemeinde Karlstein, auf deren Gemarkung das Atomkraftwerk liegt, trägt noch heute ein Atomsymbol, drei um einen roten Atomkern kreisende blaue Elektronenbahnen, in ihrem Wappen. Warum das Versuchsatomkraftwerk nach dem benachbarten Kahl benannt wurde, weiß keiner mehr – vielleicht weil dort das Hauptpostamt war, vielleicht aber auch nur, weil der Name einprägsam ist.

»Seinen Auftrag hat das Kraftwerk erfüllt«, ist Abrissmanager Eickelpasch überzeugt. Dabei ist der 40-jährige Maschinenbau-Ingenieur noch gar nicht geboren, als das VKA den Betrieb aufnimmt. Die Zahlen sprechen nach seinen Worten aber für sich: In 25 Jahren speist der Reaktor immerhin 2,1 Billionen Kilowattstunden Strom ins Netz und ist knapp 150 000 Stunden in Betrieb – obwohl die Produktion regelmäßig unterbrochen wird, um Experimente durchzuführen. Beispiels-

1960 weise untersuchen die Techniker, wie bestimmte Werkstoffe auf die Bestrahlung im Reaktor reagieren.

Das VKA spielt zudem eine Vorreiterrolle bei der Entwicklung von Brennelementen. Es wird getestet, in welchem Verhältnis normales und angereichertes Uran eine optimale Energieausbeute gewährleisten. Insbesondere bei der Entwicklung der Mischoxyd-Brennelemente (Mox) leistet das VKA Pionierarbeit. Diese bestehen aus einer Mischung von Uran und dem bei der Kernspaltung entstehenden Plutonium. Die Versuchsergebnisse sind so positiv, dass ein neuer Brennelementetyp für Großkraftwerke entsteht. In Kahl werden auch Siegel entwickelt und getestet, mit denen der Brennstoff markiert und so leicht überwacht werden kann – von der Herstellung bis zur Wiederaufbereitung. So kann der Einsatz des heiklen Materials jederzeit nachvollzogen werden.

Auch die Region entwickelt sich rasch zu einem kleinen Kernenergiezentrum. Nur die erste Ladung Uranbrennstoffe muss der Reaktor noch aus den USA beziehen. Die nächsten können bereits im 13 Kilometer entfernten Hanau von der Nuklear-Chemie und -Metallurgie GmbH (Nukem) produziert werden. Siemens errichtet nur wenige Kilometer entfernt ein Servicezentrum für seine Atomabteilung.

Nach Ansicht von Umweltschützern wird im Versuchsreaktor freilich viel zu viel experimentiert. Spätestens in den siebziger Jahren ist von der ursprünglichen Euphorie nichts mehr zu spüren. Atomkraftgegner machen Front gegen die riskante Technik. In Kahl zählt die »Bürgerinitiative gegen Atomanlagen am Untermain« ganze 94 Störfälle. 1968 etwa soll es nach einem Blitzeinschlag einen totalen Stromausfall gegeben haben. Erst kurz vor der Kernschmelze habe die Notkühlung eingesetzt, schildern die Umweltschützer. Sieben Jahre später sei der Reaktor gar mit zu hohem Druck betrieben worden und hätte bersten können, heißt es in den Aufstellungen der Kritiker.

Probleme habe es immer wieder gegeben, räumt Eickelpasch ein, aber keinen ernsten Störfall: »Radioaktivität ist nie ausgetreten«, sagt der Verfahrenstechniker, der mit seiner schwarzen Jeans zum hellen Sakko und den langen, zum Zopf gebundenen Haaren so gar nicht wie ein Verfechter der Atomtechnik aussieht.

Nicht bedingt durch Sicherheitsmängel, sondern planmäßig endet der Auftrag des Versuchsreaktors am 25. November 1985. Um

13.57 Uhr beginnen die Techniker laut Reaktorbuch mit dem »Abfahren zur endgültigen Abschaltung«. Ein Akt mit Symbolcharakter, wie sich nur fünf Monate später herausstellen wird: Ende April 1986 erschüttert die Katastrophe von Tschernobyl die Welt. Der Gau im maroden ukrainischen Reaktor lässt die Stimmung kippen. Die einst gefeierte Kerntechnik hat in Deutschland vorerst keine Zukunft mehr. 2001 besiegelt die rot-grüne Bundesregierung das Aus. Im Atomkonsens mit den Betreibern werden die Restlaufzeiten der bestehenden Atomkraftwerke begrenzt. 2021 soll der letzte Reaktor vom Netz gehen.

Wieder weist das Versuchsatomkraftwerk Kahl die Richtung. Auch beim Rückbau der Anlage, der 1988 beginnt, wollen die Betreiber Erfahrungen für die Stilllegungen anderer Atomkraftwerke sammeln – ein Grund, warum der Abriss länger dauert als der Betrieb und mit 150 Millionen Euro auch wesentlich teurer ist als der Aufbau.

Immer wieder probieren die Abrissarbeiter neue Techniken aus. Allein bei der Zerlegung des Reaktordruckbehälters seien zehn unterschiedliche Trennmethoden zum Einsatz gekommen, erläutert Eickelpasch: »Kahl war ein Versuchsatomkraftwerk von der ersten bis zur letzten Minute.«

So gelassen wie in den sechziger Jahren sind auch die Behörden nicht mehr. Penibel muss für jedes Teil nachgewiesen werden, dass keine Radioaktivität mehr vorhanden ist. Der radioaktive Abfall vom Volumen eines Einfamilienhauses lagert inzwischen zwar zum größten Teil im Zwischenlager im bayerischen Mitterteich. Vereinzelt gibt es aber im Sicherheitsbereich noch rot markierte Stellen – dort ist noch immer leichte Strahlung nachweisbar, die abgetragen werden muss.

Erst nachdem all dies geregelt sein wird, werden die großen Gebäude, die Büros und die Arbeitsräume, die gelb gestrichenen Flure, grünen Türen und dunkelbraunen Möbel, die den Charme der sechziger Jahre versprühen, der Abrissbirne zum Opfer fallen. Spätestens dann ist das Versuchsatomkraftwerk Kahl endgültig Geschichte.

Der Arbeitsauftrag für Eickelpasch ist jedenfalls eindeutig: Zurückbleiben soll vom Vorzeigeprojekt der sechziger Jahre nur noch »grüner Rasen« – selbst dessen Dichte ist exakt geregelt.

Jürgen Flauger

1961

Pille – Praktisch wie eine Aspirin

Im Juni 1961 wagt sich Schering mit einem umstrittenen neuen Produkt auf den deutschen Markt: der »Pille«. Heute gehört die Bayer Schering Pharma AG zu den Weltmarktführern bei Verhütungsmitteln.

»Liebe Mrs. Sanger« beginnt im Januar 1925 der Brief aus Englishtown, New York. »Ich bin 30 Jahre alt und habe elf Kinder, habe ein Nieren- und Herzleiden. Meine Kinder sind unterentwickelt, wir sind arm. Jetzt bin ich wieder ein paar Wochen überfällig. Mein Doktor sagt, dass ich verrückt werde, wenn ich dieses behalte, aber er will nichts für mich tun.« Lieber wolle sie sterben, als noch ein Kind zu bekommen.

Tausende solcher verzweifelter Briefe erreichen Margaret Sanger. Die Krankenschwester kennt die Folgen des übermäßigen Kinder-

Erste Antibaby-Pille »Anovlar« des Pharmaherstellers Schering, die am 1. Juni 1961 auf den Markt kam

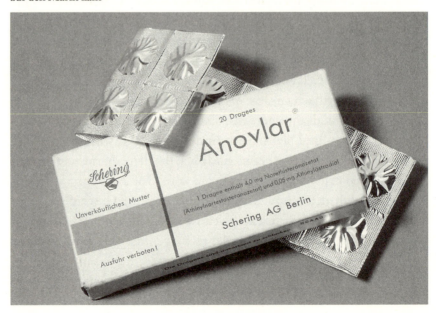

1961

segens wie Armut und Trunksucht. Und sie macht sie publik: »Die schwachen, zerbrechlichen Frauen werden alle Jahre schwanger wie automatische Brutmaschinen«, schreibt sie. Viele von ihnen sieht Sanger nach illegalen Abtreibungen verbluten.

Sie findet sich damit nicht ab. Sie baut in den USA die ersten Kliniken auf, die Frauen über Empfängnisverhütung informieren. 1950 schließlich, da ist die Frauenrechtlerin 71 Jahre alt, treibt sie ihre größte Idee voran: »Frauen brauchen ein sicheres Verhütungsmittel, einzunehmen so leicht wie eine Aspirin.« Die »Pille« wird es genannt werden.

So wird Sanger nicht nur die Mutter eines der wohl politischsten Produkte des 20. Jahrhunderts, sondern auch einer bundesdeutschen Erfolgsgeschichte – der von Schering. Der Berliner Pharmakonzern bringt am 1. Juni 1961 die Pille in Deutschland unter dem Markennamen Anovlar auf den Markt. Heute heißt das Unternehmen Bayer Schering Pharma AG und ist Weltmarktführer für Mittel zur Empfängnisverhütung.

»Ein historischer Tag« und »einen gewaltigen Schritt vorwärts« nennt das Wochenmagazin »Stern« 1961 den großen Tag. Der Psychoanalytiker Sigmund Freud hatte schon 1898 geahnt: »Es wäre einer der größten Triumphe der Wissenschaft, den verantwortlichen Akt der Kinderzeugung zu einer beabsichtigten Handlung zu erheben.«

1957 war das neue Präparat unter dem Namen Enovid auf den amerikanischen Markt gekommen. Im Auftrag von Sanger und unterstützt von einer Millionenerbin hatte der Biochemiker Gregory Pincus ein orales Kontrazeptivum entwickelt.

Anovlar von Schering ist das erste Präparat zur hormonellen Empfängnisverhütung in Europa – eine Östrogen-Gestagen-Kombination, die dem Körper eine Schwangerschaft vortäuscht, wodurch der Eisprung ausbleibt. Verglichen mit Enovid, ist die Hormondosierung um die Hälfte reduziert.

Berlin, Frühjahr 2006: Der Pharmakonzern Schering ist noch selbständig und das einzige Dax-Unternehmen der Stadt, ansässig im Wedding – dort, wo die Hauptstadt sonst grau und trostlos ist. Der Berufsverkehr quält sich an Billigläden, türkischen Geschäften und Mietshäusern vorbei. Die Aluminium-Fassade der Firmenzentrale mit ihren 15 Stockwerken schimmert matt.

1961

An diesem Morgen meldet das Unternehmen, das weltweit 25 600 Mitarbeiter beschäftigt, außerordentlich gute Zahlen. Zu den Verkaufsschlagern zählt eine Pille mit klangvollem Namen, Yasmin. Im ersten Quartal dieses Jahres stieg ihr Umsatz um 34 Prozent auf 180 Millionen Euro.

»Das Thema Fertilitätskontrolle ist für Schering sehr wichtig«, sagt Phil Smits, Leiter der Gynäkologie und Andrologie des Konzerns. Yasmin ist weltweit die Nummer eins unter den oralen Verhütungsmitteln. Wachstum verspricht sich Schering auch von neuen, niedrig dosierten hormonellen Kontrazeptiva.

Die Frage der Geburtenkontrolle ist fast so alt wie die Menschheit. Schon Aristoteles empfahl, »jenen Teil der Gebärmutter, auf den der Samen fällt, mit Zedernöl oder Bleisalbe einzureiben«. Denkbar unspektakulär sieht dagegen die Lösung aus, die Schering 1961 auf den deutschen Markt bringt: eine dezent grüne Packung. Für 8,50 Mark geht Anovlar gegen Rezept über die Ladentheke.

Ulla Ellerstorfer, heute stellvertretende Chefin von Pro Familia und damals in ihren Zwanzigern, erinnert sich: »Die Mehrheit der Frauen begrüßte die Möglichkeit, endlich selbst verhüten zu können.« Und Oswalt Kolle, bekannt als »Aufklärer der Nation«, urteilt: »Das Schicksal hat den Mann entmachtet. Und das Schicksal heißt die Pille.«

Der Macht aber lässt sich kein Mann gerne berauben. Das wissen auch die Schering-Vorstände. Monatelang grübeln sie, ob sie tatsächlich ein Präparat auf den Markt bringen sollten, das ein freieres Sexualleben ermöglicht. »Man hatte Angst, gesellschaftlich geächtet zu sein«, erinnert sich Ursula Lachnit-Fixson. Als Wissenschaftlerin hatte sie bei Schering maßgeblichen Anteil an der Entwicklung niedrig dosierter Pillen.

Zwar hatten die deutschen Frauen das Land nach dem Krieg aus Trümmern wieder aufgebaut, waren aber dann brav an den heimischen Herd zurückgekehrt. Längst lächelten sie im Adenauerland wieder so lieblich von Plakaten herab, als hätten sie nie gewusst, was eine Schubkarre ist oder ein Hammer.

»Stöhnen Sie nie!« mahnt die Frauenzeitschrift »Brigitte« 1954 ihre Leserinnen. Aufopfernde Mütter und treu sorgende Ehefrauen sollen sie sein. Selbstverzicht ist Pflicht, Selbstverleugnung noch besser. Un-

1961

ermüdlich propagiert Familienminister Franz-Josef Wuermeling die Drei-Kind-Ehe.

In diesem Klima ist Sexualität ein Tabu. Das erfährt auch Oswalt Kolle. In den Fünfzigern noch Feuilletonchef der »BZ«, erhält er einen Brief von seinem 80-jährigen Verleger Rudolf Ullstein: »Ich weiß jetzt, wer das Schwein ist, das immer über Sex in meinem Blatt schreibt: Sie! Doppelpunkt: Sie.« Kolle wird freier Autor.

Dass die Schering-Manager dennoch wagten, ein Produkt wie die Pille in Deutschland einzuführen, lag an Australien. Das Land könne als Testmarkt dienen, schlug im Herbst 1960 Alexander Hald, der Leiter von Schering Australien, seinen Vorgesetzten vor. Ein Volltreffer: Innerhalb von nur fünf Monaten erzielte Anovlar 12 Prozent des Australien-Umsatzes des Pharmakonzerns.

Zwar ließ sich das Erfolgsrezept im liberalen Australien nicht ohne weiteres auf Deutschland übertragen. Das war dem Schering-Vorstand klar. Aber einen Versuch sollte es geben – mit einem kleinen Trick.

Als das Präparat 1961 eingeführt wird, preist der Beipackzettel es als Medikament zur Behebung von Zyklusstörungen an. Der Verhütungseffekt ist nur unter den Nebenwirkungen erwähnt. Außerdem empfiehlt Schering den Ärzten, die Pille nur verheirateten Frauen mit Kindern zu verschreiben. Der Konzern will nicht in den Ruf geraten, die Promiskuität unter Jugendlichen zu fördern.

Als Erster macht der »Stern« den besorgten Moralisten im Lande einen Strich durch die Rechnung. Gerade einen Monat ist Anovlar auf dem Markt, da lüftet das Magazin für seine Leser das Geheimnis, klärt über die verhütende Nebenwirkung auf.

»Dennoch war es in den ersten Jahren praktisch aussichtslos, an die Pille heranzukommen«, sagt Ulla Ellerstorfer von Pro Familia. Auch ihr selbst, damals verheiratet und Mutter eines kleinen Kindes, ergeht es nicht besser. Die neue Form der Empfängnisverhütung gibt es nicht für jede Frau und schon gar nicht von jedem Arzt. Schätzungen zufolge verschreiben maximal 15 Prozent der Ärzte in den Großstädten die Pille. Auf dem Land sind es noch weniger.

Ausreden müssen her. »Beim Gynäkologen klagten Frauen also über Zyklusstörungen«, erzählt Ellerstorfer. Von Freundin zu Freundin werden Listen verschreibungswilliger Ärzte weitergereicht. Doch viele

1961

Gynäkologen sind nicht nur aus moralischen Gründen unwillig, sondern schlichtweg überfordert. Auch sie hatten nie gelernt, über Sexualität zu sprechen. Bald bieten Universitätskliniken Fortbildungskurse für Mediziner an.

Die Pille verbreitet sich zunächst langsam, was aber nicht die katholische Kirche zu verantworten hat. Denn erst 1968 untersagt Papst Paul VI. in der Enzyklika »Humanae Vitae« den Gläubigen jede Form der Verhütung außer der natürlichen Zeitwahlmethode. Seine Argumente gleichen denen der Frauenbewegung der siebziger Jahre: Die Pille unterdrücke die Frau, weil sie sie jederzeit verfügbar mache.

Doch der Erfolg der Pille lässt sich nicht mehr stoppen. Auch die Katholiken strömten massenhaft ins Kino in Kolles Aufklärungsfilme wie »Das Wunder der Liebe« – zum »Orpheus des Unterleibs«, wie Deutschlands Sexpapst auch genannt wird.

Etwas verzögert erreicht die Liberalisierung des Sexuallebens die DDR. 1965 kommt im Osten Deutschlands die »Wunschkindpille« Ovosiston auf den Markt. Hergestellt wird sie von dem Volkseigenen Betrieb Jenapharm. Die Westdeutschen haben Mitte der sechziger Jahre die Pille schon breit akzeptiert. Bereits 1970 kaufen sie 27,8 Millionen Monatspackungen.

Von diesen gewaltigen Zahlen dürften die Schering-Vorstände 1961 wohl nicht einmal geträumt haben. Dass sie das Wagnis dennoch eingehen, spiegelt eine Haltung des Managements der frühen Jahrzehnte der Konzerngeschichte wider. Des Öfteren war Schering seiner Zeit ein wenig voraus. So besaß das Unternehmen schon 1919 ein florierendes Auslandsgeschäft. Mehr als die Hälfte des Umsatzes stammte aus dem Export. 1924 erforschten Wissenschaftler des Konzerns bereits die Wirkungsweise von Sexualhormonen.

Begonnen hatte alles mit der »Grünen Apotheke«, die Ernst Schering 1851 in Berlin eröffnete. Der 26-jährige Chemiker stellte nicht nur Arzneien, sondern auch chemische Produkte für die Parfümerie, Textil- und Feuerwerksindustrie her. 1864 entstand am Standort der heutigen Schering-Werke die erste Fabrik. Der Konzern wächst und wächst, bis der Zweite Weltkrieg eine Zäsur bringt.

In der Nachkriegszeit erholt sich Schering schneller als viele andere Unternehmen. Der Konzern wird zu einem Pharmaspezialisten, der sich geschickt in Nischen einrichtet. Auf den Märkten für Kontrastmittel und hormonelle Kontrazeptiva gehört Schering heute zu den führenden Anbietern. Wichtig für das Unternehmen ist auch Betaferon, das erste Medikament gegen multiple Sklerose.

Einen Traum allerdings haben die Schering-Manager des im weltweiten Branchenvergleich eher kleinen Konzerns kürzlich ausgeträumt: Das Unternehmen ist nicht mehr selbständig; Bayer hat Schering übernommen. Ende 2006 wurde der Berliner Pharma-Spezialist offiziell in die Bayer Schering Pharma AG umbenannt.

Branchenexperten gehen jedoch davon aus, dass in Berlin weiterhin Mittel zur Empfängnisverhütung entwickelt werden. Schließlich ist das Geschäft mit dem Sex ein Wachstumsmarkt. So liegt zum Beispiel die Akzeptanzrate der Pille in Japan unter einem Prozent, in Russland unter fünf und in Norwegen bei nur etwa neun Prozent. Zum Vergleich: In Deutschland akzeptieren 30 Prozent aller Frauen das orale Verhütungsmittel.

Hierzulande scheinen die Grenzen des Marktes erreicht. Es geht vor allem darum, Jugendliche besser über die richtige Anwendung der Pille aufzuklären. Zu diesem Ergebnis kommt eine Studie von Pro Familia. Denn unerwünschte Schwangerschaften bei Minderjährigen entstünden oft trotz eines verlässlichen Verhütungsmittels.

Jugendliche besser aufklären – das wäre wohl eine Aufgabe, der sich eine Frau wie Margaret Sanger auch in unseren Tagen stellen würde. Und mit Sicherheit würde die Frauenrechtlerin eines vehement fordern: die Pille für den Mann. Die lässt nämlich noch immer auf sich warten. »Das hat aber nichts mit einer Verschwörung unter Männern zu tun«, beteuert Schering-Manager Phil Smits. Die biologischen Gegebenheiten seien bei den Herren einfach sehr viel schwieriger. »Ein Produkt wird frühestens 2010 auf dem Markt sein« – vielleicht von Bayer Schering Pharma.

Simone Wermelskirchen

1962

Arbeitslosenversicherung – Wie im Schlaraffenland

Ab 1962 müssen die Deutschen wieder Beiträge zur Arbeitslosenversicherung zahlen – eine Trendwende: Die Sozialpolitik wird immer teurer. Mit den Folgen kämpft Deutschland noch heute.

Frische Brötchen wachsen an den Birken, gebraten flattern die Tauben direkt in den Mund, Geld lässt sich von Bäumen schütteln wie Kastanien im Herbst. So süß, erzählt das Märchen, soll es sein, das Leben im Schlaraffenland. Was himmlisch anmutet, scheint Ende der fünfziger Jahre irdisch geworden zu sein in der jungen Bundesrepublik: volle Teller, volle Staatskassen, Vollbeschäftigung.

Der Motor der Marktwirtschaft schnurrt, und ihr soziales Gesicht

Anton Sabel:
CDU-Politiker und
Präsident der Bundesanstalt
für Arbeitsvermittlung und
Arbeitslosenversicherung

ARBEITSLOSENVERSICHERUNG – WIE IM SCHLARAFFENLAND

1962

wird nach den Traditionen aus Kaiserreich und Weimarer Republik kräftig nachgeschminkt. Man hat's ja in Schlaraffia. 1957 geschieht gar etwas, was Regierung, Arbeitgeber und Gewerkschaften heutzutage himmlisch vorkäme, gilt doch die Senkung der Lohnnebenkosten seit Jahren als eines der wichtigsten Ziele der Wirtschaftspolitik: Der Beitrag zur Arbeitslosenversicherung sinkt von 3 auf 2 Prozent des Bruttolohns; zugleich wird das Arbeitslosengeld im Schnitt um mehr als 50 Prozent angehoben. Vier Jahre später, zum 1. August 1961, reduziert die Bundesregierung den Beitrag zur Arbeitslosenversicherung gar auf null. Doch schon im Jahr darauf, zum 31. März 1962 revidiert sie diese Entscheidung – dies bedeutet, auch wenn vielen das erst Jahrzehnte später deutlich wird, den Anfang vom Ende des sozialpolitischen Schlaraffenlandes Deutschland.

Der Reihe nach: Es ist eine Arbeitsmarktpolitik mit vollem Bauch, der die CDU/FDP-Bundesregierung unter Bundeskanzler Konrad Adenauer zu Beginn des Wahljahres 1957 frönt: gut gemeint, aber kurzsichtig, weil sie langfristig schadet. Zum 1. Januar 1957 setzt sie das »Gesetz über Arbeitsvermittlung und Arbeitslosenversicherung« (AVAVG) in Kraft. Der großzügige Geist von 1957 prägt Regierungen und Sozialpartner auf Jahrzehnte so stark, dass erst die Hartz-Reformen fast ein halbes Jahrhundert später manches zu korrigieren beginnen, was sich längst als fatal für die Wirtschaftsordnung erwiesen hat. Wer den Moment sucht, von dem an in der Bundesrepublik das Soziale das Marktwirtschaftliche zu erdrücken droht, der mag ihn Anfang 1957 finden. Und schon 1962 schwingt das Pendel zurück – allerdings in Zeitlupe.

Schon das Vokabular der wirtschaftspolitischen Debatte in den späten fünfziger Jahren klingt in heutigen Ohren märchenhaft. In seiner Jahresschlussausgabe 1956 kommentiert das »Handelsblatt«: »In den vergangenen Monaten war oft von einer ›Entspannung‹ auf dem Arbeitsmarkt die Rede. Dabei war aber nicht der Rückgang der Arbeitslosenzahl gemeint, sondern genau das Gegenteil, die Abnahme der Arbeitskräfte-Nachfrage. Das ist das Problem der Vollbeschäftigung, das sich in diesem Jahre noch stärker ausgeprägt hat.«

Im Paradies, so scheint es, verkehren sich althergebrachte Begrifflichkeiten: Vollbeschäftigung heißt »Problem«, und sinkt die Zahl der

ARBEITSLOSENVERSICHERUNG – WIE IM SCHLARAFFENLAND

1962

offenen Stellen, ist das eine gute Neuigkeit für das Land. Im August 1956 stehen 409 000 Arbeitslosen 252 000 offene Stellen gegenüber, die Arbeitslosenquote liegt im Jahresdurchschnitt bei 4,4 Prozent.

Auch die wenigen Arbeitslosen sollen teilhaben am Wirtschaftswunder, findet ein Großteil der regierenden CDU und auch der oppositionellen SPD: In unteren Einkommensklassen zahlt die Arbeitslosenversicherung fortan fast 100 Prozent des vorherigen Nettolohns, obwohl die Beiträge um ein Drittel sinken. Auch die niedrigere – und steuerfinanzierte – Arbeitslosenhilfe wird nach oben angepasst. Deren Leistungen sind anno 1957 so großzügig kalkuliert, dass sie trotz kräftig steigender Löhne und Gehälter neun Jahre lang nicht mehr erhöht werden.

Die Großzügigkeit kommt die Steuerkasse dennoch teuer zu stehen: Allein zwischen 1952 und 1958 steigen die Ausgaben für Arbeitslosengeld um die Hälfte – obwohl sich gleichzeitig die Zahl der Arbeitslosen halbiert. Die Großen der Republik – Kanzler Adenauer, Wirtschaftsminister Ludwig Erhard, Arbeitsminister Anton Storch (alle CDU) – winken das neue Gesetz dennoch durch. Kritiker gibt es allenfalls in den hinteren Sitzreihen des Parlaments zu Bonn.

Dabei soll so mancher Warner recht behalten. Der CSU-Abgeordnete Stefan Dittrich, Mitglied der Regierungskoalition aus CDU, CSU, FDP und der freiheitlichen Deutschen Partei (DP), mahnt, im sozialen Rausch nicht Markt und Wettbewerb zu vergessen. Eindringlich erinnert Dittrich in der Bundestagsdebatte über die Reform der Arbeitslosenversicherung an das Lohnabstandsgebot: »Selbstverständlich« sei »eine Nivellierung zwischen dem Arbeitsentgelt und Arbeitslosengeld« abzulehnen, »denn sonst geben wir vor allem unseren jungen Menschen keinen Anreiz zur Arbeit mehr«.

Zunächst aber blüht das Schlaraffenland. Dort schwimmen in den Flüssen bekanntlich gebratene und gesottene Fische, die auf Zuruf dem Hungrigen sogar in die Hand hüpfen. Weitsichtige Geister wie der Abgeordnete Dittrich können den Sündenfall im Paradies nicht verhindern.

Das neue Arbeitslosengesetz schafft Zustände fast wie im Märchen: Im Schlaraffenland bringt jede Stunde Schlafen einen Silbertaler, jedes Mal Gähnen gar ein Goldstück ein, heißt es. Wer nur schläft, isst und

ARBEITSLOSENVERSICHERUNG – WIE IM SCHLARAFFENLAND

1962

spielt, wird ein Graf. Und der Faulste von allen wird König der Schlaraffenländer.

Im Real-Märchenland Bundesrepublik bekommt von nun an derjenige, der nicht arbeitet, (fast) so viel wie derjenige, der arbeitet. Dass ein Gesetz wie das für Arbeitsvermittlung und Arbeitslose mit hohen Lohnersatzleistungen eine Mentalität der Bequemlichkeit nährt, die Flexibilität von Arbeitnehmern einschränkt und den so nötigen Strukturwandel behindert, wird in den folgenden Jahren und Jahrzehnten immer schmerzlicher deutlich. Für den Arbeitsmarkt gilt, was sich auch für andere Bereiche der bundesdeutschen Wirtschaftsordnung – etwa die Rentenpolitik, die 1957 ebenfalls ihre großzügigste Reform erlebt – feststellen lässt: In den fetten fünfziger Jahren werden Besitzstände und Anspruchsdenken geschaffen, die erst heute und nur sehr mühsam wieder korrigiert werden können. Viele Wurzeln der heutigen Krise des Modells der Sozialen Marktwirtschaft liegen in den fünfziger Jahren.

Dabei hätte man es besser wissen können, vielleicht gar müssen: Die Debatte über Sinn und Art einer Arbeitslosenversicherung geht 1956/57 schließlich bereits in ihr siebtes Jahrzehnt. Im Kaiserreich hatten die Arbeitgeber noch die Gründung einer Arbeitslosenversicherung verhindert. Denn eine solche bedeutete »nicht einfach nur die Ergänzung des sozialen Netzes«, schreibt der Historiker Hans-Walter Schmuhl von der Universität Bielefeld: »Eine Arbeitslosenversicherung, darüber waren sich im Grunde alle klar, griff tief in die Kräfteverhältnisse auf dem Arbeitsmarkt ein. Damit würde der Konkurrenzdruck der Arbeitslosen auf die in Lohn und Brot stehenden Arbeiter nachlassen, was wiederum deren Stellung gegenüber den Unternehmen deutlich stärken würde.«

Geplagt von einer rasant steigenden Zahl von Arbeitslosen, die 1929 auf dem Höhepunkt der Weltwirtschaftskrise auf über sechs Millionen stieg, verabschiedete die Weimarer Republik 1927 das erste Gesetz zur Vermittlung und Versicherung von Arbeitslosen, das 1957 ausgeweitet wurde und in seinen Grundzügen bis heute gilt.

Dass das Gesetz ein andauernder sozialpolitischer Zankapfel werden würde, zeichnet sich früh ab. Sogar das Ende der ersten parlamentarischen Demokratie Deutschlands ist eng mit ihm verknüpft. Die letzte Regierung der Weimarer Republik mit einer eigenen Reichstagsmehr-

ARBEITSLOSENVERSICHERUNG – WIE IM SCHLARAFFENLAND

1962

heit, die »große Koalition« unter Reichskanzler Hermann Müller (SPD), platzt im März 1930 über die Frage, ob die Beiträge zur Arbeitslosenversicherung wegen steigender Arbeitslosenzahlen von 3,5 auf 4 Prozent erhöht werden sollten. Es folgt Minderheitsregierung auf Minderheitsregierung, bis im Januar 1933 die Nationalsozialisten unter Adolf Hitler die Macht an sich bringen.

In den Protokollen aus den Bundestagsdebatten zur Arbeitslosenversicherung von 1956 ist der Schatten der Weimarer Republik zwar allgegenwärtig. Als das novellierte AVAVG 1957 in Kraft tritt, wird es jedoch kaum beachtet. Nicht mal die Arbeitgeber protestieren. Dominiert wird die wirtschaftspolitische Debatte zum Jahreswechsel von der Rentenreform, vom Streik der Metaller in Schleswig-Holstein, von ersten Debatten über die Privatisierung von Bundesunternehmen und vom Rücktritt des britischen Premierministers Anthony Eden. Sogar die Prognose der Bundesregierung, dass die erweiterte Arbeitslosenversicherung zunächst trotz der wenigen Arbeitslosen rote Zahlen schreiben würde, erhitzt die Gemüter nicht. Im zuständigen Bundestagsausschuss heißt es lapidar, dass »ein mäßiger Fehlbetrag, mit dem vom Haushaltsjahr 1957 an gerechnet werden muss, für einige Jahre« aus dem Vermögen der Bundesanstalt für Arbeit »gedeckt werden kann«. Man hat's ja in Schlaraffia.

Zunächst kann sich die Republik solche Schmankerl leisten. Nur 1957, 1958, 1961 und 1962 macht die Arbeitslosenversicherung ein Defizit. Dennoch sinkt der Beitragssatz bis 1964 auf 1,3 Prozent – heute zahlen Beschäftigte und Unternehmen monatlich bis zu 6,5 Prozent des Bruttolohns ein. Geradezu märchenhaft mutet es an, dass von Mitte 1961 bis Ende März 1962 überhaupt keine Beiträge zur Arbeitslosenversicherung erhoben werden. Mit steigenden Einkommen bei niedrigerer Arbeitslosigkeit wird die Arbeitslosenversicherung zu einer Schatzkiste. Bis 1966 sammeln sich 6,7 Milliarden D-Mark an im so genannten »Sabel-Turm« – benannt nach Anton Sabel, dem Präsidenten der Bundesanstalt für Arbeit. Selbst sozialpolitische Wohltaten des neuen Gesetzes wie die Verkürzung der Karenztage, nach denen Arbeitslosengeld gezahlt wird, von sieben auf drei verhindern das nicht.

Was dem Einzelnen Milchbäche und Eierkuchendächer wie im Märchen zu bescheren scheint – die Bezugsdauer des Arbeitslosengeldes

ARBEITSLOSENVERSICHERUNG – WIE IM SCHLARAFFENLAND

1962

steigt über die Jahre von zwölf auf bis zu 32 Monate –, wird für das Land zur Plage. Das AVAVG sorgt, da sind sich viele Forscher heute einig, für mehr Arbeitslosigkeit statt für weniger. Es »liegt die Vermutung nahe, dass die Arbeitslosigkeit allein schon aufgrund der Verteuerung der Arbeitslosenversicherung über die steigenden Lohnkosten zugenommen hat«, haben Hans Glismann und Klaus Schrader vom Institut für Weltwirtschaft in Kiel ermittelt.

Die soziale Großzügigkeit der fünfziger Jahre erweist sich, wie die Wirtschaftskrisen der siebziger Jahre zeigen, als Bumerang. Irgendwann ist Schlaraffenland abgebrannt. 1975 gibt es in der Bundesrepublik erstmals seit 1960 wieder weniger offene Stellen als Arbeitslose. Und im Januar 1975 steigt die Zahl der Arbeitslosen erstmals seit zwanzig Jahren wieder über die Marke von einer Million.

Auch der neue Zeitgeist, den die große Koalition 1969 der Arbeitsmarktpolitik beschert, vermag den Trend nicht umzukehren. Ihr »Arbeitsförderungsgesetz« löst zwar das Gesetz von 1957 formell ab und hat treu dem herrschenden keynesianischen Geist der Konjunktursteuerung den Anspruch, Arbeitslosigkeit auch präventiv zu bekämpfen durch Struktur- und Bildungspolitik. An der Großzügigkeit der Arbeitslosenversicherung à la 1957 ändert das Arbeitsförderungsgesetz aber nur wenig. Immer wieder müssen die Regierungen die Beitragssätze zur Arbeitslosenversicherung erhöhen, um ihr Defizit einzudämmen. Im Durchschnitt steigen die Beiträge seit 1973 jährlich um fast 10 Prozent. Das Verdauen des Festmahls aus den fetten Jahren erweist sich als äußerst mühsam in den mageren Zeiten.

Erst mit den Hartz-Reformen der rot-grünen Koalition unter Bundeskanzler Gerhard Schröder nach 2003 werden zentrale Wohltaten der späten fünfziger Jahre abgeschmolzen. Das gilt etwa für das in vielen Fällen niedrigere Arbeitslosengeld II oder auch die Wiedereinführung von dem, was im Arbeitslosenversicherungsgesetz von 1927 »Pflichtarbeit« hieß, 1957 abgeschafft wurde und heute als »Ein-Euro-Job« wieder auflebt: Arbeiten zum Allgemeinwohl, zu denen Arbeitslose vom Staat verpflichtet werden können.

Immerhin: Einem brachte die Einführung des neuen Gesetzes über die Arbeitslosenversicherung 1957 ein persönliches Paradies, für vier kurze Jahre jedenfalls: Konrad Adenauer. Der clevere Kanzler hatte mit

ARBEITSLOSENVERSICHERUNG – WIE IM SCHLARAFFENLAND

1962 seiner großzügigen Arbeitsmarktreform 1956/57 schließlich auch den politischen Kalender im Auge. Die Bundestagswahl am 15. September 1957 beschert Adenauer einen Regen aus Honigtropfen, Rosinen und Mandeln wie im Schlaraffenland: Die CDU/CSU schafft die absolute Mehrheit. Das gelang seither in der Bundesrepublik keiner Partei mehr.

Jörg Lichter, Christoph Neßhöver

1963

Erhard – Der qualmende Engel

Im Oktober 1963 wird Ludwig Erhard Bundeskanzler. In diesem Amt scheitert er. Weitaus erfolgreicher war er zuvor – als einer der Begründer der sozialen Marktwirtschaft.

Dies ist auch persönliche Geschichte. 40 Mark, volle Schaufenster, ein Name: Ludwig Erhard. Vieles ist Legende; das, was am 20. Juni 1948 geschah, gehört zu den Gründungsmythen auch meiner Republik. Oft haben wir als Kinder erzählt bekommen, wie uns der dicke Mann mit der Zigarre die D-Mark brachte und die Selbstachtung, und trotzdem haben wir immer wieder gerne zugehört.

Papperlapapp: Die D-Mark brachten die Amerikaner, mit denen sich Erhard noch am Tag der Währungsreform in die Haare geriet. Es dauerte, bis die Schaufenster wirklich voll waren, bis dahin gab es sogar

Ludwig Erhard mit seinem Bestseller »Wohlstand für alle« (Econ Verlag) an seinem sechzigsten Geburtstag

1963

einen richtigen Generalstreik. Außerdem war Ludwig Erhard 1948 noch gar nicht so dick. Und richtig stolz waren wir erst 1954, als Deutschland Fußball-Weltmeister wurde.

Das Bild, das wir uns schufen, hatte zwei Gesichter: Ludwig Erhard und Konrad Adenauer, der gute, dicke Mann und der schlaue Fuchs, der eine Bundeswirtschaftsminister, der andere Bundeskanzler – die Gründerväter des neuen, besseren Deutschland. 1963 wechselt Erhard ins Bundeskanzleramt – ein später Triumph für diesen Mann mit einem schalen Beigeschmack. Denn er scheitert in diesem Amt. Aber wenn einer systematisch an einer neuen Wirtschaftsordnung gearbeitet, wenn einer den Deutschen eine andere Form der Marktwirtschaft schmackhaft gemacht hat, dann ist es Erhard, der gemütliche Mann mit dem Wohlstandsbauch – und nicht der hagere, strenge Adenauer.

Das Konzept der neuen Wirtschaftsordnung stellt Erhard 1957 an seinem sechzigsten Geburtstag vor. An diesem Tag erscheint sein Buch, dessen Titel noch heute jedes Parteiprogramm schmücken würde: »Wohlstand für alle«. Es wird ein Bestseller. In wenigen Monaten verkauft der Düsseldorfer Econ Verlag mehr als 40 000 Stück. Das Geburtstagsfoto zeigt einen Erhard mit Buch, der ausschaut wie ein reiferer Engel aus der Münchener Asamkirche – plus Zigarre, versteht sich. Doch die Inszenierung trägt schon den Hauch des Tragischen in sich, das später so dominant werden soll im Leben des Politikers Erhard. Die Gestalt des empfindlichen, zaudernden Wissenschaftlers, der eher durch Zufall in die große Politik geraten ist, wird überlagert vom Mythos des großen Gründervaters. Und Erhard, nicht bar jeder Eitelkeit, strickt auch noch mit an der Legende. Über Erhard schreiben bedeutet stets auch Entmythologisierung betreiben.

»Wohlstand für alle« ist ein Buch, das man nicht unbedingt lesen muss. Das liegt auch daran, dass es auf einer Sammlung von Reden und Rundfunkansprachen basiert, die der »Handelsblatt«-Journalist und langjährige Leiter des Parlaments-Büros, Wolfram Langer, im Auftrag Erhards zusammenstellte. Langer aber hat nicht nur das Buch gemacht; ein Weggefährte des Erhard-Vertrauten schilderte später im »Handelsblatt«, wie es zu dem Titel kam, der wesentlich zum Erfolg des Werkes beigetragen hat.

»Herr Langer, lassen Sie sich mal was Gutes einfallen«, sagte Erhard und delegierte damit eine besonders schwierige Frage. Wie so oft half der Zufall. Der Titel entstand bei einem Abendessen. Das Ehepaar Langer folgte einer Einladung des Econ-Verlegers Erwin Barth von Wehrenalp und fuhr zu ihm und seiner Frau nach Düsseldorf. Nach dem Essen zog Langer sein vorbereitetes Papier mit Titelvorschlägen aus der Tasche: Wohlstand durch Wettbewerb, Wettbewerb schafft Wohlstand, war dort vermerkt. Man diskutierte bis tief in die Nacht, vom Wein angeregt – und plötzlich war der Slogan »Wohlstand für alle« gefunden. Am nächsten Morgen war Langer bei Erhard. Der war sehr gespannt, lächelte auf seine typisch verschmitzte Art: »Langer, das ist es.«

Kritiker haben dem Buch oft vorgeworfen, dass es lediglich eine Vorlage für den Wahlkampf gewesen sei, was es zweifellos auch war. Bis zum Jahre 1986 verkaufte der Econ Verlag 55 461 Exemplare der deutschsprachigen Ausgabe, das kann man einen Bestseller nennen. Heute ist das Buch nicht mehr lieferbar. Wer will, kann die teilweise schwer verdauliche, fast 400 gedruckte Seiten umfassende Schrift im Internet nachlesen, bei der Ludwig-Erhard-Stiftung oder auf der Econ-Website.

Als der Wirtschaftsminister am 4. Februar 1957 das erste druckfrische Exemplar und die Huldigungen zum Geburtstag empfängt – Kanzler Adenauer bescheinigt ihm »grandiose Erfolge«, Erhard habe »der Freiheit eine Gasse geschlagen« –, hat er seine wohl größte politische Niederlage gerade hinter sich. Am 21. Januar hat der Bundestag das Rentenreformgesetz verabschiedet, gegen den Widerstand des Wirtschaftsministers. Erhard sieht in der automatischen Rentenangleichung an die Preissteigerung den Anfang vom Ende dessen, was für ihn »soziale Marktwirtschaft« bedeutet. Wohlstand für alle werde nicht durch Umverteilung erreicht, sondern durch Wachstum, das wiederum aus der Freiheit wirtschaftlich handelnder Individuen erwachse.

Adenauer jedoch hat die Bundestagswahl 1957 im Blick und peitscht das Gesetz durch. Auf der Strecke bleibt auch eine Freundschaft, deren Inszenierung wesentlich zum Erfolg der CDU beitrug. Schon im Oktober 1956 beklagt sich Adenauer in einem Brief an Erhard, er habe durch seine Kritik am Rentengesetz der Regierung geschadet. Erhard knickt ein und muss in einer Pressekonferenz Abbitte leisten.

Dem Mythos um den erfolgreichen Wirtschaftsminister aber schadet das schon nicht mehr. Adenauer zieht mit ihm in den Wahlkampf,

1963 die boomende Wirtschaft und die Popularität Erhards bescheren der CDU die absolute Mehrheit – das gab es später nie wieder. Das Verhältnis der beiden Gründerväter jedoch ist zerrüttet. Und es wird nie wieder heilen.

Das stärkste Kapitel in »Wohlstand für alle« ist das zwölfte: »Versorgungsstaat, der moderne Wahn«. Jeder, der sich heute auf Erhard als Vater der sozialen Marktwirtschaft beruft, sollte einen Blick hineinwerfen. Eine Kostprobe: »Die wachsende Sozialisierung der Einkommensverwendung, die um sich greifende Kollektivierung der Lebensplanung, die weitgehende Entmündigung des Einzelnen und die zunehmende Abhängigkeit vom Kollektiv oder vom Staat – aber damit zwangsläufig auch die Verkümmerung eines freien und funktionsfähigen Kapitalmarktes als einer wesentlichen Voraussetzung für die Expansion der Marktwirtschaft – müssen die Folgen dieses gefährlichen Weges hin zum Versorgungsstaat sein, an dessen Ende der soziale Untertan und die bevormundete Garantierung der materiellen Sicherheit durch einen allmächtigen Staat, aber in gleicher Weise auch die Lähmung des wirtschaftlichen Fortschritts in Freiheit stehen wird.«

Als Erhard, der so gerne Missverstandene, 1963 doch noch ins Bundeskanzleramt einzieht, haben Wirtschafts- und Sozialpolitik längst eine andere Richtung eingeschlagen. Erhard isoliert sich zunehmend, gibt den Besserwisser und ewigen Mahner. »Maß halten!« hat er schon anno 1962 die Bürger gewarnt. Im Oktober 1966 scheidet die FDP aus der Regierung aus, und bald gibt sich auch Erhard geschlagen: Am 1. Dezember tritt der Kanzler zurück. Es folgt die große Koalition unter Kurt Georg Kiesinger. Erhard, gedemütigt, aber nicht verbittert, lebt noch elf Jahre in Bonn, als einfacher Abgeordneter, wie ein Bote aus einer anderen Zeit.

Es ist schwer, sich auf diesen Menschen einen Reim zu machen. Vielleicht auch deshalb, weil ihm, der »seiner« CDU weder beitrat noch Mitgliedsbeiträge entrichtete, die geistige Unabhängigkeit stets am wichtigsten blieb, obwohl er selbst dafür sorgte, dass sich die Fesseln des eigenen Erfolgs immer fester zuzogen. »Die Macht ist in meinen Augen immer öde, sie ist gefährlich, sie ist brutal, und sie ist im letzten Sinne sogar dumm«, sagt er 1962. Ein Jahr später ist er Kanzler. Soll man so einen ernst nehmen?

ERHARD – DER QUALMENDE ENGEL

1963

Das letzte Wohnhaus Ludwig Erhards liegt in Bonn, in der Nähe des ehemaligen Regierungsviertels. Das Geländer, an dem sich der gehbehinderte Erhard in sein Arbeitszimmer hochschleppte, es steht noch da. Büsten gibt es und Bilder: Erhard, der Erstaunliche, das große Gesicht, die Zigarre. Drei Männer der Ludwig-Erhard-Stiftung kümmern sich um sein Erbe, der Vorsitzende, sein Geschäftsführer, ein Archivar. Die Liste der Mitglieder der Stiftung ist respektheischend, sie reicht von Patrick Adenauer über Paul Kirchhof und Hans Tietmeyer bis zu Theo Waigel, der Ehrenvorsitzende heißt Helmut Kohl. Dennoch wird der Stifter von vielen Deutschen mit Heinz Erhardt verwechselt, dem Komiker. Möglich, dass Erhard darüber gelacht hätte.

Seine Geschichte harrt noch immer ihrer angemessenen Darstellung. »Einen Mythos kann man nicht erklären und beschreiben«, sagt Stiftungsgeschäftsführer Horst Friedrich Wünsche, Erhards letzter wissenschaftlicher Mitarbeiter. Der »Herr Professor«, wie ihn Wünsche bis heute nennt, habe nie auf seiner Meinung bestanden, sondern viel lieber Fragen gestellt.

Im fränkischen Fürth kommt Erhard 1897 zur Welt, als Sohn eines liberal gesinnten Kleinbürgers und Einzelhändlers. Über Umwege findet Erhard nach der Lehre im väterlichen Betrieb zur Wirtschaftswissenschaft. Im ersten Weltkrieg 1918 haarscharf dem Tod entronnen, studiert er zunächst in Nürnberg und dann in Frankfurt, sein Doktorvater ist Franz Oppenheimer, wenn man so will auch ein Sonderling der ökonomischen Theorie. Von Oppenheimer nimmt Erhard vor allem eins mit: den Widerstand gegen Kartelle und wirtschaftliche Interessenverbände.

Die Zeit des Nationalsozialismus übersteht Erhard als Wissenschaftler am »Institut für Wirtschaftsbeobachtung der deutschen Fertigwarenindustrie«. 1944 verfasst er eine Denkschrift über die Wirtschaftspolitik für Nachkriegsdeutschland – die fällt 1945 den Amerikanern in die Hände. So beginnt die Zeit des Politikers Erhard: Er wird Beauftragter für den Wiederaufbau in Franken, dann bayerischer Wirtschaftsminister, 1947 Chef der »Sonderstelle Geld und Kredit« der Bizone, dann neuer Direktor der Verwaltung für Wirtschaft. Erhard ist der mächtigste deutsche Politiker im Land.

Konsequent verfolgt er seine Überzeugungen: Der Politiker denkt

1963 an Massenkonsum als Wachstumsmotor, will die Konsumgüterindustrie fördern und tritt für eine radikale Abkehr von der deutschen Tradition ein, nach der die Schwerindustrie immer bevorzugt wurde. Eine schnelle Währungsreform und ein schlanker Sozialstaat sollen die Garanten des Wachstums sein. Für Erhard ist die soziale Marktwirtschaft zeitlebens vor allem ein »von einer starken Regierung überwachter freier Markt«. »Je freier die Wirtschaft, umso sozialer ist sie auch«, predigte er. Für Kurt Schumacher, den SPD-Vorsitzenden, war das Unternehmerpropaganda; die meisten Deutschen aber glaubten Erhard – auch weil es funktionierte.

Erhards letzte Jahre im einsamen Haus in Bonn mag man sich kaum vorstellen. Im alten Bundestag durfte er als Alterspräsident das Wort ergreifen, sonst saß er wie sein eigenes Denkmal in Reihe eins des Blocks der Unionsfraktion. Sein Eintritt in die CDU wurde zurückdatiert. Auf seinem Mitgliedsbuch fehlen die Gebührenmarken. Wahrscheinlich ist Ludwig Erhard nie heimisch geworden in der CDU.

Für Horst Friedrich Wünsche passt das alles ins Bild. Er spricht davon, dass Erhard seiner Sekretärin erzählt habe, man habe ihn 1918, nach der Schlacht bei Ypern, bereits auf den Haufen mit den Leichen geschafft. Erhard aber überlebte. Seither, sagte die Sekretärin, habe Erhard geglaubt, er sei wiedergeboren worden. Auch das wäre eine schöne Pointe für das Ende der Geschichte vom Mitinitiator des deutschen Wirtschaftswunders.

Christoph Hardt

1964

Gastarbeiter – Von Muskeln und Menschen

Im August 1964 kommt der einmillionste Gastarbeiter in Köln an. Deutschland ist ein Einwanderungsland – und aus »Konjunkturpuffern« in Boomzeiten werden Mitbürger.

Unten im Kellergeschoss K 1 schlummern die Erinnerungen. »Sehen Sie das Fahrrad? Damit ist der Arbeiter zwischen Wohnheim und Fabrik hin- und hergefahren.« Aytac Eryilmaz strahlt. Und was steht da auf dem Stuhl? Er schiebt sich die Lesebrille auf die Nase: »Karaman«. Wohnheiminventar mit Kritzeleien, der Anonymität entrissen. Dahinter: Koffer aus Leder und schwarz-grauer Pappe. Mit kaum mehr als ein

Vertreter der Bundesvereinigung Deutscher Arbeitgeberverbände begrüßen auf dem Bahnhof in Köln-Deutz den einmillionsten Gastarbeiter Armando Rodrigues de Sá

1964

paar Hosen, Hemden und Wäsche im Gepäck kamen sie damals an. Und mit viel Hoffnung. Sie – die Malocher aus der Fremde.

Auf 400 Quadratmetern im Keller und der 8. Etage eines Hochhauses im Kölner Süden lagert Eryilmaz Hunderte Alltagsgegenstände, Tausende Fotos und Dokumente. »So eine umfangreiche Sammlung über die Einwanderung seit den fünfziger Jahren gibt es nirgendwo sonst in Deutschland«, sagt Eryilmaz.

Seit 25 Jahren lebt er in Deutschland. Als politischer Flüchtling kam er, das Thema Migration hat ihn nie losgelassen. Deshalb hat er die Erinnerungsstücke gesammelt, er und seine Mitstreiter bei »Domit«, dem »Dokumentationszentrum über die Migration in Deutschland«. Irgendwann einmal soll ein Migrationsmuseum daraus werden. »Das«, sagt Eryilmaz, »ist meine Vision.«

Es ist der 10. September 1964, kurz nach zehn Uhr. Die Werkskapelle des Draht- und Kabelherstellers Felten & Guilleaume intoniert Bizets »Auf in den Kampf, Torero«. Honoratioren, Neugierige und Journalisten haben sich am Bahnhof Köln-Deutz versammelt. »Wir haben ihn«, ruft jemand. Und dann weiß Armando Rodrigues de Sá kaum mehr, wie ihm geschieht.

»Aus tief in den Höhlen liegenden dunklen Augen starr geradeaus blickend, schreitet er aufrecht wie ein Zinnsoldat auf die ihn erwartende Gruppe zu«, beschreibt der »Kölner Stadt-Anzeiger« tags darauf die Ankunft des einmillionsten Gastarbeiters in Deutschland. Immer wieder lüpft der Portugiese den Hut. »Denn er ist höflich, kein reicher Mann, aber ein Vertreter iberischer Grandezza, der keinen Augenblick die Würde verliert – auch wenn um ihn Zirkusstimmung Wellen schlägt.«

Arbeitgeberchef Manfred Dunkel schenkt dem neuen Gast ein Moped als Willkommensgruß. »Ohne diese Gastarbeiter«, sagt Dunkel später, »wäre der ganze Aufschwung nach '59 nicht möglich gewesen.«

Armando Rodrigues de Sá also. Unrasiert, übernächtigt. Nach zwei Tagen Zugfahrt soeben aus Vale de Madeiros, 250 Kilometer südöstlich von Porto, am Rhein eingetroffen. Auf der Suche nach Arbeit. Auf der Suche nach Glück. Zu Gast in Deutschland – zu Gast bei Freunden?

»Dass man zu ihrer Begrüßung auch ›Auf in den Kampf, Torero‹ gespielt hat, hat durchaus symbolischen Charakter. Jetzt geht es an die

GASTARBEITER – VON MUSKELN UND MENSCHEN

1964

Arbeit«, umreißt das »Handelsblatt« die Erwartungen der Gastgeber. Zwar soll er es gut haben – so gut, »wie es ein Gast erwarten darf«. Wie eine Warnung aber klingt der nächste Satz in dem »Handelsblatt«-Artikel: »Vergessen Sie nur nicht, Deutsche denken etwas anders als Portugiesen, und Portugiesen empfinden manches anders als die Deutschen. Das kann man nicht ändern. Tusch! In diesem Sinne: ›Auf in den Kampf, Senhor Rodrigues!‹« Deutschlands Gastfreundschaft ist an Wertschöpfung geknüpft. Eingeladen ist nicht der Mensch, sondern die Muskelkraft.

»Der Belegschaftsschwund auf den Schachtanlagen hat in den letzten Wochen ein Ausmaß angenommen, das eine auch einigermaßen wirtschaftliche Betriebsführung nicht zulässt«, beklagt die Zechenleitung der Concordia Bergbau-Aktien-Gesellschaft in Oberhausen bereits 1955. »Wir haben uns daher dazu entschlossen, den Versuch zu machen, gute italienische Arbeitskräfte anzuwerben.« Auch in der Landwirtschaft fehlen Arbeitskräfte.

Deutschland wächst und wächst – und es stößt an seine Grenzen. Also wird Deutschland Einwanderungsland – per Vertrag. Kurz vor Weihnachten 1955 unterzeichnen Deutsche und Italiener die »Vereinbarung über die Anwerbung und Vermittlung von italienischen Arbeitskräften nach der Bundesrepublik Deutschland«. Verträge mit anderen Ländern folgen.

Als Armando Rodrigues de Sá neun Jahre später in Köln aus dem Zug steigt, gibt es immer noch 600 000 offene Stellen. Das Anwerben geht weiter. Der Ausländeranteil an der Bevölkerung wächst rasant: von etwas über einem Prozent Anfang der sechziger Jahre auf 5 Prozent zehn Jahre später. Eigentlich soll das nur vorübergehend sein. Nach zwei Jahren, so sehen es die Verträge vor, müssen die arbeitenden Gäste zurück in ihre Heimat.

Bald protestieren die Unternehmen gegen die Befristung. »Da die Hereinnahme und Einarbeitung ausländischer Arbeitskräfte für die Betriebe mit erheblichen Unkosten verbunden sind, ist es verständlich, wenn die deutsche Wirtschaft den Wunsch äußert, eingearbeitete ausländische Arbeitnehmer über die Dauer von zwei Jahren hinaus zu behalten«, schreibt die Bundesvereinigung der Deutschen Arbeitgeberverbände Ende 1962 an das Bundesministerium für Arbeit.

GASTARBEITER – VON MUSKELN UND MENSCHEN

1964

Die Politik reagiert. Im September 1964 tritt die Neufassung der 1961 getroffenen Anwerbevereinbarung zwischen Deutschland und der Türkei in Kraft. Die Begrenzung des Aufenthalts auf zwei Jahre fällt weg. Aus Gastarbeitern werden Einwanderer. Soziale und gesellschaftspolitische Fragen bleiben ausgeblendet.

Menschen kommen und kommen. Ende 1969 begrüßt der Präsident der Bundesanstalt für Arbeit, Josef Stingl, in München den einmillionsten Türken. Ismail Bahadir und seine Landsmänner seien ein »nicht messbarer Gewinn« für Deutschland. Bahadir bekommt einen Fernseher als Dankeschön.

»Nicht mehr wegzudenken« seien die Gastarbeiter aus dem wirtschaftlichen Leben der Republik, schwärmt Theodor Blank von der CDU. Was der Arbeitsminister damit meint: Dem Arbeitsmarkt dienen sie als »Konjunkturpuffer«. Denn: »Bei anhaltendem, nur durch die Rezession 1966/67 gestörtem Wirtschaftswachstum stellten die Gastarbeiter ein fluktuierendes Arbeitskräftepotenzial, das die Angebot-Nachfrage-Spannung auf dem Arbeitsmarkt balancierte, das Wirtschaftswachstum zunächst von der Arbeitsmarktseite und später auch von der Kaufkraftseite her forcierte«, bilanziert Migrationsforscher Klaus Bade von der Universität Osnabrück. Doch als Menschen wie Armando Rodrigues de Sá und Ismail Bahadir als »Puffer« immer weniger gebraucht werden, erleben sie die Mühsal des Lebens in der Fremde, eines Lebens zwischen zwei Welten, bei dem es keine Garantie auf Glück gibt.

Mit der Ölkrise zu Beginn der siebziger Jahre und den damit verbundenen düsteren Konjunkturaussichten kippt die Stimmung im Land. Und das ohnehin geschmacklose »Auf in den Kampf, Torero!« von einst bekommt nun einen brutalen Beiklang.

Ressentiments und die Angst vor sozialer Benachteiligung verbinden sich zu einer unheilvollen Allianz: Die Ausländer nähmen Deutschen die Jobs weg, heißt es. 1974 tritt der Anwerbestopp in Kraft, doch er kann das Bild nicht zurechtrücken. Vier Millionen Menschen mit ausländischem Pass leben da schon in Deutschland. Und die Einwanderung geht weiter – über Familiennachzug und Asylanträge.

Bald ist von »Überfremdung« die Rede und davon, dass das Boot voll sei. Und das, obwohl es in den achtziger Jahren wieder aufwärts geht mit dem Wachstum und abwärts mit der Zahl der Arbeitslosen. Die Spätaussiedler-Politik der Regierung Kohl – von 1990 bis 2000 kamen rund zwei Millionen von ihnen nach Deutschland – und die Kriegsflüchtlinge aus dem zerfallenden Jugoslawien verschärfen die Lage. Zwischen 1988 und 1992 zählen die Behörden 1,1 Millionen Asylanträge. Viele Deutsche unterscheiden nun kaum mehr zwischen Arbeitsmigranten, Wirtschafts- und Kriegsflüchtlingen – Ausländer ist Ausländer. Und dann wird aus Unmut Gewalt.

Gürsün Ince und Gülüstan Öztürk sowie Hatice, Hülya und Saime Genç heißen die Opfer, die in der Nacht zum 29. Mai 1993 einem Brandanschlag in Solingen zum Opfer fallen. Bilder des ausgebrannten Hauses in der Unteren Wernerstraße stehen für eine gescheiterte Einwanderungspolitik ebenso wie das Bild von Armando Rodrigues de Sá und die Namen Hoyerswerda, Mölln, Rostock-Lichtenhagen. Zu Gast bei Freunden?

Die mit den »Gastarbeitern« beginnende Geschichte der Zuwanderung ist auch die Geschichte einer gescheiterten Integration – und eines tiefen Missverständnisses. Schon der Begriff gab die Richtung vor: Ein Gast kommt – und er geht auch wieder.

Zwar ist die Hälfte der Arbeitsmigranten tatsächlich in die Heimat zurückgekehrt. Doch die anderen blieben – meist als Arbeiter und Dienstleister im Niedriglohnsektor. Seit den achtziger Jahren liegt die Zahl der ausländischen Bürger hierzulande im Sieben-Prozent-Bereich. Ende der achtziger Jahre sind knapp 60 Prozent der Arbeitsmigranten länger als zehn Jahre im Land, die Bundesrepublik ist de facto ein Einwanderungsland.

Das treibt die Deutschen politisch auseinander. Das Land oszilliert zwischen Multikulti- und »Ausländer raus«-Rhetorik, zwischen Green-Card-Kampagne und »Kinder statt Inder«-Polemik. Am Ergebnis ändert das nichts. Bis heute verdingen sich die Einwanderer vor allem in den niedrigeren Einkommensgruppen. Unter den Arbeitslosen sind sie überproportional vertreten. Mitte 2006 ist, bei einer bundesweiten Arbeitslosenquote von 11,4 Prozent, fast jeder vierte ausländische Arbeitnehmer ohne Job.

Das hat auch mit mangelnder Bildung zu tun. Untersuchungen der OECD bescheinigen Deutschland, bei der Integration versagt zu

1964

haben. In keinem anderen Land ist der Abstand zwischen einheimischen Schülern und jenen mit Migrationshintergrund größer. Während bundesweit 18,6 Prozent der deutschen Kinder eine Hauptschule besuchen, sind es beim ausländischen Nachwuchs mehr als die Hälfte. Jeder vierte türkischstämmige Schüler verlässt die Schule ohne Abschluss. 40 Prozent aller Einwandererkinder bleiben ohne Berufsabschluss. Der Kampf der Großeltern hat mit dem Kampf der Enkel nur wenig gemein.

Leisten kann sich das Land solche Zustände nicht mehr. Deutschlands Bevölkerung schrumpft, und legale Zuwanderer gleichen kaum die Abwanderung von Deutschen ins Ausland aus. Die Politik hat ein neues Zauberwort entdeckt: Integration.

Nordrhein-Westfalen bekommt unter der CDU-Regierung einen Integrationsminister. Und die Bundeskanzlerin lädt ein zum Integrationsgipfel, auf dem kaum mehr als Lippenbekenntnisse zu hören sind. Es ist schwer, Versäumnisse aus vierzig Jahren nachzuholen.

Armando Rodrigues de Sá blieb nur wenige Stunden in Köln. Er zog weiter nach Stuttgart, von dort in andere Städte, schuftete auf dem Bau. Nach einem Arbeitsunfall zog es ihn 1970 zu seiner Familie nach Portugal zurück. Ein Arzt warnte ihn: »Wenn du zurück nach Deutschland gehst, wirst du deine Knochen dort lassen.« Neun Jahre später, Armando Rodrigues de Sá ist 53, stirbt er an Magenkrebs. Erst das Dokumentationszentrum für Migration interessierte sich in den neunziger Jahren dafür, was nach seiner Ankunft in Köln aus ihm wurde.

»Die Geschichte der Einwanderung hat nicht nur die Einwanderer und ihre Nachkommen geprägt, sondern die ganze Gesellschaft. Und sie verändert sie bis heute«, sagt Aytac Eryilmaz. Er löscht das Licht und schließt die Tür.

Im Keller K 1 schlummern die Erinnerungen weiter – bis sie wieder eine Ausstellung beleben dürfen. Oder ein Migrationsmuseum. Irgendwann.

Thomas Ludwig

1965

Farbfernsehen – Hopsende Soße

Deutschland gegen Frankreich, Charles de Gaulle gegen Walter Bruch – Anfang 1965 erreicht der Kampf der Farbfernsehsysteme seinen Höhepunkt. Zwei Jahre später ist klar: Deutschland hat sich durchgesetzt.

Streng genommen geht es nur um Bildröhren und Farbsignale, um technische Details, damit Wiesen auf dem Fernsehbildschirm grün und Bananen gelb erscheinen. Für Charles de Gaulle steht aber viel mehr auf dem Spiel: Stolz, Ehre und die Vorreiterrolle der Grande Nation auf technischem Gebiet. Daher schreckt der General vor nichts zurück, um den Konkurrenten, das Nachbarland Deutschland, unter Druck zu setzen.

»Wie groß auch immer das Glas sein mag, das uns von außen ange-

Prof. Dr. Ing. Walter Bruch:
Erfinder des
PAL-Farbfernsehsystems

1965

boten wird, wir ziehen es vor, aus unserem eigenen zu trinken und ringsum anzustoßen«, sagt de Gaulle in einer Fernsehansprache – die in Schwarzweiß übertragen wird. Was er damit meint, demonstriert er kurze Zeit später. Als sich Anfang 1965 auf einer Konferenz in Wien die Westeuropäer auf ein Übertragungssystem fürs Farbfernsehen einigen wollen, lässt er mitteilen: Frankreich habe bereits einen Vertrag mit Russland abgeschlossen. Man habe sich auf das französische Secam-System geeinigt.

Eine Zwickmühle für Westdeutschland. Denn übernimmt Russland Secam, wird es auch die DDR bekommen. Und dann steht die Bundesrepublik unter dem Druck, diese Technik ebenfalls zu übernehmen, wenn sie den DDR-Bürgern weiter Westfernsehen bieten will.

Mit de Gaulles patriotischem Bekenntnis erreicht das große Gerangel um das Farbfernsehen im Frühjahr 1965 seinen Höhepunkt. Die Geschichte seiner Einführung ist voller politischer und wirtschaftlicher Intrigen und Tricksereien, wie es sie später bei der Einführung einer neuen Technologie wohl nie mehr gab. De Gaulle hilft sogar mit diplomatischem Druck nach, um die Sowjets auf seine Seite zu ziehen. Der französische Präsident macht klar: Eine Entscheidung für Secam könne den sowjetischen Erdöl-Export nach Frankreich günstig beeinflussen.

Die Geschichte beginnt weit vor der Einmischung de Gaulles. 1928 überträgt der schottische Erfinder John Logie Baird zum ersten Mal Bilder von bunten Tüchern, einem Polizeihelm und einem Mann, der die Zunge rausstreckt. Das Fernsehen ist geboren.

Doch die Sache mit der Kolorierung ist knifflig: Das Bild muss in die Grundfarben Rot, Blau und Grün zerlegt und jede Farbe mit einem eigenen Signal gesendet werden, das die Helligkeit bestimmt. Der Empfänger macht daraus wieder ein Farbbild. Das Problem: Die Signale müssen auch von Schwarz-Weiß-Fernsehern gelesen werden können. Daran scheitert das System des US-Senders CBS, das 1951 nach wenigen Monaten wieder eingestellt wird.

Zwei Jahre später bringen mehrere US-Konzerne NTSC heraus. Das hat schnell den Spitznamen »Never the same colour« weg. Denn die Farbe variiert ständig. Immer wieder müssen die Zuschauer aufspringen und von Hand nachregeln. »Slimming Machines«, Abnehm-

FARBFERNSEHEN – HOPSENDE SOSSE

1965

Maschinen, heißen Farbfernseher deshalb auch bald. Offiziell steht NTSC für »National Television Systems Committee« – eine US-amerikanische Institution, die das System festlegte.

Zu dieser Zeit reist ein Ingenieur des deutschen Telefunken-Konzerns nach Übersee, um die farbige TV-Neuigkeit zu studieren. Sein Name: Walter Bruch. Sein Lebenslauf: bunt. Für die Olympischen Spiele 1936 in Berlin entwickelte er eine zwei Meter lange Kamera für Live-Übertragungen. Später baute Walter Bruch für Wernher von Braun eine Fernsehüberwachung für die Tests der V2-Rakete in Peenemünde.

Ein wenig verschroben ist Walter Bruch. Ein Frickler, der sich schon während des Studiums der Elektrotechnik im sächsischen Mittweida mehr um seine Basteleien schert als um gute Noten. Deshalb wird er sich auch später nie von seiner Arbeit für die Nazis distanzieren: Bruch interessierte immer nur die Technik. Auch gehört der Umgang mit Menschen nicht zu seinen Stärken. Nach Wutanfällen feuert er schon mal seine Sekretärin, um sie eine halbe Stunde später wieder einzustellen.

Die US-Farbfernsehtechnik verwirft Bruch. Als sich das Rot der Haare einer Schauspielerin auf dem Fernseher im Hotel einfach nicht wiederherstellen lässt, urteilt er: »So kann das für uns in Deutschland nicht eingeführt werden.« Walter Bruch macht sich selbst an die Arbeit. Sein Arbeitgeber Telefunken unterstützt ihn nicht. Im Gegenteil: 1957 wird ihm die Leitung der Fertigung entzogen. Warum an Farbfernsehern fummeln, wenn der Markt für Schwarz-Weiß-Geräte noch lange nicht ausgereizt ist?

Also arbeitet Bruch heimlich an seinem Traum: »Mit der linken Hand erledigte ich die mir aufgetragenen Entwicklungsarbeiten. Mit der rechten Hand verfolgte ich, was mir wichtig erschien.« Sagt sich der Chef im Labor an, räumen Bruchs Mitarbeiter die Farbfernseher-Versuche weg und holen die Schwarz-Weiß-Projekte hervor.

Auch als ihm ein anderer zuvorkommt, gibt Bruch nicht auf. 1956 präsentiert der französische Techniker Henri de France sein System Secam (Séquentiel Couleur à Mémoire). Und Frankreichs Präsident Charles de Gaulle sieht eine Möglichkeit für seine »politique de grandeur«: Französische Unternehmen sollen internationale Standards setzen und den Ruhm der Nation mehren.

1965

FARBFERNSEHEN – HOPSENDE SOSSE

»Natürlich waren wir die Gelackmeierten, als die Franzosen mit Secam kamen«, erinnerte sich später Peter Boenisch, in den Fünfzigern Leiter der Öffentlichkeitsarbeit beim Nordwestdeutschen Rundfunk und späterer Chefredakteur der »Bild«. Aber die europäischen Staaten zieren sich, Secam zu übernehmen: Zu mächtig droht Frankreich zu werden, und zu groß ist auch die Verärgerung über gallische Alleingänge wie den Bau von Atomwaffen.

Am 3. Januar 1963 gibt es endlich eine Alternative: Walter Bruch präsentiert seine Erfindung namens PAL (Phase Alternating Line). »Was meinen Sie, was passiert wäre, wenn ich es Bruch-System genannt hätte?« entschuldigt der Erfinder später die Namenswahl.

PAL ist besser als das regelmäßig verschwimmende Secam. Doch hier geht es um mehr als Technik: Bruch soll sich mit den Franzosen einigen. Das Ergebnis ist vorhersehbar: Der sperrige Ingenieur sieht keine Möglichkeit, die Systeme ohne Qualitätsverlust zu vereinen. Und Frankreichs Präsident versucht im Bund mit den Sowjets den Europäern seinen Willen aufzuzwingen.

Sie lassen es nicht zu. Nach der gescheiterten Konferenz in Wien planen sie ein Jahr später, 1966, eine Folgekonferenz in Oslo. Die Wochenzeitung »Die Zeit« befindet kurz vorher: »Aller Wahrscheinlichkeit nach wird man sich wohl wieder unverrichteter Dinge trennen.« Die Fernsehteilnehmer »müssen halt noch etwas länger auf die bunten Illusionen warten«.

Doch warten mag niemand mehr. Es ist die Zeit, da alles bunter wird. Zeitschriften nutzen mehr und mehr den Farbdruck, die Mode wird bunter, der Geist der Swinging Sixties flirrt durch die Luft. Und die Hersteller machen Druck auf die Politik, endlich zu entscheiden. Und tatsächlich: In Oslo trägt Walter Bruchs PAL-System endlich den Sieg davon.

Die Industrie ist vorbereitet. Gemeinsam haben Nordmende, Telefunken, Blaupunkt und Siemens ein Chassis entwickelt. Und sie sprechen sich ab: 2500 D-Mark sollen die günstigsten Geräte kosten – viel Geld für Normalverdiener. Deutschlands Fernsehmacher stellen sich schnell um. Schon 1966 läuft die erste Serie in Farbe: »Adrian, der Tulpendieb«.

Offiziell geht es aber erst am 25. August 1967 um 10.57 Uhr los: Seit

FARBFERNSEHEN – HOPSENDE SOSSE

1965

Minuten hält der Techniker den Regler am Anschlag. Wann endlich wird der Vize-Kanzler seine Rede beenden? Seine Hand senken auf den handtellergroßen, roten Knopf, der auf Deutschlands Fernsehschirmen noch immer grau erscheint?

Endlich: Willy Brandts Daumen nähert sich dem Drücker. Der Techniker im Produktionsraum legt den Schalter um – eine halbe Sekunde zu früh. Das Fernsehbild wird schon farbig, als des Vize-Kanzlers Finger gerade mal das Plastik der Attrappe streicheln. Später wird die ARD erklären, der besonders empfindliche Knopf sei schuld gewesen.

Der wirkliche Grund für den Frühstart ins Farbfernsehen würde sich auch nicht gut machen für die neue Technik, die mit viel Tamtam in den Markt gedrückt werden soll. 2,5 Millionen D-Mark hat allein der Übertragungswagen gekostet – doch für einen funktionierenden Startknopf reichte das Budget nicht mehr. Also musste ein bisschen getrickst werden.

Zum offiziellen Beginn des Farbfernsehens müssen aber vor allem die großen Showstars ran. In der ARD sind das Dietmar Schönherr und Vivi Bach mit einem »Galaabend der Schallplatte«. Er im schwarzen Smoking, sie im augenverletzenden grellrosa Kleid, das Ballett in Mint mit Psychedelick-Muster.

Das ZDF setzt auf die Erfolgsshow mit der Farbe schon im Namen: »Der goldene Schuss«. Nach dem ersten Skandal der Farbfernseh-Ära, der Affäre von Moderator Lou van Burg mit einer Sekretärin und Mutter, folgt der stets wohlgebräunte Vico Torriani. Um ihn herum ist alles gülden: Tische und Stühle, Ballettröckchen und Hosenträger. Gold, Gold, Gold.

Nicht alle aber sind wirklich glücklich. Der »Spiegel« giftet gegen die »hopsenden Blau, Orange und Rosa«, die »zu einer Soße zusammenfließen«. Und meint, dass Torriani für die Farb-Premiere das rechte Lied aus dem »Weißen Rössl« gewählt habe, in dem es heißt: »Zuaschaun kann i net ... Zuaschaun tut halt gar so weh.«

»Gegen die Umstellung waren die Verwaltungsdirektoren«, sagt Hans-Bodo von Dincklage, damals Chef des Vorabendprogramms beim Sender Freies Berlin. Denn Farbe ist teuer: Rund ein Viertel mehr kosten die Produktionen – andere Ausleuchtung, bessere Ausstattung. »Das war eine Kostenexplosion, die wir so nicht kalkuliert hatten«, er-

1965 innert sich von Dincklage. Weshalb ARD und ZDF zunächst auch nur vier Stunden täglich in Farbe senden. Und Werbung in Farbe gibt es zunächst nur dienstags und freitags.

DDR-Bürger können erst ab 1969 bunt sehen – dank des neuen Berliner Fernsehturms. Aber die Farbempfänger sind Ladenhüter: Mit 8 000 Ost-Mark sind sie fast unerschwinglich, und es sind eben Secam-Geräte ohne PAL-Dekoder. Westfernsehen ist mit ihnen nicht zu sehen. Erst Mitte der siebziger wird in alle Ost-Geräte stillschweigend ein Dekoder eingebaut. Der Bückling vor den Kundenwünschen ist eine kleine Kapitulation gegenüber dem Klassenfeind.

Doch auch im Westen ist Farbe kein durchschlagender Erfolg. Erst die Fußball-WM im eigenen Lande bringt 1974 den Durchbruch. Da ist der Kampf der Fernsehsysteme längst entschieden – zu Gunsten von PAL und Walter Bruch.

Jahrelang reist er um die Welt und wirbt für sein System – mit allen Mitteln. So lädt er bei einem Besuch in China die chinesischen Techniker zu Telefunken nach Hannover ein – obwohl keine diplomatischen Beziehungen bestehen. Die Chinesen kommen, und das Reich der Mitte wird PAL-Land. Als Bruch die Eröffnung der Olympischen Spiele 1972 in Hongkong im Fernsehen live und in PAL-Farbe sieht, sagt er, »war ich glücklich«.

Das ist er jedoch nur selten. Bruch fühlt sich allein gelassen. Als Italien 1975 als letztes noch unentschiedenes Land in Europa PAL einführt, schreibt er bitter: »Es gab Glückwunschtelegramme, aber keines für den Erfinder.« Bruch stirbt 1990.

Thomas Knüwer

1966

Siemens – Unter Hochspannung

Drei Unternehmen werden im Herbst 1966 zur Siemens AG vereinigt. Der Traditionskonzern von Weltrang bekommt eine neue Struktur, die bis heute überdauert hat – ein Rückblick auf ein starkes Stück deutscher Wirtschaftsgeschichte.

Der 1. Februar 1966 ist ein unerwartet milder Wintertag in München. Ernst von Siemens, Enkel des Firmengründers und unbestrittener Herrscher über das Siemens-Reich, hat die gesamte Führung des Unternehmens in die Zentrale am Wittelsbacher Platz geladen. Dass es Wichtiges zu sagen gibt, hat sich schon herumgesprochen. Wie wichtig es wird, soll sich bald zeigen.

»Die Verbindung der Stammfirmen zu einer Einheit verwirklicht den lange gehegten Gedanken, die Geschlossenheit und Kontinuität in der Führung des großen Unternehmens zu sichern«, sagt der 62-Jährige.

Werner von Siemens (1816–1892): Gründer der Siemens-Werke

1966

»Befreit von den bisherigen juristischen Trennwänden erhält das Haus nun eine neue Organisationsform, die dem wachsenden und sich wandelnden Geschäft besser entspricht.«

Ernst von Siemens spricht ein klares, schnörkelloses Deutsch, den versammelten Vorstandsmitgliedern und Generalbevollmächtigten ist die Botschaft schnell klar: Aus dem »Haus Siemens« – bislang ein Konglomerat dreier getrennter Unternehmen mit sich überschneidenden Arbeitsgebieten, mit parallelen Managements und nur für Eingeweihte noch durchschaubaren Strukturen – soll zum 1. Oktober 1966 die Siemens AG werden. Es ist die organisatorisch wohl grundlegendste Neuerung in der langen Geschichte des Elektrokonzerns, den Werner Siemens zusammen mit Johann Georg Halske im Oktober 1847 als »Telegraphen-Bauanstalt von Siemens & Halske« in Berlin ins Leben gerufen hat.

Anfang 1966 besteht die Siemens-Familie aus dem Nachrichtentechnik-Hersteller Siemens & Halske AG, dem Elektrotechnik-Unternehmen Siemens-Schuckertwerke AG und dem Medizintechnik-Produzenten Siemens-Reiniger-Werke AG. Es ist vor allem die Person Ernst von Siemens, die diese eigenständig agierenden Unternehmensteile zusammenhält. Er ist der »Chef des Hauses« – das Familienmitglied, das seit Generationen die Kernunternehmen Siemens & Halske und Siemens-Schuckertwerke als Aufsichtsratschef kontrolliert und auch im laufenden Geschäft die Fäden in der Hand hat.

Doch das wird immer schwieriger. Das starke Wachstum der vergangenen Jahre hat dazu geführt, dass immer mehr Arbeiten im Hause Siemens doppelt erledigt werden. Das will Ernst von Siemens schleunigst abschaffen.

Hinzu kommt, dass der Bundestag in Bonn Mitte 1965 das Aktienrecht geändert hat. Die eigentümliche Firmenkonstruktion hätte nun fatale Konsequenzen: Die Siemens & Halske AG, die die Siemens-Schuckertwerke und Siemens-Reiniger kontrolliert, müsste dieses Verhältnis in einem so genannten Beherrschungsvertrag mit den Tochterunternehmen regeln – eine teure Angelegenheit für den Konzern, denn es würden hohe Steuerzahlungen anfallen.

Vor allem aber fehlt Ernst von Siemens ein Nachfolger aus der Familie. Er weiß also, dass in absehbarer Zeit ein familienfremder Manager das Ruder übernehmen wird. Auch deshalb beschließt der Patriarch, das Unternehmen neu zu organisieren.

1966

Der Plan dafür ist schon längst geschrieben – von Ernsts Vater, Carl Friedrich von Siemens, der diese Idee bereits Mitte der dreißiger Jahre entwickelte. Doch der Beginn des Zweiten Weltkriegs machte diese Pläne zunichte, bald danach ging es für Siemens wie für ganz Deutschland nur noch um eines: die nackte Existenz.

Nun also, gut zwanzig Jahre nach Ende des Krieges, setzt Ernst von Siemens die Ideen seines Vaters in die Tat um. Formal wird die Siemens AG zum 1. Oktober 1966 gegründet, drei Jahre später schließt der Patriarch die Neuordnung ab. Sie gibt dem Konzern bis heute seine Struktur: Über zahlreichen, weitgehend selbständigen operativen Einheiten stehen die Zentralabteilungen, die beraten, koordinieren, verwalten – und das Selbstverständnis bewahren, das Ernst von Siemens einst so beschrieb: »Sicherheit kann uns das feste Haus nur gewähren, wenn alle, die in ihm arbeiten, heute und in Zukunft die Tugenden bewahren helfen, die uns groß gemacht haben, nämlich Pflichterfüllung, Leistungswillen, Wagemut und Großzügigkeit des Denkens und Handelns.«

Bewusst spricht der Enkel des Firmengründers stets von dem »Haus Siemens«, um den Unterschied zu amerikanischen Konzernen, deren Strukturen und Geschäftsgebaren zu betonen. Doch es gibt auch etwas, das das deutsche Unternehmen mit seinen US-Konkurrenten gemein hat: den globalen Anspruch, das Ziel, weltweit auf allen Gebieten der Elektrotechnik ganz weit vorne mitzuspielen.

Die Grundlage schafft Werner von Siemens, der das elektrodynamische Prinzip entdeckt und der Welt damit zum Strom verhilft. Siemens wird zum Inbegriff des Aufstiegs Deutschlands zur Industrie-Weltmacht. Dieser gelingt, weil neben der Elektroindustrie auch die Leistung der Chemieindustrie so gut ist, dass sie Weltruhm erreicht. Siemens ist der deutsche Ingenieurkonzern schlechthin und überdies ein Familien-Vorzeigeunternehmen. In der Firmenhistorie spiegeln sich fast alle Chancen, fast alle Schrecken dieses deutschen 20. Jahrhunderts – so auch der Zweite Weltkrieg.

Der 3. Februar 1945 markiert das Ende des alten Berlins. In zwei Wellen haben 939 amerikanische Bomber die Hauptstadt erreicht, sie

1966 werfen 2000 Tonnen Spreng- und 250 Tonnen Brandbomben ab und zerstören nicht nur das historische Zentrum. Zwar kommt die Siemens-Stadt, jenes gewaltige und einzigartige backsteinerne Fabrikgelände im Westen Berlins, vergleichsweise glimpflich durch den Bombenkrieg, doch was die Flieger nicht geschafft haben, dafür werden bald die Besatzer aus dem Osten mit ihrer Demontagepolitik sorgen.

Die Führungsspitze um den damaligen »Chef des Hauses«, Hermann von Siemens, hat einen Notplan vorbereitet. Weil es sich abzeichnet, dass das Unternehmen schon bald nicht mehr aus Berlin geführt werden kann, sollen diese Arbeit dezentrale Führungsteams in West- und Süddeutschland übernehmen. Ernst von Siemens soll nach München und von dort aus alle Betriebe von Siemens & Halske lenken. München ist mit Bedacht gewählt, in der Hofmannstraße steht die einzige größere Fabrik der Kerngesellschaft Siemens & Halske außerhalb Berlins. Schon bald wird die Hauptstadt eingeschlossen sein, mit einem Rundschreiben an die Führungskräfte – datiert auf den 19. Februar 1945 – gibt Siemens das Signal zum Auf- und Ausbruch.

Es ist, wenn man so will, eine Reise ohne Wiederkehr, auf die sich zwanzig Führungskräfte in Kohlevergaser-Wagen aufmachen. Es geht nicht nur gen Westen, jetzt beginnt schon die neue Zeit, bald wird aus den Gruppenleitungen der Kern des Nachkriegskonzerns. Dessen Herz schlägt im Südosten der künftigen Bundesrepublik, in München und Erlangen, dort, wo Ernst von Siemens bald die Geschicke bestimmt. Zwar wird er offiziell erst 1956 zum »Chef des Hauses« ernannt, doch de facto ist er bald nach Kriegsende der entscheidende Mann.

Es ist schon erstaunlich, dass das Unternehmen mit seinen von außen kaum zu entwirrenden Strukturen zu den wichtigsten Motoren dessen gehört, was als Wirtschaftswunder in die Geschichtsbücher eingeht. Zunächst liegt der Konzern am Boden. Das, was Russen und Bomben übrig gelassen haben, reicht zum Bau von Gartenrechen aus Aluminium, zur Herstellung von Wasserkochern – immerhin das hat etwas mit Strom zu tun. Das Auslandsgeschäft existiert nicht mehr, das Auslandsvermögen ist verloren. Sämtliche mitteldeutschen Standorte werden eingebüßt. Der unternehmerische Gesamtschaden des Krieges wird auf 2,58 Milliarden Reichsmark hochgerechnet, das sind vier Fünftel der Substanz. Vielleicht der schwerwiegendste Verlust aber ist der des geistigen Eigentums: Das Unternehmen verliert 25 000 Patente, unglaubliche Mengen an Zeichnungen, Konstruktionsplänen, Buchungsunterlagen.

1966

Dennoch beginnt sich Siemens erstaunlich schnell wieder zu regen – nicht zuletzt wohl auch deshalb, weil die Westmächte, die den Konzern ursprünglich zerschlagen wollten, angesichts des scharfen West-Ost-Konflikts auf eine schnelle Wiedergenesung der westdeutschen Wirtschaft hoffen. Schon drei Jahre nach Kriegsende hat Siemens & Halske in Westdeutschland acht Betriebe aufgebaut, der Kern der boomenden Telefontechnik ist in München. In Erlangen schlägt das Herz der Kraftwerks- und Medizintechnik.

So fügt sich wieder eines ins andere, schon 1948 mietet die Siemens-Führung unter dem inzwischen aus der US-Internierung entlassenen Hermann von Siemens das Palais Ludwig Ferdinand am Wittelsbacher Platz in München als neue Firmenzentrale an. Der Chef zieht in das Zimmer, in dem der heutige Siemens-Vorstandsvorsitzende arbeitet. Siemens wird bald die Weltfirma aus München sein, Berlin ist endgültig Geschichte.

Der Aufschwung ist enorm, die Währungsreform löst einen nie da gewesenen Schub aus, der bis in die sechziger Jahre trägt. Lag der Siemens-Umsatz 1949/50 noch bei rund 635 Millionen D-Mark, hat er sich drei Jahre später schon auf 1,32 Milliarden mehr als verdoppelt, Telefone, Turbinen, Transformatoren, Toaster. So ähnlich geht es weiter, Siemens wird schnell der mit Abstand bedeutendste deutsche Elektrokonzern. Als das Haus 1966 neu geordnet wird, arbeiten weltweit 254 288 Beschäftigte für Siemens, der Konzern setzt 7,83 Milliarden D-Mark um.

»Wenn unser Haus – bei aller Achtung vor der echten Tradition, die es groß gemacht hat – erforderliche Neuerungen ohne unnötiges Zögern durchführt«, stimmt Ernst von Siemens seine Kollegen am 1. Februar 1966 auf die anstehende Reorganisation ein, »dann zweifle ich nicht, dass es uns glückt, auch künftig die großen Probleme, die auf uns zukommen, zu meistern.«

Gut fünfzig Jahre später: Der 18. Juni 2006 ist ein schöner Frühsommer-Sonntag. Am Abend noch setzt die Pressestelle der Siemens AG die Münchener Journalisten davon in Kenntnis, dass am nächsten

SIEMENS — UNTER HOCHSPANNUNG

1966

Morgen in Frankfurt Großes geschehen soll. Um Punkt elf Uhr verkünden der damalige Siemens-Chef Klaus Kleinfeld und der Nokia-Vorstandsvorsitzende Olli-Pekka Kallasvuo, was beide Unternehmen über Wochen still und leise vorbereitet haben: die Gründung des Joint Ventures Nokia Siemens Networks. Es ist die wohl bedeutendste Ausgliederung, die der Münchener Konzern in seiner Geschichte vollzieht, »Siemens kappt seine Wurzeln«, lauten am nächsten Tag viele Schlagzeilen.

Tatsächlich gibt Siemens die unternehmerische Führung im Kern seines Telefongeschäfts an den finnischen Konkurrenten ab. Fast 40 000 Siemens-Mitarbeiter wechseln in die neue Firma. Der Börsenkurs springt hoch, die Analysten jubeln über die Veränderungen bei Siemens.

Zwar ist der Konzern seit seiner Gründung Mitte der sechziger Jahre stets eine Baustelle – hier kommt ein Geschäftsbereich hinzu, dort trennt sich das Unternehmen von einer Sparte. Doch Kleinfelds Vorgänger, Heinrich von Pierer, beschleunigt diese Entwicklung in den neunziger Jahren. Seither stellt sich noch dringlicher die Frage: Wie viel Fortschritt verkraftet Siemens? Oder, andersherum, was bedeutet Tradition für Siemens? Und gibt es vielleicht ungute Traditionen?

Berühmt ist der Brief, den der geniale Erfinder, der Unternehmer, der bedeutende Familien- und Gründervater Werner von Siemens am Weihnachtstag des Jahres 1887 an seinen Bruder Carl schreibt: »Gewiss habe ich auch nach Gewinn und Reichtum gestrebt, doch wesentlich nicht, um sie zu genießen, als um die Mittel zur Ausführung anderer Pläne und Unternehmungen zu gewinnen und um durch den Erfolg die Anerkennung für die Richtigkeit meiner Handlungen und die Nützlichkeit meiner Arbeit zu erhalten. So habe ich für die Gründung eines Weltgeschäftes à la Fugger von Jugend an geschwärmt, welches nicht nur mir, sondern auch meinen Nachkommen Macht und Ansehen in der Welt gäbe.«

Das Weltgeschäft à la Fugger. Am Morgen des 15. November 2006 durchsuchen Dutzende von Fahndern Geschäftsräume der Siemens AG und stoßen, den schwarzen Kassen im Telefonbereich »Com« auf der Spur, bis ins Herz von Siemens, das Büro des Vorstandschefs in der Konzernzentrale am Wittelsbacher Platz, vor. Ein halbes Dutzend hochrangiger Manager wandert in Untersuchungshaft. Die Skandale zwingen Heinrich von Pierer, der Siemens seit 1992 seinen Stempel aufdrückte und 2005 an die Spitze des Aufsichtsrats wechselte, am 19. April 2007 zum Rücktritt. Nachfolger wird Gerhard Cromme. Zum ersten Mal in der Geschichte von Siemens führt ein unternehmensfremder Manager den Aufsichtsrat.

Doch es kommt noch heftiger: Nur sechs Tage nach von Pierers Rücktritt kündigt auch Konzernchef Kleinfeld an, sein Amt aufzugeben. Im Aufsichtsrat heißt es: Man »blicke in einen Abgrund krimineller Machenschaften«, im Zentralvorstand werde kaum ein Stein auf dem anderen bleiben.

Nach wochenlangen Spekulationen wählt der Aufsichtsrat der Siemens AG Peter Löscher, einen bis dahin in Deutschland unbekannten Pharma-Manager, zum neuen Vorstandschef. Jetzt stehen zwei Fremde an der Spitze des Hauses.

Vom Skandalgeschehen und den Wirren an der Konzernspitze unberührt läuft in den Bereichen, dort wo die Produkte erdacht und erzeugt werden, die Arbeit scheinbar weiter, ganz normal und auf Hochtouren. Nie hatte der Konzern mit seinen inzwischen 475 000 Mitarbeitern in 190 Ländern dieser Welt und einem Umsatz von fast 88 Milliarden Euro mehr Aufträge als heute – Siemens, immer wieder ein Rätsel.

Am 27. Januar 2007 steht Peter von Siemens, der Ururenkel des Gründers und das einzige Familienmitglied im Aufsichtsrat des Unternehmens, etwas verloren vor dem Podium der Jahreshauptversammlung. Deren beherrschendes Thema: der Schmiergeldskandal. Peter von Siemens zeigt Gelassenheit. »Dieses Haus«, sagt er und gestattet sich ein mildes Lächeln, »ist schon durch ganz andere Stürme gegangen.«

Christoph Hardt

1967

Stabilitätsgesetz – Kurzer Flirt mit Keynes

Im Juni 1967 tritt das Stabilitäts- und Wachstumsgesetz in Kraft – begleitet von großen Hoffnungen, die Wirtschaftsentwicklung künftig steuern zu können. Doch schnell stößt die Politik an ihre Grenzen.

Der Bankier Karl Paul Jacobi hat sich die Sache lange überlegt und akribisch geplant. Vier Tage hat er gewartet, dann erst schreitet der Mitinhaber des privaten Kölner Bankhauses Mertins zur Tat. »An der Rheinfähre in Langel bei Köln nestelte er zwei Pistolen aus seinem dunklen Anzug«, berichtet das Nachrichtenmagazin »Spiegel«, »richtete einen Lauf gegen die linke Schläfe, den anderen gegen das Herz und drückt gleichzeitig ab.« Wenige Tage zuvor hatte die Bankenaufsicht Jacobis

Treffen im Rahmen der »konzertierten Aktion«. Von links: Fritz Berg (BDI), Wirtschaftsminister Karl Schiller, Ludwig Rosenberg (DGB), Ernst Schneider (DIHT), Rolf Späthen (DAG)

STABILITÄTSGESETZ – KURZER FLIRT MIT KEYNES

1967

Kreditinstitut die Lizenz entzogen – zu viele faule Kredite hatten das Eigenkapital des 1860 gegründeten Bankhauses aufgezehrt. Die Krise der westdeutschen Konjunkturpolitik fordert ihr »erstes Menschenopfer«, schreibt der »Spiegel«. Jacobi stirbt am 31. Mai 1966.

Ein Gespenst geht um in der Bundesrepublik des Frühsommers 1966 – das Gespenst der großen Depression. Im Land des Wirtschaftswunders stockt die Konjunktur, zum ersten Mal seit der Währungsreform 18 Jahre zuvor. Die Börsenkurse sind auf Talfahrt, Auftragseingänge und Industrieproduktion brechen ein, innerhalb weniger Monate schießt die Zahl der Arbeitslosen von 100 000 auf mehr als eine halbe Million nach oben. »Es ist nicht mehr albern, wieder von den Krisenjahren 1929 bis 1932 zu sprechen«, sagt der damalige Siemens-Vorstandschef Adolf Lohse. Auf den Zechen im Ruhrgebiet hissen Gewerkschafter schwarze Fahnen zum Protest, der rechtsextremen NPD laufen die Wähler zu.

Dies ist das Klima, in dem die deutsche Wirtschaftspolitik einen radikalen Kurswechsel vollzieht – weg vom ordoliberalen Grundprinzip der »Freiburger Schule«, die ein Eingreifen des Staates in das Marktgeschehen ablehnt, und hin zu einer aktiven Konjunktur- und Wachstumspolitik auf der Basis der Theorien des britischen Makroökonomen John Maynard Keynes.

Am 14. Juni 1967 bekommt dieser Paradigmenwechsel Gesetzeskraft: Das »Gesetz zur Förderung der Stabilität und des Wachstums der Wirtschaft« tritt in Kraft. Mit überwältigender Mehrheit haben Bundestag und Bundesrat dafür gestimmt. Erstmals werden rechtsverbindliche Ziele der Wirtschaftpolitik definiert: Sie solle »gleichzeitig zur Stabilität des Preisniveaus, zu einem hohen Beschäftigungsstand und zu außenwirtschaftlichem Gleichgewicht bei stetigem und angemessenem Wirtschaftswachstum beitragen«.

In 33 Paragraphen wird ein umfassendes Arsenal wirtschaftspolitischer Instrumente definiert, die den Geist von John Maynard Keynes atmen: Konjunkturausgleichsrücklagen, Investitionsprämien, variable Einkommensteuersätze. Durch eine Steuerung der öffentlichen Ausgaben soll der Staat fortan schädliche Konjunkturzyklen ausgleichen – im Abschwung sollen schuldenfinanzierte Ausgabenprogramme die Nachfrage ankurbeln, im Aufschwung Rücklagen für schlechte Zeiten gebil-

STABILITÄTSGESETZ – KURZER FLIRT MIT KEYNES

1967

det werden. Ohne ein Eingreifen des Staates, lautet das damals herrschende Paradigma in Wissenschaft und Politik, kann eine moderne Marktwirtschaft ihr Produktionspotenzial nicht voll ausnutzen.

Anno 1966 scheint sich diese These in Deutschland tatsächlich zu bestätigen. Große Teile der Wirtschaft schlittern in eine kräftige Krise. Deutschlands größter Stahlkonzern, die Thyssen-Gruppe, ist das Unternehmen mit den höchsten Schulden: 3,4 Milliarden D-Mark. Die Verbindlichkeiten haben das Niveau des Anlagevermögens erreicht und sind doppelt so groß wie das Eigenkapital. Die Bundespost steht am Rande der Zahlungsunfähigkeit, das Monopolunternehmen fordert von seinen Lieferanten einen Zwangskredit. Der Weltkonzern Siemens kann auf dem Kapitalmarkt kaum mehr Geld auftreiben. Und an der Börse stürzen die Papiere von Klöckner und Hoesch auf das Niveau von Anfang der fünfziger Jahre.

Ludwig Erhard, Vater der Währungsreform und von 1963 bis 1966 Bundeskanzler, hatte nichts wissen wollen von den keynesianischen Ideen. Zu Beginn der sechziger Jahre hatte er versichert, die Regierung sei gut gerüstet für den »Tag X«, an dem die Konjunktur zu kriseln beginnt. Doch als die Krise kommt, ist davon nichts zu sehen. »Die Regierung hat auf diesem wichtigen Gebiet in vollem Umfang abgedankt«, kritisiert der Industrielle Fritz von Opel die Wirtschaftspolitik von CDU/CSU und FDP. Rückblickend bilanziert der Wirtschaftshistoriker Werner Abelshauser: »Nahezu alle politischen und gesellschaftlichen Kräfte beklagten die wirtschaftspolitische Lenkungslücke, die eine soziale Marktwirtschaft Erhard'scher Prägung aufreißen ließ.«

Mit dem Zusammenbruch der Koalition aus Union und FDP im Herbst 1966 schlägt die Stunde eines 1911 im schlesischen Breslau geborenen Sozialdemokraten, der seit 1947 Professor für Volkswirtschaftslehre an der Universität Hamburg ist: Karl Schiller. Er wird Wirtschaftsminister in der ersten großen Koalition der Nachkriegsgeschichte. »Konjunktur ist nicht unser Schicksal, sondern unser Wille«, lautet Schillers Credo. Tatsächlich kann der neue Wirtschaftsminister Anfang 1967 die Krise schnell entschärfen – mit zwei schuldenfinanzierten Ausgabenprogrammen kurbelt Schiller die Konjunktur wieder an.

Doch noch immer sitzt er tief, der Schock über die Krise. Ein solcher Kollaps soll sich nicht wiederholen, eine systematische Grundlage für

STABILITÄTSGESETZ – KURZER FLIRT MIT KEYNES

die neue Politik soll her. Die Koalitionspartner Union und SPD ringen 1967 monatelang miteinander über die Details des neuen Gesetzes – zum großen Teil »unter einer Art Geheimhaltungsklausel« hinter verschlossenen Türen, wie das »Handelsblatt« moniert. Heraus kommt ein Gesetz, »das, gemessen am damaligen Stand der Wissenschaft, absolut ›State of the Art‹ war«, sagt Bert Rürup, 1967 Student der Volkswirtschaftslehre und heute Vorsitzender des Sachverständigenrats zur Begutachtung der gesamtwirtschaftlichen Entwicklung, der die Bundesregierung berät.

Das neue Regelwerk wird mit Wohlwollen aufgenommen: Unüberhörbar sei eine neue Phase der Wirtschaftspolitik eingeläutet worden. Das gesamte Projekt sei ein »gesetzgeberisches Experiment«, konstatiert das »Handelsblatt«. »Wenn es gelingt, dann ist es eines der großen staatspolitischen Ereignisse der Nachkriegszeit.« Und daran, dass es gelingt, zweifelt 1967 niemand. »Selbst der Sachverständigenrat war damals infiziert vom Machbarkeitsglauben, was die Konjunktursteuerung anbelangt«, erinnert sich der langjährige Wirtschaftsweise Olaf Sievert.

Mit dem Gesetz hält nicht nur ein vollkommen neues Denken Einzug in die deutsche Wirtschaftspolitik, sondern auch ein neues Vokabular. So spricht Finanzminister Franz Josef Strauß nicht mehr von Defiziten, sondern von »Planungsüberhängen«. Und Schiller fordert Ende 1967 von den Bundesländern »mehr Mut zum Verschulden«.

In den Jahren danach zeigt sich aber schnell: Die Erwartungen, die Politik und Wissenschaft in die »Magna Charta der Konjunkturpolitik« gesetzt haben, sind weit überzogen. Die »antizyklische Globalsteuerung« gerät schnell an ihre Grenzen – als Erstes in der »konzertierten Aktion«: Mit dieser Gesprächsrunde will Karl Schiller Gewerkschaften und Arbeitgeber in die Konjunkturpolitik einbinden. Anfangs lassen sich die Gewerkschaften auf die Sache ein und orientieren sich bei den Lohnabschlüssen für 1968 und 1969 an den Konjunkturprognosen der Bundesregierung, die ein Wachstum der Wirtschaftsleistung zunächst von vier, ein Jahr darauf von 4,5 Prozent vorhersagen. Tatsächlich aber wächst die deutsche Wirtschaft in beiden Jahren fast doppelt so schnell. Die Arbeitnehmer fühlen sich über den Tisch gezogen. In den nächsten Lohnrunden agieren sie umso aggressiver, obwohl sich die Konjunktur schon wieder abkühlt.

STABILITÄTSGESETZ – KURZER FLIRT MIT KEYNES

1967

In den frühen siebziger Jahren versetzt der Ölpreisschock den keynesianischen Konzepten den endgültigen Todesstoß. Der Versuch, mit den Instrumenten der Nachfragesteuerung auf einen angebotsseitigen Schock zu reagieren, macht die gesamtwirtschaftliche Lage noch schlimmer. Die Konjunkturprogramme reißen immer tiefere Löcher in die öffentlichen Haushalte, ohne die Wirtschaft nachhaltig anzukurbeln – stattdessen steigt die Inflation. Die Vorstellung, dass die Regierung in Aufschwungphasen Rücklagen für schlechte Zeiten bildet, erweist sich als illusorisch. Und der Staat reagiert auf Konjunkturschwankungen generell zu spät – antizyklisch gedachte Politik wird in der Realität prozyklisch.

Zudem beginnen die Unternehmen und Verbraucher, das Verhalten des Staates vorauszuahnen. »Das Konzept der Nachfragesteuerung musste kapitulieren«, betont Ökonom Olaf Sievert. »Nachfragepolitik ist nur zu bezahlen, wenn sie nicht in erster Linie Nachfragelücken direkt, also staatlicherseits, schließen soll. Dafür sind diese Lücken in Zeiten schlechter Wirtschaftspolitik viel zu groß«, erläutert der langjährige Wirtschaftsweise. Die Globalsteuerung funktioniere nur, wenn sie die wirtschaftlichen Erwartungen der Menschen verbessere und dadurch »wirtschaftlichen Vorhaben der Privaten, die Zukunftsvertrauen voraussetzen, ein Fundament gibt«. Dies sei ab den frühen siebziger Jahren nicht mehr der Fall – und damit »die Nachfragepolitik das Geld, das sie kostet, nicht wert«.

Neun Jahre nach der Verabschiedung des Paragraphenwerks kehrt sich der Sachverständigenrat als Erster davon ab – 1976 präsentierten die Wirtschaftsweisen in ihrem berühmten Gutachten »Zeit zum Investieren« das Gegenkonzept, die angebotsorientierte Wirtschaftspolitik. Nach dem Ende der sozialliberalen Koalition im Jahre 1982 greift die neue Bundesregierung aus CDU/CSU und FDP unter Bundeskanzler Helmut Kohl das neue wirtschaftspolitische Leitbild auf. »Seit Mitte der siebziger Jahre ist in Deutschland Wirtschaftspolitik nach dem Muster der globalen Nachfragesteuerung nicht mehr betrieben worden«, sagt Sievert.

Das Stabilitäts- und Wachstumsgesetz aber bleibt dennoch in Kraft. Wie ein Untoter taucht es in der wirtschaftspolitischen Diskussion sporadisch immer wieder auf. So unternimmt die SPD 1986 den Versuch,

STABILITÄTSGESETZ – KURZER FLIRT MIT KEYNES

eine Novellierung des Gesetzes auf den Weg zu bringen – »neuer Name, alte Illusionen«, kommentiert das »Handelsblatt«. Doch auch bei der Kohl-Regierung blitzt die SPD mit ihren Vorstellungen ab.

Eine kurze Renaissance erlebt das Gesetz auch nach den Terroranschlägen vom 11. September 2001. Um einen Kollaps der Konjunktur zu verhindern, fordert Hans-Werner Sinn, der Präsident des – keynesianischen Ideen in der Regel nicht sonderlich zugeneigten – Ifo-Instituts für Wirtschaftsforschung in München die Bundesregierung auf, »endlich das Stabilitäts- und Wachstumsgesetz anzuwenden«. Sinn spricht sich für eine Investitionszulage von 7,5 Prozent aus. Auch der Bundesverband der deutschen Industrie (BDI) flirtet nach dem 11. September kurze Zeit mit Keynes und verlangt von der Regierung, mit dem Gesetz die Steuern zu senken. Die damals regierenden Sozialdemokraten aber wissen es besser – und Bundeskanzler Gerhard Schröder propagiert die »Politik der ruhigen Hand«.

Im Berliner Politikbetrieb ist das Stabilitäts- und Wachstumsgesetz heute weitgehend in Vergessenheit geraten. »In der heutigen Wirtschaftspolitik spielt es keine Rolle mehr«, sagt Bert Rürup, Mitglied des Sachverständigenrats. Eine Aufhebung des Regelwerks hält er aber dennoch nicht für nötig. »Warum soll man es abschaffen? Es nützt nichts mehr, aber es schadet auch nichts.«

Olaf Storbeck

1968

Mehrwertsteuer – Geburt eines Goldesels

Am 1. Januar 1968 wird in der Bundesrepublik die Mehrwertsteuer eingeführt. Weil sie zunächst nur den Fiskus erfreut, ist ihr Start von erheblichen Protesten begleitet.

Es ist eine sonderbare Szenerie, die sich im Januar 1968 an den Taxiständen der deutschen Großstädte abspielt: Gut sichtbar klebt in den Windschutzscheiben vieler Wagen ein rotes »V« – V wie Vorsteuer. Der Aufkleber ist die Antwort der Taxifahrer auf eine Revolution im westdeutschen Wirtschaftsleben. Am 1. Januar 1968 ist die Mehrwert-

Kundin beim Milchkauf. Die Verbraucher befürchteten nach der Einführung der Mehrwertsteuer erhöhte Preise

1968

steuer in Kraft getreten, die bis heute im Kern unverändert geblieben ist.

Es ist eine Reform, mit der das Wirtschaftsleben komplett neue Spielregeln bekommt. Mit Rechnungen, auf denen die Mehrwertsteuer ausgewiesen ist, können Firmen fortan zum Finanzamt gehen und sich die Steuer erstatten lassen. »Westdeutschlands Unternehmen und Kaufleute«, schreibt das Nachrichtenmagazin »Der Spiegel« 1968, »müssen eine völlig neue Buchführung lernen.«

Kleinbetriebe wie Taxifahrer haben die Wahl, ob sie beim neuen System mitmachen. Doch wer sich dagegen entscheidet, wird von Firmenkunden gemieden – weil diese sonst auf der Mehrwertsteuer sitzen bleiben würden. Taxifahrer, die beim Vorsteuerausgleich mitmachen, haben im Kampf um Geschäftskunden daher einen Wettbewerbsvorteil.

Für den Fiskus erweist sich die Sache als Goldesel. »Die meisten Verkehrsteuern einschließlich der Umsatzsteuer haben keinen tieferen Sinn als den, dem Staat Geld zu bringen«, bemerkt der Bundesfinanzhof im Jahr 1973. Die Sache funktioniert: Fast 140 Milliarden Euro kamen durch die Mehrwertsteuer im Jahr 2005 zusammen. Als Anfang 2007 der Steuersatz von 16 auf 19 Prozent stieg, brachte die Erhöhung dem Fiskus 20 Milliarden Euro zusätzlich ein.

So gierig war der Staat nicht immer. 1968 verlangt er 10, ein halbes Jahr später 11 Prozent. In sieben Schritten heben Bund und Länder ab 1978 die Sätze auf das heutige Niveau an. »Jede Erhöhung«, verspricht Bundesfinanzminister Franz Josef Strauß 1967, »wird in der Bundesrepublik durch Kürzung anderer Steuern neutralisiert.« Ein leeres Versprechen – die Steuer- und Abgabenquote in Deutschland ist nach Berechnungen der Organisation für Wirtschaftliche Zusammenarbeit und Entwicklung (OECD) von 32,2 Prozent der Wirtschaftsleistung im Jahr 1968 auf einen Höchststand von mehr als 37 Prozent zur Jahrtausendwende gestiegen. Immerhin: Im Zuge der Steuerreformen der rot-grünen Bundesregierung sank sie seitdem auf 34,7 Prozent.

14 Jahre lang hat der Bund an der Mehrwertsteuerreform von 1968 gebastelt. Der Start gerät dennoch zu einer Operation am offenen Herzen. Viele Detailfragen sind am 1. Januar 1968 noch ungeklärt. Von sechs Durchführungsverordnungen ist zu Jahresbeginn nur die Hälfte fertig, wichtige Erlasse lassen ebenfalls noch auf sich warten. Die

1968

»Mehrwertsteuerfibel«, mit der das Finanzministerium die Bürger – gegen 50 Pfennig Schutzgebühr – über das neue Paragraphenwerk aufklärt, erscheint gerade einmal acht Wochen vor dem »Tag X«.

Die Wirtschaft schäumt. »Die Umstellung ist überstürzt«, sagt Karlheinz Oettinger, Direktor der Vereinigung Deutscher Spielwarenhändler. Der Kölner Stahlgroßhändler Otto Wolff attestiert den Unternehmen vor dem neuen Paragraphenwerk »Angst wie vor dem Tode«. Neben der schlechten Vorbereitung kritisiert die Wirtschaft auch das komplizierte Erhebungsverfahren. Denn die Reform bringt dem Land eine »Allphasen-Netto-Umsatzsteuer mit Vorsteuerabzug«. Der Porzellan-Fabrikant Philip Rosenthal bezeichnet das System als »Geheimwissenschaft«.

Seit Januar 1968 muss jeder Unternehmer für all seine Umsätze Mehrwertsteuer an das Finanzamt entrichten. Gleichzeitig bekommt er die Mehrwertsteuer, die er an andere Unternehmen gezahlt hat, von der Behörde zurück – und er kann die von ihm zu zahlende Umsatzsteuer seinem Abnehmer in Rechnung stellen. »Immer dann, wenn die vom Gesetz intendierte Überwälzung der Steuer auf den Phasennächsten gelingt, ist der Unternehmer wirtschaftlich nicht mit Umsatzsteuer belastet«, erklären Tipke und Lang in ihrem Steuerrecht-Bestseller. Nur den Endverbraucher beißen die Hunde – er nämlich kann seine Mehrwertsteuer-Zahlung auf niemanden mehr abwälzen.

Nachdem die erste große Koalition aus CDU/CSU und SPD die Reform Ende April 1967 durch den Bundestag gepeitscht hat, schicken die Wirtschaftsverbände Heerscharen von Beratern durch das Land, die den Unternehmen das neue Recht zu erklären versuchen. Weil die Konferenzräume der Handelskammern nicht ausreichen, finden die Seminare auch in Wirtshäusern und Kinos statt. Trotz der Nachhilfe ist die Verwirrung groß: »Viele Leute haben das Verfahren nicht kapiert, es ist entsetzlich«, stöhnt ein Berater der Düsseldorfer Industrie- und Handelskammer im Januar 1968.

Hinzu kommen »grässliche technische Schwierigkeiten«, wie der Präsident des Deutschen Industrie- und Handelskammertages (DIHT), Ernst Schneider, klagt. Ein Beispiel dafür ist das am Autobahn-Rasthof gekaufte Brathähnchen: Soll es als Lebensmittel mit dem reduzierten Steuersatz von damals 5 Prozent belegt werden, oder handelt es sich um

1968

eine für den »Verzehr an Ort und Stelle« bestimmte Leckerei, für die der volle Steuersatz fällig wird?

In schönstem Bürokraten-Deutsch stellt das Finanzministerium klar: 10 Prozent Umsatzsteuer sind fällig, wenn »Speisen und Getränke nach den Umständen der Lieferung dazu bestimmt sind, an einem Ort verzehrt zu werden, der mit dem Ort der Lieferung in einem räumlichen Zusammenhang steht, und besondere Vorrichtungen für den Verzehr an Ort und Stelle bereitgehalten werden.« Finanzminister Strauß rechtfertigt den Regulierungseifer so: »Das muss exakt so sein, denn wenn jemand beim Metzger drei Knackwürste kauft und sie noch an der Ladentür aus Heißhunger verschlingt, dann kann man daraus allein nicht die Berechtigung zum höheren Steuersatz herleiten.«

Die große Koalition beschert der Bundesrepublik nach Einschätzung von Kommentatoren das »bislang komplizierteste Gesetzeswerk« der Nachkriegszeit. Bis heute bereitet es Probleme – vor allem, weil das Verfahren betrugsanfällig ist. Denn Rechnungen, auf denen die Mehrwertsteuer ausgewiesen wird, sind für Unternehmer beim Finanzamt bares Geld wert. Das wissen längst auch Kriminelle. Betrügerbanden prellen heute den Staat mit Scheingeschäften um Milliardenbeträge.

Trotz aller Probleme – 1968 war die Wissenschaft von dem Paragraphengestrüpp begeistert. »Seitdem nach dem Krieg wieder Finanzwissenschaft betrieben wurde, hatten wir alle eine solche Reform gefordert«, erinnert sich der heute emeritierte Hamburger Ökonomie-Professor Gerold Krause-Junk, der 1967 an seiner Habilitation arbeitet. Die Reform beseitigt ein 61 Jahre altes Umsatzsteuer-Verfahren, das Krause-Junk noch heute als »miserabel« bezeichnet. Als der Erste Weltkrieg 1916 immer tiefere Löcher in den Staatshaushalt riss, führte das Deutsche Reich eine »Stempelsteuer« ein – auf alle Warenumsätze erhob der Fiskus einen Steuersatz von 0,5 Prozent. In den Jahrzehnten danach stieg der Steuersatz in mehreren Schritten, bis er schließlich ab 1951 4 Prozent betrug.

Doch anders als heute schlug der Fiskus auf jeder Handelsstufe zu. Jedes Unternehmen musste von jedem Umsatz die Steuer an das Finanzamt abführen, ohne sich die Vorsteuern zurückholen zu können. Die Belastung kumulierte sich dadurch von Handelsstufe zu Handelsstufe. Die Motorhaube eines Autos wurde zum Beispiel dreimal mit der

1968

Vier-Prozent-Abgabe belastet – im Walzwerk, beim Hersteller und dann noch einmal beim Händler.

Ökonomen war das System ein Graus, weil es zu massiven Verzerrungen führte. »Die alte Umsatzsteuer hatte auf die Unternehmenslandschaft eine erhebliche konzentrationsfördernde Wirkung«, sagt Krause-Junk. Konzerne, die von den Grundstoffen bis zum Endprodukt alles selbst herstellten, mussten weniger Umsatzsteuern entrichten und konnten niedrigere Preise verlangen. Und weil niemand wusste, wie viel Umsatzsteuern in einem Endprodukt steckten, konnten sie bei Exporten nicht richtig herausgerechnet werden. Der Fiskus behalf sich mit Durchschnittsgrößen. »Dadurch wurden manche Waren bei der Ausfuhr subventioniert, andere künstlich verteuert«, sagt Krause-Junk.

In den sechziger Jahren geriet die Vier-Prozent-Regel nicht nur von Seiten der Wissenschaft unter Druck. Die Europäische Wirtschaftsgemeinschaft (EWG) drängte auf ein europataugliches Verfahren. Ende 1966 hätte das Bundesverfassungsgericht das alte System um ein Haar für grundgesetzwidrig erklärt. Davon sahen die Richter nur ab, weil die Regierung die schnelle Reform versprach. »Wir Wissenschaftler sahen die neue Mehrwertsteuer als ersten Segen der EWG«, erinnert sich Ökonom Krause-Junk. Zumal es 1968 nicht darum ging, die Staatseinnahmen in die Höhe zu fahren: Der Steuersatz war so gewählt, dass die Belastung für die Wirtschaft in etwa identisch blieb.

Auch heute geraten Finanzwissenschaftler bei dem Thema ins Schwärmen. »Alles in allem handelt es sich um eine gute Steuer«, sagt der Kölner Ökonomieprofessor Clemens Fuest. »Sie ist relativ effizient.« Im Vergleich zu vielen anderen staatlichen Abgaben halten sich die Verzerrungswirkungen in Grenzen. Fuest: »Und keine andere Steuer hat international in so kurzer Zeit eine solche Karriere gemacht.« Noch in den frühen sechziger Jahren existierte sie nur in Frankreich und Dänemark – heute dagegen gibt es kaum ein wichtiges Industrieland, das auf sie verzichtet. Zahlreiche Wissenschaftler empfehlen, in Zukunft noch größeres Gewicht auf indirekte Steuern zu legen.

Für die Verbraucher ist die neue Steuer 1968 aber ein Schock. Denn viele Unternehmen nutzen sie zur Preistreiberei, klagen Verbraucherverbände. Die Firmen erhöhen beispielsweise einfach die alten Preise um die neue Mehrwertsteuer, ohne vorher die alte Umsatzsteuer abzuziehen. Friseure schrauben ihre Preise um 10 bis 15 Prozent hoch, Wäschereien und Reinigungen gar um 20 Prozent. Und bei der Düsseldorfer Rheinbahn kostet eine einfache Fahrt plötzlich 75 statt 50 Pfennig.

Wie 34 Jahre später beim Start des Euro-Bargelds langen Gastronomen und Dienstleister besonders zu. »Ein Café verkaufte bislang ein Glas Bier für 77 Pfennig«, schreibt das »Handelsblatt« im Januar 1968. »Nunmehr wird für das gleiche Bier eine runde Mark verlangt. Indes, die Gäste zahlen, ohne zu klagen.«

Olaf Storbeck

1969

Planwirtschaft – Vorwärts per »Retrognose«

1969 kündigt Walter Ulbricht an, die DDR werde die Bundesrepublik wirtschaftlich »überholen«. Da ist längst klar, dass die zentrale Planwirtschaft scheitern muss.

Mit »rasendem Jubel« und »grenzenloser Begeisterung« nehmen die 1565 Delegierten in der Werner-Seelenbinder-Halle in Berlin den Beschluss auf, der die deutsche Wirtschaftsgeschichte neu schreiben soll. Von nun an sollen alle alles bekommen, was sie brauchen. Der Staat würde die Wirtschaft zentral führen, für jeden mitplanen, niemanden vergessen. »Wie oft wurde vom Sozialismus gesprochen? Jetzt, zum ersten Mal in der deutschen Geschichte, wird dieses große Ziel der Menschheit auf deutschem Boden in die Tat umgesetzt«, jubelt

Gespräch zwischen Walter Ulbricht (SED) und dem Generalsekretär des ZK der KPdSU Leonid Breschnew (Mitte)

1969

das »Neue Deutschland«. Der »deutsche Boden« ist der Boden der DDR.

Parteichef Walter Ulbricht ist es höchstpersönlich, der auf der 2. Parteikonferenz der Sozialistischen Einheitspartei Deutschlands (SED) am 9. Juli 1952 vorschlägt, den Sozialismus in der DDR »planmäßig« aufzubauen. Und damit nicht genug: 1969 gibt Ulbricht – allen Warnungen zum Trotz – gar die Parole aus, die DDR solle bis 1975 die Wirtschaftswunder-Bundesrepublik wirtschaftlich »überholen«.

Ein größeres wirtschaftspolitisches Experiment hat Deutschland noch nicht gesehen als das, was Ulbricht und die SED 1952 beginnen und 1969 nochmals zu beschleunigen versuchen. Und kein Experiment war wohl lehrreicher – durch sein Scheitern. Machbarkeitswahn und Misstrauen in den Markt können die »unsichtbare Hand« von Adam Smith nicht ersetzen, die in der Marktwirtschaft für den Ausgleich von Angebot und Nachfrage sorgt. Da hilft auch alles Nachjustieren und Reformieren der Planwirtschaft nichts, deren sich die SED-Oberen fast vier Jahrzehnte lang befleißigen. Die DDR bricht 1989 auch deswegen zusammen, weil ihr Wirtschaftssystem nicht funktioniert, weil es nie funktionieren konnte.

Einer, der das Scheitern der geplanten Wirtschaft als DDR-Bürger und Ökonom miterlebt hat, ist André Steiner. Der 47-Jährige sitzt in seinem Büro im Zentrum für Zeithistorische Forschung in Potsdam. Nach der Wende habilitierte er sich an der Universität Mannheim und verfasste zwei Standardwerke zur Wirtschaftsgeschichte der DDR. Was meint er zu den Ereignissen im Jahr 1952? Ulbricht »hat gewusst, dass die Wirtschaft das entscheidende Feld für die staatliche Existenz der DDR war«, sagt Steiner. Dem SED-Chef war klar, dass die zentrale Planwirtschaft funktionieren musste, sollte die DDR überleben. Also schafft Ulbricht eine mächtige Mega-Behörde, die 1989 zweitausend Mitarbeiter hat: die Staatliche Plankommission (SPK). Der Vorsitzende der SPK hat Ministerrang und ist Stellvertreter des Regierungschefs. Sitz ist das ehemalige Reichsluftfahrtministerium in der Wilhelmstraße in Berlin. Heute residiert dort Bundesfinanzminister Peer Steinbrück.

Allerdings: Als Walter Ulbricht die Planwirtschaft verkündet, hat sie längst begonnen. 1949/50 hat die DDR den ersten Zweijahresplan verabschiedet, ab 1951 gilt der erste Fünfjahresplan. Rasch muss die SPK

1969

einsehen, dass sie zwar formal eines der Machtzentren im Staat ist, sich aber die wirtschaftliche Realität ihren Plänen kaum beugen mag: Sie ist einfach zu komplex. Das Planverfahren wird zu einem bürokratischen Albtraum. Auf der Basis der Ergebnisse des laufenden Jahres plant die Kommission den Produktionszuwachs für das nächste Jahr. Genehmigt werden muss jeder einzelne Plan vom SED-Politbüro.

Akzeptieren die Betriebe den ersten Planvorschlag nicht, was die Regel ist, geht er zurück nach Berlin. »Im Extremfall«, erzählt Historiker Steiner, »wanderte der Plan fünf bis sieben Mal hin und her.« Die Betriebe streben stets nach »weichen Plänen«, die leicht überzuerfüllen sind. Denn dann gibt es Leistungsprämien, die im Jahr bis zu 70 Prozent des Monatslohns ausmachen können. Erschwerend kommt hinzu, dass für jede Planänderung auch die »Bilanzen« der Rohstoffe und Vorprodukte angepasst werden müssen. Selbst für ein einfaches Produkt wie Schuhe muss der Plan also nicht nur festlegen, wie viel Sommer-, Winter-, Damen- oder Herrenschuhe hergestellt werden sollen, sondern auch sicherstellen, dass Rohstoffe wie Leder ausreichend und rechtzeitig geliefert werden – was häufig nicht gelingt.

Schon als Ulbricht 1952 den planmäßigen Aufbau des Sozialismus verkündet, ruft die SED ein »Sparsamkeitsregime« aus, um die Schwächen des neuen Wirtschaftssystems zu übertünchen. Nicht länger die »einfache Produktionssteigerung« dürfe im Mittelpunkt stehen, sondern vor allem die »Erhöhung der Qualität der Produktion, Senkung des Ausschusses, Verminderung des Materialverbrauchs und volle Ausnutzung der Kapazität der Maschinen«. »All diese Probleme wurden jedoch als Kinderkrankheiten abgetan«, sagt André Steiner. »Das System mag noch unvollkommen sein, grundsätzlich ist es dem Kapitalismus aber überlegen«, ist die gängige Meinung in der SED. Dieses Dogma habe »bis zum Schluss« der DDR gegolten.

Weil in der Bundesrepublik in den fünfziger Jahren die Wirtschaft boomt, fällt die DDR immer weiter zurück. Doch Walter Ulbricht, der als junger Kommunist von den Nazis per Steckbrief gesucht wurde und später in Stalingrad Wehrmachtsoldaten per Megafon zur Kapitulation aufforderte, ficht das nicht an. 1958 verkündet er auf dem 5. SED-Parteitag »die Wahrheit«, dass nämlich die DDR die Bundesrepublik im Pro-Kopf-Verbrauch bei allen wichtigen Lebensmitteln und Konsumgütern »einholen und zum Teil übertreffen« werde – und zwar bis 1961. Tatsächlich aber nimmt der Rückstand der DDR noch zu. Nach einer Missernte gibt es 1962 Fleisch und Butter nur noch auf »Kundenkarten« – es findet eine Rationierung statt wie einst im Krieg.

Der Wirtschaftsschock verschafft jenen Reformern Gehör, die Ulbricht Mitte der fünfziger Jahre noch mundtot gemacht hatte. Ganz wendiger Machtmensch, setzt sich der Staatsratsvorsitzende selbst an die Spitze der Bewegung und führt 1963/64 ein »neues ökonomisches System der Planung und Leitung der Volkswirtschaft« (NÖS) ein: Die Planung wird dezentralisiert, die Betriebe dürfen eigenständiger wirtschaften. »Im Grunde versuchten die Reformer damit, marktwirtschaftliche Mechanismen zu simulieren, ohne die Grundlagen der Marktwirtschaft einzuführen«, sagt Historiker Steiner. Walter Ulbricht verordnet seiner DDR eine halbe Rolle rückwärts.

Im Machtzentrum der Staatlichen Plankommission setzt der gelernte Tischler, dem rebellierende Bürger im Juni 1953 noch den Slogan »Spitzbart, Bauch und Brille/Sind nicht Volkes Wille« entgegengerufen hatten, auf landsmannschaftliche Geschlossenheit. André Steiner erzählt, dass die neue Generation der Planer Ende der sechziger Jahre zumeist Sachsen wie Ulbricht waren, der 1893 in Leipzig geboren wurde. Noch Ende der achtziger Jahre sei er sich bei seinen Besuchen in der Plankommission vorgekommen »wie in einer sächsischen Kleinstadt«, sagt Steiner, der damals für ein Forschungsprojekt regelmäßig in der Ostberliner Wilhelmstraße zu Gast war.

Auch wenn 1967/68 wegen Richtungskämpfen und Ulbrichts sinkendem Einfluss das Wirtschaftssystem wieder stärker zentralisiert wird, erlebt die DDR in den sechziger Jahren ihr eigenes Wirtschaftswunder. 1960 besitzen erst 20 Prozent der Haushalte im »Arbeiter- und Bauernstaat« einen Fernseher, 1970 sind es schon 75 Prozent. Das macht selbstbewusst. »Ulbricht war deshalb von seinen Wirtschaftsreformen so überzeugt, dass er nicht davor zurückschreckte, die sowjetischen Parteiführer Nikita Chruschtschow und später Leonid Breschnew zu Reformschritten nach DDR-Vorbild zu drängen«, erzählt Wirtschaftshistoriker Steiner. Ende der sechziger Jahre verliert der fast 70-jährige Ulbricht immer stärker den Kontakt zur Realität. Angefacht durch die erste Computer- und Kybernetikwelle propagiert er die

1969

paradox erscheinende Parole »Überholen ohne Einholen« der Bundesrepublik.

Als 1968 der Perspektivplan für die Jahre 1971 bis 1975 aufgestellt wird, hantiert die Plankommission bereits mit überambitionierten Zuwächsen der Arbeitsproduktivität von 8,5 Prozent im Jahr. Planungschef Gerhard Schürer, der von 1965 bis zur Wende die Staatliche Plankommission leitete, betrachtet diese Vorgabe als »gigantische Aufgabe«. Nicht so Walter Ulbricht, der von seinen Planern verlangt, bis Mitte April 1969 »unvoreingenommen neu zu rechnen«, um die Überlegenheit gegenüber dem Westen zu beweisen und die Bundesrepublik beim Nationaleinkommen pro Kopf bis 1975 zu überholen. Die Planer fügen sich: Der neue Perspektivplan rechnet nun mit illusorischen Produktivitätszuwächsen von 10 bis 12 Prozent im Jahr.

Ihre Methode: An die Stelle der Prognose auf Basis der historischen Entwicklung tritt die »Retrognose«. Auf Grundlage einer Studie des Basler Prognos-Instituts über die wirtschaftliche Entwicklung der Bundesrepublik bis 1980, erzählt André Steiner, errechnete die SPK, »welche Wachstumsraten die DDR in den siebziger Jahren erzielen musste, um die Bundesrepublik einzuholen beziehungsweise zu überholen. Diese irrealen Wachstumsraten sollten dann zu Planvorgaben werden.«

Das muss scheitern – schon weil Ulbricht von der UdSSR nicht die nötigen Rohstoffe bekommt. Nicht nur politisch, auch ökonomisch hängt die DDR von der UdSSR ab. Als Erich Honecker im Sommer 1971 Ulbricht nachfolgt, will der neue Staatschef die Bevölkerung durch das Bereitstellen eines größeren Güterangebots motivieren – eine Art sozialistischer Nachfragepolitik. Doch teure Maßnahmen wie das Wohnungsbauprogramm kann sich die DDR kaum noch leisten. Davor warnt selbst Chefplaner Gerhard Schürer 1992: »Ich habe schon 1972 in einer Politbürositzung gesagt, dass dieses Programm nicht zu finanzieren ist.«

Und er behält recht. Um die Einfuhr von westlichen Konsumgütern wie 10 000 VW Golf anno 1978 und von Hochtechnologie zu finanzieren, verschuldet sich die DDR immer höher im Ausland. In den frühen Achtzigern nimmt sie sogar Milliardenkredite beim Klassenfeind Bundesrepublik auf. Doch die Planwirtschaft macht aus den Investitionsgütern keine Produkte, aus deren Exporterlösen die Kredite bedient werden können. Im Gegenteil: Das SED-Regime muss immer mehr DDR-Mark aufwenden, um eine D-Mark zu erlösen: 1970 sind es 1,80 Mark, 1988 schon 4,40 Mark.

Die DDR-Wirtschaft lebt nur noch von der Substanz. Dennoch meldet das »Neue Deutschland« jeden Monat Produktionsrekorde. »Die Zahlen sind jedoch allesamt im Büro des ZK-Sekretärs für Wirtschaft, Günter Mittag, redigiert worden«, verrät Historiker Steiner. Anfang 1988 warnt Planungschef Schürer Erich Honecker, dass der DDR die Pleite droht. »Nicht nur was, sondern vor allem mit welchen Kosten und welchem Gewinn etwas produziert wird«, sei entscheidend, schreibt Schürer an den Parteichef. Seine Reformvorschläge stellen zwar die Zentralplanwirtschaft nicht in Frage, wohl aber Honeckers Wirtschaftspolitik. Schürer fordert, den Ausbau der Elektronikindustrie zu stoppen, in die 14 Milliarden Mark geflossen sind, um stattdessen in den Maschinenbau zu investieren – als Zugpferd für den Export. Subventionen für Lebensmittel und Mieten will er kürzen.

Honecker gibt die Vorlage an Mittag weiter. Dieser wirft Schürer vor, »die Beschlüsse des 8. Parteitages und des 11. Parteitages der SED in Frage zu stellen und damit die Einheit von Wirtschafts- und Sozialpolitik«. Die Staatliche Plankommission solle für 1989 und 1991 bis 1995 »entscheidungsreife, konkret begründete, ökonomisch berechnete und bilanzierbare Entscheidungsvorschläge« vorlegen – als wäre nicht die Unmöglichkeit dieses Unterfangens der Grund für Schürers Vorstoß gewesen. Das Ende ist bekannt.

Jörg Lichter

1970

Borgward – Blitzkarren und Leukoplastbomber

Als 1970 in Mexiko der letzte Borgward vom Band läuft, endet die Erfolgsgeschichte eines der genialsten deutschen Autobauer: Carl Borgward. Der Grund für sein Scheitern: Der brillante Konstrukteur ist ein schlechter Kaufmann.

Ende Januar 1961 chauffiert Carl Borgward seine Frau Elisabeth durch den abendlichen Bremer Vorstadtwald. Da melden die 19-Uhr-Nachrichten von Radio Bremen: »Auf einer Pressekonferenz des Bremer Senats erklärte Wirtschaftssenator Karl Eggers, die Borgward-Werke seien erheblich verschuldet. Angesichts dieser Situation plane der Senat die Errichtung einer Auffanggesellschaft. Es würde nunmehr an Dr. Borgward liegen, der neuen Gesellschaft die Geschäftsführung zu über-

Der Blitzkarren (1924) – das erste Fahrzeug, das Carl Borgward herstellte

tragen.« Borgward wendet seinen P100, fährt sofort nach Hause zurück und telefoniert seinen Vorstand zur nächtlichen Krisensitzung in seine Villa herbei.

1970

Erheblich verschuldet? Auffanggesellschaft? Nach Volkswagen, Opel und Ford sind die Borgward-Werke das viertgrößte deutsche Automobilunternehmen, noch vor Daimler-Benz. Im deutschen Verkehrsregister sind 421 000 Autos aus Bremen zugelassen. 1959 hat Borgward 104 410 Personenwagen verkauft – so viele wie nie zuvor. Der Umsatz ist mit 632 Millionen D-Mark größer als der Haushalt des Bremer Stadtstaates und der Bremer Schiffbauindustrie zusammen.

Dennoch: Es ist zu spät für Borgward. Eine der spektakulärsten deutschen Unternehmerkarrieren des 20. Jahrhunderts geht tragisch zu Ende. Und eine der spektakulärsten Pleiten der deutschen Wirtschaftsgeschichte nimmt ihren Lauf. 1970 stirbt die Marke Borgward endgültig: In Mexiko läuft der letzte Borgward vom Band – es ist ein P100 wie jener, in dem Carl Borgward 1961 von seiner Entmachtung erfährt.

Es ist das Ende der großen Geschichte vom Aufstieg und Fall des Carl Friedrich Wilhelm Borgward, einem Macher, Menschenfänger und Autonarren. Der Mann wirkte eigensinnig, unbequem, arrogant, und er hasste politische Ränkespiele sowie Small Talk. Er entwickelte aber einige der bis heute berühmtesten Automobile aus deutscher Produktion.

Carl Borgward wird am 10. November 1890 in Hamburg-Altona geboren. Er stammt aus einfachen Verhältnissen. Sein Vater, ein Kohlenhändler, muss dreizehn Kinder ernähren. Schon als Kind bastelt Borgward aus einem Uhrwerk, einem Zahnradgetriebe und einer Zigarrenkiste ein selbst fahrendes Auto – 25 Jahre bevor die Spielzeugindustrie auf die Idee kommt, Autos mit einer Feder anzutreiben. Nach einer Schlosserlehre studiert Carl Borgward ab 1910 Maschinenbau. Und er arbeitet sich rasch nach oben: 1919 ist er Teilhaber der Bremer Reifen-Industrie-GmbH, eines 20-Mann-Betriebs, der Kühler und Kotflügel für den benachbarten Luxuswagenhersteller Hansa-Werke fertigt.

Um den Materialtransport zwischen Lager und Werkstatt zu erleichtern, kommt Borgward 1924 auf die Idee, einen motorisierten Karren zu bauen. So entsteht Borgwards erstes Automobil – ein offenes Dreirad mit 2,2 PS und einer Ladekapazität von fünf Zentnern: der »Blitz-

BORGWARD – BLITZKARREN UND LEUKOPLASTBOMBER

1970

karren«. Borgwards Teilhaber, der Kaufmann Wilhelm Tecklenborg, verkauft die Lizenz für den Blitzkarren an die Reichspost, die damit die Bremer Briefkästen leert. Der Wagen soll einen neuen Namen bekommen. Mitarbeiter schlagen »Lilliput« vor, aber Borgward denkt längst größer: »Nein, ›Goliath‹ soll er heißen.« Vier Jahre später fährt eine ganze Generation von Gemüsehändlern, Bäckern, Bauern und Handwerkern »Goliath«.

Bald will Borgward mehr, und er ist nicht gerade zimperlich. Mit den Gewinnen kauft er 1929 hinter dem Rücken der Eigentümer die Aktienmehrheit der Hansa-Lloyd-Werke. Deren Pkw-Produktion liegt wegen der Weltwirtschaftskrise danieder. Als er nach der feindlichen Übernahme ins Chefbüro von Hansa-Lloyd marschiert und ihn ein entrüsteter Manager anfährt, was er hier zu suchen habe, soll Borgward barsch geantwortet haben: »Das werden Sie schon sehen!«

Er stoppt den Bau von Luxuswagen und konzentriert sich auf den Bau von Lkw für die Rüstungsindustrie. Carl Borgward expandiert – zu schnell für seinen Partner Wilhelm Tecklenborg. Dem fällt es immer schwerer, Borgwards Launen mit der Finanzkraft der Firma in Einklang zu bringen. »Wer nicht schwindelfrei ist, der sollte nicht auf Berge klettern«, spottet Borgward seinem Partner hinterher, als der 1937 aus der Firma ausscheidet. Mit 47 Jahren ist Carl Borgward Alleininhaber der größten deutschen Autofabrik in Familienbesitz. Jemanden, der ihn beizeiten bremsen würde und auf dessen Rat er hören müsste, duldet er fortan nicht mehr an seiner Seite.

Auch politisch hält sich Borgward nicht mit viel Federlesen auf. 1938, im Jahr der Reichspogromnacht, tritt Borgward der NSDAP bei. Das Geschäft brummt: Die Borgward-Werke beliefern das Nazi-Militär mit Zugmaschinen, Panzern und Torpedos. 1944 sind zwei Drittel der Borgward-Belegschaft Zwangsarbeiter und Kriegsgefangene. Nach Kriegsende internieren die Amerikaner den einstigen »Wehrwirtschaftsführer« Carl Borgward.

Obwohl seine Fabriken in Bremen fast vollständig zerstört sind, baut Borgward sein Unternehmen während der neunmonatigen Internierungshaft, in der er sein erstes Nachkriegsmodell, den Borgward Hansa 1500, entwirft, wieder auf. Dabei profitiert er von seiner treuen Belegschaft, die Maschinen vor der Demontage schützt und die Produktion

BORGWARD – BLITZKARREN UND LEUKOPLASTBOMBER

1970

in notdürftig geflickten Hallen mit Ersatzteilen am Laufen hält. Weil die Alliierten das Zuliefermaterial jeder Produktionsstätte zuteilen, gründet Borgward drei Werke: Borgward, Goliath und Lloyd.

Nach der Währungsreform beginnt das Wirtschaftswunder auch in Bremen. Nur: Die wenigsten Bürger können sich einen fahrbaren Untersatz leisten. Also baut Borgward ihnen 1949 ein Auto, das mit 3300 D-Mark noch günstiger ist als ein Volkswagen. Die Karosse ist aus Sperrholz, der Zweitaktmotor hat 10 PS. Wichtigstes Pannenwerkzeug: eine Rolle Leukoplast. »Wer den Tod nicht scheut, fährt Lloyd«, frotzelt das Volk über den »Leukoplastbomber«. Carl Borgward verkauft trotzdem 350 000 Exemplare.

Der Goliath und der kleine Lloyd bringen Borgward Geld – Renommee erntet er erst mit seiner ersten Limousine. Mit der eleganten »Isabella« schafft Borgward den Einstieg in die Mittelklasse. Optisch ist sie sein Meisterstück. Mitte der fünfziger Jahre geht es längst nicht mehr nur darum, Auto zu fahren, sondern auch darum, Auto zu zeigen. Architekten, Künstler und Freiberufler lieben die Isabella mit ihren 75 PS und der Spitzengeschwindigkeit von 150 Stundenkilometern – besonders das Coupé. Schon 1955 verkauft Borgward über 24 000 Isabellas. Insgesamt sollen es 220 000 in 130 Ländern werden.

Hätte Carl Borgward die Erfolgstypen Isabella und Lloyd behutsam weiterentwickelt, vielleicht würden in seinen Werken heute noch die Bänder laufen. Aber der Mann, der sogar neben seinem Wochenendhaus eine Werkstatt einrichtet, verzettelt sich mit seiner Modellpolitik. Kein Autohersteller der Welt jagt so besessen von Neuheit zu Neuheit wie Carl Borgward. Zwischen 1923 und 1960 kreiert er 63 verschiedene Modelle – fast zwei pro Jahr.

Als Designer leistet er Hervorragendes. Nur hat er niemanden, der ihn daran hindert, jeden Gedanken gleich in Serie zu produzieren. Seine Autos sind oft unausgereift – seine Kunden missbraucht Borgward als Testfahrer. Und er leistet sich in seinen drei Werken zudem den Luxus von drei Einkaufsabteilungen, drei Vertriebsorganisationen und drei Ersatzteillagern. Nicht zu unrecht wird Borgward als Patriarch kritisiert, weil seine Unabhängigkeit oft in Egoismus mündet: So sitzen viele Isabella-Fahrer recht beengt hinterm Lenkrad, weil der nur 1,66 Meter große Borgward das Auto seinen Körpermaßen anpasst.

BORGWARD – BLITZKARREN UND LEUKOPLASTBOMBER

1970

Auch hält der Auto-Cäsar stur am Automatikgetriebe fest. Die Hinweise seiner Konstrukteure, dass die Deutschen lieber schalten, ignoriert Borgward. »Er ließ sich schwer was sagen«, erinnert sich der damalige Leiter der Testabteilung Heinrich Völker.

Dafür hat Borgward ein gutes Gespür für automobile Trends und ist oft der Erste am Markt. 1959, als Konkurrenten wie BMW noch auf Kleinwagen setzen, entwickelt er den P100, den luftgefederten »Großen Borgward«, und gemeinsam mit dem Bremer Konstrukteur Heinrich Focke den dreisitzigen Hubschrauber »Kolibri« für 4 Millionen D-Mark. Er spekuliert darauf, mit Aufträgen der Bundeswehr bedacht zu werden.

Die Presse kritisiert die Prestigeprojekte als zu teuer, denn Borgward baut sie zu einem Zeitpunkt, als er die Kosten aus dem Stammgeschäft längst nicht mehr unter Kontrolle hat: Die Produktzyklen von Isabella und Lloyd neigen sich dem Ende entgegen. Während Borgward immer neue Autos entwickelt, automatisieren die Konkurrenten Opel und Ford die Produktion. Die Typenvielfalt erlaubt es Borgward dagegen nicht, hohe Stückzahlen billiger zu produzieren.

Der Absatzeinbruch in den USA verschärft Borgwards Krise. Die Amerikaner nehmen 1960 nur 6000 der ursprünglich 15 000 bestellten Isabellas ab. Der Exportanteil von 63 Prozent wird zum Bumerang für Borgward. Nun wird deutlich, wie riskant Borgwards Finanzierungen sind: Weil er Banken zutiefst misstraut, finanziert er seine Investitionen, indem er Lieferantenrechnungen erst nach zwei oder drei Monaten begleicht. Bricht der Umsatz ein, fällt diese Methode in sich zusammen. Das Genick bricht ihm schließlich der neue Kleinwagen, die Arabella. Das Auto hat mit zahlreichen Kinderkrankheiten zu kämpfen. Und weil es nicht wasserdicht ist, ist es schnell als »Aquabella« verschrien.

Der kaufmännische Leiter der Lloyd-Werke, Willy Tegtmeier – einer der wenigen, die Borgward noch unverblümt beggnen – versucht, auf die Probleme hinzuweisen. Doch Carl Borgward verweigert ihm das Gespräch. Tegtmeier kündigt mit den Worten: »Ich bin überzeugt, dass Sie eines Tages doch noch die notwendigen Maßnahmen treffen müssen, und ich wünsche Ihnen, dass es dann nicht zu spät sein wird.«

BORGWARD – BLITZKARREN UND LEUKOPLASTBOMBER

Doch es ist längst zu spät: Rund 30 000 Arabellas muss Borgward 1960 zu einem Preis verschachern, der 587 D-Mark unter den Herstellungskosten liegt: ein Verlust von 17 Millionen D-Mark. Dennoch stehen bald 14 025 Autos auf Halde: 28 Millionen D-Mark Verlust. Das reißt ein Loch in die dünne Kapitaldecke. Die Zulieferfirmen fürchten um ihr Geld, denn Reserven hat Borgward keine. Er ist chronisch unterkapitalisiert. Unter seinen Lieferanten ist der Name Borgward längst Synonym für »Borgen und Warten«.

Mit 200 Millionen D-Mark steht er bei den 2200 Gläubigern in der Kreide. Neues Geld muss her: Borgwards Steuerberater Martin Girschner versucht, Borgward zur Gründung einer Aktiengesellschaft zu überreden. Aber der Konstrukteur scheut sich davor, sich Kapitalgebern gegenüber verantworten zu müssen. Doch ohne einen starken Partner kann Borgward nicht überleben. Er verhandelt mit dem Lkw-Hersteller Rheinstahl-Hanomag aus Hannover über eine Fusion. Die Gespräche scheitern zunächst daran, dass Borgward nicht mehr als 49 Prozent aus der Hand geben will – »als Familienunternehmer dachte er an seine Kinder«, sagt seine Tochter Monica, die noch heute in der Villa ihrer Eltern im Bremer Stadtteil Sebaldsbrück lebt. Am Ende lenkt er dennoch ein – die Verhandlungen sollen nach seinem 70. Geburtstag abgeschlossen werden.

Doch nachdem Borgward auf seiner Geburtstagsfeier am 10. November 1960 vor 800 Gratulanten im Bremer Parkhotel das Große Bundesverdienstkreuz mit Stern überreicht wird, bricht er die Verhandlungen mit Hanomag ab. Er wiegt sich wieder in Sicherheit. »Da wurde er groß gefeiert, da ging ihm wieder die Brust«, erinnert sich der frühere Betriebsrat Karl Grobe an die unterkühlte Veranstaltung, auf der die Abneigung der Bremer Politiker gegenüber dem Industriellen für alle spürbar war – nur wohl nicht für Carl Borgward selbst. Der verlässt sich darauf, dass ihn der Senat aus Sorge um Tausende Arbeitsplätze finanziell unterstützen wird. Und die Politik scheint auch mitzuspielen. Als Borgward dem Senat fünf Tage vor Heiligabend 1960 mitteilen muss, Löhne und Gehälter nicht mehr zahlen zu können, werden ihm 30 Millionen D-Mark zugesagt. Die erste Rate erhält er sofort, die zweite im Januar.

Doch die Politiker in Bremen haben das Vertrauen in Borgward ver-

BORGWARD – BLITZKARREN UND LEUKOPLASTBOMBER

1970

loren, spätestens seit der »Spiegel« Borgward in der 13-seitigen Titelgeschichte als »Bastler« abstraft, der zu viele Mitarbeiter, zu viele Modelle und zu viele Werke habe. Außerdem können manche Bremer Politiker Borgward nicht dessen gelegentliche Herablassung vergessen. Dem Wirtschaftssenator Eggers reichte er zur Begrüßung oft nur den kleinen Finger, weil der passionierte Raucher in der Linken Zigarre und Etui und in der Rechten ein Glas hielt. Man duldete den Hamburger in Bremen nur.

Die Borgward vom Senat zugesagte dritte Rate von 10 Millionen D-Mark soll nicht mehr ausgezahlt werden. Als die Presse davon Wind bekommt, beruft der Senat eine Pressekonferenz ein – und Carl Borgward wendet hastig seinen P100. Vier Tage später, am 4. Februar 1961, sitzt der Autofabrikant im »Haus des Reichs«, dem Sitz der bremischen Finanzverwaltung, Wirtschaftssenator Eggers und seinem Gefolge gegenüber. Es geht um sein Lebenswerk. Borgward kämpft um einen letzten Überbrückungskredit, doch der Senat lehnt ab – endgültig. Nach zwölf Stunden zäher Verhandlungen gibt der 70-jährige Borgward auf. Er unterzeichnet die Überschreibung seiner Werke Borgward, Goliath und Lloyd an den Bremer Senat. Borgward sieht dafür keinen Pfennig.

Der Senat gründet eine Auffanggesellschaft. Ihr Chef wird ausgerechnet Johannes Semler, zugleich Aufsichtsratschef beim Borgward-Konkurrenten BMW. In fünf Monaten versenkt er weitere 50 Millionen D-Mark. Im Juli 1961 beträgt der Verlust 34 Millionen D-Mark: Die Borgward-Werke sind pleite. 17 000 Mitarbeitern wird gekündigt – mitten in der Wirtschaftswunderzeit.

Kurz zuvor hat Borgward noch selbst von einer Rettung geträumt. Die »British Motor Corporation« prüft einen Einstieg, doch am 5. Juli sagt sie endgültig ab. Danach erlebt Carl Borgward das Sterben seiner einst so stolzen Firma nur noch aus der Ferne. Dass fünf Jahre später sämtliche Gläubiger auf Heller und Pfennig ausbezahlt werden, erfährt er nicht mehr. Borgward stirbt am 28. Juli 1963.

Marcus Pfeil

1971

Bretton Woods – Angriff auf Fort Knox

Als Amerika 1971 das Gold auszugehen droht, schafft Präsident Richard Nixon das Weltwährungssystem von Bretton Woods ab. Die deutsche Wirtschaft passt sich erstaunlich schnell an.

Am 16. August 1971 bleiben in Frankfurt und in anderen Finanzzentren die Devisenbörsen geschlossen. Bundeswirtschafts- und Finanzminister Karl Schiller bricht eine Ostblockreise ab und kehrt nach Bonn zurück. Der Internationale Währungsfonds (IWF) kommt in Washington zu einer kurzfristig anberaumten Krisensitzung zusammen. Der Grund: US-Präsident Richard Nixon war vor die Kameras getreten und hatte die Welt mit der Ankündigung überrascht, die Einlösegarantie von US-Dollar gegen Gold mit sofortiger Wirkung aufzuheben.

Es war der Anfang vom Ende des Festkurssystems von Bretton

Konferenz von Bretton Woods 1944. Von links: J. L. Ilsley (Finanzminister von Kanada), Henry Morgenthau jr. (US-Finanzminister), und M. S. Stepanov (Volkskommissar für Außenhandel der UdSSR)

1971

Woods. Es folgten 19 Monate aufgeregter Währungsdiplomatie, ehe die Devisenmärkte am 1. März 1973 nach massiver Kapitalflucht in die D-Mark und den Schweizer Franken für 18 Tage geschlossen wurden und der US-Dollar seinen Status als Leitwährung für die gesamte westliche Welt einbüßte. Nur die Banken konnten unter sich und ohne Kursbindung tauschen. Als die Devisenmärkte am 19. März 1973 wieder öffnen, ist das Währungssystem von Bretton Woods Geschichte.

Doch auf Alt folgt Neu: Der Wechselkurs D-Mark zu Dollar darf sich fortan mehr oder weniger frei am Markt bilden. Zugleich schlägt die Geburtsstunde der europäischen Währungsschlange, einer Vorstufe des Europäischen Währungssystems, das später in den Euro mündet. Der Währungsschlange lag eine Vereinbarung zwischen ursprünglich sechs Zentralbanken zu Grunde, die Wechselkursschwankungen der teilnehmenden Währungen untereinander in Grenzen zu halten.

Die eineinhalb Jahre, die seit der Aufkündigung der Goldeinlösegarantie vergangen sind, haben gereicht, die Deutschen auf die neue Ära vorzubereiten. Die Aufregung hält sich zunächst in Grenzen. Das gilt selbst für die Devisenmärkte, als diese nach der Schließung 1973 wieder den Betrieb aufnehmen. Die Umsätze sind nicht außergewöhnlich hoch, der Dollar sinkt gegenüber Anfang März um gerade einmal drei Pfennig oder gut ein Prozent auf 2,815 D-Mark.

Im August 1971, nach dem »Nixon-Schock«, hatte man zunächst Schlimmeres befürchtet. Carl-Ludwig Holtfrerich ist seinerzeit gerade einen Monat Referent in der Außenhandelsabteilung des Bundesverbandes der Deutschen Industrie. »Die Industriellen waren in heller Aufregung«, erinnert er sich heute. Nach 27 Jahren Festkurssystem befürchten viele einen Rückfall in Abwertungswettläufe und Protektionismus. Nicht ohne Grund, war doch Bretton Woods gerade die Antwort auf die Erfahrung der großen Depression und ihrer politischen Folgen gewesen.

Der Hauptarchitekt von Bretton Woods, der amerikanische Unterhändler Harry Dexter White, hatte es so beschrieben: »Das Fehlen eines hohen Grades an wirtschaftlicher Zusammenarbeit der führenden Nationen wird unweigerlich in ökonomischer Kriegsführung enden, die Vorspiel und Anstifter für militärische Kriegsführung sein wird.« Erst der Wunsch, solche Erfahrungen nicht noch mal machen zu müssen,

1971

hatte die Kooperationsbereitschaft gebracht, die es ermöglichte, dass sich 44 Länder am Ende des Zweiten Weltkriegs einem gemeinsamen Regelwerk unterwarfen.

Sollte nun Anfang der siebziger Jahre Whites düstere Vorhersage doch noch wahr werden? Die USA gaben der Welt durchaus Anlass zu dieser Sorge, verkündete doch Präsident Nixon gleichzeitig mit dem Ende der Goldeinlösegarantie einen 10-prozentigen Zusatzzoll auf Einfuhren. In einer Stellungnahme des Deutschen Industrie-Instituts, des Vorläufers des Instituts der deutschen Wirtschaft, hieß es apokalyptisch: »Das bedeutet den Ruin des Amerika-Exports.«

Die damalige Unternehmer- und Bankiersgeneration kannte nur Depression, Protektion, Weltkrieg und als bis dahin einzige Alternative – Bretton Woods. Kein Wunder, dass man sich große Sorgen machte. Und doch versuchte Holtfrerich, heute Professor für Volkswirtschaft und Wirtschaftsgeschichte an der FU Berlin, die Industriellen zu beruhigen. »Ich stellte heraus, dass das Ende des Festkurssystems auch Vorteile haben würde, dass staatliche Dirigismen wie zum Beispiel Devisenbewirtschaftung unnötig würden.«

Der Ökonom sollte recht behalten. Deutschlands Wirtschaft entging dem Ruin und setzte ihre Export-Erfolgsgeschichte ungeschmälert fort. Und das, obwohl es nach dem Ende von Bretton Woods zu enormen Wechselkursschwankungen kam, wie sie sich damals in den schlimmsten Schreckensszenarien nur wenige ausgemalt hatten. Der Dollar-Kurs, der Anfang 1971 noch bei 3,63 D-Mark gestanden hatte, sank bis 1982 auf 1,72 D-Mark, um dann in nur drei Jahren wieder auf das Doppelte zu steigen und bis 1995 wieder auf 1,35 D-Mark zurückzufallen. Das lief nicht ohne Schmerzen für die deutschen Exporteure ab, aber insgesamt kommt die deutsche Wirtschaft bemerkenswert gut ohne Bretton Woods zurecht.

Seinen Namen verdankt das System einer Kleinstadt im US-Bundesstaat New Hampshire, wo 1944 in den ersten drei Juli-Wochen 760 Delegierte aus 44 Nationen das erste zwischen souveränen Staaten ausgehandelte Weltwährungssystem festklopfen. Wirklich verhandelt wird allerdings nur zwischen den Abgesandten Großbritanniens und den USA, zwischen der alten und der neuen Weltmacht. Der Kampf ist ein ungleicher: Das vom Krieg verwüstete Großbritannien ist von ameri-

1971

kanischen Krediten abhängig. Der Plan, den der britische Unterhändler John Maynard Keynes vorlegt, sieht vor, dass im Falle größerer Außenhandelsungleichgewichte sowohl die Überschussländer als auch die Defizitländer ihre Politik ändern müssen. Notfalls würden die Defizitländer zu protektionistischen Maßnahmen gegenüber den Überschussländern ermächtigt, um etwa eine Aufwertung ihrer Währung zu erzwingen. Eine internationale Zentralbank soll dafür sorgen, dass genügend Liquidität vorhanden ist.

Für die Vereinigten Staaten, die absehbar hohe Überschüsse erzielen würden, ist das nicht attraktiv. Sie setzen den White-Plan durch, der die Anpassungslast allein den Defizitländern auferlegt. Der Internationale Währungsfonds erhält die Aufgabe, für die Anpassung zu sorgen. Länder, die Devisenkredite in Anspruch nehmen müssen, werden unter IWF-Aufsicht gestellt und sind gehalten, durch striktes Sparen die Defizite zu reduzieren. Seiner Grundphilosophie bleibt der IWF auch noch Jahrzehnte nach dem Ende von Bretton Woods treu, und auch am dominanten Einfluss der USA hat sich bis heute wenig geändert.

Die Aufgabe der Versorgung mit Liquidität übernehmen die USA. Die US-Regierung garantiert, Dollar zum Kurs von 35 Dollar je Feinunze in Gold umzutauschen. Das ist der Anker des Systems. Für die anderen Währungen wird ein Referenzpreis für Gold festgelegt, im Kern handelt es sich aber um feste Austauschverhältnisse zum Dollar.

Zunächst ist die Liquiditätsbereitstellung keine leichte Aufgabe für die USA. In den Nachkriegsjahren herrscht akute Dollar-Knappheit. Amerika hat einen hohen und wachsenden Überschuss im Außenhandel aufzuweisen, sodass die Dollar- und Goldreserven in der übrigen Welt schrumpfen. Abhilfe schafft der Marshallplan, in dessen Folge die Vereinigten Staaten 16 europäischen Ländern ab 1949 über 13 Milliarden Dollar bereitstellen – mit dem Ziel, den Einfluss der Sowjetunion in Europa einzudämmen. Das System funktioniert lange gut, weil jeder das bekommt, was er am meisten braucht: Die USA erhalten politische Dominanz, die Europäer die Chance, sich zu entwickeln.

Die Deutschen nutzen diese Chance in Europa am besten. Wirtschaftshistoriker Holtfrerich führt den deutschen Erfolg auf eine bewusste Strategie der Bank Deutscher Länder zurück, des Vorläufers der Bundesbank. Unter dem Motto »Wir müssen stabiler sein als die anderen« habe deren erster Direktoriumspräsident Wilhelm Vocke die Strategie der realen Abwertung verfochten. Denn: Wenn die Wechselkurse sich nicht ändern, gewinnt das Land, das die niedrigste Inflationsrate hat, laufend an Wettbewerbsfähigkeit.

In den sechziger Jahren aber wird aus der Dollar-Knappheit eine Dollar-Flut, und die Interessen der USA und ihrer Alliierten driften immer weiter auseinander. Europa und Japan holen wirtschaftlich auf. Entsprechend schrumpft nicht nur die wirtschaftliche Dominanz der USA, sondern auch ihr Handelsbilanzüberschuss. Kurz vor dem Ende von Bretton Woods kehrt es sich sogar zu einem Defizit um.

Gleichzeitig gewährleisten die USA den verbündeten Staaten weiterhin hohe finanzielle Hilfen. Die auf diese Weise in die Welt gepumpten Dollar sind von den schwindenden Goldreserven der Vereinigten Staaten irgendwann nur noch zu Bruchteilen gedeckt. Während die Bundesbank auf die Ausübung ihres Rechts verzichtet, ihre Dollar in Gold einzutauschen, zeigte Frankreich diese Zurückhaltung nicht – und Amerika muss handeln, ehe Fort Knox leer ist. Also kündigt Präsident Nixon die Goldeinlösegarantie auf.

»Hätten sie das System beibehalten wollen, hätten die USA ihre Finanzpolitik ändern müssen, dazu waren sie aber nicht bereit«, beschreibt Wirtschaftshistoriker Holtfrerich die Gründe des Scheiterns. Ironischerweise wenden die USA, zum Defizitland geworden, de facto nun den Keynes-Plan an, den sie bei der Gründung von Bretton Woods noch abgeschmettert haben. Mit der 10-prozentigen Einfuhrabgabe zwingt das Defizitland die übrigen Länder an den Verhandlungstisch. Als diese dann in eine Aufwertung gegenüber dem Dollar in durchschnittlich gleicher Größenordnung eingewilligt haben, wird die Einfuhrabgabe wieder gestrichen.

Die Zeiten ändern sich, die Rezepte bleiben dieselben: Warum soll das, was damals gegenüber dem Rest der westlichen Welt funktionierte, nicht auch gegenüber China funktionieren?, denkt mancher in Washington heute. Und so droht der amerikanische Kongress dem wichtigsten Handelspartner auch gegenwärtig wieder drakonische Einfuhrzölle an, um ihn zu einer Währungsaufwertung zu zwingen und das eigene Handelsdefizit zu reduzieren.

Norbert Häring

1972

SAP –
Langsam, aber gewaltig

Anfang April 1972 startet in einem Zweckbau in Mannheim eine kleine Firma: SAP. Die größte Unternehmensgründung seit 1949 geht auf eine Fehleinschätzung von IBM zurück.

Das Geschäftshaus mit der Adresse O 7,12 liegt direkt in den »Planken« der Mannheimer Fußgängerzone. Zwei Stockwerke sind gerade entkernt worden: Die aufgerissene Fassade gibt den Blick frei auf das Skelett aus Stahlträgern und Beton. Die Mieter – ein Zahnarzt, ein Finanzdienstleister und ein Institut für »praktische Psychologie« – sind in der Nachbarschaft untergekommen, gleich über H&M.

Schon Anfang April 1972 ist der viergeschossige Flachdachbau mit der kryptischen Adresse sicher kein Schmuckstück. Doch für fünf

Die Gründer von SAP. Von links: Klaus Tschira, Hasso Plattner, Dietmar Hopp und Hans-Werner Hector

1972

frischgebackene Ex-Mitarbeiter der damals in Fußnähe residierenden Mannheimer Niederlassung des amerikanischen Computerkonzerns IBM reicht er aus, um ihr erstes eigenes Büro zu beherbergen.

Deshalb gehörte der Betonkasten gegenüber von Fielmann und McDonald's eigentlich unter Denkmalschutz gestellt. Denn aus ihm wächst heran, was zur größten Unternehmensgründung in Deutschland nach 1949 werden sollte. Am 1. April 1972 gründen fünf Computerexperten hier ihre Firma mit dem nüchternen Namen »Systemanalyse und Programmentwicklung«, kurz: SAP.

Ihre Gründer macht SAP – wenn auch in unterschiedlichem Maße – reich. 39 300 Jobs schafft das Unternehmen weltweit, es erwirtschaftet im Jahr 2006 einen Umsatz von 9,4 Milliarden Euro. Die Erfolgsgeschichte hat viele Dimensionen: Für Mannheim wird sie zu einem Ärgernis. IBM steht gleich zweimal unfreiwillig Pate für SAPs Aufschwung. Und der Fußballbundesliga droht wegen SAP gar eine Revolution. Aber der Reihe nach.

»Wir hatten in diesem Gebäude eine Hand voll Zimmerchen gemietet«, erinnert sich Dietmar Hopp, einer der Gründer von SAP – jedoch nur pro forma. »Hauptsächlich saß in Mannheim eine Sekretärin, damit jemand ans Telefon ging«, sagt er. »Wir waren ja bei den Kunden und entwickelten dort Software.« »Wir«, das sind neben Hopp die anderen vier Gründer Hasso Plattner, Klaus Tschira, Hans-Werner Hector und Claus Wellenreuther.

Den Anstoß zu ihrem Erfolg verdanken sie dem Unvermögen ihres Arbeitgebers, der »International Business Machines Corporation« – kurz: IBM. Anfang der siebziger Jahre sind Computer noch schrankgroß mit vielen Schaltern und Knöpfen. Weltweit die meisten baut der US-Konzern. Bedient werden solche Großrechner von »Operatoren«. Sie erledigen die »Stapelverarbeitung«, indem sie eine Folge von Programmen in eine sinnvolle Reihenfolge bringen, die der Computer dann abarbeitet. Die Eingabe von Daten und Befehlen über einen Bildschirm gibt es damals noch nicht. IBM liefert damals nicht nur die Hardware, sondern programmiert auch für Firmenkunden maßgeschneiderte Software, die etwa Abläufe der Lohnabrechnung oder Buchhaltung automatisiert.

Dietmar Hopp und sein Assistent Hasso Plattner sind Kunden-

1972

betreuer in der IBM-Niederlassung in Mannheim und betreuen unter anderem eine Faserfabrik des US-Chemieriesen ICI in Östringen südlich von Heidelberg. Dort programmiert IBM ein System für die Auftragsabwicklung – per Stapelverarbeitung. »Doch dann haben wir ICI vorgeschlagen, dass sich die Aufgabe mit Bildschirmen viel eleganter lösen lassen könnte«, erinnert sich Hopp. ICI willigt ein, und IBM entwickelt ein Auftragsabwicklungssystem mit Bildschirm – ein Renner. »Das hat am Markt für Furore gesorgt, und viele andere Kunden von IBM wollten das auch haben«, sagt Hopp.

Zunächst denken Hopp und Plattner noch wie Angestellte und nicht wie Unternehmer. »Wir wollten unsere Idee einer Standardsoftware weiter voranbringen, denn uns war klar, dass Buchhaltung in jedem Unternehmen gleich abläuft«, sagt Hopp. »Wir wären aber bereit gewesen, das innerhalb der IBM zu entwickeln.« Doch dann passiert, was in Konzernen immer wieder passiert: Wegen eines Kompetenzgerangels mit der Zentrale will die IBM-Niederlassung in Mannheim ihre genialen Entwickler nicht einfach gewähren lassen. Und bei Hopp und Plattner steigt der Frust. Ein Markt entsteht, aber IBM schläft.

Parallel dazu möchte ICI die bildschirmgestützte Computer-Lösung auch in den Bereichen Einkauf, Bestandsführung und Rechnungsprüfung einführen. Hopp und Plattner erkennen ihre Chance: Sie beschließen, ICI das Geforderte zu liefern, und wollen gleichzeitig vereinbaren, die entstandenen Programme mit einer eigenen Firma weiter vertreiben zu dürfen. Die beiden holen ihre IBM-Kollegen Tschira, Hector und Wellenreuther an Bord. Wellenreuther ist Spezialist für Rechnungswesen und hat IBM schon sechs Monate vor der Gründung von SAP verlassen – mit seiner eigenen Idee: Er will eine Standardfinanzbuchhaltung per Stapelverarbeitung programmieren.

Mit dem ersten Auftrag in der Tasche startet SAP 1972 als simple Gesellschaft bürgerlichen Rechts. Die GbR ist eine Rechtsform, die einem ernsthaften Unternehmen kaum angemessen ist, geschweige denn bei einer Bank für Kreditwürdigkeit sorgt. »Aber wir hätten ohnehin kein Geld gekriegt«, ist sich Dietmar Hopp sicher. SAP wird mit Eigenkapital gegründet. Schon ein knappes Jahr später ist der Auftrag der ICI erledigt. Das erste Geschäftsjahr schließt mit einem Umsatz von 620 000 D-Mark – und einem kleinen Gewinn.

Es gibt zwar weitere Aufträge, aber der Senkrechtstarter, zu dem SAP oft gemacht wird, ist die Firma nicht. Fünf Jahre nach der Gründung ist SAP noch immer eher eine »Softwareklitsche« mit 25 Mitarbeitern und 3,8 Millionen D-Mark Umsatz. Ein Grund: Die Gründer konzentrieren sich mehr auf die Entwicklung als auf den Vertrieb. »Im ersten Halbjahr 1975 bekamen wir nicht einen einzigen neuen Auftrag«, erzählt Hopp, der den Softwarekonzern von 1988 bis 1997 als Vorstandschef führte. »Damals hätten wir eigentlich nervös werden sollen, aber wir waren einfach zu beschäftigt, die bestehenden Aufträge abzuarbeiten.«

Dafür läuft es im zweiten Halbjahr 1975 besser, und Hopp bemüht sich bei der Stadt Mannheim um neue Büroräume. Selbst für die überschaubare Mitarbeiterzahl sind die Büros in der Fußgängerzone inzwischen zu eng geworden. »Doch bei der Stadt Mannheim war man nicht sonderlich interessiert«, sagt Hopp heute. Auch bei der Suche nach einem Baugrundstück stellen sich die Behörden taub – ein historischer Fehler, den die Stadtväter angesichts der entgangenen Steuerzahlungen wahrscheinlich schon öfter bedauert haben.

Denn fündig wird Hopp im nahe gelegenen Walldorf, seinem Wohnort, dem er bis heute treu geblieben ist. Die Gemeinde stellt SAP ein Baugrundstück am Ortsrand in Aussicht und bringt das junge Unternehmen 1977 einstweilen auf einer Etage der örtlichen Sparkasse unter. »Das war im Vergleich zu unseren Mannheimer Büros eine riesige Fläche mit Besprechungsräumen, in denen wir Kunden empfangen konnten«, sagt Hopp. Rund um die Welt jetten wie heute müssen die Softwareingenieure aus Walldorf damals noch nicht. Die meisten Kunden von SAP kommen aus der Region Mannheim-Heidelberg. 1979 beginnt der Bau des ersten eigenen Gebäudes in Walldorf.

Für den Durchbruch auf dem Weg zum Weltkonzern sorgt im selben Jahr wieder Ex-Arbeitgeber IBM. Im Januar 1979 bringt »Big Blue« neue Großrechner auf den Markt: Die Rechenkünstler vom Typ 4300 sind viermal schneller als die bis dahin leistungsstärksten Computer. Und vor allem ist die 4300-Serie nur ein Viertel so teuer. SAP hatte die richtige Software für die neue Hardware: das Programm R/2, mit dem sich viele betriebliche Abläufe abbilden lassen. Nur ein Jahr später ist die Hälfte der hundert größten deutschen Industrieunternehmen SAP-Kunde.

1972

Die badische Softwareschmiede beginnt zu wachsen. 1986 nimmt SAP die Hürde von 100 Millionen D-Mark Umsatz. Beim Börsengang 1988 hat das Unternehmen weniger als 1000 Mitarbeiter. Heute beschäftigt SAP alleine in Walldorf und im nahen St. Leon-Rot mehr als 10 000 Menschen. Knapp 80 Prozent des Konzernumsatzes von 2006 – Gewinn: knapp 1,5 Milliarden Euro – stammen aus dem Ausland. Entgegen allen Unkenrufen, die Entwicklung des Internets in den neunziger Jahren verschlafen zu haben, ist SAP nach Microsoft, IBM und seinem amerikanischen Erzrivalen Oracle das viertgrößte Softwareunternehmen der Welt und Marktführer für Unternehmenssoftware.

»Wir hatten einfach zur richtigen Zeit die richtige Idee«, sagt Dietmar Hopp heute. Aber er dämpft zugleich die Hoffnung auf neue Gründergeschichten nach dem Vorbild von SAP. »Was heute oft vergessen wird, ist, dass wir Zeit hatten, uns zu entwickeln«, sagt der Mann, den seine Idee zum Milliardär gemacht hat. »Wir hatten unseren Fleiß, unsere Arbeitskraft und unseren Willen. Und das hat in den siebziger Jahren noch genügt.« Heute reiche das nicht mehr: »Junge Unternehmen in der Softwarebranche werden von Anfang an gejagt und müssen sich mit Venture-Capital-Fonds herumschlagen und Investoren Zahlen und Reports liefern, anstatt sich ums Geschäft zu kümmern«, kritisiert Hopp, der selbst als Risikokapitalgeber an vielen jungen Firmen beteiligt ist. »Wäre es uns in den siebziger Jahren ähnlich gegangen, wäre das auch nicht gut gegangen«, glaubt der SAP-Gründer.

Neue Zeiten sind angebrochen, auch bei SAP. Mit Hasso Plattner scheidet 2003 der letzte Gründer aus dem Vorstand aus und wechselt in den Aufsichtsratsvorsitz über. Mit Plattner, sagt Hopp, spiele er von Zeit zu Zeit Golf. Denn Sport ist Dietmar Hopps Leidenschaft. Derzeit arbeitet er daran, Heidelberg in die Fußballbundesliga zu bringen. Ein Stadion will er bauen und eine Mannschaft fördern, die es mit den ganz Großen ihrer Branche aufnehmen kann. Läuft es gut, könnte der neue Superclub TSG Hoffenheim in etwa zwanzig Jahren in der Champions League spielen. Die Zeit, die SAP zu seinem Aufstieg brauchte, soll Heidelberg eben auch bekommen.

Thomas Nonnast

1973

Ölkrise –
Die fetten Jahre sind vorbei

Autofrei dabei: Im November 1973 erreicht die Ölkrise auch die Deutschen – und sie beendet ein für alle Mal die goldenen Zeiten des Wirtschaftswunders.

Ein Bild wie aus längst vergangener Zeit: Berlins Kinder lärmen mit ihren Rollschuhen auf dem Kurfürstendamm, in den Altstädten dampfen Brauereipferde in ungemütlicher Novemberkälte. Ganze Familien bummeln über Schnellstraßen und Autobahnen. »Dabei zeigen sie erstaunte Gesichter wie bei der Weihnachtsbescherung. So schön, so beruhigend, so anheimelnd«, schwärmen Reporter des »Westdeutschen Rundfunks«. Bussarde kreuzen in nur einem Meter Höhe die Fahrbahnen.

Trügerische Idylle am Totensonntag 1973 – dem ersten von vier autofreien Sonntagen in Deutschland. Niemand ohne Ausnahmegenehmigung, wie sie zum Beispiel Dienst habende Polizisten, Notärzte, Reporter oder Blumenhändler erhalten hatten, darf sich hinters Lenkrad

Autofahrerin während der Ölkrise 1973 am autofreien Sonntag

ÖLKRISE – DIE FETTEN JAHRE SIND VORBEI

1973

setzen. Auf Grundlage des neuen Energiesicherungsgesetzes hatte FDP-Wirtschaftsminister Hans Friderichs den Deutschen Fahrverbot am Sonntag verordnet. Für alle anderen Tage gilt ein Tempolimit von 100 Stundenkilometern auf den Autobahnen.

Allzu lange haben die Europäer geglaubt, die mächtigen Ölgesellschaften würden schon dafür Sorge tragen, dass ihr wertvoller Rohstoff immer billig und ungefährdet zur Verfügung stehe. Doch als der vierte Nahost-Krieg ausbricht, drehen die arabischen Staaten den westlichen Freunden Israels ganz oder teilweise den Ölhahn zu. Diese »Waffe erzeugt ihre Wirkung schon durch die bloße Vorstellung der Wirkung, die sie erzeugen könnte«, kommentiert die »Neue Zürcher Zeitung«. So ist es.

Die industrialisierte Welt bangt um ihren Wohlstand. Autofreie Straßen, ein Land im Stillstand – lange hatten die Regierenden in Bonn gezögert, solche Bilder per Gesetz heraufzubeschwören. Tatsächlich werden die leeren Straßen zur Symbolik eines Epochenwandels. Die Zeit des Wirtschaftswunders ist vorbei. Was folgt, sind Ölkrise, Inflation, Arbeitslosigkeit. In den Niederlanden warnen nach mehreren autofreien Sonntagen Psychologen sogar vor einer Ära von Familienkrächen, Nachbarschaftsfehden und Aggressionsdelikten. So weit ist es in Deutschland noch nicht. Als ihr Lieblingsspielzeug am ersten Sonntag in der Garage bleiben muss, reagieren ausgerechnet die weltweit als Schwarzseher gescholtenen Deutschen erstaunlich gelassen.

»Für die meisten war das einfach ein ungewohnter Spaß, ein Gefühl von Freiheit«, erinnert sich Walter Hülshoff heute. Damals war er 34 Jahre alt, Prokurist und später Vorstandschef der Rheinbahn in Düsseldorf. Wie viele andere Menschen flaniert Hülshoff am 25. November 1973 genüsslich über sonst stark befahrene Straßen. Weder Bilder von gestressten Busfahrern noch von genervten Fahrgästen sind in seinem Gedächtnis haften geblieben. »Chaos gab es nicht«, sagt er. Die friedliche Atmosphäre war trügerisch. Sie stand im Gegensatz zu den bangen Gefühlen, die die Menschen seit Wochen plagten. Tiefschwarze Lettern in den Zeitungen verkündeten jeden Tag Hiobsbotschaften: »Energiekrise« (»Handelsblatt«), »Ölangst« (»Spiegel«), »Europa unter Druck« (»Zeit«), »Es wird ernst« (»Stern«).

Was war passiert? Ein Überraschungsangriff markiert den Beginn der Ereignisse. Am 6. Oktober 1973, dem heiligen Versöhnungsfest der Juden (Jom Kippur), greifen ägyptische und syrische Truppen Israel an. Am Abend in der »Tagesschau« erfahren auch die Deutschen, dass auf der Halbinsel Sinai und den Golan-Höhen geschossen wird. »Das Heulen der Sirenen unterbrach um zwei Uhr die Feiertagsruhe. Wir erstarrten vor Schreck«, erinnert sich Lea Rabin, Ehefrau des späteren israelischen Ministerpräsidenten Yitzhak Rabin, in ihren Memoiren.

Die kriegerischen Auseinandersetzungen enden auf Drängen der Großmächte bereits Ende Oktober mit einem Waffenstillstand, kontrolliert von Friedenstruppen der Vereinten Nationen. Die Angreifer Ägypten und Syrien sind geschlagen. Die arabischen Länder bringen allerdings eine höchst wirkungsvolle Waffe zum Einsatz: Um ein Viertel wollen sie ihre Ölförderung drosseln, die Rohölpreise sollen dagegen um ein Fünftel steigen. Gegen die klar pro-israelisch positionierten USA und die Niederlande verhängen sie ein Ölembargo, was die Lieferengpässe beim Rohöl in vielen weiteren Ländern verschärft. Schließlich ist der Hafen von Rotterdam die wichtigste Drehscheibe im europäischen Ölgeschäft.

Unter den westlichen Industrieländern ist Japan am stärksten von Ölimporten abhängig. Der Boykott trifft das Land in voller Härte. In Tokio und Osaka verteilen Supermärkte Eintrittskarten, um sich des Kundenansturms zu erwehren. »Hausfrauen stehen Schlange. Waschpulver, Seife, Zucker und Salz geben Händler nur noch in kleinen Mengen ab«, beschreibt ein Zeitzeuge.

Auch die Deutschen bekommen die politische Großwetterlage zu spüren. »Seit dem Wochenende kostet an vielen Tankstellen der Liter Normalbenzin oder Super ein bis zwei Pfennig mehr. Auch beim Heizöl bewegen sich die Preise nach oben«, berichtet das »Handelsblatt« Anfang November. Die Preisspirale auf dem Mineralölmarkt gerät in Bewegung. In kürzester Zeit steigt der Literpreis um 36 Prozent. Kein Wunder, dass ein Geschenk unter kaum einem deutschen Weihnachtsbaum fehlt: der verschließbare Tankdeckel. Völlig grundlos sorgen sich die Bürger tatsächlich nicht. Bei Deutschlands Toxikologen häufen sich Anfragen von Apothekern: Was sollen sie Kunden mit Vergiftungen raten, die offensichtlich beim Klauen von Benzin am Schlauch genuckelt haben?

ÖLKRISE – DIE FETTEN JAHRE SIND VORBEI

1973 Sorgenvoller als bizarre Geschichten dieser Art stimmen Regierungspolitiker um SPD-Kanzler Willy Brandt die Auswirkungen der Energiekrise auf die Industrie. Der »Stern« berichtet über den Ort Bracht am Niederrhein, wo Heinz Dierichs als Schichtleiter einer Kunststofffabrik arbeitet. Mit einem Mal steht der Chef in der Tür und fordert: »Dreht die Maschinen runter!« Er fürchtet, dass der Rohstoffnachschub stockt. Ohne Öl läuft nichts in der deutschen Wirtschaft. Nirgendwo.

Die chemische Industrie gehört zu den Spitzenreitern beim industriellen Heizölverbrauch. Bayer-Chef Kurt Hansen prophezeit »fünf dreckige Jahre«. Mit fast fünf Millionen Tonnen und über 15 Prozent des gesamten industriellen Heizöls benötigt nur die Baustoffbranche wie Zement- und Ziegelhersteller noch mehr von dem kostbaren, knappen Rohstoff. Auf Platz drei folgen die Eisen- und Stahlproduzenten. Und noch eine Branche nimmt Abschied vom Wirtschaftswunder: die Automobilhersteller. Nach gutem Jahresstart bricht die Nachfrage auf dem heimischen Markt im dritten Quartal 1973 massiv ein. Nur der Absatz im Ausland kann die Talfahrt von Mercedes, Volkswagen, BMW & Co. bremsen.

Für Werner Breitschwerdt, in den siebziger Jahren Pkw-Entwicklungschef von Daimler-Benz und später Vorstandsvorsitzender, ist die Ölkrise noch lange kein Grund, die Nerven zu verlieren. »Da muss ich nicht lange nachdenken, was ich am autofreien Sonntag getan habe«, erinnert er sich. Der Ingenieur bearbeitet ungerührt seine Büropost – wie jeden Sonntag. Kein Wunder, dass Zeitzeugen den passionierten Automann gerne mit dem Attribut »unaufgeregt« charakterisieren. Wen so viel Gelassenheit verwundert, dem erklärt es Werner Breitschwerdt gerne genauer: Das alles sei im eigentlichen Sinne »keine Ölkrise«, sondern nur eine »Ölpreiskrise« gewesen. Die Betonung liegt auf der mittleren Silbe »Preis«. Ein wenig ärgerlich sei das schon gewesen. Aber schlimm? »Nein, das nicht.«

Ganz ohne Schrammen kommt auch Daimler-Benz nicht durch die Siebziger. Als Hersteller hochklassiger Wagen behauptet sich »der Stern« aber besser als viele Konkurrenten. Seine Kunden sind weniger preisempfindlich, haben ihre Autos oft Jahre im Voraus bestellt. Etwa 60 Prozent aller Verkäufe sind Dienstfahrzeuge – ein luxuriöses Auf-

1973

tragspolster. Hinzu kommt unverhoffter Beistand: David Rockefeller, Chef der Chase Manhattan Bank. Der bekannteste Banker Amerikas bestellt bei Daimler eine S-Klasse mit Dieselmotor – ein Glücksfall. Was der Banker kauft, liegt im Trend und animiert viele Amerikaner zur Nachahmung.

Bedauerlich ist nur, dass die Amerikaner auch auf den Banker hören, als der in düsteren Prognosen über »Stagflation« spricht: steigende Preise, stagnierende Wirtschaft, zunehmende Arbeitslosigkeit. Im November 1973 erleidet die New York Stock Exchange ihren größten Kurssturz seit elf Jahren. Kurz darauf rutschen die deutschen Börsenwerte auf einen Tiefpunkt, ziehen Autowerte wie Daimler oder BMW mit sich.

Wer heute im niederbayerischen Dingolfing über das riesige Areal zwischen den Flachbauhallen des Presswerks, dem Karosseriebau und der Montagehalle geht, wird nicht vermuten, wie umstritten das hochmoderne Werk zu Beginn war. Seit Anfang der 70er hatte BMW-Chef Eberhard von Kuenheim in nur drei Jahren ein neues Werk auf dem Gelände der ehemaligen Hans Glas GmbH bauen lassen. BMW hatte den Produzenten des 400 Kilogramm leichten »Goggomobils« Anfang 1967 übernommen. Just als in Europa die Benzinpreise nach oben schossen, rollte nun der erste BMW vom Band.

»Als wir 1973 – mitten in der Ölkrise – in Deutschland ein neues Werk eröffneten, war die Skepsis groß«, erinnert sich von Kuenheim. »Viele Kritiker sprachen von einer klaren Fehlentscheidung und glaubten ernsthaft, dass dies wohl das letzte Werk sei, das jemals in Europa eröffnet werde.« Auch ein ehemaliger Mitarbeiter hat die Werkseröffnung noch genau vor Augen: »Riesig war der Pressetross, der natürlich mit dem Zug angereist war.« Viele Reporter prophezeiten dem BMW-Chef beruflichen Selbstmord, glaubten an seine letzte Amtshandlung. Doch von Kuenheim sollte noch zwanzig weitere Jahre lang – und mit großem Erfolg – die Geschicke des Konzerns leiten. Was er wie seine Kollegen dennoch nicht verhindern kann, sind die Folgen der Ölkrise: Konzerne wie Opel, VW, Ford, Daimler und BMW müssen in einzelnen Teilbereichen die Notbremse ziehen und führen Kurzarbeit ein.

Mit der Stabilität der deutschen Wirtschaft ist es endgültig vorbei. Von 1973 bis 1974 steigt der Preis für ein Barrel Erdöl trotz Dollarab-

1973 wertung um 172,2 Prozent. Die Bundesrepublik muss 1974 für ihre Ölimporte knapp 23 Milliarden D-Mark ausgeben – 152,7 Prozent mehr als 1973. Dem Fiskus fehlen Riesensummen, die eigentlich für Reformen eingeplant waren. Experten wie IWF-Ökonom Benjamin Hunt gehen heute dennoch davon aus, dass nicht allein der Ölpreis an allem schuld war. Auch wie sich Verbraucher und die Notenbank verhielten, falle ins Gewicht. Was zählt, ist auch die Entwicklung der Löhne: So ruft 1974 die mächtige Gewerkschaft ÖTV, ein Vorläufer von Verdi, zum Streik auf und lässt die Muskeln ordentlich spielen. In den Straßen häufen sich Müllberge, an den Flughäfen das Gepäck. Satte 11 Prozent mehr Lohn erstreitet Gewerkschaftsboss Heinz Kluncker schließlich.

Welche langfristigen Auswirkungen die Ölkrise in Deutschland hat, lässt sich bald an der Beschäftigungslage ablesen. Die Arbeitslosenzahl steigt 1975 auf über eine Million. »Stagflation« heißt das neue Wort, das den ökonomischen Schrecken beschreibt. Der Publizist Sebastian Haffner konstatiert in einer Kolumne »das Ende der Bundesrepublik, wie wir sie kennen«. Titel des Artikels: »Es wird ernst.«

Simone Wermelskirchen

1974

ÖTV-Streik – Mit Maultaschen und Butterbrezeln

Anfang 1974 streikt der öffentliche Dienst. ÖTV-Chef Heinz Kluncker erzwingt nicht nur eine Lohnerhöhung von 11 Prozent. Der Streik trägt auch zum Rücktritt von Bundeskanzler Willy Brandt bei.

Hans-Dietrich Genscher kann mit Heinz Kluncker. Seit 1969 ist er Innenminister im Kabinett Willy Brandts und damit Verhandlungsführer des Bundes bei den Tarifrunden im öffentlichen Dienst. Der liberale Taktiker und der schwergewichtige Vorsitzende der Gewerkschaft Öffentliche Dienste, Transport und Verkehr, der ÖTV, vertrauen einander. Oft suchen sie das Vier-Augen-Gespräch. Zuweilen ist FDP-Mann Genscher Gast in Klunckers Haus in Stuttgart.

Streik, durch den die ÖTV eine Lohn- und Gehaltserhöhung von 11 Prozent durchsetzen konnte

ÖTV-STREIK – MIT MAULTASCHEN UND BUTTERBREZELN

1974

In den letzten Monaten des Jahres 1973 lastet auf beiden hoher Druck. Deutschland steht unter Schock. Die Regierung hat Sonntagsfahrverbote verordnet, um der Ölkrise zu begegnen. Die Jahre der Hochkonjunktur sind vorüber. Den Deutschen stehen harte Zeiten bevor, aber sie möchten es noch nicht recht wahrhaben.

Am 13. Februar 1974 trägt Heinz Kluncker den Sieg davon. Die ÖTV erstreikt eine Lohn- und Gehaltserhöhung von 11 Prozent. Davon können die Mitglieder der Dienstleistungsgewerkschaft Verdi, in der die ÖTV 2001 aufging und die auch Anfang 2006 Nahverkehr, Kindergärten und Krankenhäuser bestreikt, nur träumen. Sie wären schon zufrieden gewesen, wenn sie die Verlängerung ihrer Arbeitszeit um 90 Minuten pro Woche hätten verhindern können. Die Methoden mögen sich wiederholen, die Ansprüche jedoch haben sich erheblich verändert.

Das Jahr 1973 markiert eine Zäsur in der Geschichte der Bundesrepublik. Zwar steigt das reale Bruttosozialprodukt in diesem Jahr um 5,3 Prozent. Aber schon im Herbst verschieben immer mehr Unternehmen ihre Investitionsprojekte. Und auch den Verbrauchern vergeht die Lust am Geldausgeben. Im ersten Quartal 1974 wächst die Wirtschaft nur noch um 1,5 Prozent. Die Preise beginnen zu laufen. Die Ölkrise nimmt das Land als Geisel. Obwohl sich die Zahl der Arbeitslosen von 332 000 im November 1973 auf 620 000 im Januar 1974 fast verdoppelt und die Arbeitslosenquote auf über 3 Prozent ansteigt, fällt es Gewerkschaftern wie Heinz Kluncker schwer, ihre Erwartungen zurückzuschrauben.

In der Hochkonjunktur Anfang der siebziger Jahre hat es bei sprunghaft steigenden Preisen Tarifanhebungen von bis zu 15 Prozent gegeben – an solche Abschlüsse hat sich mancher zu sehr gewöhnt. Im Frühjahr 1973 brechen in der Stahlindustrie wilde Streiks aus – etwa im Opel-Werk in Bochum, wo seit 1962 der Kadett gefertigt wird. Die auf 8 Prozent hochgeschnellte Inflation entfacht den Unmut der Arbeiter. Der Ruf nach Teuerungszulagen wird immer lauter. Im August rollt eine Welle spontaner Arbeitsniederlegungen durchs Land. Anfang 1974 erreicht sie den öffentlichen Dienst.

Die ÖTV-Bezirke drängen auf eine hohe zweistellige Lohnforderung und Urlaubsgeld. Der Einkommensrückstand des öffentlichen

ÖTV-STREIK – MIT MAULTASCHEN UND BUTTERBREZELN

1974

Dienstes gegenüber der Privatwirtschaft soll aufgeholt und ein Ausgleich für die unerwartet hohen Preissteigerungen hereingeholt werden. Die Forderung soll auch die für das Jahr 1974 zu erwartende, durch die Ölpreissteigerungen angeheizte Teuerung auffangen und einen Anteil am Produktivitätswachstum sichern.

Auch politisch kommt dem Tarifabschluss im öffentlichen Dienst eine hohe Bedeutung zu. Innenminister Genscher ist sich sicher, dass Kluncker um diese Bedeutung weiß und bemüht ist, den Abschluss unter 10 Prozent zu halten, »der von der Bundesregierung verbal errichteten Schallmauer«, so das »Handelsblatt«. Das sagt Genscher auch Willy Brandt, wie er in seinen Erinnerungen schreibt. Der Innenminister warnt seinen Kanzler zudem davor, öffentlich eine Zahl für den Tarifabschluss zu nennen. Kluncker hat Genscher eindringlich geraten, jede Festlegung auf weniger als 10 Prozent zu vermeiden. Sonst werde der Druck auf den ÖTV-Chef, die 10-Prozent-Schwelle auf jeden Fall zu überschreiten, noch weiter wachsen.

Doch Brandt hört nicht auf Genscher. Nach einem Bericht des »Spiegel« treiben der damalige Finanzminister Helmut Schmidt und Wirtschaftsminister Hans Friderichs Brandt in die Konfrontation mit Kluncker. Am 27. November 1973 fordert die Deutsche Angestelltengewerkschaft eine Gehaltserhöhung von 14 Prozent und eine Urlaubszulage von 400 D-Mark für den öffentlichen Dienst. Einen Tag später verlangt die ÖTV für die 1,4 Millionen Arbeiter und Angestellten im öffentlichen Dienst ein Lohn- und Gehaltsplus von 15 Prozent, eine Mindesterhöhung um 185 D-Mark und ein Urlaubsgeld von einheitlich 300 D-Mark. Am selben Tag einigt sich die Eisen- und Stahlindustrie in Nordrhein-Westfalen auf Lohnerhöhungen von 11 Prozent. Auf zwölf Monate gerechnet, beträgt die Lohnsteigerung sogar 12,5 Prozent.

Einen Tag später versucht Willy Brandt im Bundestag, die Gewerkschaften zur Vernunft zu rufen. Der Bundeskanzler erinnert daran, dass die Inflationsrate trotz der Mineralölpreissteigerungen 6,6 Prozent beträgt, und warnt, das Wachstum könnte auf null sinken. »Vorstellungen und Wünsche, wie wir sie in diesen Tagen zu Gunsten der Angehörigen des öffentlichen Dienstes gehört haben, können nicht verwirklicht werden«, sagt Brandt, »über 10 Prozent, gar 15 Prozent, nachdem das 13. Monatsgehalt beschlossen wurde – das lässt sich vernünftigerweise

ÖTV-STREIK – MIT MAULTASCHEN UND BUTTERBREZELN

1974

nicht darstellen. Man sollte dabei bitte auch die qualifizierte Sicherheit der Arbeitsplätze im öffentlichen Dienst nicht übersehen.« Einige Wochen später legt Brandt im Bundestag noch nach: »Zweistellige Ziffern bei den Tarifen beschleunigen die Gefahr einer entsprechenden Entwicklung bei den Preisen.«

Heinz Kluncker hat sich schon zuvor über die vielen Gouvernanten geärgert, die Lohndisziplin forderten. Brandts Warnungen bringen das Fass zum Überlaufen. Nun geht es für den ÖTV-Chef bei der Tarifrunde nicht mehr nur ums Geld: Kluncker sucht die Kraftprobe zwischen Regierung und Gewerkschaften. Er sieht die Tarifautonomie in Gefahr. Einem »Lohndiktat« der Regierung will sich die ÖTV nicht beugen.

Die Verhandlungen beginnen am 13. Dezember 1973. Wie immer trifft man sich im Straßenbahner-Waldheim in Stuttgart-Degerloch – bei Maultaschensuppe und Butterbrezeln. Ein Angebot machen die Spitzenvertreter der Arbeitgeber, Bundesinnenminister Genscher, NRW-Finanzminister Hans Wertz und der Stuttgarter Oberbürgermeister Arnulf Klett, zunächst nicht. In drei folgenden Verhandlungsrunden im Januar bieten sie erst 7,5 Prozent mehr Lohn und Gehalt und schließlich 9,5 Prozent mehr bei einem Mindestbetrag von 130 D-Mark.

Genscher geht auf dem Gelände des Straßenbahnerheims mit Kluncker auf und ab und hält ihm vor, es sei nicht verantwortbar, wenn die ÖTV wegen ihrer Forderung, auf jeden Fall über 10 Prozent zu kommen, den Arbeitsfrieden im öffentlichen Dienst aufs Spiel setze. Und auch angesichts der Probleme, die Willy Brandt zunehmend mit seiner SPD habe, müsse die ÖTV wissen, was sie tue, warnt Genscher.

Aber die Gewerkschaft fühlt sich provoziert; bei der Urabstimmung votieren über 91 Prozent der Beschäftigten für Streik. Der Arbeitskampf beginnt am Sonntag, dem 10. Februar 1974, mit einem Streik der Bühnenarbeiter in den Theatern. Doch nur wenige Vorstellungen fallen aus. Auch die Bestreikung der Flughäfen schlägt bis auf wenige Ausnahmen fehl. Wirkung zeigt dagegen der montags in mehreren Städten beginnende Streik der Müllarbeiter, der Bahn- und Busfahrer. Das große Chaos jedoch bleibt aus. Nur Heinz Kluncker selbst findet ein Müllchaos in seinem Garten vor. Empörte Bürger haben ihm ihren Müll vors Haus gekippt.

ÖTV-STREIK – MIT MAULTASCHEN UND BUTTERBREZELN

1974

Am Abend des 11. Februar 1974 gegen 21.30 Uhr unterbreiten die Arbeitgeber ein neues Angebot: 10 Prozent mehr Lohn und mindestens 140 D-Mark. Die ÖTV bleibt hart. Über 200 000 Beschäftigte sind mittlerweile im Ausstand. Verhandlungsführer Genscher macht ein neues Angebot: 10,5 Prozent und mindestens 140 D-Mark. Die ÖTV streikt weiter. 18 Millionen D-Mark lässt sich Heinz Kluncker den Streik am Ende kosten. Die Verhandlungen ziehen sich von Dienstagnacht in den Mittwochmorgen. Gegen ein Uhr früh erhöhen die Arbeitgeber den Mindestbetrag auf 170 D-Mark, einige Stunden später bieten sie 11 Prozent mehr Lohn. Mit großer Mehrheit nimmt die große Tarifkommission der ÖTV an – endlich. Am späten Nachmittag stimmt auch die Bundesregierung zu.

Nachdem Gemeinden und Länder gegenüber der ÖTV weich geworden sind, findet auch Bundeskanzler Brandt im Kabinett nur wenig Rückhalt für seinen harten Kurs. Seine Autorität hatte schon unter dem Bummelstreik der Fluglotsen gelitten – nun fühlt sich Brandt allein gelassen. In seinem 1976 erschienenen Buch »Begegnungen und Einsichten« schreibt er: »Ich kann die kaltschnäuzige Art nicht so leicht vergessen, mit der gewisse Verbandsvertreter meine wohlbegründeten Warnungen vom Tisch fegten. Ich fragte mich, ob es nicht richtig sein würde, durch meinen Rücktritt ein Zeichen zu setzen; die Lehren wurden dann mit geringer Verspätung auf andere Weise gezogen.« Brandt verstärkt so den Eindruck, die Niederlage gegen Kluncker und die ÖTV habe maßgeblich zu seinem Rücktritt am 6. Mai 1974, nur drei Monate nach dem Streik, beigetragen.

Heinz Kluncker selbst weist dies als Legende zurück. Günter Guillaume, der DDR-Spion und Brandt-Vertraute, habe nie auf der Gehaltsliste der ÖTV gestanden, lautet sein Kommentar zur »Kanzler-Killer«-These. »Wahr ist«, sagt Kluncker 1983 im Süddeutschen Rundfunk, »dass Bundeskanzler Brandt damals eine Lohnleitlinie setzen wollte.« Und: »Wir haben 1974 gestreikt, weil wir die Tarifautonomie verteidigen mussten. Hätte Brandt sich nicht aus dem Fenster gelehnt, wäre sicher der Konflikt gar nicht erst entstanden.«

Immerhin: Eine Lehre ziehen die Tarifpartner aus diesem ersten Streik im öffentlichen Dienst der Bundesrepublik. Am 12. Dezember 1974 schließen sie ein Schlichtungsabkommen. Eine Garantie gegen

ÖTV-STREIK – MIT MAULTASCHEN UND BUTTERBREZELN

1974 Streiks ist das zwar nicht. Als die Arbeitgebervertreter 1992 den Schlichterspruch ablehnen, Löhne und Gehälter um 5,4 Prozent zu erhöhen, beginnt die ÖTV einen elftägigen Streik, um ihre Forderung von 9,5 Prozent durchzusetzen. Rund 400 000 Beschäftigte des öffentlichen Dienstes sowie der Bahn und der Post treten in den Ausstand.

Am Ende steht die Einigung auf ein Lohnplus von 5,4 Prozent. So hatten es die Schlichter vorgeschlagen, die Arbeitgeber aber erst abgelehnt. Trotz Müllbergen und Verkehrschaos: Bundeskanzler Helmut Kohl denkt nicht eine Sekunde an Rücktritt.

Rainer Nahrendorf

1975

Vollbeschäftigung – Vergangen und vorbei

Zum ersten Mal seit dem Wirtschaftswunder steigt die Zahl der Arbeitslosen 1975 über die magische Marke von einer Million. Was anfangs aussieht wie ein kurzfristiges Konjunktur-Problem, entpuppt sich als jahrzehntelanges Dauerthema: Seit Mitte der siebziger Jahre entstehen im Aufschwung stets weniger neue Jobs, als vorher verloren gegangen sind.

Auf den langen Fluren des Münchener Arbeitsamts herrscht Ausnahmezustand. Wer sich arbeitslos melden will oder mit einem Vermittler sprechen möchte, muss stundenlang warten. »Das ist hier das reinste Irrenhaus«, stöhnt eine Mitarbeiterin der Behörde. »Wenn wir überhaupt noch durchkommen wollen, muss alles hopphopp gehen.« Nicht anders ist die Situation in Saarbrücken: Das Arbeitsamt sei »völlig überlastet«, berichtet eine Arbeitsvermittlerin. »Drei Leute müssen manchmal 600 Arbeitslose betreuen.«

Willkommen im Deutschland des Jahres 1975. Die Bundesrepublik

Jugendliche demonstrieren in München gegen die Arbeitslosigkeit

VOLLBESCHÄFTIGUNG – VERGANGEN UND VORBEI

1975 steckt in der schwersten Wirtschaftskrise ihrer Geschichte: Innerhalb weniger Monate hat sich die Arbeitslosigkeit verdoppelt. Mitte 1974 waren noch weniger als 500 000 Menschen ohne Job – Anfang 1975 überschreitet die Zahl die magische Grenze von einer Million. Genau 1 184 000 Menschen sind im Februar des Jahres arbeitslos gemeldet, so viele wie noch nie seit dem Beginn des Wirtschaftswunders in den fünfziger Jahren. Hinzu kommen 957 000 Kurzarbeiter. Besonders schlimm ist die Lage im Ruhrgebiet – hier klettert die Arbeitslosenquote, die im Bundesdurchschnitt um die 4 Prozent liegt, auf unerhörte 5,2 Prozent.

Aus heutiger Sicht wären solche Zahlen paradiesisch. Volkswirte würden es wohl fast Vollbeschäftigung nennen. Damals versetzen sie das Land in einen Schockzustand. Der damalige NRW-Ministerpräsident Heinz Kühn (SPD) spricht von »Horrordaten«, und Bundesfinanzminister Hans Apel (SPD) sorgt sich um die politische Stabilität der Republik: »Wie kann das Land Arbeitslosenzahlen verkraften, an die es nicht gewöhnt ist?« Selbst der Sachverständigenrat schreibt über die »Krise der Marktwirtschaft«. Zwei von drei Bundesbürgern haben 1975 Angst, ihren Job zu verlieren – ein Nachrichtenmagazin illustriert seine Berichte über die Lage auf dem Arbeitsmarkt mit Fotos aus der »Großen Depression« Anfang der dreißiger Jahre.

Es ist eine Zäsur von historischem Ausmaß, die die bundesdeutsche Wirtschaft in jenen Wintermonaten des Jahres 1975 erlebt: Innerhalb weniger Monate geht die Ära der Vollbeschäftigung zu Ende. Nach rund zwanzig Wirtschaftswunder-Jahren nimmt eine Entwicklung ihren Anfang, die Arbeitsmarktforscher Jahrzehnte später als »Treppenfunktion« auf dem deutschen Arbeitsmarkt bezeichnen werden. Anders als in früheren Wirtschaftsflauten sinkt die Arbeitslosigkeit in Deutschland zwar beim späteren Konjunktur-Aufschwung wieder – doch stets entstehen weniger neue Jobs, als zuvor verloren gegangen sind. »Während der Aufschwung der Produktion 1976 wieder einsetzte, blieb das frühere Niveau der Vollbeschäftigung von nun an unerreichbar. Zum ersten Mal hatte sich die Zahl der Arbeitsplätze auf Dauer vermindert«, bilanziert der Wirtschaftshistoriker Werner Abelshauser in seinem Buch »Deutsche Wirtschaftsgeschichte seit 1945«.

1982 wird die Zwei-Millionen-Hürde bei der Arbeitslosigkeit genommen, 1992 ist die dritte Million voll, 1994 die vierte. Anfang 2005

VOLLBESCHÄFTIGUNG – VERGANGEN UND VORBEI

1975

steigt die Zahl der registrierten Arbeitslosen gar über die magische Marke von fünf Millionen. Zwar handelt es sich dabei vor allem um einen statistischen Effekt, weil im Zuge der Arbeitsmarktreformen der rot-grünen Bundesregierung erstmals auch arbeitsfähige Sozialhilfe-Empfänger als arbeitslos gezählt werden. Dennoch ist es vor allem die Zahl von fünf Millionen Arbeitslosen, die Bundeskanzler Gerhard Schröder (SPD) im Herbst 2005 sein Amt kosten wird.

All das ahnt kaum jemand im Deutschland des Jahres 1975. Das Land hofft, dass die Massenarbeitslosigkeit wieder verschwinden wird – und mit ihr die psychologische Belastung, die vielen Arbeitslosen zu schaffen macht. In einem Land, das an zwei Jahrzehnte Vollbeschäftigung gewöhnt war, gilt Arbeitslosigkeit als Stigma. »Stempeln zu gehen hat für viele Leute etwas Degradierendes«, berichten damals Arbeitsvermittler immer wieder.

Etliche Betroffene versuchen, ihr Schicksal geheim zu halten – so wie der Hildesheimer Elektrotechniker Willi Carl, 52, der Ende 1974 seiner Familie sechs Wochen lang den Arbeitsplatzverlust verheimlicht und sich auch nicht beim Arbeitsamt meldet. Der »Spiegel« berichtete über den Fall: »Zu Hause flunkerte Carl, er habe einen Job, aber im Außendienst; da sei er telephonisch nicht erreichbar. Sein Sohn, der jetzt dahintergekommen ist, meint: ›Der schämt sich.‹ Ein Psychiater, vom Sohn um Rat gebeten, habe ihm versichert, solche Fälle gebe es ›tausendfach‹.«

Zumindest fallen die Arbeitslosen nicht mehr ins Bodenlose – wie noch in den Zeiten der »Großen Depression« Ende der zwanziger, Anfang der dreißiger Jahre. Inzwischen garantiert die Arbeitslosenversicherung »angemessene Versorgung ohne sozialen Abstieg«, wie das »Handelsblatt« damals schreibt. Wer 1975 seinen Job verliert, erhält ein Jahr lang Arbeitslosengeld in Höhe von 68 Prozent seines letzten Nettoverdiensts – im Schnitt 930 Mark pro Monat. Langzeitarbeitslose, die von Arbeitslosenhilfe leben, haben pro Monat nur 700 Mark zur Verfügung. Zum Vergleich: Der Durchschnitts-Arbeitnehmer verdient 1975 etwas mehr als 1400 Mark pro Monat.

Dennoch wird die steigende Arbeitslosigkeit zum Belastungstest für den deutschen Sozialstaat. Politiker blenden den Aspekt aber zunächst aus, diskutieren sie doch noch jahrzehntelang darüber, wann und nicht

1975

ob sich Arbeitslosigkeit wieder aus der Welt schaffen lässt. Nüchterne Analysen über das wahre Ausmaß der Misere sind unerwünscht. Als zum Beispiel Mitte 1975 Wirtschaftsminister Hans Friderichs (FDP) auf einer FDP-Vorstandssitzung prognostiziert, dass die Zahl der Arbeitslosen auch bei einem kräftigen Aufschwung keineswegs schnell sinken wird, ordnet FDP-Chef Hans-Dietrich Genscher an: Diese Analyse gehört in den Giftschrank.

Die Realitätsverweigerung hält beharrlich an. »Die Herren in der Politik wollten das einfach nicht wahrhaben«, erinnert sich Heimfried Wolff, heute längst pensionierter Wissenschaftler des Schweizer Forschungsinstituts Prognos. In einem Gutachten im Auftrag der Bundesregierung prognostizierte Wolff Anfang der achtziger Jahre, dass die Arbeitslosigkeit bis Mitte des Jahrzehnts auf 1,6 Millionen Betroffene steigen wird. »Der damalige Wirtschaftminister Otto Graf Lambsdorff war so empört, dass er vom ›noch renommierten Prognos-Institut‹ sprach«, sagt Wolff. »Dabei war unsere Einschätzung im Rückblick noch zu optimistisch.«

Die Gründe für die Dauermisere auf dem Arbeitsmarkt sind vielschichtig. Eine umfassende Theorie, die die Situation auf den europäischen Arbeitsmärkten befriedigend erklären kann, fehlt bis heute. »Viele Theorien sind gekommen und wieder gegangen. Alle haben unser Wissen erweitert, aber insgesamt bleibt es sehr unvollständig«, betont der am Massachusetts Institute of Technology (MIT) forschende französische Makro-Ökonom Olivier Blanchard. Unumstritten unter den Experten ist nur so viel: Eine Mischung verschiedener kurz- und langfristiger Entwicklungen verursacht die Arbeitsmarkt-Probleme.

Durch die Ölkrise stiegen die Energiepreise Ende 1973 innerhalb weniger Wochen explosionsartig. Die Gewerkschaften reagierten mit einer aggressiven Lohnpolitik, wurde ihren Mitgliedern doch die Kaufkraft entzogen. Trotz der Konjunkturkrise stiegen die Verdienste 1975 um effektive 8,4 Prozent. Ein Jahr zuvor hatte das Plus sogar 13 Prozent betragen. Daraus folgt eine steigende Inflation, auf die die Bundesbank mit einer strikten Geldpolitik antwortet.

Vielen Unternehmen bricht dies das Genick. Mit 8000 Firmenzusammenbrüchen wurden 1974 alle bis dahin aufgestellten Pleiterekorde gebrochen. Parallel dazu hat die sozial-liberale Koalition seit Anfang der siebziger Jahre den Staatsapparat massiv aufgebläht – die Staatsausgaben, die 1970 noch bei 38,5 Prozent des Bruttoinlandsprodukts lagen, sind fünf Jahre später auf fast 49 Prozent hochgeschnellt. Direkte Folge dieser steigenden Staatsquote: Die Steuerlast steigt stark – die Defizite in den öffentlichen Haushalten ebenfalls.

1975

Doch all dies ist nur die eine Seite der Medaille. Die kurzfristigen Konjunktur-Probleme überdecken einen langsamen, aber stetigen Strukturwandel, der das Gesicht der westdeutschen Wirtschaft radikal verändern wird. Das einstige Industrieland Deutschland verwandelt sich in den siebziger und achtziger Jahren schleichend in eine Dienstleistungsgesellschaft: Anfang der sechziger Jahre entsteht noch rund die Hälfte der deutschen Wirtschaftsleistung in der Industrie – zwei Jahrzehnte später sind es nur noch 40 Prozent.

Durch technischen Fortschritt steigt zudem die Produktivität in den Unternehmen erheblich – die Firmen können mehr Güter mit weniger Personal herstellen. Die Folge: Allein zwischen 1970 und 1980 verschwinden im produzierenden Gewerbe unter dem Strich 3,3 Millionen Jobs. Anders aber als in anderen Ländern wie zum Beispiel den Vereinigten Staaten ist das Beschäftigungswachstum im Dienstleistungssektor nicht groß genug, um die Entwicklung auszugleichen. »Die Politik hat diesen Wandel lange Jahre ignoriert«, betont Wolff. »Die Wirtschafts- und Sozialpolitik war bis in die achtziger Jahre vom Denken in den alten Kategorien der Industriegesellschaft geprägt.«

Dass sich der Arbeitsmarkt nicht an die neuen Umstände anpassen konnte, liegt nach Ansicht der meisten Ökonomen zudem an den vielen staatlichen Eingriffen und Vorschriften: Die hohe Regulierungsdichte macht den deutschen Arbeitsmarkt unflexibel und hemmt das Spiel von Angebot und Nachfrage. »Der deutsche Arbeitsmarkt ist in einer desolaten Verfassung, er muss dringend reformiert werden«, bilanzierte der Sachverständigenrat 2002 in seinem berühmten Gutachten »Zwanzig Punkte für Beschäftigung und Wachstum«. »Die Politik hat es jahrelang versäumt, auch nur ansatzweise eine überzeugende Konzeption für mehr Beschäftigung und weniger Arbeitslosigkeit zu entwickeln«, kritisierten die Wirtschaftsweisen.

Tatsächlich versuchte die deutsche Wirtschaftspolitik bis in die neunziger Jahre, durch Umverteilung von Arbeit die Beschäftigungspro-

VOLLBESCHÄFTIGUNG – VERGANGEN UND VORBEI

1975

bleme zu lindern: Die Gewerkschaften setzten eine kürzere Wochenarbeitszeit bei vollem Lohnausgleich durch; und attraktive Frühruhestands- und Altersteilzeit-Regeln ermöglichten Beschäftigten mit Mitte, Ende fünfzig, ohne große finanzielle Einbußen in Rente zu gehen.

Doch das Kalkül, dass die frei werdenden Jobs mit jüngeren Beschäftigten besetzt werden, ging nicht auf. Tatsächlich steigen die Lohnkosten in den Unternehmen sowie die Belastungen der Sozialversicherungen. »Die defensive Arbeitsmarktpolitik hat die Probleme verschärft, statt sie zu lindern«, betont Wirtschaftsexperte Wolff.

Einen Paradigmenwechsel in der Arbeits- und Sozialpolitik gab es erst nach der Jahrtausendwende mit der »Agenda 2010«, die der damalige Bundeskanzler Gerhard Schröder 2003 auf den Weg brachte: Der Gesetzgeber kürzte die Bezugsdauer des Arbeitslosengeldes deutlich und strich die Leistungen für Langzeitarbeitslose zusammen. Dies, so die Überlegung, erhöhe für die Betroffenen den Anreiz, sich schneller einen neuen Job zu suchen.

Trotz vieler handwerklicher Fehler bei der Umsetzung scheinen die Reformen zu greifen: Zwischen Anfang 2005 und Anfang 2007 sank die Zahl der Arbeitslosen um fast 1,2 Millionen auf 4,1 Millionen. Früher oder später dürfte die Marke von 3,7 Millionen unterschritten werden, erwarten Konjunktur-Forscher. Dann wären erstmals weniger Menschen ohne Job als vor Beginn des letzten Abschwungs – zum ersten Mal seit 1975.

Olaf Storbeck

1976

Schleyer – Der die RAF besiegte

1976 führt Hanns Martin Schleyer die deutschen Unternehmer zum großen Protest gegen die Mitbestimmung. Ein Jahr später ermordet die »Rote Armee Fraktion« den Arbeitgeberpräsidenten.

Noch einmal wollen Deutschlands Unternehmer vor dem warnen, was sie für einen schweren Fehler halten: der Mitbestimmung, die der Bundestag nach einem Jahrzehnt Debatte erheblich ausweiten will. Viele Hundert sind an diesem Tag anno 1976 in die Kölner Messehallen gekommen. Eingeladen hat die Bundesvereinigung der Deutschen Arbeitgeberverbände (BDA). Hauptredner ist ihr Präsident Hanns Martin Schleyer.

»Plötzlich flogen die Türen auf, und die IG-Metaller von Klöckner-Humboldt-Deutz stürmten herein«, erinnert sich der damals stellvertretende BDA-Hauptgeschäftsführer Fritz-Heinz Himmelreich dreißig

Arbeitgeberpräsident Hanns Martin Schleyer als Gefangener der RAF. Aufnahme vom 8. Oktober 1977

SCHLEYER – DER DIE RAF BESIEGTE

1976

Jahre später. Die Werke von Klöckner-Humboldt-Deutz sind gleich nebenan, und die Arbeiter sind gekommen, um den Bossen zu zeigen, was eine Harke ist. Es kommt zum Tumult. Als die Metaller gen Bühne drängen, eilt Himmelreich heran, um seinen Präsidenten zu schützen. Das gelingt. Hanns Martin Schleyer kommt noch einmal davon. Arbeitnehmer gegen Arbeitgeber, Links gegen Rechts, Jung gegen Alt: Nie in der Geschichte der Bundesrepublik wurde um Gesellschafts- und Wirtschaftspolitik so verbissen gefochten wie in den siebziger Jahren. Manche wie die »Rote Armee Fraktion« (RAF) maßten sich sogar das Recht zu töten an, und sie übten es auch aus.

Ein Mann steht im Mittelpunkt dieser Auseinandersetzungen: Daimler-Benz-Vorstand und Unternehmerpräsident Schleyer. Wie kein Zweiter polarisiert er. Durch seine Biographie, weil er während der Nazizeit wichtige Funktionen innehatte und weil er offen bekennt, einst überzeugter Nationalsozialist gewesen zu sein. Ferner durch sein Amt als Präsident der BDA, in das er am 6. Dezember 1973 gewählt worden war. Schleyer wird zum Gesicht des hässlichen deutschen Kapitalisten. Und als solcher wurde er im Herbst 1977 von der RAF ermordet.

Der Unternehmer und ehemalige Bahnchef Heinz Dürr, der Schleyer aus gemeinsamen Tagen in Stuttgart gut kannte, sagt heute: »Schleyer wurde weniger ein Opfer seiner Biographie als ein Opfer seiner Ämter und der politischen Umstände.« Und wohl auch eines der Widersprüche, die er in sich vereinte. Da ist Schleyers von Schmissen gezeichnetes Gesicht, das an die düsteren deutschen Jahre zu erinnern scheint. Aber da ist auch das Progressive, das ihm viele jedoch nicht abnehmen.

In manchem ist Hanns Martin Schleyer seiner Zeit voraus. Er streitet für das Ansehen der Unternehmer und ihre Geschlossenheit, aber eben auch für das Soziale in der Marktwirtschaft. Er legt als erster deutscher Unternehmer in einem Buch sein gesellschaftspolitisches Credo dar. Er kämpft für die Beteiligung der Arbeitnehmer am Unternehmen – eine Art »Investivlohn«, über den Deutschland immer wieder neu debattiert.

Auf die politische Bühne tritt Schleyer im April 1963. Schleyer, Verhandlungsführer der Metall-Arbeitgeber in Baden-Württemberg, ist fest entschlossen, in der Auseinandersetzung mit der Gewerkschaft nicht einzuknicken. Nicht schon wieder. 300 000 Arbeitnehmer lässt er aussperren – es ist die erste Aussperrung in Deutschland seit 1929. Nicht am Streik beteiligten Arbeitnehmern wird der Zugang zur Firma verwehrt und der Lohn in dieser Zeit ausgesetzt. In Ländern wie Hessen sind Aussperrungen per Verfassung verboten. Aber Schleyer fürchtet, ohne Aussperrungen seien die Arbeitgeber dem »Lohndiktat« der Gewerkschaften – die fordern 8 Prozent mehr – »hilflos ausgeliefert und zur Kapitulation gezwungen«.

Für die noch recht kleine Firma Dürr ist das ein schwerer Schlag: »Wenn man jeden Mitarbeiter persönlich kennt, fällt einem eine Aussperrung sehr schwer«, erinnert sich Heinz Dürr. »Aber Schleyer hat das gnadenlos durchgezogen.« Zehn Tage dauert der Arbeitskampf, dann erst sorgt eine Schlichtung für Ruhe. Vermittelt hat Vizekanzler Ludwig Erhard persönlich. Auf einen Schlag ist der 42-jährige Schleyer bundesweit bekannt. »Später erst wurde mir bewusst, dass Schleyer mit der Aussperrung absolut Recht hatte«, sagt Dürr heute. Der Aufrührer selbst sah es Jahre später so: »Ich habe die Unternehmer damals zum ersten Mal zur Solidarität gezwungen. Und das war schon eine Sache für uns.«

Schleyer, der Unnachgiebige, dem seine Gegner dennoch Respekt zollen – Gegner wie Willi Bleicher. »Es ist ein totaler Krieg gegen die Metaller dieses Landes«, hat der IG-Metall-Bezirksleiter während des Arbeitskampfes gepoltert. Bleicher, den Kommunisten, hatten die Nazis fast zehn Jahre eingesperrt, zuletzt im Konzentrationslager Buchenwald. Ihm sitzt nun ein Ex-Nazi gegenüber: Schleyer, der schon als Jura-Student in Heidelberg als nationalsozialistisch gesinnter Corps-Student auftritt, der im Juli 1933 der SS beitritt und der es im Krieg bis zum Leiter des Präsidialbüros im Zentralverband der Industrie für Böhmen und Mähren in Prag bringt, zum Besatzungsoffizier in der von den Deutschen besetzten Tschechoslowakei.

Als Schleyer seine Vergangenheit – die er im Gegensatz zu vielen seiner Zeitgenossen nie verheimlicht – vorgeworfen wird, rät Gewerkschafter Willi Bleicher seinen Kollegen, »Schleyer nach dem zu beurteilen, was er heute macht«. Als Daimler-Vorstand Schleyer 1967 eine Dienstreise nach Prag antritt und nicht sicher sein kann, von dort unbehelligt wieder heimzukehren, sagt er zu Heinz Dürr: »Wenn mir da was passiert, dann habe ich als Adresse den Bleicher angegeben. Der

1976

Bleicher soll sich dann darum kümmern, dass ich wieder rauskomme.« Von dieser Episode berichtet Lutz Hachmeister in seiner Schleyer-Biographie.

Mit Charisma, Charme und viel Chuzpe tritt Schleyer nach der Rückkehr aus fast dreijähriger französischer Internierung eine Karriere an, wie sie nur wenigen deutschen Managern seiner Generation gelingt. 1951 beginnt er als Sachbearbeiter bei Daimler-Benz, zwei Jahre später ist er Vorstandsassistent, 1956 wird er Personalchef, 1963 ordentliches Vorstandsmitglied. Schleyer unterliegt 1971 im Kampf um den Vorstandsvorsitz beim Megakonzern Daimler-Benz nur knapp Joachim Zahn. Auch weil ihm in Stuttgart das höchste Amt versagt bleibt, übernimmt Schleyer 1973 die Präsidentschaft der BDA. 1969 hatte er noch auf den Posten verzichtet, weil er auf den Daimler-Chefsessel hoffte.

»Politisch war das Land 1973/74 in einer schwierigen Situation«, erinnert sich Fritz-Heinz Himmelreich, der Schleyer bei der BDA direkt zuarbeitete. »Kanzler Willy Brandt war erheblich geschwächt, die Wirtschaft stagnierte, die Inflation betrug 6,5 Prozent, und es gab eine Million Arbeitslose.« Im Mai 1974 tritt Brandt nach der Guillaume-Affäre zurück, neuer Kanzler wird Helmut Schmidt.

Hanns Martin Schleyer bereitet sich auf seinen neuen Job systematisch vor. Mit Himmelreichs Hilfe verfasst er »Das soziale Modell«, das Buch, in dem er sein Verständnis der gesellschaftlichen Rolle des Unternehmers zusammenfasst. »Wir haben das damals alle gelesen«, sagt Heinz Dürr. Schleyer betont die soziale Verantwortung eines Unternehmers – und er ruft die Unternehmer auf, sich politisch zu engagieren. »Schleyers Credo war, dass ein Unternehmer, der sich nur um sein Geschäft kümmert, sich darum auch bald nicht mehr kümmern muss«, fasst Dürr zusammen.

»Das Buch fand auch bei vielen Gewerkschaftern große Aufmerksamkeit«, sagt Fritz-Heinz Himmelreich. »Die staunten: ›Der Schleyer denkt ja ganz anders, als er aussieht.‹« Sein Buchexemplar steht ganz unten in der Bücherwand in seinem Arbeitszimmer daheim in Köln. Der Ex-Hauptgeschäftsführer der BDA findet es sofort. »Herrn Dr. Fritz Himmelreich mit aufrichtigem Dank für Ihre Hilfe in herzlicher Verbundenheit«, steht da. Unterschrift: »Hanns Martin Schleyer, Weihnachten 1973.«

SCHLEYER – DER DIE RAF BESIEGTE

Schleyer verfolgte als Unternehmerpräsident eine Doppelstrategie, sagt Himmelreich. »Die Mitbestimmung lehnte er ab, dafür trat er für die Vermögensbildung der Arbeitnehmer ein.« Dahinter stand auch die Überlegung, die Mitarbeiter würden einen Betrieb, an dem sie selbst beteiligt sind, nicht so leicht bestreiken. Schleyers Fondsmodell scheitert jedoch schon im eigenen Lager, weil Mittelstand und Großkonzerne uneins sind – auch wenn einzelne Branchen wie Chemie oder Metall die Fonds später einführten. Dennoch: Dank Schleyers Engagement steigt das Selbstbewusstsein der Firmenchefs wieder. »Man trägt wieder Unternehmer«, schreibt der »Spiegel« im Dezember 1975.

Dabei liegen Schleyer öffentliche Auftritte nicht besonders. »Ein mitreißender Redner war er nicht«, sagt Heinz Dürr. Schleyers Stärke sind die Hinterzimmer, wo Tarifverhandlungen stattfinden und Politzirkel zusammenkommen – wo der Kettenraucher Schleyer auch Stehvermögen beweist, wenn es mal spät wird. In der Öffentlichkeit kann Schleyer sein Image des bärbeißigen Ex-Nazis und Kapitalisten nicht abstreifen: »Das Medienbild war fest gefügt«, sagt Fritz-Heinz Himmelreich.

»Unter seinem öffentlichen Image hat mein Vater vor allem deswegen sehr gelitten, weil er das als Teil einer politischen Kampagne empfand«, sagt Hanns-Eberhard Schleyer heute. »Er passte eben ins Feindbild.« Der älteste Sohn von Hanns Martin Schleyer ist heute Generalsekretär des Zentralverbandes des Deutschen Handwerks. In den politisch hitzigen Siebzigern drang Schleyer mit der Selbstkritik an seinen Kriegsjahren nicht durch. »Er ging damit sehr offen um und gab auch zu, dass er sich hatte vereinnahmen lassen, dass er Fehler gemacht hatte«, sagt Hanns-Eberhard Schleyer. Nach dem Krieg habe sein Vater sogar »mit dem Gedanken gespielt, in die SPD einzutreten«.

Dass die Gesellschaft der jungen Bundesrepublik ein neues Gleichgewicht benötigte, hatte Hanns Martin Schleyer früh gespürt. »Meinen Vater trieb seit Mitte der sechziger Jahre die Frage um, wie sich die Bundesrepublik nach den Wiederaufbaujahren dauerhaft stabilisieren ließe«, sagt sein Sohn. Auch deshalb habe sein Vater eine Vermögensbeteiligung für Arbeitnehmer angestrebt: »Je mehr Eigentümer es in einer Gesellschaft gibt, umso demokratischer ist diese Gesellschaft auch – das war seine Überzeugung.« Für die RAF ist Schleyer dennoch die Inkarnation des Bösen.

1976

1976

Weil der BDA in Köln ansässig ist, Schleyer aber in Stuttgart lebt, zieht er in eine Wohnung im rauen Kölner Hansaviertel. »Schleyer war ungern allein, also ging er abends oft in die Kneipe ›Bierstüffge‹«, erzählt Fritz-Heinz Himmelreich, »und politisierte mit den Nachbarn am Tresen«. Wegen der Bedrohung durch die RAF drängen Kollegen und Familie schon früh auf einen Umzug in eine sichere Gegend. »Da haben Schleyers Bekannte aus der Kneipe gesagt: ›Bleiben Sie hier bei uns, Herr Schleyer, hier sind Sie sicher‹«, sagt Himmelreich. Der BDA-Präsident zieht dennoch um – in ein Haus mit Tiefgarage und kurzem Weg bis zum Eingang.

Am Spätnachmittag des 5. September 1977 verabschieden sich Himmelreich und Schleyer voneinander. Der BDA-Präsident will vom Büro aus nach Hause fahren, Himmelreich noch kurz in die Stadt, um seine Brille reparieren zu lassen. »Auf der Heimfahrt hörte ich dann im Radio, auf Schleyer sei ein Anschlag verübt worden«, sagt Himmelreich. Kurz darauf kommt er an der Vincenz-Statz-Straße vorbei, wo die RAF kurz zuvor Schleyers Wagenkolonne überfallen, vier Begleiter getötet und Schleyer entführt hat. Himmelreich steigt aus und identifiziert den toten Fahrer Heinz Marcisz.

43 Tage bleibt Hanns Martin Schleyer Geisel der RAF. Sie diskutieren, und sie spielen miteinander »Monopoly«. Mehrfach rufen die Terroristen auch bei der BDA an. »Sie sprachen mich stets korrekt mit ›Herr Doktor‹ an«, sagt Himmelreich. Es sind die quälenden Wochen, die sich als »Deutscher Herbst« ins Gedächtnis der Bundesrepublik fräsen. Als die Sondereinheit GSG 9 am 18. Oktober 1977 den von RAF-Sympathisanten entführten Lufthansa-Jet »Landshut« in Somalias Hauptstadt Mogadischu befreit und die in Stammheim inhaftierten RAF-Terroristen Gudrun Ensslin, Andreas Baader und Jan Carl Raspe Selbstmord begehen, wird Schleyer von der RAF erschossen. Welcher seiner Entführer ihn tötete, ist bis heute unbekannt.

25 Jahre später sagt Peter-Jürgen Boock, einer seiner Entführer: »Die RAF ist nicht nur an der harten Haltung der Regierung Schmidt, sondern auch an der Person Hanns Martin Schleyers gescheitert.«

Christoph Neßhöver

1977

Quelle – »Wollen! Wägen! Wagen!«

Im März 1977 stirbt Gustav Schickedanz. Der Versandhauskönig aus Fürth hat das Handelsgeschäft revolutioniert. Doch weder seine Nachfolger noch seine Heimatstadt ehren sein Andenken.

»Des Todes rührendes Bild steht nicht als Schrecken dem Weisen und nicht als Ende dem Frommen.« Der Grabstein auf dem Friedhof an der Erlanger Straße in Fürth ist ein mannshoher, vier Meter breiter Block aus Muschelkalk. Die vorwitzigen Spitzen der Bodendecker ziehen sich hoch bis zur Inschrift. Die Worte von Johann Wolfgang von Goethe hat der Verstorbene selbst ausgesucht – kurz bevor er, einer der größten

Gustav Schickedanz
(1895–1977):
Inhaber und Gründer des
Versandhauses Quelle

QUELLE – »WOLLEN! WÄGEN! WAGEN!«

1977

Pioniere der deutschen Wirtschaft des 20. Jahrhunderts, 82-jährig an seinem Schreibtisch tot zusammenbricht.

Als Gustav Schickedanz am 27. März 1977 stirbt, hinterlässt er nicht nur seine Frau und zwei Töchter, sondern auch 42 000 Mitarbeiter seines Versandhauskonzerns Quelle sowie 99 000 Einwohner der Stadt Fürth, deren heimlicher Stadtvater er war. Die Beerdigung gleicht einem Staatsakt. Bayerns Ministerpräsident Alfons Goppel spricht letzte Worte. Die evangelische St.-Paul-Kirche ist überfüllt, mit Mikrophonen wird die Messe zu den Trauergästen auf dem Vorplatz übertragen. Die ganze Stadt ist mit schwarzem Tüll verhängt.

Drei Jahrzehnte später ist das Grab zum Todestag frisch geschmückt. Der Gärtner hat wagenradgroße Schalen mit Osterglocken, Tulpen und Traubenkerzen arrangiert. Ein Blumengruß von Hans Dedi ist auch dabei. Noch gut erinnert sich der heute 87-Jährige an den »Alten«. Dedi, ein Mann mit dichten, dunklen Augenbrauen und kleinen, nach wie vor flinken blauen Augen war mit Schickedanz' Tochter aus erster Ehe, Louise, verheiratet und übernahm 1977 vom Gründer den Vorstandsvorsitz.

»Gustav hatte den siebten Sinn«, sagt Hans Dedi, und senkt seine sowieso schon distinguiert leise Stimme zu einem geheimnisvollen Flüstern: »Gustav hatte den Geschäftssinn.« Wie kein anderer vor oder nach ihm habe Schickedanz Trends erfasst. »Gustav hat die Fress-, die Reise- und die Fotowelle nicht nur gespürt, er hat sie in klingende Münzen umgesetzt«, erzählt der Manager a. D., der »aus Hochachtung vor seiner Lebensleistung« erst Jahre nach Schickedanz' Ableben in dessen Büro einzog.

Schickedanz hat ein Imperium erbaut. 8 Milliarden D-Mark Jahresumsatz macht Quelle Ende 1977 – und zwar längst nicht nur mit dem 1000 Seiten starken Wirtschaftswunderkatalog. Mit den »Tempo-Taschentüchern« der 1933 übernommenen Vereinigten Papierwerke ist die Handelsgruppe Marktführer bei Hygienepapieren. Mit der Nürnberger Patrizier-Bräu AG dominiert Schickedanz das lokale Braugeschäft. Foto-Quelle ist Europas größtes Fotospezialhaus. Ab 1966 markiert am Firmensitz an der Nürnberger Straße in Fürth ein 80 Meter hoher Turm den Führungsanspruch. Bis heute wacht das Firmenlogo, die blaue Schwurhand, über die Stadt – als Industriedenkmal.

QUELLE – »WOLLEN! WÄGEN! WAGEN!«

1977

Die Anfänge sind bürgerlich und bescheiden. Am Neujahrstag 1895 wird Gustav Schickedanz als erster Sohn der Eheleute Leonhard Schickedanz geboren. Die Eisenbahn zwischen Fürth und Nürnberg ist schon längst nicht mehr die einzige im »Deutschen Reich« – das ganze Land erlebt einen Aufbruch. Vom Aufschwung profitiert auch die Familie Schickedanz. Leonhard Schickedanz steigt zum Einkäufer einer Möbelfabrik auf. Die Familie zieht in eine größere Wohnung in der Theresienstraße 23. Die Haushaltsführung bleibt jedoch sparsam. Die Warnung der Mutter, dass »im Pfennig die Mark« stecke, ist dem Sohn noch Jahrzehnte später im Gedächtnis, wenn er sagt: »Die Milliarden stecken im Pfennig.«

Vorbild für Gustav ist der polyglotte Patenonkel. Der ältere Bruder seines Vaters, dem er auch in bibeltreu protestantischer Tradition den Vornamen Abraham Gustav verdankt, ist als Agent für deutsche und ungarische Firmen in Budapest tätig, wo er auch ein Kaufhaus betreibt. Nach dem Besuch der Königlichen Realschule Fürth beginnt Schickedanz 1913 eine kaufmännische Lehre. Nach dem Ersten Weltkrieg, in dem es Schickedanz zum »Unterzahlmeister« bringt, tritt er seine erste Stelle an. Und in kürzester Zeit steigt er zum Teilhaber der Kurzwaren-Großhandlung Lennert auf.

Mit seinen fixen Ideen von einer Handelskette, die per Post Preislisten verschickt, kann und will der alteingesessene Unternehmer Lennert aber nicht mehr mithalten. Also macht sich Schickedanz selbständig. Dem ersten Handelsregistereintrag vom 7. Dezember 1923 über einen »Großhandel mit Kurzwaren« folgt vier Jahre später am 26. Oktober 1927 ein weiterer – für ein »Versandhaus Quelle«. Die beiden Dokumente sind die Grundsteine für das größte Versandhaus Europas und den heutigen Dax-Konzern Karstadt-Quelle.

Schickedanz hat die richtige Vision zur richtigen Zeit: Er treibt die Demokratisierung von Gebrauchsgütern voran. Gute Kleidung und Elektrogeräte wie Waschmaschinen oder Kühlschränke sind bis dato eher der städtischen Oberschicht vorbehalten. Schickedanz' Versandhandel bringt sie in jedes Haus. Getrieben wird er von einem unbedingten Willen. Seinem Biographen Theo Reubel-Ciani zufolge formulierte Schickedanz seinen eigenen kategorischen Imperativ: »Wollen! Wägen! Wagen!« Seine Maxime lässt ihn sehr früh technische Neue-

1977

rungen ausprobieren. Zu einer Zeit, als noch kaum jemand das Wort Computer schreiben kann, lässt Gustav Schickedanz eine computergesteuerte Versandstraße entwickeln. Zur Einweihung der Weltsensation – die Maschine kann pro Tag 100 000 Pakete schnüren – kehrt 1956 auch ein früherer Schulkamerad von Schickedanz heim nach Fürth: Bundeswirtschaftsminister Ludwig Erhard.

Schickedanz' Pioniertaten, die das Versand- und Handelsgeschäft revolutionieren, sind an einer Hand nicht abzuzählen. Zu ihnen zählt 1954 die Gründung der Noris Kaufhilfe, die den Kauf von Konsumgütern per Ratenzahlung ermöglicht. Aus ihr geht später die Noris Bank hervor. 1961 eröffnet Schickedanz ein Einkaufsbüro in Hongkong – heute stammt längst das Gros billiger Verbrauchsartikel aus asiatischen Fabriken. Mit Geschäftssinn, Wagemut und protestantischem Arbeitsethos überflügelt Gustav Schickedanz schon 1958 seinen ärgsten Konkurrenten Josef Neckermann und dessen gleichnamigen Handelskonzern – Motto: »Neckermann macht's möglich« – aus Würzburg.

Auch mit seinem Führungsstil ist Schickedanz seiner Zeit voraus. Er ist weder Einzelkämpfer noch Besserwisser. Das bezeugt Franz Grossbach: »Eine Mentalität nach dem Motto – wenn der Alte das so will, dann machen wir das auch so – hat es bei Quelle nie gegeben«, sagt der ehemalige Generalbevollmächtigte von Quelle und Vorstand für Controlling unter Gustav Schickedanz. Bei grundlegenden Entscheidungen sei so lange diskutiert worden, bis auch der letzte Mann im Raum überzeugt gewesen sei. »Schickedanz hat lieber drei Meinungen mehr gehört als eine zu wenig, denn er wusste«, erzählt der über 80-Jährige und tippt mit gepflegten Fingern auf den Tisch, »Überzeugungstäter arbeiten am effektivsten.«

Ein einfacher Chef war Schickedanz deshalb allerdings noch lange nicht. Der Gewinnertyp mochte nie verlieren – auch nicht in der Freizeit. »Beim Skifahren durfte ihn keiner von uns überholen – passierte es doch einmal, war der Teufel los«, erzählt Hans Dedi, der den Quelle-Vorstandsvorsitz von Schickedanz übernahm. »Und ein Tennisspiel ging so lange, bis er mindestens einen Satz gewonnen hatte.«

Zur Ruhe findet Schickedanz nur in der Natur und in der Kunst. Die Fähigkeit, sich in sich selbst zurückzuziehen und zu regenerieren, hatte er in Lebenskrisen gelernt. »Todesfahrt einer Fürther Familie« titelt am Montag, den 15. Juli 1929 die »Nordbayerische Zeitung«. Ein Sonntagsausflug der jungen Familie Schickedanz endet in einem Verkehrsunfall, bei dem die erste Frau von Gustav Schickedanz, Anna, und sein einziger Sohn, Leonhard, ums Leben kommen. Gustav wird schwer verletzt, nur die kleine Tochter Louise bleibt unversehrt. Über den Verlust spricht Schickedanz zeitlebens ebenso wenig wie über die Nachkriegszeit.

Als NSDAP-Mitglied und Großunternehmer erteilen ihm die Alliierten 1945 Berufsverbot, beschlagnahmen die Villa in Dambach und verpflichten ihn zur Zwangsarbeit. Bis Gustav Schickedanz 1949 freigesprochen wird, führt seine zweite Frau, das ehemalige Lehrmädchen Grete, die Geschäfte. Wieder rehabilitiert, ehrt ihn seine Heimatstadt Fürth früh. 1952 erhält er die Goldene Bürgermedaille, 1959 folgt das Ehrenbürgerrecht, seit den sechziger Jahren grüßt ein rundes Schild »Fürth, Stadt der Quelle« die Ankommenden am Hauptbahnhof.

»Gustav Schickedanz war nicht nur der größte Gewerbesteuerzahler der Stadt, er war auch ein Vorbild an Pflichtbewusstsein und Zuverlässigkeit«, sagt Kurt Scherzer, Jahrgang 1920. Der Volljurist sitzt mit blauen Pantoffeln in seinem Haus im Stadtteil Unterfürberg und versinkt in einem tiefen Ohrensessel. Von 1964 bis 1984 war Scherzer Oberbürgermeister von Fürth. »Gustav Schickedanz hatte stets ein offenes Ohr – und ein offenes Portemonnaie«, sagt Scherzer und grinst. Zu seinem 70. Geburtstag 1965 etwa schenkte Schickedanz seiner Heimatstadt eine Million D-Mark für den Bau einer Sporthalle.

30 Jahre nach seinem Tod jedoch scheint Gustav Schickedanz in Fürth fast vergessen. Sein Geburtshaus in der Theresienstraße ist reif für die Abrissbirne, das Willkommensschild am Bahnhof längst abgehängt. »Ihre Quelle« ist bis heute zwar Europas größtes Versandhaus, seit 1999 aber nicht mehr selbständig, sondern – ebenso wie der einstige Erzrivale Neckermann – Tochter des Karstadt-Quelle-Konzerns. Der Essener Konzern, der 2006 einen Umsatz von 13 Milliarden Euro erzielte, kämpft allerdings seit Jahren gegen die Konsumkrise in Deutschland im Allgemeinen und die Krise des Versandhandels im Speziellen. Der neue Karstadt-Quelle-Chef Thomas Middelhoff sucht seit Anfang 2007 sein Heil in einer Diversifizierung: Karstadt hat sein Standbein im Tourismusgeschäft ausgebaut.

QUELLE – »WOLLEN! WÄGEN! WAGEN!«

1977

Das einst so stolze Unternehmen Quelle ist heute nur noch ein Schatten seiner selbst. Das Stammhaus an der Fürther Freiheit etwa – 1998 noch pompös als größtes Quelle-Technik-Center gefeiert – bietet Sortimentsallerlei auf billigem Linoleumboden. Lieblos, konzeptlos. Altgediente »Quellianer« sind sich sicher: »Gustav Schickedanz hätte auch in dieser Krise reüssiert«, sagt Franz Grossbach. Neben ihm sitzt Hans Dedi und nickt: »Absolut!«

Der Sparwut von Karstadt-Chef Middelhoff fiel 2005 auch ein Kleinod im Quelle-Verwaltungsgebäude zum Opfer. Über ein Vierteljahrhundert, seit jenem Freitag, dem 25. März 1977, als Gustav Schickedanz dort starb, blieb das Büro des Unternehmer-Pioniers im Originalzustand erhalten. Eine Erinnerungsstätte – bis der Räumdienst im vergangenen Jahr kam. »Die Lindenblüten-Madonna, der Patrizierschreibtisch: alles weg!« empören sich der Generalbevollmächtigte a. D. Grossbach und Ex-Vorstand Dedi. Die alten Herren sind noch immer fassungslos. Für sie war »die Luft im Raum noch voller Ideen«.

Tanja Kewes

1978

VW-Käfer – Sterben, um zu leben

Am 19. Januar 1978 rollt in Emden der letzte in Deutschland gebaute Käfer vom Band. Eine Ära geht zu Ende. Aber das Kultauto muss endlich sterben, damit VW leben kann.

»Tschüss, Käfer«, ruft Peter Dörensen dem Letzten seiner Art traurig hinterher. Mit einer Blumengirlande haben er und seine Kollegen den VW 1200 L an diesem 19. Januar 1978 verziert. »Fahr aber schön langsam«, rufen ihm Dörensens Kollegen aus dem Volkswagenwerk in Emden noch nach. Gestandene Männer weinen. »Es hat mir wirklich leid getan, als der Letzte bei mir weg war. Es war eine schöne Zeit, und ich hätte gerne mit ihm weitergearbeitet«, sagt Dörensens Kollege Franz Ernst, seit 1959 bei VW am Band, damals dem »Handelsblatt«.

Aber es gibt kein Zurück: Die Kosten für die Produktion des Käfers sind in Deutschland zu hoch, findet das Volkswagen-Management.

Der letzte in Deutschland produzierte VW-Käfer läuft in Emden vom Produktionsband

1978

»Eine in der Autoindustrie wohl einmalige Ära« ist zu Ende, sagt VW-Chef Toni Schmücker. Das dakotabeige Auto, das an diesem Januartag 1978 in Emden vom Band läuft, ist der letzte von 16 255 500 Käfern, die je hergestellt wurden. Die Käfer-Armee hat Volkswagen in aller Welt berühmt gemacht und vor allem die Deutschen »knatternd« mobilisiert. Der Letzte seiner Art jedoch macht nur eine einzige Reise: ins VW-Werksmuseum nach Wolfsburg.

Dass der Käfer, das heckmotorisierte Symbol für Wirtschaftswunder und »Made in Germany«, 1978 ausgedient hat, liegt nicht nur am steigenden deutschen Lohnniveau, sondern auch daran, dass die Kunden der siebziger Jahre mehr Fahrkomfort verlangen als die der fünfziger. Heizungen, die die Füße der Insassen grillen, ihre Nasen aber gefrieren lassen, schreckten Autokäufer nur in den Aufbaujahren nicht ab. Die Kunden ändern sich, der Käfer bleibt er selbst. Der Tod auf Raten, der ihn ereilt, ist auch Folge einer selbstzufriedenen Unternehmensstrategie, die VW beinahe zu Fall gebracht hätte: der Käfer-Monokultur. Der Erste, der ihr Risiko für VW erkennt, ist Vorstandsvize Kurt Lotz. Schon 1967 warnt er: Neue Modelle müssen dringend her. Lotz wird zum Totengräber des Käfers, aber auch zum Retter von Volkswagen.

Noch am 17. Februar 1972 lassen die Wolfsburger es ordentlich krachen, als Käfer Nummer 15 007 034 vom Band rollt und das Ford-Modell »T« als meistgebautes Auto der Welt ablöst. VW sei nun »Weltmeister«, jubiliert man in Wolfsburg. Der Käfer »ist ein Wagen, der die ewige Jugend gepachtet zu haben scheint, und sich vielleicht gerade deshalb bei der jungen Generation besonderer Popularität erfreut«, texten die VW-Werber.

Aber die Partystimmung ist nur gespielt. Entgegen aller Beteuerungen wissen die VW-Oberen schon 1972: Die Tage des Käfers sind gezählt, auch wenn im selben Jahr noch über 1,22 Millionen der rundlichen Kultautos verkauft werden. Die Ursache für das Rumoren in der Vorstandsetage sind die Ertragszahlen. Trotz gesteigerter Produktion bricht der Gewinn der Volkswagen AG ein: Nachdem VW im Jahr 1969 noch 330 Millionen D-Mark Gewinn erwirtschaften konnte, sind es 1970 nur noch 190 Millionen D-Mark – bei einem Konzernumsatz von 15,8 Milliarden D-Mark. Auf der Hauptversammlung 1971 räumt Vorstandschef Lotz ein: »Schon heute ist abzusehen, dass sich die Ertragslage 1971 gegenüber 1970 eher verschlechtern wird, obwohl Produktion und Umsatz in diesem Jahr noch einmal steigen werden.«

Nach dem plötzlichen Tod seines Vorgängers Heinrich Nordhoff tritt Lotz den Chefposten bei VW am 1. Mai 1968 an. Der langjährige VW-Patriarch hat Lotz ein schweres Erbe hinterlassen. Nordhoff, der VW seit 1948 führte, hat Volkswagen zwar mit weltweiten Verkaufserfolgen zu einem »Global Player« gemacht. Aber 1968 sind von über 1,5 Millionen im Inland produzierten Volkswagen 68 Prozent Käfer. Außerdem haben alle VW-Fahrzeuge immer noch den luftgekühlten Heckmotor, der die Hinterachse antreibt. Dieser gilt unter Ingenieuren längst als veraltet.

Ferdinand Porsche hatte den ersten »Volkswagen« 1934 gebaut, vier Jahre später legte Adolf Hitler den Grundstein für das erste VW-Werk in Wolfsburg. Es grenzt an ein Wunder, dass ein Auto, dessen Design und Technik aus den dreißiger Jahren stammen, noch in den fünfziger und sechziger Jahren zu einem weltweiten Verkaufshit werden konnte. Das funktionierte anfangs über den niedrigen Verkaufspreis, konkurrenzlos günstige Unterhaltskosten und die Zuverlässigkeit des Käfers. »Er läuft und läuft und läuft«, versprach die VW-Werbung – und meist behielt sie damit Recht. Dieses Auto blieb sich stets treu und ignorierte alle Moden: Besonders in den USA kam das gut an – trotz der braunen Vergangenheit des Käfers. Fast jeder dritte »Beetle« wurde für harte Dollar in den USA verkauft.

Doch die Weltwirtschaft wendet sich gegen den Käfer. Nordhoffs dogmatische Ein-Modell-Politik und die Abhängigkeit vom größten Exportmarkt, den USA, werden zur tödlichen Bedrohung für den VW-Konzern. Der Dollar wird weich, das Währungsrisiko immer größer. Gibt es 1961 für einen Dollar noch 4 D-Mark, so rutscht der Kurs bis 1973 unter 3 D-Mark. Die Folge: Die Gewinne von VW sinken, und der Konzern muss in den USA die Preise erhöhen. Zugleich wird die Produktion immer aufwendiger, weil VW den Käfer an die scharfen Sicherheits- und Abgasvorschriften der US-Behörden anpassen muss.

Eine verschärfte Konkurrenz und die Ölkrise sind die beiden letzten Sargnägel für den Käfer. Der VW 1302 kostet 1970 bereits stolze 5745 D-Mark. Bei aller Liebe lässt das die Kunden vermehrt auf die Autos der Konkurrenz schielen – besonders in den USA, wo junge und aggres-

1978

sive Konzerne wie Toyota VW die Rolle als größter Importeur streitig machen. Auch die Ölkrise bringt den Käfer in Gefahr. Laut Werk liegt der Verbrauch des VW 1302 bei 10,5 Litern auf 100 Kilometern – tatsächlich können es aber auch schon mal 18 Liter werden. Kunden spotten: »Er säuft und säuft und säuft.« Das Käfer-Image als preiswertes Auto mit niedrigen Unterhaltskosten ist passé.

VW-Chef Kurt Lotz denkt sich eine neue Strategie aus: Er plant die Entwicklung eines zeitgemäßeren Autos. Um nicht von einem einzigen Modell abhängig zu sein, erweitert er außerdem die Produktpalette nach dem Baukastenprinzip – das heißt, wenige Grundmodelle sollen als Basis für weitere Modelle dienen. Sein Ziel: 1975 sollen nur noch 15 Prozent aller gebauten VWs Käfer sein. Dafür veranschlagt er mindestens 2 Milliarden D-Mark an Investitionen – ein gigantisches Programm. Um zu überleben, müsse Volkswagen deshalb auf absehbare Zeit auf die satten Gewinne der Vergangenheit verzichten, kündigt Lotz an. Der VW-Chef hat recht, aber hören mag das Anfang der siebziger Jahre in Wolfsburg noch niemand. Dauerquerelen mit dem Aufsichtsrat kosten Lotz im September 1971 seinen Job.

Dennoch: Obwohl Kurt Lotz nur drei Jahre amtiert, tragen seine Ideen entscheidend zur Rettung aus der Käfer-Falle und somit zur Erhaltung von Volkswagen bei. Sein Nachfolger Rudolf Leiding setzt Lotz' Strategie um. Den Anfang macht 1973 der Passat als Modell für die anspruchsvollere Mittelklasse, 1974 folgt der Golf als Kompaktwagen und Käfer-Nachfolger. Auch das Baukastenprinzip setzt Leiding bei VW um.

Heute hat die Autobranche dieses Prinzip unter dem Namen »Plattformstrategie« zur Perfektion weiterentwickelt. VW baut auf Basis weniger Grundmodelle – im Autojargon »Plattformen« genannt – zahlreiche Modelle der Konzernmarken Volkswagen, Audi, Škoda, Seat, Bentley oder Phaeton. Mit einem Umsatz von über 100 Milliarden Euro und 5,7 Millionen verkauften Autos im Jahr 2006 ist Volkswagen heute Europas größter Autohersteller – dank und trotz des Käfers. In Lateinamerika wird der Kultwagen übrigens noch bis ins 21. Jahrhundert hinein montiert. Erst am 30. Juli 2003 läuft im VW-Werk in Puebla in Mexiko der allerletzte Käfer vom Band.

Ralf Balke

1979

Taz – Ewiger Konkursbetrieb

Seit dem 17. April 1979 erscheint die alternative »tageszeitung« täglich. Eine der chaotischsten und kapitalismuskritischsten Gründungen des Landes ist auch eine der zähesten.

Das wär' doch mal was: Der Kameramann lässt in den »Tagesthemen« seinen Apparat im Stich, stakst auf die Moderatorin zu und bollert los: »Fragen Sie doch ein einziges Mal mit Substanz, zum Beispiel warum Frau Merkel vor kurzem noch ganz anders über die Gesundheitsreform gesprochen hat!« Dann trollt er sich grinsend zurück hinters Objektiv. Was heute undenkbar ist, eine solche Mischung aus toleriertem Spontitum und kalkuliertem Kriegszustand, war bei der Berliner »tageszeitung« jahrelang Usus. Missfiel einem Setzer ein seichter Kommentar

Hans Magnus Enzensberger während einer Redaktionskonferenz der taz im Rahmen der Aktion »3 Tage in der taz« (1987)

1979

oder eine läppische Politikerfloskel, fügte er einfach seinen Kommentar in Klammern an: »So ein Weichei!, d. Säzzer.«

Seit einigen Jahren haben die Setzer auch bei der »taz« nichts mehr zu vermelden. Genosse Computer und sein Knecht Fotosatz haben ihren Freiheitsraum abgeschnürt. Und ein bisschen geht es auch der »taz« so: Seit ihrer Gründung 1978 und ihrem ersten regelmäßigen Erscheinen ab dem 17. April 1979 erlebte die Berliner Zeitung als Szeneforum für Linke, Spontis und Hausbesetzer wilde Berg-und-Tal-Fahrten. Seit die rot-grüne Bundesregierung die »taz« zu einer Art Regierungszeitung machte, drohte ihr sogar ein permanenter Bedeutungsschwund. Als erste Gründung einer überregionalen Tageszeitung seit »Bild« im Jahre 1952 ist die »taz« eine der ungewöhnlichsten Unternehmungen der deutschen Wirtschaftsgeschichte. Vieles und viele hat sie überlebt – auch sich selbst.

Geboren wird sie im journalistischen Widerstand. 1979 spüren die Politisierten noch die Auswirkungen des Deutschen Herbstes von 1977. Die terroristische Bedrohung verursacht eine Hysterie im Staat. Die einen radikalisieren sich, die anderen verspießern. Höchste Eisenbahn also für einen Frontalangriff auf die publizistische Friedhofsruhe in Deutschland. Hinfort mit dem öden Sowohl-als-auch.

Am Anfang steht das Wort: radikale Objektivität durch totale Subjektivität! Frei nach Karl Marx' Diktum, die Philosophie solle die Welt nicht nur interpretieren, sondern verändern, versteht die »taz« Neutralität als Parteinahme für die Starken und lehnt sie ab. »Die ›taz‹ war damals meine zentrale politische Arbeit«, schaut Mitbegründer Christian Ströbele, Anwalt und Grünen-Abgeordneter im amtierenden Bundestag, gerne zurück. Zum revolutionären Inventar gehört ein fest umrissenes Weltbild, ein Schwarz-Weiß-Denken mitunter – die Zeitungsmacher meinen genau zu wissen, was gut und was böse ist. Vor allem: was böse ist. Denn Kassandra steht bei der Gründung Pate: Der Untergang des Abendlandes ist ausgemachte Sache. Imperialismus, Faschismus, Atomenergie, Krieg, Ausbeutung, Ausländerfeindlichkeit, Amerikanismus und – nicht zuletzt – männlicher Chauvinismus bieten immer wieder kontroversen Stoff. We shall overcome!

Wirtschaftlich betrachtet, bedeutet das Gutsein eine tagtägliche Selbstausbeutung: Anfangs gibt es nur rund 1500 D-Mark Einheitsgehalt für alle »taz«-Macher. Ausgerechnet die »taz« verwirklicht den kühnsten Traum aller Medienmanager: den freiwilligen Ausbeuter-Lohn als Bestandsgarantie. Die zweite Bestandsgarantie resultiert aus der kreativen und journalistischen Qualität der »taz«. Vielen verschnarchten »Immer so weiter«-Blättern führt sie vor, dass die Nähe zu den Mächtigen keinen guten Journalismus garantiert.

Rein unternehmerisch gesehen steht der Laden in der Berliner Kochstraße – vis-à-vis der übermächtigen Springerzentrale – nie so recht auf gesunden Füßen. »Die Experten sagten uns damals ja auch: Vergesst das Ganze, ihr braucht mindestens eine Million als Startkapital. Auch meine eigene Prognose, die ich nie aussprach, war pessimistisch: ein paar Monate, vielleicht ein halbes Jahr! Dann wird der Laden dichtgemacht, wir machen was anderes und berufen uns bei kommenden Projekten auf die Erfahrung mit der ›taz‹«, reminisziert Ströbele. Der Verein »Freunde der alternativen Tageszeitung« gibt so eine Art alternative Holding ab, der auch der in Terroristenprozessen gestählte RAF-Verteidiger Ströbele angehört. »Mit dem Namen machten wir uns einen Spaß. Den haben wir aus dem Film ›Some Like It Hot‹ mit Marilyn Monroe entnommen. Da gab es die ›Freunde der italienischen Oper‹.«

Der finanzielle Druck sorgt für Innovation. Schnell legt sich die »taz« Computer zu und stellt von Blei- auf Fotosatz um. Während die Konkurrenten auf dem Zeitungsmarkt ihre Texte in ausgediente Nachkriegsmaschinen hacken, sorgt das »taz«-Redaktionssystem für Großstadt-Tempo. Kurt Tucholsky hätte geweint vor Freude. »Ich bin mir aber ganz sicher: Der Fotosatz, heiß und wild in der Redaktion diskutiert, weil er Arbeitsplätze überflüssig macht, hat die ›taz‹ zur rechten Zeit gerettet«, sagt Ströbele. Tatsächlich ist die Zeitung ohne Unterbrechung an jedem einzelnen Tag ihrer 28-jährigen Geschichte erschienen.

Trotz fortschrittlicher Arbeitstechniken befindet sich die Zeitung jedoch von Beginn an in einer wirtschaftlichen Krise. Von Aufschwüngen profitiert sie kaum, und Abschwünge verkraftet sie nicht viel besser als finanzkräftigere Unternehmen. Die frühere Chefredakteurin Georgia Tornow bringt die Probleme auf den Punkt: Als die Zeitung ab 17. April 1979 täglich erscheint, »beginnt das zweite deutsche Wirtschaftswunder nach jenem von Ludwig Erhard«, sagt Tornow.

1979

Der real existierende Skeptizismus der Gründerzeit über die Chancen, sich am Markt zu etablieren, ist nicht verwunderlich, wohnt man doch einem Projekt im Geiste des »Und sonst gar nichts« bei: ohne Verlag, ohne Erfahrung, ohne Kapital. Georg Schmitz, Setzer der ersten Stunde, bezeichnet das Unternehmen auf der 20-jährigen Geburtstagsfeier der »taz« scherzhaft als »Konkursverschleppung seit zwanzig Jahren«. Betriebswirtschaftlich gesehen ist das basisdemokratische Blatt ein einziges Desaster: Statt der fürs Überleben nötigen 20 000 Abos gibt es 1979 nur 7000, statt ausgebildeter Journalisten und Verlagsleuten werkeln junge Enthusiasten vor sich hin. Es ist zwar nicht das nötige Geld vorhanden, dafür herrschen jedoch Engagement, Leidenschaft und kreatives Chaos.

Das wirkliche Kapital der »taz« jedoch heißt Staatsknete. In der geteilten Stadt Berlin gründen die »Freunde der ›taz‹« zehn weit verzweigte Unternehmen und Beteiligungsfirmen, mit dem Ziel, vom Staat so viele Subventionen wie nur möglich abzuschöpfen: mehrere Millionen D-Mark pro Jahr, dem Berlinförderungsgesetz sei Dank. Ohne die Steuergelder wäre das Projekt »taz« in der Blaupause stecken geblieben.

Die »taz« verließ sich allerdings nicht allein auf die Unterstützung vom Staat. Geschäftsführer Karl-Heinz Rauch, damals wie heute agil, half hinter den Kulissen von Anfang an tatkräftig mit. Den »Tazzlern« gilt der Kauf eines leer stehenden Gebäudes an der Kochstraße als einer seiner größten Coups. Nach dem Fall der Mauer stieg dessen Wert – heute gilt die Immobilie als das sicherste Pfund des Genossenschaftsverlags.

Doch auch die Politik verschafft der »taz« einen tüchtigen Schub nach vorne: Zu nennen sind hier der Nato-Doppelbeschluss, die Volkszählung und besonders die Atompolitik. Allein die Reaktorkatastrophe von Tschernobyl im April 1986 beschert der täglich erscheinenden Öko-Bibel einen Auflagenschub von 22 000 auf 36 000 Abos. Einen ähnlichen Zuwachs gibt es auch 15 Jahre später nach den Terrorattacken des 11. September 2001, als Bundeskanzler Gerhard Schröder den USA die »uneingeschränkte« Solidarität versichert.

Doch sechs Jahre nach Tschernobyl droht auch der »taz« der Gau. Nach dem Wegfall von Subventionen und erbitterten Richtungskämpfen wird der »Verein der Freunde der alternativen Tageszeitung« beerdigt, und die Genossenschaft übernimmt das Zepter. Eine feindliche Übernahme durch Großverlage kann auf diese Weise abgewehrt werden. Die Frage nach der wirtschaftlich gesunden Basis spaltet damals die Redaktion. Jene, die eine »linke FAZ« wollen, springen ab, als sich die Zeitung genossenschaftlich erdet.

»Ich war damals gegen diese Pläne von Ströbele und anderen. Heute bin ich davon überzeugt, dass es die richtige Entscheidung für den Fortbestand der Zeitung war«, urteilt der Journalist Matthias Geis, der vor zehn Jahren von der »taz« zur »Zeit« wechselte. Für 3 Millionen D-Mark zeichnen 2000 LeserInnen Genossenschaftsanteile und retten die »taz« erneut. Heute gibt es rund 6600 Einleger. Mit der alternativen Rekapitalisierung kippt der Einheitslohn. Eine Kontinuität bleibt: das magere Anzeigenaufkommen. Anno 1996 scheint ein Durchbruch möglich. Diverse Banken, die Daimler-Benz-Tochter Debis und die Lufthansa entdecken die »taz« als Werbeforum. Damals erreichen die Anzeigenumsätze rund 6 Millionen D-Mark im Jahr.

Klamm bleibt das Blatt dennoch. Trotz oder gerade wegen der notorisch dünnen Finanzdecke entwickelt die »taz« neue journalistische Formen und Kooperationen. Als erste deutsche Tageszeitung stellt sie ihre aktuelle Ausgabe 1995 komplett ins Internet. Gleichzeitig beginnt die Kooperation mit der linken Schweizer Wochenzeitung »WOZ«. Gemeinsam geben die beiden Blätter seither die deutschsprachige Ausgabe der französischen Monatszeitung »Le Monde diplomatique« heraus. Lokalausgaben hatte die »taz« sowieso von Anfang an. Dennoch fährt die Zeitung bis zum heutigen Zeitpunkt Verluste ein.

Heute, im Jahre 29 der »taz«-Zeitrechnung, lassen sich rund 50 000 Abonnenten die tägliche »taz«-Dosis montags bis samstags ins Haus liefern. Weitere 11 000 erwerben das Blatt im Durchschnitt am Kiosk. 250 Mitarbeiter arbeiten in Redaktion und Verlag und erwirtschaften für die »taz«-Gruppe rund 20 Millionen Euro Jahresumsatz.

Doch über den materiellen Wert hinaus strahlt die Aura der alternativen Zeitung weiter. Christian Ströbele sagt: »Obwohl ich jetzt überhaupt nicht mehr mit der Zeitung zu tun habe, kommen im Bundestag immer wieder Abgeordnete mit dem Lob zu mir: ›Da habt ihr wieder mal die beste Überschrift von allen gemacht‹.« Denn seit ihrer Geburt

TAZ – EWIGER KONKURSBETRIEB

1979 ist die »taz« das Blatt mit den originellsten Überschriften im Land. »Reagan jetzt im Reich des Guten«, textet sie zum Tod des Ex-US-Präsidenten, »Schlächter Abgang« zum Ableben von Serbenchef Slobodan Milosevic. Und am Tag nach der Bundestagswahl im September 2005 frohlockt die 28-jährige »frauenbewegte« Zeitung zum Sieg Angela Merkels: »Es ist ein Mädchen!«

Christian Ströbeles Prognose? »Die ›tageszeitung‹ wird weiterleben. Mindestens so lange, wie sich Springer die ›Welt‹ leistet, werden sich die Alternativen die ›taz‹ leisten.«

Rüdiger Scheidges

1980

BTX – Abschied von Stern und Raute

1980 probiert die Bundespost im großen Stil ein neues Angebot aus: den Bildschirmtext (BTX). Der Vorläufer der heutigen Online-Dienste gibt einen Vorgeschmack auf das Internet. Der Durchbruch bleibt der Technik dennoch versagt.

Der Mann muss eine Weile in seinen Kellerschränken kramen, bis er seine Zukunftsvision wiederfindet. »Ich weiß gar nicht mehr, ob ich das Ding noch habe«, murmelt Eric Danke, während er einen weiteren Schrank öffnet und Zeitungsstapel sowie allerhand technisches Gerät zur Seite schiebt. Dann zieht er hervor, was er suchte: eine kleine, schwarze Tastatur. »BTX-TV« steht oben in einer Ecke. Daneben befindet sich ein Sensor, um die Tastatur via Infrarottechnik schnurlos mit einem eigens dafür aufgerüsteten Fernseher zu verbinden.

Unzählige Male saß Danke damit auf der Couch – vor seinem alten Loewe-Fernseher, auf dem Schoß die schwarze Tastatur. So hat er elektronisch Briefe verschickt, Geschenke bei Quelle oder Neckermann

Bildschirmtext: Testeinheit im BTX- Rechenzentrum in der Leitzentrale in Ulm (1984)

1980

bestellt und seine Banküberweisungen erledigt. Was im Internet-Zeitalter normal geworden ist, gehörte für den Nachrichtentechniker schon vor mehr als zwanzig Jahren zum Alltag. Der Bildschirmtext (BTX) machte es möglich.

Eric Danke ist der Vater des Bildschirmtextes. Wenn heute jemand über die unbegrenzten Möglichkeiten des allumfassenden weltweiten Datennetzes schwärmt, dann kann der inzwischen 67-Jährige nur müde lächeln. Vieles, was das Internet heute bietet, konnte seine Erfindung auch schon: Es gab einen Mitteilungsdienst, man konnte sein Bankkonto online führen, Reisen buchen und Bücher bestellen. Neben Telefonnummern war auch der Fahrplan der Bundesbahn abrufbar – und das bereits seit 1980, als die Bundespost BTX-Pilotversuche mit insgesamt 4000 Teilnehmern in Düsseldorf und Berlin startete.

Drei Jahre später hat die Post das Angebot »in den Regeldienst übernommen«, wie es damals im schönen Beamtendeutsch hieß. Am 1. September 1983 war es so weit – auf der Internationalen Funkausstellung in Berlin. Eric Danke hat den offiziellen Startschuss bis heute vor Augen. Er auf einem Podium sitzend, neben ihm der damalige Postminister Christian Schwarz-Schilling. Hinter Danke steht ein Mitarbeiter der Post, in der traditionellen schwarzen Uniform mit goldenen Knöpfen und rotem Kragen, auf dem Kopf einen schwarz-goldenen Helm, geschmückt mit Hahnenfedern. Als der Postler in sein Horn bläst, steht Schwarz-Schilling auf und drückt auf einen großen roten Knopf: Über die Telefonnummer 01910 kommt die Verbindung zur Online-Welt zustande.

BTX geht bundesweit auf Sendung – mit großem Tamtam und riesigen Erwartungen. Dem Plan zufolge sollten drei Jahre später eine Million »Teleleser« das neue Kommunikationsmedium nutzen und sich mit Stern- und Rautetaste durch das System klicken. Ende 1987 sind es aber noch nicht einmal 100 000. Gründe für die geringe Akzeptanz der neuen Technik gibt es viele. »Wahrscheinlich war einfach die Zeit noch nicht reif«, sagt Danke. Die erste Computer-Generation habe noch heranwachsen müssen. Zudem ist die Anschaffung teuer, die Inhalte sind angesichts der Kosten nicht überzeugend, und die Post ist auch nicht in der Lage, ein funktionierendes Marketing für die neue Technik auf die Beine zu stellen.

BTX – ABSCHIED VON STERN UND RAUTE

1980

Die Idee für den Urahn des heutigen Online-Dienstes stammte aus Großbritannien, wo Mitte der siebziger Jahre ein solches System entwickelt wurde. Da es damals noch keinen PC gab, kombinierte der englische Ingenieur Sam Fedida zur Datenübertragung Telefon und Fernseher. Dazwischen wurde ein kleines Zusatzgerät geschaltet. Das so genannte »Modem« verwandelte die Impulse, die über die Telefonleitung kamen, in Datensignale. Eine spezielle Hardware im Fernseher setzte diese wieder in Grafiken, Bilder und Text um. Die Bundespost übernahm das Grundprinzip und stellte den ersten BTX-Prototyp 1977 auf der Funkausstellung in Berlin vor.

Für die grafische Darstellung der BTX-Seiten nutzte die Behörde zunächst den englischen Standard. »Die Anbieter, die ihre Dienste per BTX zur Verfügung stellten, waren mit der Auflösung aber nicht glücklich«, erzählt Eric Danke. »Es war den Unternehmen vor allem ein großes Anliegen, ihre Logos darzustellen.« Eine neue technische Lösung musste her, um mehr Farben und bessere Grafiken auf den Fernsehschirm zu bringen. Doch damit begannen die Probleme, denn die Angelegenheit wurde deutlich komplizierter.

Die Sache sei ähnlich aufwendig wie die Vorbereitung der Apollo-Missionen zum Mond, sagte damals ein Manager von IBM. Der US-Konzern hatte den Auftrag bekommen, den Zentralrechner mit den BTX-Angeboten sowie das zugehörige Netz aufzubauen, war damit jedoch offenbar überfordert: Die Technik wurde ein Jahr später fertig als ursprünglich vereinbart. IBM musste angeblich eine Konventionalstrafe von 3,6 Millionen D-Mark zahlen.

Die Entwicklung von BTX erinnert einige der Beteiligten heute an das Desaster mit der elektronischen LKW-Maut. Technische Probleme und der Anspruch, eine eigene Lösung zu entwickeln, verzögerten die Einführung in beiden Fällen. Als Schwarz-Schilling am 1. September 1983 den roten Knopf drückte, startete BTX zunächst in einer deutlich abgespeckten Version – ähnlich wie die Maut 22 Jahre später.

»Das große Problem bei BTX bestand jedoch darin, dass es kaum Endgeräte gab«, sagt Eric Danke. Eigentlich wollten alle Hersteller neue BTX-fähige Fernseher liefern. Doch dafür fehlte ein wichtiges Bauteil: ein Chip, den die damalige Philips-Tochter Valvo nicht rechtzeitig liefern konnte. So gab es zunächst nur die alten TV-Geräte der

1980

4000 Testkunden sowie einige hundert Fernseher von Loewe, die das Unternehmen nach einem alternativen Konzept gebaut hatte. Die Loewe-Geräte mit BTX kosteten etwa 1000 Mark mehr als gleichartige Apparate ohne die neuen Möglichkeiten.

Später kamen spezielle BTX-Geräte auf den Markt, Monitore mit eingebauter Datenübertragungstechnik. In Frankreich wurden fünf Millionen davon unter der Marke »Minitel« unters Volk gebracht. Die Technik fand deutlich mehr Zuspruch als hierzulande, weil die Geräte in Frankreich einfach verschenkt wurden.

»Hier war die ganze Hardware schweineteuer«, erinnert sich Steffen Wernery, in den achtziger Jahren Vorsitzender des »Chaos Computer Clubs« (CCC). Dazu gehörten die Modems zur Einwahl in das Datennetz, die die Bundespost für 120 D-Mark pro Monat vermietete. Die Hacker bauten sich daher ihre BTX-Modems selbst – unter anderem mit Hilfe von Gummimuffen, die sonst für Toiletten benutzt wurden. »Datenklo« war die spöttische Bezeichnung für das selbstgebaute Modem. Der Club veröffentlichte entsprechende Anleitungen. Die Bundespost wehrte sich vehement gegen die Nachbauten, so musste Wernery 800 Mark Strafe für seine Eigenkonstruktion bezahlen.

Der »Chaos Computer Club« kritisierte nicht nur die Kosten, sondern auch die Sicherheit des Systems. Hacker manipulierten beispielsweise Textnachrichten, die über BTX versandt wurden, um auf die Risiken hinzuweisen. »Liebe Datenschützer, wir werden Sie mit diesem Schreiben fernbeleidigen«, schrieben sie an den Datenschutzbeauftragten der Bundesrepublik. Nachdem der Empfänger die Nachricht gelesen hatte, veränderten sie den Brief: »Lieber Dateischeißer« lautete dann die Anrede.

»Es war eine lustige Zeit mit BTX«, sagt Wernery und lacht schallend, wenn er an den größten Coup des »Chaos Computer Clubs« zurückdenkt: einen so genannten »Hack« auf Kosten der Hamburger Sparkasse (Haspa). An einem Freitag im November 1984 trafen sich Steffen Wernery und der Club-Gründer Wau Holland in Wernerys Hamburger Wohnung. Sie hatten eine gebührenpflichtige Seite des »Chaos Computer Clubs« in das BTX-System gestellt. Jeder Abruf brachte ihnen 9,97 D-Mark. Zudem hatten sie ein Programm geschrieben, das ihre BTX-Seite immer wieder automatisch aufrief, und die

BTX – ABSCHIED VON STERN UND RAUTE

Haspa-Zugangsdaten geknackt, um sich im Namen der Sparkasse in das BTX-System einzuwählen.

1980

Mit der gefälschten Haspa-Identität starteten sie ihr Programm. »Ich habe daneben geschlafen und es machte die ganze Nacht klack-klack-klack«, erzählt Wernery. Um einen Abruf der gebührenpflichtigen Seite zu bestätigen, musste man zweimal die Raute-Taste drücken – bei zwei »Klacks« gab es 9,97 D-Mark. Am nächsten Tag waren 135 000 D-Mark zusammengekommen, die der »Chaos Computer Club« der Haspa hätte in Rechnung stellen können. Das Geld wollten die Hacker nicht. Ihr Ziel hatten sie aber erreicht: Der Ruf des BTX als sicheres Informationsnetz war ruiniert.

Eric Danke kann es bis heute nicht glauben, dass damals alles mit rechten Dingen zuging. »Das war natürlich alles ein Fake«, ist er überzeugt. Die Aktion habe nur funktioniert, weil der »Chaos Computer Club« sich bei einer öffentlichen Vorführung das Haspa-Passwort besorgt hätte. »Die haben nur eine Show gemacht, und das wissen sie.« Steffen Wernery widerspricht dem Vorwurf. Doch es sei müßig, heute noch darüber zu streiten. »Wir haben damals schon gezeigt, was in solchen Systemen an Betrug möglich ist«, sagt Wernery, »das war ja nichts anderes als ein Kreditkartenmissbrauch, wie er heute mit Trojanern alltäglich ist.«

Noch eine ganz andere Gruppe entdeckte ebenfalls sehr schnell BTX für sich: Die Erotikbranche nutzte die lukrative Möglichkeit, kostenpflichtige Seiten anzubieten. Grafische Darstellungen waren zwar nur beschränkt möglich, doch vor allem in Chats und Foren tummelten sich diverse dubiose Dienstleister. »Die Sexleute haben sich überall dazwischengesetzt«, sagt Danke. Suchte man beispielsweise nach dem Versandhaus Quelle, stieß man auf Seiten wie »Sex an jeder Quelle«. So hatte BTX bald ein Schmuddelimage, was unter anderem dazu führte, dass man den Dienst Anfang der neunziger Jahre in Datex-J umtaufte. »Das sollte so spröde klingen, dass es niemand mehr mit Sex in Verbindung bringen konnte«, sagt Danke.

Zu dieser Zeit erlebte der Bildschirmtext dank der Ausbreitung von Amiga- und Commodore-64-Computern einen Aufschwung. »Wir haben die Fernseher links liegen gelassen und uns auf die Computer-Nutzer fokussiert«, sagt Eric Danke, »denn das war die ideale Zielgruppe.«

1980

Inzwischen war die »Deutsche Bundespost« in »Deutsche Telekom«, »Deutsche Post« und »Postbank« aufgeteilt worden. BTX war nun Teil der Telekom, die ein neues Marketingkonzept startete, die Preise für die BTX-Nutzung senkte und die Modems umsonst zur Verfügung stellte. Das zahlte sich aus: Die Teilnehmerzahlen stiegen rasant.

Doch gerade als immer mehr Menschen den BTX nutzten, war das System technisch schon überholt: Der Siegeszug des Internets begann. Das neue Netz funktionierte international und konnte größere Datenmengen verarbeiten. Auch das System der E-Mail-Adressen war viel attraktiver. »Unsere passten ja nicht mal auf eine Visitenkarte«, lacht Danke.

Daher entschloss sich die Telekom, Internet und BTX zu kombinieren. »T-Online« hieß der neue Dienst ab 1995, den damals 850 000 Deutsche nutzten. Ein Jahr später war die Millionengrenze überschritten – zehn Jahre später als ursprünglich geplant. Am Anfang bot T-Online noch die Möglichkeit, zwischen Internet und BTX zu wählen, doch nach und nach wurden die alten Bildschirmtext-Angebote ausgesetzt.

Heute ermöglicht das World Wide Web alle Funktionen, die sich Eric Danke und Steffen Wernery vom BTX immer erträumt hatten. Doch um online zu gehen, müssen die Nutzer noch immer einen Computer hochfahren – während Danke dafür in den achtziger Jahren einfach den Fernseher einschaltete.

Inzwischen schwärmen Telekommunikationskonzerne wieder von internetfähigen Fernsehern und versuchen auf großen Messen wie der Cebit, ihren Kunden die Internetnutzung im Wohnzimmer schmackhaft zu machen. Eric Danke glaubt inzwischen nicht mehr daran, dass dies Realität wird: »Ich habe mich tausendmal gefragt, wieso das mit dem Fernseher so ein Problem ist.« Der 67-Jährige ist zu dem Schluss gekommen, dass Computer und Fernseher zwei Geräte mit gänzlich verschiedenen Funktionen sind. »Der PC ist ein interaktives Medium, das funktioniert ohne Maus und Tastatur gar nicht«, sagt Danke. Der Schritt, online zu gehen, ist daher eine simple Erweiterung. Beim Fernseher ist dagegen das Zappen die einzige Interaktion. Zudem sei Surfen am Fernseher einfach unbequem: »Wenn man den Fernseher für das Internet nutzen will, müsste man sich auf den Couchtisch setzen, das passt von der Ergonomie nicht.«

Oliver Voß

1981

RGW – »Gewagt und verloren«

Im August 1981 reduziert die UdSSR ihre Erdöllieferungen an die DDR dramatisch und leitet damit das Ende des »Rates für gegenseitige Wirtschaftshilfe« ein. Die Planwirtschaft bricht langsam zusammen.

Den 27. August 1981 werden Erich Honecker und seine Genossen im Politbüro der SED so schnell nicht vergessen. Leonid Breschnew, der starke Mann des großen Bruders Sowjetunion, teilt ihnen schriftlich mit, dass Moskau im kommenden Jahr die in Rubel zu bezahlenden Erdöllieferungen an die DDR um 2,2 Millionen Tonnen kürzen werde. Das sind fast 10 Prozent weniger als zuvor. Alles Bitten und Klagen der DDR-Politiker hilft nicht viel. Breschnew bietet der DDR den fehlenden Ölvorrat schließlich für 600 Millionen US-Dollar an. Ein größeres Entgegenkommen kann der Sowjetführer nicht bieten, denn die UdSSR steckt selbst in einer schweren Wirtschaftskrise und braucht jeden Dollar, um damit auf dem Weltmarkt Getreide einkaufen zu können.

Bruderkuss zwischen dem ersten Sekretär des ZK der SED Erich Honecker (rechts) und Leonid Breschnew

RGW – »GEWAGT UND VERLOREN«

1981

Leonid Breschnew, der ähnliche Briefe auch an andere osteuropäische »Bruderstaaten« verschickt hat, ahnt nicht, dass er gerade den Anfang vom Ende des »Rats für gegenseitige Wirtschaftshilfe« (RGW) einleitet, dem östlichen Gegenstück zum Marshallplan und zur Europäischen Gemeinschaft.

Dabei hatte anno 1950 alles so optimistisch begonnen. Am 29. September schlüpft Walter Ulbricht in die Rolle des Weihnachtsmannes, um den Arbeitern der Leuna-Werke die frohe Botschaft zu verkünden. »In diesem Jahr werden die Kinder der Deutschen Demokratischen Republik erstmals seit dem Kriegsende wieder einen vollen Weihnachtsteller erhalten«, ruft er in die riesige Werkshalle hinein und genießt den anschwellenden Beifall. Durch die Aufnahme in den »Rat für gegenseitige Wirtschaftshilfe« werde die DDR künftig mehr Rohstoffe und Lebensmittel einführen können.

Tags zuvor hatte Moskau grünes Licht für den Beitritt der DDR zur östlichen Wirtschaftsgemeinschaft gegeben. Zu dieser Zeit ist Walter Ulbricht als Generalsekretär der SED der starke Mann der DDR. Bewusst wählt er die Stadt Leuna für seinen Auftritt, weil das dortige Chemiewerk zu den wirtschaftlichen Trümpfen in der ehemaligen sowjetischen Besatzungszone zählt. Ulbricht ist klar, dass das Werk, das vor allem Kunstdünger produziert, künftig eine wichtige Rolle im Rahmen des RGW-Handels im gesamten Ostblock spielen wird.

Vor allem aber weiß Ulbricht, dass gerade die Belegschaften großer Betriebe in diesen Nachkriegsjahren unter äußerst schwierigen sozialen Bedingungen leben. Die Wirtschaft der DDR befindet sich, wie andere europäische Länder nach dem Krieg auch, in einer schweren Krise. Doch während die Bundesrepublik und andere westliche Staaten massive Aufbauhilfe durch den amerikanischen Marshallplan erhalten, wird die DDR durch Demontagen auf Befehl Moskaus zusätzlich geschwächt. »Damals«, erinnert sich ein Zeitzeuge, der 82-jährige Karl Frenzel aus dem sächsischen Bitterfeld, »haben wir regelrecht gehungert.«

So war die Gründung des RGW am 25. Januar 1949 für die stalinistischen Machthaber nicht zuletzt auch eine Antwort auf den Marshallplan. »Dem Kreml war zu Ohren gekommen, dass sich Polen, Ungarn und die Tschechoslowakei in Geheimverhandlungen mit Washington um eine Teilnahme am Marshallplan bemühten«, berichtet Heinrich

Machowski, der als wissenschaftlicher Mitarbeiter am »Deutschen Institut für Wirtschaftsforschung« (DIW) lange Jahre zum RGW forschte. Den Ambitionen von Staaten, die Moskau zum sowjetischen Machtbereich zählte, wollte Stalin einen Riegel vorschieben.

1981

Der östlichen Zwangsgemeinschaft gehören zunächst die Sowjetunion, Polen, die Tschechoslowakei, Ungarn, Rumänien und Bulgarien an, später kommen die DDR, Albanien und Staaten wie die Mongolei, Vietnam und Kuba hinzu. Nach der RGW-Gründung jubelt die in Ostberlin erscheinende »Berliner Zeitung« etwas voreilig: »Wir erleben die Geburtsstunde der internationalen Planwirtschaft.«

Doch zunächst, in den frühen Fünfzigern, ist der RGW nicht viel mehr als ein System bilateraler Handelsverträge. Nach der Logik der Planwirtschaft folgt der Warenaustausch zwischen den Mitgliedsländern mehrjährigen Verträgen mit fixen Quoten und Preisen. Da die Währungen der Geschäftspartner nicht konvertibel sind, wird mit dem »Transferrubel« als Verrechnungseinheit bezahlt. Dieses System gewährt den Staaten eine gewisse Sicherheit bei Import und Export, verhindert aber eine marktwirtschaftliche Gestaltung des Außenhandels nach Angebot und Nachfrage ebenso wie eine qualitätsbezogene Preisbildung. Parallel dazu wird versucht, die nationale Wirtschaftsplanung der Mitglieder aufeinander abzustimmen. Das aber stößt auf große Probleme, weil die Staaten sehr unterschiedlich entwickelt sind.

Mit der Zeit setzt Moskau im RGW ein System der Arbeitsteilung und Spezialisierung durch, das große wechselseitige Abhängigkeiten schafft. »Unsere Reisebusse fuhren irgendwann im ganzen Ostblock herum«, erzählt Tamas Györi aus Budapest, der in den sechziger Jahren beim ungarischen Bushersteller »Ikarus« gearbeitet hat. Auch Dieselloks aus der Sowjetunion, Werkzeugmaschinen und Elektromotoren aus der DDR sowie Kleintransporter aus den baltischen Sowjetrepubliken überschreiten die Grenzen innerhalb des Ostblocks. Die extreme industrielle Spezialisierung rächt sich nach dem Zusammenbruch des Sozialismus: Nach 1989 haben die ehemaligen RGW-Länder große Schwierigkeiten, ihre überdimensionierten Produktionseinheiten zu reduzieren und den Bedingungen des internationalen Marktes anzupassen.

In Zeiten der RGW entsteht ein gewaltiger Bürokratie-Apparat aus Planungs- und Leitungsgremien, wissenschaftlichen Beiräten, Bran-

1981

chenkomitees und Außenhandelsagenturen, deren Mitglieder sich regelmäßig in den Hauptstädten des Ostblocks treffen. Siegfried Wenzel, der lange als stellvertretender Vorsitzender der DDR-Plankommission tätig war, erinnert sich: »Bei den Treffen der Fachleute ging es ganz menschlich zu. Wir mussten schließlich konkrete Probleme lösen.« Dagegen, so Wenzel, seien die Konferenzen der Staats- und Regierungschefs sowie anderer Spitzenpolitiker immer sehr steif gewesen, weil die sowjetischen Vertreter stark dominiert hätten. »Als hauptsächlicher Rohstofflieferant saß Moskau einfach am längeren Hebel.«

Wenzels ehemaliger Chef Gerhard Schürer, der 25 Jahre die Plankommission der DDR leitete, mag hingegen nicht mehr über »damals« sprechen. »Bitte respektieren Sie, dass ich mich heute nur noch um meine Kinder und meine vielen Enkelkinder kümmern möchte«, sagt Schürer, der in einer bescheidenen Wohnung im Ostteil Berlins wohnt. Immerhin hat er sich in seiner 1996 erschienenen Autobiographie detailliert und kritisch mit den Schwächen der Planwirtschaft und des RGW-Systems auseinandergesetzt. Das Buch heißt: »Gewagt und verloren«.

Ein Vergleich des RGW mit seinem westlichen Pendant, der 1957 gegründeten Europäischen Wirtschaftsgemeinschaft (EWG), sowie der daraus entstandenen Europäischen Union zeigt sehr deutlich, wo die Schwächen des RGW lagen. Trotz Brüsseler Bürokratie und Reglementierungswut, trotz Zollschranken, Milchquoten und endloser Entscheidungsprozesse war und ist die EU eine Gemeinschaft mit einem funktionierenden Markt. Die RGW-Staaten hingegen fürchteten stets, ihre Volkswirtschaft dem rauen Wind des Marktes auszusetzen. Ohne Markt aber gibt es keine ökonomisch begründeten Wechselkurse und keine realistischen Preise, ohne Privateigentum kein Verantwortungsbewusstsein der Akteure.

Trotz aller Schwächen des Systems und der Gängelung aus Moskau konnten die kleineren RGW-Staaten aber auch von dem wirtschaftlichen Verbund profitieren. Das gilt für den Bezug billiger Rohstoffe ebenso wie für die kostenlose Übernahme von Patenten. Letzteres geschah sehr zum Ärger derjenigen Staaten, die diese Patente entwickelt hatten. So empörte sich Walter Ulbricht während einer Tagung des RGW-Rates im Januar 1956 darüber, dass es in anderen Mitgliedstaa-

1981

ten offenbar Genossen gebe, die die Zeiss-Werke der DDR als eine Art Selbstbedienungsladen betrachteten. »In allen Ländern tauchen gegenwärtig Produktionen von Zeiss-Patenten auf, während unser eigener Absatz nicht mehr gewährleistet ist«, schimpfte Ulbricht.

Ende der siebziger Jahre treten die wirtschaftlichen Probleme der RGW-Staaten dann immer deutlicher hervor. Die Staatsführer im Ostblock, die ihren Bürgern nicht den versprochenen Wohlstand bieten können, verlieren zunehmend an Autorität und Ansehen. Die Unzufriedenheit mit den Verhältnissen wächst, wobei der Blick auf den Westen und das wachsende Wohlstandsgefälle zwischen den kapitalistischen und den sozialistischen Ländern das Ihre tun. Überall im Ostblock gewinnen Dissidenten und Oppositionelle an Einfluss. Trotz einiger halbherziger Reformen zeichnet sich ab, dass das RGW-System in absehbarer Zeit zusammenbrechen wird.

Ans Tageslicht kommt die Ineffizienz der Zentralverwaltungswirtschaft bereits, als sich ab 1973 der Ölpreis vervielfacht. Es geht jetzt darum, durch den intelligenten Einsatz von Hochtechnologie mit weniger Rohstoffen die gleiche Menge zu produzieren wie vorher. Die Sowjetunion versucht, sich an ihren Verbündeten schadlos zu halten, indem sie den bislang subventionierten Ölpreis schrittweise auf das Weltmarktniveau anhebt und die Liefermengen kürzt. Denn auf dem Weltmarkt gibt es dafür Devisen und westliche Technik.

Die kleinen RGW-Länder stehen in der Folge bald vor dem Kollaps. Die DDR verringert ihre Ölimporte von 1981 bis 1984 zwar um fast 25 Prozent, muss dafür aber mehr Geld und Waren nach Moskau überweisen als zuvor für einen größeren Ölvorrat. Dieses Kapital fehlt für Investitionen im eigenen Land. Verzweifelt exportieren die DDR, Polen und die UdSSR alles, was sich noch verkaufen lässt, in den Westen, um sich so die Devisen für die Einfuhr von Hochtechnologie zu beschaffen. Dafür geht der Handel innerhalb des RGW immer stärker zurück. Der Niedergang der sozialistischen Wirtschaftsgemeinschaft ist nicht mehr aufzuhalten.

So liegt der RGW eigentlich schon längst auf dem Kehrichthaufen der Geschichte, als der Kreml die Flucht nach vorn ergreift. Nach dem Amtsantritt von Michail Gorbatschow als Generalsekretär der KPdSU im Jahr 1985 fordert der sowjetische Ministerpräsident Nikolai Ryschkow eine radikale Umstellung des RGW-Handels auf die Bedingungen des Weltmarktes. »Wir wollen, dass die Preise der Weltmärkte künftig ungefiltert und ohne Schonzeit gelten und dass die international üblichen Zahlungsbedingungen angewandt werden«, erklärt Ryschkow. Außerdem fordert er die völlige Umstellung des Warenaustauschs auf Zahlungen in konvertiblen Währungen. Doch dazu kommt es nicht mehr. 1989/90 bricht das ganze sozialistische System zusammen, und die nunmehr unabhängigen RGW-Länder gehen ökonomisch ihre eigenen Wege.

Die letzte Tagung des RGW-Rates am 9. Januar 1990 symbolisiert den Umbruch im gesamten Ostblock. Im riesigen Kulturpalast der bulgarischen Hauptstadt Sofia sitzen Anhänger und Gegner der neuen Ära an einem Tisch. Während die Delegation der DDR unter Leitung von Regierungschef Hans Modrow Übergangsfristen aushandeln will, können die Delegierten Ungarns und anderer reformorientierter Staaten das Ende des RGW kaum erwarten. »Meine ungarische Kollegin Piroschka Apro glühte vor Begeisterung ob der schönen Zeiten, die nun anbrechen würden«, berichtet Dietrich Lemke, der als Vize-Außenhandelsminister zur Delegation der DDR gehörte. Der rumänische Regierungsvertreter beim RGW Radu Stancu dagegen habe nur finster dreingeschaut. »In Sofia schwante mir zum ersten Mal, dass ein Tag kommen könnte, an dem man Leute wie mich nicht mehr braucht, weil es den Außenhandel, den ich kenne, nicht mehr gibt«, erzählt Lemke.

Ganz so schlimm kommt es dann doch nicht. Viele ehemalige RGW-Funktionäre schaffen den Sprung in die neuen kapitalistischen Zeiten. Einige sind bis heute in deutschen Unternehmen tätig. Ihr Kapital: eine exzellente Kenntnis der Exportländer, hervorragende Kontakte mit diesen und die Beherrschung der russischen Sprache.

Am 28. Juni 1991 wird der RGW offiziell aufgelöst. Mit Hilfe von Freunden gelingt es DIW-Ökonom Heinrich Machowski, sich in die ungarische Delegation im Exekutivkomitee zu schmuggeln. »Das war wie eine Beerdigung«, sagt Machowski und schmunzelt. »Das formale Ende einer Organisation, die schon vorher gestorben war.«

Reinhold Vetter

1982

Milliardenkredite – Hilfe für die DDR

1982 gerät die DDR finanziell in die Klemme – und wendet sich an den Klassenfeind im Westen. Klammheimlich fädelt CSU-Chef Franz Josef Strauß zwei Milliardenkredite für den SED-Staat ein.

Der Mann aus Ost-Berlin rückt seine Sonnenbrille gerade. »Das Geschäft läuft ja gut an«, denkt er. Vor ihm stoppt ein dunkelblauer BMW 745 der Bayerischen Staatsregierung. Der Chauffeur öffnet die Tür zum Fonds, der Mann mit der Sonnenbrille steigt ein. Kurz darauf passiert der gepanzerte Wagen die deutsch-deutsche Grenze – ohne Kontrollen. Die Fahrt geht nach Oberbayern. Der BMW verlässt die Bundesstraße und biegt auf einen Feldweg ab. Auf einer Anhöhe taucht das Gut Spöck auf, das Gästehaus des Rosenheimer Großschlachters Josef

Treffen des bayerischen Ministerpräsidenten Franz Josef Strauß (links) mit dem Leiter der Gesellschaft KoKo (Kommerzielle Koordinierung) Alexander Schalck-Golodkowski

1982

März. »Ein bayerischer Hof wie aus dem Bilderbuch«, erinnert sich der Reisende, »umgeben von sattgrünen Wiesen und überwölbt von einem strahlend weißblauen Himmel.« Das Ehepaar März empfängt den konspirativen Besucher mit »größter Freundlichkeit, ja Herzlichkeit«.

Der Mann aus dem Osten heißt Alexander Schalck-Golodkowski. Er ist der oberste Devisenbeschaffer der DDR und Leiter des Bereichs »Kommerzielle Koordinierung« (KoKo) im Ministerium für Außenhandel. Ein Gedanke treibt ihn nach Oberbayern: »Wird sich ausgerechnet hier eine Lösung für die Kreditprobleme der DDR finden lassen?« Sein Heimatland braucht dringend eine Milliarde D-Mark. Mit halbem Ohr hört er seinen Gastgebern zu, blickt auf den schilfumstandenen Rinssee, wartet. Dann unterbricht ein ohrenbetäubender Lärm die Idylle. Ein Helikopter des Bundesgrenzschutzes landet auf der Wiese. »Lachend und winkend entstieg ihm Franz Josef Strauß«, erinnert sich der Mann aus Ost-Berlin.

Das Rendezvous beim Schlachter im Mai 1983 markiert den Anfang einer großen Geldbeschaffungsaktion für die DDR. Die hatte sich 1982 wegen ihrer akuten Devisenknappheit für Hilfe gen Westen gewandt. Mehr als ein Jahr nach Schalcks Visite beim Klassenfeind, am 25. Juli 1984, hatte die SED-Führung schließlich ihr Ziel erreicht: Die Bundesregierung segnete auch den zweiten Milliardenkredit deutscher Banken für die marode DDR ab.

Monatelang beherrschte das Geschäft der verfeindeten Brüderländer die Schlagzeilen und löste Erinnerungen des damaligen Bundeskanzlers Helmut Kohl zufolge vor allem bei allen Bürgern »rechts der Mitte« einen »echten Schock« aus. Und es verschaffte einem der schillerndsten Politiker der bundesdeutschen Nachkriegsgeschichte seinen letzten großen Auftritt: Franz Josef Strauß. Der bayerische Ministerpräsident fädelte das Milliardengeschäft mit dem finanzschwachen Arbeiter- und Bauernstaat ein. Die Konsequenzen erlebte er nicht mehr. »Weil er dem SED-Regime ermöglichte, ohne die überfälligen Reformen weiterzumachen, ebnete er ihm den Weg in den Ruin«, urteilt sein Biograph Stefan Finger. 1989 kollabierte die DDR – was Strauß nicht mehr miterlebte. Er starb im Oktober 1988.

Sechs Jahre zuvor erlebt Franz Josef Strauß schlimme Wochen. Für den Sohn eines Münchener Metzgers haben sich mit der Wahl seines

MILLIARDENKREDITE – HILFE FÜR DIE DDR

1982

Rivalen Helmut Kohl zum Bundeskanzler die Türen zur ganz großen Macht für immer geschlossen. Ausgerechnet Kohl. Hatte Strauß ihn nicht jahrelang unterschätzt, gar verhöhnt? Weitere sechs Jahre zuvor, in seiner »Wienerwald-Rede« im Jahr 1976, polterte Strauß: »Helmut Kohl wird nie Kanzler werden. Er ist total unfähig. Ihm fehlt alles.« Und nun? Kohl regiert Deutschland, Strauß verwaltet Bayern. Kohl macht Weltpolitik, Strauß Provinzpolitik. Der CSU-Boss flüchtet sich in Zynismus. Für ihn sei es nicht wesentlich, »wer unter mir Bundeskanzler ist«. Die Hilflosigkeit bleibt.

Kam da der Milliardenkredit nicht wie gerufen? Franz Handlos, enttäuschter Ex-Strauß-Gefolgsmann, sagt über die Motivation seines ehemaligen Idols: »Strauß betrachtete sich als großen Staatsmann.« Er habe denen in Bonn mit der Einfädelung des DDR-Kredits eins auswischen wollen. Rivale Helmut Kohl formuliert den Antrieb des Bayern etwas wohlwollender: Strauß habe die Chance erkannt, »von München aus große Politik zu machen«.

Bis heute herrscht in der CSU die humanitäre Deutungsvariante der Geschichte vor. Theo Waigel, ehemaliger CSU-Chef und Bundesfinanzminister, sagt heute: »Ich war damals Vorsitzender der CSU-Landesgruppe. Strauß fragte mich nach meinem Rat. Er wollte wissen, ob er sich für den Kredit einsetzen sollte oder nicht.« Franz Josef Strauß erklärt seinem Parteifreund Waigel: Für den Kredit wolle er »drüben« menschliche Erleichterungen herausholen. Seinen Verhandlungspartnern aus der DDR sagt Strauß denn auch: »Sie können die Bürger der Bundesrepublik an der Grenze und in Ihrem Land nicht als Bürger eines Feindstaates behandeln und die Währung der Bundesrepublik als Währung eines Freundstaates in Anspruch nehmen.«

Die Schikanen an der deutsch-deutschen Grenze hatten am 10. April 1983 in Drewitz einen tödlichen Höhepunkt erreicht. Der Bundesdeutsche Rudolf Burkert starb bei einem Verhör durch ostdeutsche Sicherheitskräfte. Die offizielle DDR-Version lautete: Herzversagen. Strauß aber schrie »Mord«.

Dieser Ruf des bayerischen Enfant terrible hallt noch in den Ohren Alexander Schalck-Golodkowskis, als er Strauß auf dem März-Anwesen trifft. »Wie wird der Kommunistenfeind Strauß, der eben noch den Todesfall in Drewitz als Mord bezeichnet hatte, einem Vertreter des

SED-Regimes begegnen?«, fragt sich Schalck. Seine Sorgen sind unbegründet. Die ungleichen Partner verstehen sich sofort, es entwickelt sich sogar eine Art Männerfreundschaft. Bis zum Tod Strauß' mehr als fünf Jahre später nehmen sie noch 238 weitere Male Kontakt auf. »Der Schalck war ein hoch qualifizierter und absolut zuverlässiger Partner«, erzählt Wilfried Scharnagl, Ex-Chefredakteur des CSU-Organs »Bayernkurier« und Intimus von Strauß. Der sagte einst: »Scharnagl schreibt, was ich denke, und ich denke, was Scharnagl schreibt.«

Und Alexander Schalck-Golodkowski? Er kommt 1932 in Berlin zur Welt, lernt Feinmechanik, studiert Ökonomie. Dann klettert er immer weiter in der SED-Hierarchie hoch, baut die KoKo auf, und im Wendeherbst 1989 handelt man ihn sogar als möglichen Wirtschaftsminister der DDR. Indem er den chronisch devisenschwachen SED-Machthabern harte Währung – oft über zwielichtige Kanäle – beschafft, machte sich Schalck unentbehrlich. Der Lohn: Vaterländischer Verdienst-Orden in Gold, Medaille der Waffenbrüderschaft, Großer Stern der Völkerfreundschaft. Im Dezember 1989 muss der »Held der Arbeit« wegen angeblich krimineller Machenschaften aus der DDR flüchten. Der Bundesnachrichtendienst nimmt den Ex-Offizier des Ministeriums für Staatssicherheit unter seine Fittiche und gibt ihm eine neue Identität. Schalck, nun mit dem Decknamen »Schneewittchen« ausgestattet, packt aus. Besonders neugierig hören die Geheimdienstler bei den Geschichten über die Devisenbeschaffung zu – die Milliardenkredite von 1983 und 1984 dürften sie allerdings kaum beanstandet haben.

Helmut Kohl, zum Jahresanfang 1983 erst seit wenigen Monaten im Kanzleramt, will einen reibungslosen, völlig legalen Transfer, um seine junge Kanzlerschaft nicht durch einen anrüchigen Deal mit der DDR in Verruf zu bringen. Er lässt sich über alle Gespräche von Strauß und Schalck informieren. Ganz neu sind die Kreditpläne zudem nicht: »Wir hatten das Thema von der sozialliberalen Vorgängerregierung geerbt«, notiert Kohl in seinen Erinnerungen. »Helmut Schmidt beschäftigte sich bereits seit 1980 mit Kreditwünschen der DDR.« Bonner und Ost-Berliner Unterhändler hatten in der Endphase der sozialliberalen Koalition das »Zürcher Modell« ausgekungelt. Eine gemeinsame Bank in der Schweizer Finanzmetropole hätte einen Kredit von bis zu 5 Milliarden D-Mark für die DDR abgewickelt. Doch der Deal platzte.

MILLIARDENKREDITE – HILFE FÜR DIE DDR

1982

Im Jahr 1982 wird die Lage Ost-Berlins kritisch. Die DDR kann ihre internationalen Schulden kaum noch bezahlen. Schalck muss ran. Nach dem Regierungswechsel in Bonn im Herbst 1982 streckt der KoKo-Mann seine Fühler zum bayerischen Großschlachter Josef März aus, den er von dessen Fleischgeschäften in der DDR kennt. März hütet auch die CSU-Kasse und gehört zum Zirkel um Strauß – so ist der Draht in die Münchener Staatskanzlei gelegt. Strauß setzt Kohl beim gemeinsamen Wandern über die Kreditwünsche Ost-Berlins ins Bild. Die Vorsitzenden der Unionsparteien sind sich schnell einig: Geld wird es nur gegen humanitäre Gegenleistungen geben. Und: Es dürfen keine Steuergelder fließen.

Zweifel bleiben dennoch. Helmut Kohl erinnert sich: »Vor allem hatte ich erhebliche Bedenken, dass wir uns von unseren eigenen Wählern den Vorwurf einhandeln könnten, wir würden Geschäfte mit den Kommunisten machen.« Aber die an Geldnot leidende DDR lenkt rasch ein. An der innerdeutschen Grenze kehrt ein normaler Tonfall ein. Vorbei sind das Gebrüll, die Schikanen und Rempeleien. Letztlich gibt Kohl grünes Licht. Deutsche Banken unter der Konsortialführung der Bayerischen Landesbank gewähren der DDR einen Kredit über eine Milliarde D-Mark mit einer Laufzeit von fünf Jahren. Die Interessen des Finanzplatzes München verteidigte Strauß übrigens nebenbei auch: Er hievte die BayernLB ins Boot, damit nicht die Deutsche Bank das Konsortium führte – schreibt Helmut Kohl.

Im Gegenzug verpflichtet sich SED-Parteichef Erich Honecker, die Selbstschussanlagen an der innerdeutschen Grenze abzubauen, die Familienzusammenführung zu erleichtern und wenigstens Kinder vom Mindestumtausch zu befreien – diese müssen bei der Einreise nun nicht mehr einen bestimmten D-Mark Betrag in DDR-Mark umtauschen. Der Haken für Strauß und Kohl: Honecker pocht auf Diskretion. Sie dürfen seine humanitären Zusagen nicht bekannt machen.

Das Schweigegelübde provozierte ein Debakel für den CSU-Chef. Franz Josef Strauß, der gewohnt ist, dass CSU-Abgeordnete ihn umjubeln und mit Traumergebnissen zum Vorsitzenden wählen, muss Mitte Juli 1983 den Kredit vor dem brodelnden Parteivolk verteidigen. Weder Strauß noch Gastredner Kohl können den Delegierten des Parteitages die Gegenleistungen Honeckers erklären. »Schließlich«, bedau-

1982

erte Kohl später, »waren wir zum Stillschweigen verdonnert.« Franz Josef Strauß müht sich redlich ab, den Coup zu verkaufen. Es hilft nichts. Die Basis versteht ihren Boss nicht mehr. Der abtrünnige Franz Handlos sagt später, Strauß habe »den Widerstand gegen das kommunistische System verraten«. Strauß erhält einen Denkzettel: Bei der Wahl zum Parteivorsitz votieren nur 77 Prozent der Delegierten für ihn – viele bleiben der Abstimmung aus Protest fern. »Für CSU-Verhältnisse war das ein glatter Aufstand«, sagt Publizist Scharnagl. Ex-CSU-Chef Theo Waigel erinnert sich: »Das Ergebnis traf Strauß hart, er reagierte sehr gereizt.«

Kurz darauf empfängt Honecker seinen angeschlagenen Geldbeschaffer aus dem Westen. Die beiden verstehen sich prächtig – und Honecker hält Wort. Im Jahr 1984 lässt Ost-Berlin deutlich mehr DDR-Bürger in den Westen übersiedeln. Der Reiseverkehr wächst an und die Selbstschussanlagen verschwinden. Allerdings hatte sich die DDR auch in einer Konvention der Vereinten Nationen zum Abbau der heimtückischen Waffen verpflichtet.

Sein Biograph Finger fasst die Leistung Franz Josef Strauß' so zusammen: »Strauß nutzte die einmalige Gelegenheit, eine konstruktive und entspannungsorientierte Deutschlandpolitik zu betreiben, und setzte als Gegenleistung für die Kreditvermittlung vielfältige menschliche Erleichterungen durch.« Und auch die Banken konnten nicht klagen: Nach Angaben aus Finanzkreisen bekamen sie ihr Geld von der DDR pünktlich zurück – auf Heller und Pfennig.

Jan-Dirk Herbermann

1983

Zündholzmonopol – Feuer und Flamme

Am 15. Januar 1983 fällt in Deutschland das Zündholzmonopol, eines der letzten Staatsmonopole. Die Geschichte der Branche liest sich wie ein Krimi.

Drei Jahre lang hat sich Jörg Müller auf Samstag, den 15. Januar 1983, vorbereitet. Dreißig Laster voll beladen mit Streichhölzern aus osteuropäischer Produktion stehen in jener Nacht an den Ost-Grenzen der Bundesrepublik. Schlag Mitternacht rollen seine Lkw von Südosten aus durch die Republik. Mittags schon liegen die ersten frei gehandelten Zündhölzer in bayerischen Geschäften, abends auch in Hessen, Baden und Rheinland-Pfalz. Ihr Ladenpreis ist über das Wochenende um 35 Prozent gefallen, denn das Zündholzmonopol ist endlich Geschichte. »Nicht nur die Marktgesetze haben sich geändert«, sagt Jörg Müller heute, »für uns hat schon damals die Globalisierung begonnen.«

Tatsächlich geht an jenem Januartag 1983 eine Epoche der deutschen Wirtschaftsgeschichte zu Ende, doch das Land nimmt davon kaum Notiz. Die Republik debattiert über die Startbahn West am Frankfurter

In Deutschland durfte es bis 1983 fünf Jahrzehnte lang nur Zündhölzer mit der Aufschrift »Welthölzer« und »Haushaltsware« geben

ZÜNDHOLZMONOPOL – FEUER UND FLAMME

1983

Flughafen und die vorgezogene Bundestagswahl nach dem Machtwechsel von Helmut Schmidt zu Helmut Kohl. Außerdem präsentiert Sony den ersten CD-Spieler – eine echte Sensation. Was sind dagegen schon Zündhölzer? Vor allem, wenn es hierzulande über fünf Jahrzehnte keine anderen geben durfte als die in einer gelben Schachtel steckende »Haushaltsware« und die dunkelblau verpackten »Welthölzer«. Jede Gründung einer Zündholzfabrik ist verboten. Es ist nicht einmal erlaubt, ausländische Streichhölzer als Urlaubsandenken einzuführen. So hat es das Reichswirtschaftsministerium noch zu Weimarer Zeiten bestimmt.

Nun aber ist der Markt frei, und Jörg Müller macht sich daran, ihn zu erobern. Er kennt die Branche. Die nordbadische Familie stellt seit Jahrzehnten Streichhölzer her, aber die großen Gewinne steckte seit 1930 die Firma eines deutschstämmigen Schweden ein, Ivar Kreuger. Kreuger schwingt sich nach Ende des Ersten Weltkrieges zu einem der cleversten Finanzjongleure und fintenreichsten Unternehmer der Welt auf. Bald umfasst sein Imperium Goldminen, die Telefonfirma Ericsson, große Teile der schwedischen Papierindustrie und zwei Drittel der internationalen Streichholzproduktion. Letztere, die »Svenska Tändsticks Aktiebolaget«, hat er von seinem Vater geerbt. Die Zündholzbranche hat es Kreuger besonders angetan. In Deutschland kauft er in den zwanziger Jahren mehrere Konkurrenten auf.

Eines Tages erscheint er auch im badischen Meckesheim bei der Firma Müller. Jörg Müller, heute 71 Jahre alt, erinnert sich daran, als wäre es erst vor zwei Wochen gewesen. Der langjährige Vizepräsident der Industrie- und Handelskammer Mannheim ist ein hagerer Mann mit einem fast faltenlosen Gesicht und wachen, freundlichen Augen. Müller erzählt: »Kreuger sagte meinem Vater Karl gerade noch ›Guten Tag‹, ehe er zur Sache kam: ›Was ist Ihre Firma wert? Ich bezahle Ihnen das Doppelte.‹« Karl Müller weiß: Ihm steht ein Riese gegenüber. Kreuger beherrscht damals 65 Prozent des deutschen Zündholzmarktes. 220 Außendienstler, »Reisende« genannt, tragen seine Produkte in jeden Winkel der Republik. »Das war in dieser Zeit absolut revolutionär. Kreuger war ein brillanter Verkäufer«, berichtet Jörg Müller aus den Erzählungen seines Vaters. Der lehnt das Übernahmeangebot schließlich ab. Wenig später aber muss er doch eng mit Kreuger zusammenarbeiten. Das Finanzgenie aus dem Norden unterhält beste Kontakte zu Banken und Regierungen.

Kreuger weiß seinen enormen Einfluss zu nutzen. Auch als Europas Nationen infolge der großen Depression von einer Finanzkrise in die nächste taumeln, ist er zur Stelle. Er bietet Großkredite an und verlangt im Gegenzug Aufträge für seine Unternehmen. Ein Milliarden-Dollar-Deal mit Sowjetführer Josef Stalin scheitert 1927 erst im letzten Moment. Mit Deutschland indes wird der Schwede, dessen Familienname ursprünglich Kröger lautete und der aus der Hansestadt Wismar stammt, handelseinig. Nur Wochen nach dem Schwarzen Freitag im Oktober 1929, als die Aktienmärkte kollabieren, vermittelt er der klammen Weimarer Republik eine Anleihe über 125 Millionen Dollar. Im Gegenzug bekommt er für die Tilgungsdauer das Monopol auf Zündhölzer in Deutschland.

In der Praxis läuft das Geschäft so: Die Marktanteile zwischen Kreuger und den deutschen Produzenten – darunter auch die Müllers – werden eingefroren. Alle liefern ihre festgelegten Produktionsmengen, von denen allein 65 Prozent auf Kreuger entfallen, an die Deutsche Zündwaren-Monopolgesellschaft (DZMG) in Frankfurt. Diese verkauft die Hölzer mit hohen Kartellaufschlägen an die Händler. Die Gewinne fließen zu einem beträchtlichen Teil direkt in Kreugers Tasche. Für die deutschen Produzenten reicht es zum Überleben. Es ist ein Kartell mit einem Quasi-Monopolisten: Kreuger.

Nach dem Krieg erkennt die neue Bundesrepublik die alten Verträge an und bedient die Raten weiter. 1979 beläuft sich der Absatz der DZMG auf 42 Milliarden Hölzer und der Gewinn auf 5,3 Millionen D-Mark. Am 15. Januar 1983 wird die letzte Rate für die Anleihe fällig, und Bundesfinanzminister Hans Matthöfer hebt das Kartell über den Pappelholzsplitter mit seiner Kantenbreite von exakt 2,1 Millimetern und der Länge von 4,4 Zentimetern auf.

Jörg Müller ist da längst bewusst: Die Preise werden mit der Freigabe des Marktes rapide fallen, die Zukunft liegt im Handel und nicht in der Produktion. Schon 1979 macht er seine eigene Zündhölzerproduktion dicht. Er besorgt sich Visa für Polen, Ungarn, die Tschechoslowakei und Jugoslawien. Nahe Györ und Brünn findet er Firmen, die Zündhölzer zu sozialistischen Löhnen fertigen. Er kauft ihnen neue Maschinen und krempelt die Produktion um. Müller gewinnt Handelskonzerne wie Tengelmann, Rewe, Edeka und Markant als Kunden. Und er schließt langfristige Lieferverträge mit seinen osteuropäischen Partnern.

Für Jörg Müller hat sich sein Weitblick gelohnt. Heute hält seine Vertriebsgesellschaft »KM Zündholz International« in Deutschland einen Marktanteil von etwa 70 Prozent. Müller, der das Unternehmen gemeinsam mit seinem Sohn führt, beliefert Aldi, Lidl und Schlecker und verkauft Jahr für Jahr 250 Millionen Packungen à 40 Hölzer, also zehn Milliarden Streichhölzer – Ware, die er vorwiegend aus Tschechien, China und Russland importiert. Ein einziger echter Konkurrent ist ihm hierzulande geblieben: »Swedish Match«. Die Firma gehört heute zum Wallenberg-Imperium und ist die Nachfolgerin von Kreugers Konzern.

Der mächtige Gründer hat von den jahrzehntelang sprudelnden Kartellgewinnen allerdings nicht viel gehabt. Am 12. März 1932 geschieht in Paris etwas sehr Geheimnisvolles. Im Hôtel du Rhin warten US-Bankiers und schwedische Investoren auf Ivar Kreuger. Als der Milliardär nicht erscheint, eilt sein Freund Krister Littorin per Taxi zu Kreugers Wohnung. »Ist der Ingenieur nicht zu Hause?«, fragt er die Haushälterin. »Doch, aber er schläft.« Littorin blickt ins Schlafzimmer und schreit: »Er schläft nicht! Er ist tot!« Kreuger liegt auf dem Bett. Weste und Jacke sind aufgeknöpft, in der Brust steckt eine Kugel, in seiner linken Hand liegt eine halbautomatische Browning, Kaliber neun Millimeter.

Tags darauf sacken weltweit die Aktienkurse ab. Die Zeitungen nennen es den »Kreuger-Crash«. Der Ökonom John Maynard Keynes sagt: »Hier hatten wir einen Mann, der vielleicht die größte konstruktive Finanzbegabung unserer Zeit besaß.« Kreugers Konzern bricht nach seinem Tod zusammen. Viele seiner Firmen gehen im Wallenberg-Imperium auf, darunter auch Ericsson und die Zündhölzerproduktion. Rasch machen Gerüchte die Runde, Kreuger habe schon seit längerem Bilanzen frisiert und Dividenden nur noch aus dem Kapitalstock bedient. War es also Selbstmord? Andererseits hielt der tote Kreuger die Pistole in der linken Hand, obwohl er Rechtshänder war. War es doch Mord? Jörg Müller erinnert sich: »Bei uns hieß es immer, Kreuger habe sich umgebracht. Ob es stimmt? Wir werden es wohl nicht mehr erfahren.«

Deutschlands Streichholzindustrie überlebt den freien Markt nur kurz. Ihre Todesumstände sind bekannt: Billigkonkurrenz und Einwegfeuerzeuge. 1993 ist es aus mit Feuer und Flamme »made in Germany«. Nur Vetriebsfirmen wie Jörg Müllers »KM Zündholz« haben überlebt.

Peter Brors

1983

1984

E-Mail – »Dann machte es ›Bing‹«

Am 2. August 1984 erlebt ein kleiner PC an der Universität Karlsruhe eine große Premiere: Er empfängt Deutschlands erste E-Mail. In der Bundesrepublik bricht eine neue Ära an.

Die Revolution beginnt mit warmen Worten. »Michael, this is your official welcome to CSNet. We are glad to have you aboard.« In Sekundenschnelle bahnen sich die Zeilen von Laura Breeden ihren Weg auf die Oberfläche des Bildschirms. Um 12.35 Uhr Ortszeit hat die Wissenschaftlerin der Universität Wisconsin ihren Willkommensgruß eingegeben und abgeschickt. »Eigentlich war es nicht anders als heutzutage«, sagt Michael Rotert, ohne groß zu überlegen. »Es machte ›Bing‹, und dann erschien ›You have a new mail‹ auf dem Bildschirm.«

Das ist aber auch die einzige Gemeinsamkeit mit dem heutigen E-Mail-System. Michael Roterts Bildschirm in Karlsruhe, gerade mal 13 Zoll groß, kann nur Texte darstellen, keine Grafiken. Umlaute akzeptiert er nicht. Und eine Maus, um den elektronischen Brief zu öffnen, gibt es auch noch nicht. Rotert muss erst ein paar Kommandos in ASCII-Sprache eintippen, damit er die erste E-Mail, die Deutschland am 2. August 1984 erreicht, lesen kann.

Am 2. August 1984 wird die erste E-Mail in Deutschland verschickt

E-MAIL – »DANN MACHTE ES ›BING‹«

1984

Gemeinsam mit seinem Chef, dem Internetpionier und Universitätsprofessor Werner Zorn, hat der 34-jährige Ingenieur Rotert gebastelt, allerlei administrative Hürden genommen und die Konkurrenten im Land aus dem Feld geschlagen. Nun ist es Zeit, dass sie ihr Baby begrüßen. Doch nicht einmal eine Flasche Sekt wird geköpft. »Eigentlich«, erinnert sich Zorn, »haben wir gleich weitergearbeitet.«

Wie bahnbrechend ihre Arbeit sein würde, konnten er und sein Team damals allerdings auch noch nicht ermessen. Am 2. August 1984 wurde nicht nur eine neue Form der Datenübertragung eingeführt. Die E-Mail revolutionierte auch die menschliche Kommunikation, und sie brachte sogar eine neue Krankheit nach Deutschland: den »Techno-Stress«.

Die Väter des Karlsruher E-Mail-Wunders sind der virtuellen Welt treu geblieben. Michael Rotert ist mittlerweile Vorsitzender des »Verbands der deutschen Internetwirtschaft«. Werner Zorn, 64 Jahre alt, bildet im Hasso-Plattner-Institut in Potsdam die neue Technikelite aus. Die trägt häufig Zopf und Turnschuhe. Werner Zorn ähnelt äußerlich ein wenig Joschka Fischer: Er ist untersetzt, kräftig und mit Knopfaugen ausgestattet, die zu verschwinden drohen, wenn er das Gesicht in Falten wirft. Das bleibt glatt, solange er mit Fachbegriffen wie »OSI«, »Backbones«, »TCP«, oder »Gateway« jonglieren darf. Nur mit dem neuen Kopierer kommt er nicht so zurecht. Gefurchte Stirn: »Warum druckt das Ding jetzt nicht?«

Kann Zorn, der Wissenschaftler, sich eigentlich erinnern, was 1984 sonst noch so passierte, in der realen Welt? »Nein. Ach doch, Aids«, rätselt er. Und dann ist er schon wieder bei seinem Lieblingsthema. »China öffnete sich«, sagt Zorn – und meint damit natürlich die technische Entwicklung in dem kommunistischen Land, an der er seinen Anteil reklamiert. Auch sein Ex-Mitarbeiter Michael Rotert muss passen. Selbst sein Kalender von damals, den er bis heute aufgehoben hat, verzeichnet nur Privates. Im April: »Elternsprechtag«, im August: »Urlaub«.

Dabei war das Jahr 1984 voll von denkwürdigen Terminen. Es war eine Zeit, die politisch vor allem von Stillstand und Krisen geprägt war – aber technisch gesehen auch von bedeutenden Innovationen. 1984 befindet sich der Kalte Krieg auf seinem Höhepunkt, die deutsche Wiedervereinigung scheint in weiter Ferne. Innenpolitisch muss die

E-MAIL – »DANN MACHTE ES ›BING‹«

1984

Regierung von Bundeskanzler Helmut Kohl harte Monate überstehen. Im März tritt Otto Graf Lambsdorff aufgrund von Verwicklungen in den Flick-Skandal als Wirtschaftsminister zurück. Auch mit dem Verhältnis zwischen Gewerkschaften und Unternehmern steht es nicht zum Besten. 1984 erlebt die Bundesrepublik den größten Arbeitskampf seit 1949. Die Metaller streiken sieben, die Drucker gar 13 Wochen lang, um die 35-Stunden-Woche durchzusetzen. Auch der Urlaubssommer 1984 ist ein Reinfall: Dauerregen und Wassertemperaturen um die zwölf Grad.

Der technische Fortschritt indes bleibt von diesen Ereignissen verschont. Noch vor Zorns E-Mail-Innovation schafft eine mindestens ebenso bedeutende Erfindung den Durchbruch: das Kabelfernsehen. Im Januar wird es erstmals ausgestrahlt. Fast zeitgleich geht Radio Luxemburg mit »RTL plus« als erstem kommerziellen Anbieter auf Sendung – und macht fortan ARD und ZDF heftig Konkurrenz. Wettbewerb, das zeigt sich wieder einmal, bedeutet Fortschritt. So war es auch bei der E-Mail. Bereits Mitte der siebziger Jahre beginnt in Deutschland ein »Wirtschaftskrieg«, wie Werner Zorn sagt, ein Wettlauf: Wer wird als Erster Zugang zu den elektronischen Netzwerken der Amerikaner bekommen? Denn nicht nur Zorn arbeitet daran. Auch andere deutsche Technikfreaks haben begriffen: In der Welt der Daten, Netze und Computer bewegt sich Großes.

Bereits 1957 haben die russischen Weltraumforscher ihren ersten Satelliten »Sputnik« ins All geschickt. Für die US-Regierung ist das ein Schock. Im Verteidigungsministerium ruft sie eine Behörde mit dem Namen ARPA (Advanced Research Projects Agency) ins Leben. ARPA entwickelt die Idee eines globalen Computernetzwerks. 1969 schafft es die damit beauftragte US-Firma »Bolt Beranek and Newman« (BBN) erstmals, Computer an vier US-Universitäten miteinander zu verbinden – das Internet ist geboren. Keine zwei Jahre später gelingt es BBN-Mann Ray Tomlinson, Nachrichten über dieses Netz zu verschicken. Er gilt seither als Vater des @-Zeichens. Tomlinson soll es im Zeichensatz seiner Schreibmaschine »Teletype 33« gefunden haben. Der Zugang zum ARPANet bleibt jedoch streng limitiert. Es dient vor allem dem Militär. US-Universitäten, die »National Science Foundation« und ARPA selbst gründen deshalb 1981 unter Leitung von Lawrence

Landweber von der Universität Wisconsin ein eigenes Netzwerk, das »Computer Science Network« – kurz: CSNet. Für Werner Zorn und für Deutschland wird CSNet zum Glücksfall.

1984

Westdeutschland hinkt nämlich noch ein wenig hinterher. Dort wird seit Mitte der siebziger Jahre ebenfalls geforscht – regierungsamtlich, universitär und privat. Die Deutsche Bundespost arbeitet an der Datenübertragung in zusammengeschlossenen Netzen ebenso wie diverse Vereine, teilweise mit staatlichen Fördermitteln, teilweise gesponsert vom US-Computerriesen IBM. Während die Amerikaner aber bereits elektronisch Post verschicken, dominieren in Deutschland noch große Rechner mit kleiner Leistung – sie besitzen maximal zwei Gigabyte Plattenspeicher. Bildschirme haben die Riesen selten, meist wird mit Lochkarten gearbeitet.

»Die Monatsmiete für einen Rechner«, sagt Klaus Birkenbihl, »kostete damals zwischen 20 000 und 100 000 D-Mark.« Der große, schlaksige Mann mit Glatze gehört ebenfalls zum Club der Internetpioniere. Ende April 2006 hat er im »Haus der Geschichte« in Bonn die Ausstellung »Wie das Netz nach Deutschland kam« eröffnet. Birkenbihl will das Erinnern fördern, auch an die kleinen Akteure am Rande. Etwa die Hacker vom »Chaos Computer Club«. »Die haben auch ihre Verdienste«, sagt Birkenbihl, »weil sie damit beschäftigt waren, den anderen ihre Ahnungslosigkeit vor Augen zu führen.«

Konkurrenten für Werner Zorns Team sind sie aber nicht. Das sind vor allem EARN, das »European Academic Research Network«, sowie die Kollegen von der Uni Dortmund. EARN ist ein von IBM finanziertes Forschungsprojekt, mit dem die Firma versucht, ihre Vormachtstellung auch in Europa auszubauen. In den USA ist IBM über das BITNet bereits erfolgreich, das Großrechner von wissenschaftlichen Institutionen und öffentlichen Forschungseinrichtungen verband.

Zorn und Rotert sind den Konkurrenten hierzulande letztlich ein paar entscheidende Schritte voraus. Während die »Monopolisten«, wie Zorn sie nennt – die Post oder die staatlich geförderten Projekte –, erst einmal aufwendig allgemeingültige Normen festlegen wollen, verfolgen die Universitätsforscher die Idee einer »offenen Netz-Architektur«. Das Prinzip: Man setzt auf ein schlichteres, aber schneller nutzbares System ohne Standards und lässt dann das Netz sich selbst

1984

entwickeln. CSNet bietet diese Lösung, TCP heißt das Datenübertragungsprogramm. »Alle Welt bog rechts ab«, sagt Zorn. »Wir haben uns durchs Unterholz geschlagen.« Am 6. April 1984 unterschreibt Zorn einen Vertrag mit CSNet, der die Universität Karlsruhe zum exklusiven Partner macht. Die Uni wird damit zum ersten Anbieter eines offenen Netzdienstes in Deutschland. Was fehlt, sind noch ein paar Probeläufe mit der Software der Amerikaner. Dann steht fest: Alles funktioniert reibungslos. Am 2. August 1984 heißt Laura Breeden die Deutschen im Netz willkommen – und schickt gleich die ersten E-Mail-Adressen mit: »zorn@germany« und »rotert@germany«. Deutschland ist online.

Seither ist in Sachen Kommunikation nichts mehr, wie es war. Bereits 1987 meldet der Kölner »Express«: »Weihnachtsbaum legt Computer lahm«. Das Netz hat seinen ersten »Wurm« in Form einer Grußbotschaft und steht erstmals still. Selbst neue psychische Krankheiten gehen auf E-Mails zurück. Einer Untersuchung des Meinungsforschungsinstituts TNS Emnid zufolge fühlt sich mittlerweile jeder fünfte Arbeitnehmer durch die Flut eingehender E-Mails in seiner Konzentration gestört. »Techno-Stress« nennen Psychologen das Phänomen.

Besonders aber hat sich die Sprache gewandelt. Kürzer, ehrlicher, ruppiger – auf diesen Nenner bringen es Kommunikationswissenschaftler. »E-Mail ist vermutlich die rüdeste Form der Kommunikation, die bislang erfunden wurde«, sagte anno 2000 schon Nathan Myhrvold, Ex-Technologie-Chef von Microsoft. Dabei muss Myhrvold allerdings eine Erfindung übersehen haben: Bereits zehn Jahre nach der ersten E-Mail, am 10. März 1994, wird auf der Computermesse Cebit das erste SMS-fähige Mobiltelefon präsentiert. Gegen die seither milliardenfach versendeten »Short Messages« wirken E-Mails mittlerweile wie geschwätzige Romane.

Aber das ist schon wieder eine andere, neue Geschichte aus der Welt der Technik – aus einer Welt, die nie stillsteht und in der die Menschen nur selten zurückschauen. Auch Werner Zorn nicht. Er beschäftigt sich längst mit neuen Trends. Die Welt der Technik ist vieles, nur keine Welt für Nostalgiker.

Jan Keuchel

1985

Daimler – Integriert und implodiert

Im Oktober 1985 kauft Daimler-Benz den einst größten Industriekonzern der Welt: AEG. Doch statt einen neuen deutschen Technologiekonzern zu begründen, endet das Projekt mit dem Codenamen »XYZ« im Desaster.

Bedächtig geht es meist zu in Litzelstetten am Bodensee. Spaziergänger schlendern am Ufer entlang, Schwäne paddeln nebenher. Prominente bleiben unbehelligt und Gespräche vertraulich. Heinz Dürr und Edzard Reuter haben an jenem 1. September des Jahres 1984 das Dorf ausgesucht, um »völlig unverbindlich« ein »Gesprächlein« zu führen, wie Ex-Daimler-Chef Reuter heute mit einem Hauch Koketterie sagt. Die beiden kennen sich seit Mitte der sechziger Jahre aus Stuttgart: Reuter ist zu dieser Zeit ein junger Manager bei Daimler-Benz, Dürr führt den gleichnamigen Familienbetrieb für Lackieranlagen.

Das Ende von AEG: Beschäftigte tragen am 17. Januar 1996 einen symbolischen Sarg. Sie protestieren damit gegen die Auflösung des Konzerns

DAIMLER – INTEGRIERT UND IMPLODIERT

1985

1984 gehören sie zu den Großen der deutschen Wirtschaftswelt. Reuter ist Finanzvorstand von Daimler-Benz, Deutschlands bestverdienendem Konzern. Dürr ist Vorstandschef der AEG, Deutschlands bekanntestem Sanierungsfall. Der eine hat viel Geld und eine Vision, aber keinen Partner; der andere hat viel Technologie, aber kein Geld. Das Wasser des Bodensees öffnet den Blick für das große Ganze, und schwäbische Enge weicht globalen Ambitionen. In Litzelstetten beginnt die Geschichte der spektakulärsten Firmenübernahme der bundesdeutschen Nachkriegszeit. Ein Jahr später, am 14. Oktober 1985, wird das Projekt mit dem Codenamen »XYZ« vollzogen: Der Autoriese Daimler-Benz kauft den Mischkonzern AEG.

21 Jahre später ist Reuter (78) zu Gast bei Dürr (73). Vor dessen Büro in Berlin liegt der Gendarmenmarkt in der sanften Septembersonne. Dürr kommt gerade vom Charity-Golfen mit den Fußball-Brüdern Uli und Dieter Hoeneß, Reuter freut sich auf den nächsten längeren Segeltörn. Bei Kaffee (für Reuter) und Pfeifentabak Marke Davidoff (für Dürr) ziehen die beiden Bilanz. »AEG war für Daimler-Benz eine verpasste Chance«, sagt Heinz Dürr über die Megafusion. »Reuters Idee war vom Grundsatz her richtig, aber wir haben es nicht hingekriegt.« Wegen der unterschiedlichen Unternehmenskulturen, sagt Edzard Reuter, sei die Integration des Traditionskonzerns gescheitert: »Es gelang uns nicht, die internen Widerstände zu überwinden, zu erklären, wohin wir wollen und warum.« Die Geschichte von Daimler und AEG ist ein Lehrstück für jede Fusion. Sie erklärt, weshalb es so schwer ist, aus eins plus eins zwei zu machen. Und sie erklärt, dass kriselnde Unternehmen nicht nur Geld brauchen zum Überleben, sondern sich grundlegend ändern müssen. Die AEG war dafür wohl zu alt.

Am Anfang steht ein Traum. Geträumt hat ihn zunächst Edzard Reuter, aber Heinz Dürr teilt ihn bald: Geplant ist ein integrierter Technologiekonzern von Weltgeltung für Deutschland. Daimler, Deutschlands größter Industriekonzern, soll Kristallisationspunkt deutscher Spitzentechnologie werden – zu Lande, zu Wasser und in der Luft; für Kraftwerke, Kühlschränke und Kaffeemaschinen.

Draußen, außerhalb der heimeligen Bundesrepublik der achtziger Jahre, bahnt sich eine Revolution an: die Globalisierung. In Japan und Korea entstehen Konzerne, die von der Chipentwicklung bis zur Autoproduktion alles vereinen. US-amerikanische Autobauer wie General Motors und Chrysler kaufen Flugzeugbauer wie Hughes und Gulfstream. Die Zeit scheint reif: Auch Deutschland soll so einen Weltkonzern erschaffen.

Einen, wie er die AEG einst gewesen war – Anfang des 20. Jahrhunderts war sie gar der größte Konzern der Welt. Mitte der siebziger Jahre ist sie so gut wie pleite. Retten soll sie Heinz Dürr. Der Spross einer schwäbischen Unternehmerfamilie hat sich als Verhandlungsführer der Arbeitgeber in Baden-Württemberg in Tarifauseinandersetzungen mit der IG Metall einen Namen gemacht: Dürr sagt, was er denkt, und er kann zupacken.

Eines Tages nimmt ihn der mächtige Bosch-Chef Hans L. Merkle zur Seite. »Merkle hat mir vorgeschlagen, die AEG zu führen«, erzählt Heinz Dürr. »›Das muss ein Mittelständler machen‹, hat er gesagt. Ich entgegnete: ›Aber Dürr setzt nur 350 Millionen Mark um, die AEG aber 12 Milliarden. Das geht doch nicht!‹ Da hat Merkle geantwortet: ›Nein, das stimmt nicht, die AEG besteht auch nur aus lauter Firmen von der Größe Ihrer Firma.‹« Heinz Dürr willigt ein. »Dürr ist ein begnadeter Kommunikator, er schaffte es, Aufbruchstimmung bei der AEG zu erzeugen«, sagt Peter Strunk, der Aufstieg und Niedergang der Industrielegende in einem Buch dokumentiert hat.

Die AEG, 1883 in Berlin gegründet, ist Konzern und Symbol: Sie bringt den Deutschen die Glühbirne, die elektrische Straßenbahn, das Fernsehen und den Föhn. Doch anders als beim großen Konkurrenten Siemens & Halske führten weniger Unternehmer, sondern Bankiers die Regie: Die AEG finanzierte ihre Expansion über Kredite, immer wieder. Vor allem der Wiederaufbau nach dem Krieg ist ein Aufstieg auf Pump: Die Produktpalette wächst, die Gewinne schrumpfen. 1972 warnt Finanzvorstand Johannes Semler seine Kollegen: »Wir dürfen uns keine Umsatzausweitung ohne höheres Ergebnis leisten. Unkontrolliertes Wachstum wird in der Medizin Karzinom genannt und führt im Allgemeinen zum Tode.« 166 000 Menschen arbeiten zu diesem Zeitpunkt für den Konzern.

Die Kernkraft führt die AEG ins finanzielle Desaster. AEG bekommt die Siedewassertechnik nicht in den Griff, die Stromversorger nehmen den Konzern in Regress. 1974 wird die Tochter »Kraftwerk Union«

1985

(KWU) an Siemens verkauft, dann auch der Glühbirnenhersteller Osram. Es reicht nicht: Ende der siebziger Jahre kommt alles zusammen. Der Markt für Hausgeräte ist gesättigt, in der Bürotechnik hat man den Anschluss verloren. Hinzu kommt die schlechte Konjunktur. »Wir hatten 12 Prozent Zinsen und fünf Milliarden D-Mark Schulden: Eigentlich hatte die AEG keine Chance«, sagt Heinz Dürr heute.

Dürr zieht 1980 in die Konzernzentrale ein. »An meinem ersten Tag haben mir einige Unternehmensberater von AEG gesagt: ›In dem Schrank dort in Ihrem Büro stehen die gesamten Organisationsanweisungen, die müssen Sie lesen.‹ ›Was steht denn da drin?‹, habe ich gefragt. ›Perfekte Organisation!‹ ›Warum schreiben wir dann eine Milliarde D-Mark Verlust?‹, war meine Antwort.« Die AEG drohte an ihrer Bürokratie zu ersticken. Geregelt war etwa, wie viele Tassen Kaffee einem Kunden beim Verkaufsgespräch zu kredenzen seien – und ein Kännchen gab's erst ab 500 000 D-Mark Umsatz.

Die AEG-Bilanz ist voller schwarzer Löcher. »Bei einem Gespräch mit Hans L. Merkle ging der in sein Arbeitszimmer und rechnete die Pensionsrückstellungen der AEG per Rechenschieber und Dreisatz aus«, erinnert sich Heinz Dürr. Das Ergebnis lautet: Der AEG fehlen zwei Milliarden D-Mark. »Die Pensionen hatte die AEG stets aus dem laufenden Geschäft finanziert.« Dürr verkauft Perlen wie die Nachrichtentechnik, versucht den Konkurrenten General Electric zum Einstieg zu bewegen – vergeblich. Am 9. August 1982 meldet die AEG Vergleich an.

Edzard Reuter ist mit der Krise bei der AEG gut vertraut, hatte ihn doch Heinz Dürr in den Aufsichtsrat geholt. In Reuter reift die Idee, die Probleme der AEG und die Herausforderungen von Daimler-Benz gemeinsam zu lösen. 1984 provoziert Reuter eine Richtungsdebatte im Daimler-Vorstand. In einem Strategiepapier fordert der Finanzchef, die Unternehmensbasis auszuweiten, um der absehbaren Sättigung der Welt-Automärkte zuvorzukommen. »Da ist«, sagt Edzard Reuter heute, »die AEG, wenn auch unausgesprochen, bereits Teil meiner Überlegungen.«

Reuter will Daimler zum Technologiekonzern machen, auch weil er voraussieht, dass Autos künftig immer mehr auf Elektronik angewiesen sein werden. Daimler soll nicht abgehängt werden, sondern vorausfah-

1985

ren: »Es ging mir auch darum, die Position von Daimler-Benz als Automobilhersteller gegenüber Bosch und Siemens zu stärken«, sagt Reuter heute. In seinem Papier warnt er die Kollegen, die Geschichte sei »voll von den Trümmern großer Reiche«.

Zuerst aber muss sich die AEG berappeln. Doch das Interesse der Deutschland AG an ihrer Rettung ist begrenzt. Da »sind viele drum herum gekreist, die Teile des Unternehmens haben wollten«, sagt Dürr. Mannesmann, Siemens und auch Bosch haben – sekundiert von ihren Hausbanken – die Filets der AEG längst verteilt. »Schließlich enden ja 95 Prozent der Vergleiche im Konkurs«, sagt Dürr. Nicht so jener der AEG: Weil der Bund eine Bürgschaft über eine Milliarde D-Mark bereitstellt, müssen auch die zwei Dutzend Gläubigerbanken mitspielen. Sie verzichten 1984 auf 60 Prozent ihrer Forderungen: 2,05 Milliarden D-Mark. Die AEG ist bereit für neue Abenteuer, und am Bodensee in Litzelstetten treffen sich zwei Herren zu einem Spaziergang.

Am 15. Oktober 1985 verheiraten die beiden ihre jeweils fast genau hundert Jahre alten Konzerne. Reuter will, weil er die kulturellen Reibereien von Autobauern und Elektrotechnikern vorausahnt, zunächst nur 25 Prozent an der AEG übernehmen: »Eine Minderheitsbeteiligung hätte die Chance eröffnet, uns Schritt für Schritt kennenzulernen.« Und sie würde das Selbstverständnis der AEGler »nicht zerstören«. Aber Daimler-Aufsichtsratschef und Deutsche-Bank-Boss Alfred Herrhausen winkt ab: Ganz oder gar nicht, lautet seine Forderung. Für 81 Prozent der AEG zahlt Daimler-Benz 2,5 Milliarden D-Mark. Für den Autokonzern ist das eher ein kleiner Betrag: Daimler verdient in diesen Jahren beträchtliche Summen: Der hohe Dollarkurs lässt die Gewinne in den USA sprudeln. Mit 58 Milliarden D-Mark Umsatz wird Daimler-Benz – nur wenige Monate zuvor hat der Konzern schon den Triebwerkshersteller MTU und den Flugzeugbauer Dornier geschluckt – der größte deutsche Konzern. Was soll der AEG da noch passieren?

Viel, zu viel. Schnell hat die AEG – langjähriger Werbespruch: »Aus Erfahrung gut« – einen neuen Spitznamen weg: »Anhang eines Giganten«. Denn auch wenn nun Geld satt vorhanden ist für die Neuausrichtung von AEG und Dürr, nun Vorstand bei Daimler-Benz, für die AEG zahlreiche Geschäftsfelder ver- und neue hinzukauft: Das Zusam-

DAIMLER – INTEGRIERT UND IMPLODIERT

menwachsen will einfach nicht gelingen. Selbstkritisch sagt Edzard Reuter, der 1987 Vorstandsvorsitzender von Daimler wurde, heute: »Nach Treffen mit leitenden Angestellten sind, das war mein Eindruck, immer 60 bis 70 Prozent der Leute nach Hause gegangen und haben gesagt: ›Die können uns viel erzählen, wir machen doch so weiter wie bisher.‹« Vielleicht sind es auch die kleinen Wunden, die die Fusionslust in den Reihen der neuen Mitarbeiter bremsen: AEGler erhalten nicht die konzernüblichen Rabatte auf Mercedes-Karossen. Mitte der neunziger Jahre rutscht die AEG wieder in die Verlustzone. Mit »fast hilfloser Sorge«, schreibt Reuter in seinen Erinnerungen, habe er Jahr für Jahr mit ansehen müssen, wie die Ergebniserwartungen der AEG kippten. Die Integration war misslungen.

Da ist Heinz Dürr schon weitergezogen: 1991 übernimmt er auf Drängen von Kanzler Helmut Kohl die Führung der Deutschen Bundesbahn. Und für Edzard Reuter ist die AEG stets nur ein Teil seines Riesenkonzerns – er muss sich schließlich auch um Fokker, Mercedes, die Nutzfahrzeuge, das Rüstungsgeschäft und später um die Luftfahrt bei der Dasa, die Schienenfahrzeuge bei Adtranz und die Servicetochter Debis kümmern. 1996 beschließt die Hauptversammlung von Daimler die Auflösung der AEG. Der Daimler-Chef heißt da seit einem Jahr Jürgen Schrempp.

Heute lebt der Name AEG nur noch als Marke. Das letzte große Werk in Deutschland, jenes für Hausgeräte in Nürnberg, hat der schwedische Konzern Electrolux jüngst geschlossen. Am 14. März 2007 lief dort das letzte AEG-Hausgerät vom Band: ein Geschirrspüler.

Markus Fasse, Christoph Neßhöver

1986

Neue Heimat – »Berliner Backwahn«

Für eine Mark kaufte Horst Schiesser im September 1986 die Neue Heimat, den größten Wohnungsbaukonzern Europas. Glücklich wurde der Bäckermeister damit nicht.

Es war eine anstrengende Nacht. Sechs Stunden lang hatte der Berliner Bäcker Horst Schiesser mit Gewerkschaftsvertretern verhandelt. Dann, im Morgengrauen des 18. September 1986, vollzog er einen folgenschweren Akt. Er setzte seine Unterschrift unter einen Vertrag, der ihn zum Eigentümer des größten Wohnungsbaukonzerns Europas machte.

Gleichsam über Nacht entledigte sich die Beteiligungsgesellschaft der Gewerkschaften AG (BGAG) ihres Problemkinds Neue Heimat. Damit war das Ende der Gemeinwirtschaft in Deutschland schon abzusehen. Der Vertragsschluss mit Schiesser war eine Blamage für die

Hamburg Billstedt – Hochhäuser der Siedlung Mümmelmannsberg

NEUE HEIMAT – »BERLINER BACKWAHN«

1986

Gewerkschaften. Es war ein Rückschlag für die Idee, Firmen zu führen, die nicht nach Gewinn streben, sondern dem Gemeinwohl dienen.

Wochenlang diskutierte die Republik über dieses Geschäft. Die entscheidende Information, die das Volk in Wallung brachte, stand in Paragraph 2 des komplizierten Vertragswerks: »Der Kaufpreis […] beträgt 1 DM.« Von solchen Geschichten träumen Journalisten: Unbekannter Bäcker kauft 190 000 Wohnungen – und zahlt dafür fast nichts. Ein »Hauptmann von Köpenick« sei da am Werk, hieß es, und vom »Berliner Backwahn« war die Rede. Der Wahn bestand vor allem darin, dass Schiesser nicht nur die Immobilien übernahm, sondern auch ein riesiges Schuldenpaket von 17 Milliarden D-Mark. Die Neue Heimat war wirtschaftlich am Ende. Der Konzern stand vor dem Zusammenbruch.

Horst Schiesser, die zentrale Figur jener Tage, hat sich weitgehend aus der Öffentlichkeit zurückgezogen. »Er schottet sich ab«, sagt jemand, der ihn kennt. Eines seiner wenigen Interviews der jüngeren Vergangenheit gab er dem »Tagesspiegel«. Es sei viel Unsinn über ihn verbreitet worden, sagte der 76-Jährige dort.

Auch Gewerkschafter winken ab: »Wenn jemand schuld war, dann die Politik«, sagt ein ranghoher Funktionär. Einer der wenigen, die über das Geschehene sprechen, ist Joachim Tigges. Er arbeitete damals für die BGAG und führte Verhandlungen mit Schiesser. »Ein einfach strukturierter Mann mit Berliner Dialekt.« Es sei ein angenehmes Gesprächsklima gewesen. Schiesser und seine Berater seien nicht wie unterkühlte Manager aufgetreten. »Das waren keine angelsächsischen Kaufleute, keine Banker mit feinem Tüchlein«, sagt Tigges.

Als Horst Schiesser die Neue Heimat kauft, ist er Mitte fünfzig. Ein untersetzter, zupackender Mann. Sein Unternehmen »Geschi-Brot« ist Marktführer bei Backwaren. Sogar der Lebensmitteldiscounter Aldi zählt zu seinen Kunden. Aus der kleinen väterlichen Bäckerei, gegründet 1945 im Berliner Stadtteil Reinickendorf, hat Horst Schiesser ein Backimperium geformt. Umtriebig ist er, gründet weitere Firmen. Vermögensverwaltung, Unterhaltung, Autos – das Schiesser-Portfolio ist bunt wie das Leben. Und nun also Immobilien. Er entdeckt sein Interesse für die Neue Heimat, als das Unternehmen schon tief in der Krise steckt.

Vier Jahre zuvor, am 8. Februar 1982, war die Schieflage des Unternehmens zum ersten Mal öffentlich geworden. Im Nachrichtenmagazin »Der Spiegel« erschien ein Bericht, der den damaligen Vorstandschef des Konzerns, Albert Vietor, schwer belastete. Gemeinsam mit weiteren Vorstandskollegen soll er sich persönlich bereichert haben. Er wurde fristlos entlassen. Die Neue Heimat bezifferte den Gesamtschaden auf mehr als 100 Millionen D-Mark. Das Unternehmen zog gegen den Ex-Manager vor Gericht. Zu einem Urteil kam es aber nicht mehr, weil Vietor zwei Jahre nach Bekanntwerden des Skandals an einem Herzinfarkt starb. Die Bürger hatten sich ihr Urteil ohnehin längst gebildet. Das Vertrauen in die Gemeinwirtschaft war zutiefst erschüttert.

Nach dem Krieg hatten die Gewerkschaften ein veritables Wirtschaftsimperium aufgebaut. Einzelhandel (Coop), Finanzen (Bank für Gemeinschaft, BHW), Immobilien – es gab kaum eine Branche, in der die Arbeitnehmervertreter nicht aktiv waren. Aber sie wirtschafteten ohne nachhaltigen Erfolg. Bis heute hat die Gewerkschaftsholding BGAG fast alle namhaften Beteiligungen abgestoßen. Der letzte prominente Fall war der Verkauf der angeschlagenen Hypothekenbank AHBR an den US-Investor Lone Star im Jahr 2005.

Die Gemeinwirtschaft hat den Schritt ins 21. Jahrhundert nicht geschafft. Und der erste große Rückschlag war der Skandal um die Neue Heimat – ein Sammelsurium von Firmen, die vornehmlich in der Baubranche aktiv waren. 1954 hatte der DGB beschlossen, alle eigenen Wohnungsunternehmen wirtschaftlich zusammenzufassen. So entstand ein Konzern, der billige Wohnungen baute, oftmals seelenlose Betonburgen am Rande der Großstädte.

Das Unternehmen sollte gemeinnützig wirtschaften. Deshalb durfte die Neue Heimat nur 4 Prozent des Gewinns an die Eigentümer ausschütten. Die Konzernführung unter Albert Vietor aber strebte nach mehr. Sie gründete weitere Firmen, die gewinnorientiert arbeiten sollten. So entstand ein schier undurchschaubares Konglomerat, das über Jahre hinweg Verluste anhäufte, ohne dass die Öffentlichkeit dies bemerkte. Besonders heikel war der Einstieg ins Geschäft mit Eigentumswohnungen. Potenzielle Käufer hielten sich zurück. Große Teile der Wohnungen blieben leer. Eine fatale Entwicklung, war doch viel Kapital gebunden, das auch noch eine erdrückende Zinslast nach sich zog.

NEUE HEIMAT — »BERLINER BACKWAHN«

1986

Die Liste der Gläubiger von damals liest sich wie ein imaginäres »Gesamtverzeichnis des deutschen Kreditwesens«: Die Deutsche Bank gehörte dazu, die Westdeutsche Landesbank (WestLB), die Bremische Volksbank und auch die Kreissparkasse Kirchweyhe.

Die Gewerkschaften beschlossen den Einstieg in den Ausstieg aus der Wohnungswirtschaft. Zunächst entwickelten die Funktionäre ihren gewerkschaftstypischen Reflex: Wenn der Markt nicht so will wie wir, soll die Politik uns retten.

Um zu verstehen, welche Mechanismen damals greifen konnten, muss man sich die Bundesrepublik des Jahres 1986 vor Augen führen: Deutschland ist geteilt. Die Regierung im Westen besteht aus Politikern von CDU/CSU und FDP. Der Wohnungsbauminister heißt Oscar Schneider, CSU. Kanzler Helmut Kohl hat zu diesem Zeitpunkt schon einige Jahre Regierungsverantwortung hinter sich. Im Januar des folgenden Jahres wird sich Kohl erneut zur Wahl stellen. Sein Gegenkandidat von der SPD ist Nordrhein-Westfalens Ministerpräsident Johannes Rau.

Es ist die Zeit des Vorwahlkampfs. Das Kalkül der Gewerkschaften, Hilfe bei der Bundesregierung zu suchen, geht nicht auf. Alfons Lappas, dem Chef der BGAG, gelingt es nicht, den Wohnungsbauminister auf seine Seite zu ziehen. Nun wird SPD-Politiker Franz Müntefering aktiv, damals wohnungspolitischer Sprecher seiner Partei. Am 23. April formuliert er einen offenen Brief an den »sehr geehrten Herrn Minister Dr. Schneider«. Es stelle sich die Frage, »ob Sie wirklich konstruktiv mitwirken wollen oder ob Sie nicht doch – wie andere in CDU/CSU/FDP – vor allem ein emotionalisiertes Wahlkampfthema suchen«. So wird die Neue Heimat Teil der politischen Auseinandersetzung. Im Juni setzt der Bundestag einen parlamentarischen Untersuchungsausschuss ein, der die Vorgänge im Konzern untersuchen soll.

All dies sind Rahmenbedingungen, die das Vertrauen der Kreditgeber in das Unternehmen weiter belasten. Die Verantwortlichen von BGAG und Neuer Heimat beschließen eine Doppelstrategie. Sie suchen nach Kapitalanlegern, die bereit sind, Wohnungen zu kaufen. Und sie verhandeln mit Landesregierungen über den Teilverkauf regionaler Gesellschaften. Erfolglos. Nur Hessen entschließt sich, die Neue Heimat Südwest zu kaufen. Parallel dazu finden erste Gespräche mit

Schiesser statt. Anders, als es die Medien zunächst berichten, war der Verkauf an den Berliner Bäcker also kein Schnellschuss, sondern das Ergebnis eines monatelangen Prozesses. Schon von Mai 1986 an verhandelte die BGAG mit dem potenziellen Käufer und seinen Beratern – mal in Berlin, mal in Frankfurt. Nur wenige Personen wussten davon.

Solche Konstellationen sind immer Garant für die Bildung von Legenden. Joachim Tigges, heute Berater für die US-Investmentfirma Cerberus, saß damals als Sachbearbeiter für die BGAG am Verhandlungstisch. »Es ging zunächst nur um einzelne Regionalgesellschaften«, sagt Tigges später. »Erst nach Wochen hat der Vorstand der BGAG Herrn Schiesser ernst genommen. Man glaubte nicht, dass er in der Lage wäre, ein solches Paket zu stemmen.«

Aber das Umfeld wird zunehmend nervös. In den Medien ist die Neue Heimat Dauerthema. Die Fronten verlaufen klar zwischen konservativ-liberalen Regierungsanhängern und sozialdemokratischen Gewerkschaftssympathisanten. Das Vertrauen der Kreditgeber ist endgültig dahin. Es besteht akuter Entscheidungszwang. Und die einzige Option, kurzfristig den Totalzusammenbruch zu vermeiden, scheint im August 1986 aus Sicht der Gewerkschaften ein Unternehmer namens Schiesser zu sein.

Vier weitere Verhandlungswochen vergehen bis zu jener Nacht im September, die mit der Vertragsunterschrift endet. Der Wohnungsbauminister reagiert prompt. »Mit dem Verkauf ist keines der Neue-Heimat-Probleme gelöst«, lässt er mitteilen. Die Medien fangen an zu spekulieren. Was will dieser Herr Schiesser? Ist er ein Strohmann? »Nein«, sagt der Betroffene immer und immer wieder. »Wir haben bisher keine Strohgeschäfte gemacht, und meine Mitarbeiter sind auch keine Strohköpfe.«

Die politische Lage beruhigt sich nicht. Am 19. Oktober kommt es zum Eklat. Auf dem Gewerkschaftstag der IG Metall in Hamburg wird Alfons Lappas festgenommen. Vor laufenden Fernsehkameras wird der BGAG-Chef abgeführt und in Beugehaft genommen. Lappas hatte zuvor die Aussage vor dem Untersuchungsausschuss verweigert. Ziel dieses Ausschusses sei vor allem die »Garantie des politischen Machterhalts der regierenden Parteien gewesen«, sagt der Historiker Andreas Kunz. Er hat die Vorgänge in der tausendseitigen Dokumentation »Die

NEUE HEIMAT — »BERLINER BACKWAHN«

1986

Akte Neue Heimat« zusammengefasst. »Es ist nicht verwunderlich, dass die Banken in einem solchen Klima nervös wurden.«

Schiesser hat sich bei seinen Verhandlungen mit den Gewerkschaftern eine ordentliche Mitgift zusagen lassen. Mehr als eine Milliarde D-Mark wird ihm zugesichert, unter anderem, damit er die Verluste der vergangenen beiden Jahre ausgleichen kann. Die Kreditinstitute holen Erkundigungen über den Berliner Unternehmer ein. Sie trauen ihm nicht zu, dass er das marode Unternehmen sanieren kann. Am 10. November versammeln sich die Gläubigerbanken. Das Ergebnis ist niederschmetternd für Schiesser. Die Banken verweigern ihm notwendige Kreditlinien. Am darauf folgenden Tag sitzt Schiesser wieder am Verhandlungstisch. Es wird wieder eine Nachtsitzung, in der er über die Zukunft der Neuen Heimat verhandelt. Am Ende stimmt Schiesser dem Weiterverkauf an eine Auffanggesellschaft zu. 43 Tage lang stand er im Rampenlicht. Mit einer Mark schrieb er Wirtschaftsgeschichte.

Christoph Moss

1987

Herstatt – Raumstation Orion brennt

Riskante Devisengeschäfte bringen Iwan David Herstatt 1987 eine Freiheitsstrafe von zwei Jahren ein. Bis heute beschäftigt das Thema die Gerichte – mehr als dreißig Jahre nach dem Zusammenbruch der Herstatt-Bank.

Ein schwülwarmer Sommertag in Köln. Eilig haben es die Menschen: Sie wollen schnell einkaufen, nach Hause oder in die Kneipe. Am Nachmittag werden die Straßen leer sein, werden alle fernsehen. Die Fußball-WM gastiert in Deutschland, und an jenem Tag, dem 26. Juni, soll die heimische Mannschaft ihre Landsleute weiter aus der Agonie he-

Vor mehr als 2000 Gläubigern der Herstatt-Bank begann am 17.12.1974 in der Kölner Sporthalle die Verhandlung über den außergerichtlichen Vergleich

1987

rauskicken, soll hohe Ölpreise und steigende Arbeitslosigkeit vergessen machen. Wenigstens für ein paar Tage.

Auch jener groß gewachsene Herr im Anzug, der extra sein Mittagessen im Kölner »Börsenkeller« vorverlegt hat, um zeitig zum Anpfiff wieder in seinem fernseherbestückten Büro zu sein, erhofft sich 90 Minuten Zerstreuung. Nur wenige wissen um seine Sorgen. Bedrohlich sind sie, doch noch beim Anstoß glaubt er sie gelöst. Nein, es geht hier nicht um den Sommer 2006. Hier soll die Rede sein vom Juni 1974. Deutschland spielt gegen Jugoslawien, und der Herr im Anzug heißt Iwan David Herstatt. Noch am Vormittag hat er die Fassade der neuen Dependance seiner Bank am Bonner Kaiserplatz besichtigt. Sicher, Gerüchte gibt es, dass irgendwas nicht stimmt in der Kölner Zentrale im Schatten des Doms. Aber »wenn Herstatt persönlich sich um Dinge wie das Aussehen einer Filiale kümmert, dann macht man sich keine Sorgen«, erinnert sich Ingo Pelzer, damals Innendienstleiter Revision der Bonner Filiale.

Schon das 1 : 0 durch Paul Breitner in der 39. Minute sieht Herstatt nicht mehr. Günter Dürre ruft ihn an, der Chef des Aufsichtsamtes für das Kreditwesen. Seine Botschaft: Dem Bankhaus Herstatt werde die Lizenz entzogen. Als ein Laufband auf dem Fernsehschirm während der Fußball-Übertragung das Aus für Herstatt verkündet, geht ein Schock durch die Republik. Bis zu diesem Moment galt das Kölner Haus als honorige Vorzeigebank, seriös, aber auch fortschrittlich.

In einem jahrzehntelangen Rechtsstreit versucht man zu ergründen, was zum Fall der Bank geführt hat. 1987 wird Herstatt schließlich zu einer zweijährigen Bewährungsstrafe wegen Untreue verurteilt. Damit ist die Angelegenheit aber noch nicht abgeschlossen. Bis heute beschäftigen der Mann und seine Bank die Gerichte – mehr als dreißig Jahre nach dem Zusammenbruch des Geldinstituts.

Die Geschichte des Bankhauses I. D. Herstatt beginnt 1955, als Iwan David Herstatt mit seinem Jugendfreund, dem Versicherungserben Hans Gerling, die kleine Kölner Privatbank Hocker übernimmt. 5 Millionen Mark Bilanzsumme hat sie aufzuweisen und ist vor allem dafür bekannt, die Inhalte der Klingelbeutel von Kölner Kirchen zu verwahren.

Herstatt sieht seine Bestimmung erfüllt: Er entstammt einer Bankiersfamilie, die ihr Institut 1888 nur mangels eines Nachfolgers verkauft hatte. Er selbst machte eine Lehre bei der Deutschen Bank und baute nach dem Krieg die Kölner Filiale der BFG auf.

Die winzige Bank I. D. Herstatt wächst rasant: Nur ein Jahr nach der Übernahme weist ihre Bilanz 72 Millionen Mark aus, 1973 sind es 2 Milliarden Mark. Das freut Hans Gerling: Ihm gehören über 80 Prozent der Anteile. Sowohl der Patriarch Herstatt als auch die Devisenabteilung des Unternehmens tragen zum Wachstum bei. Ehemalige Mitarbeiter beschreiben den 1,96 Meter großen Bankier als Vatertyp, aber auch als geborenen Verkäufer. Er ist bissig, und er versteht es, wichtige Beziehungen zu pflegen. Seine Konditionen sind immer einen Tick besser als die der Konkurrenz. In über achtzig Vereinen ist er aktiv, »oft als Schatzmeister – und sorgte so dafür, dass die Clubs ihr Geld bei seiner Bank anlegten«, erinnert sich Herstatts früherer Anwalt Helge Millinger. Sogar im Karneval ist der Bankier omnipräsent: Mehrere Sitzungen an einem Abend sind kein Problem.

Vielleicht ist der 16. Dezember 1973 der Höhepunkt im Berufsleben des Iwan David Herstatt. Er feiert seinen sechzigsten Geburtstag mit über 1000 Gästen. Es gibt Kölner, die extra noch ein Konto eröffnen, um eine Einladung zu bekommen. Eigentlich herrscht wegen der Ölkrise Fahrverbot an jenem Tag, doch die Gäste halten eine Sondergenehmigung in Händen. Als die Kapelle spätabends aufhören will, sagt Herstatt: »Spielt weiter.« Und sie spielt weiter. Niemand weiß, ob das Geburtstagskind sich da schon um die Bank sorgt – vermutlich nicht. Wahrscheinlicher ist, dass Herstatt die Warnzeichen ignoriert. Er liebt die Rolle des Patriarchen; die tägliche Morgenkonferenz gleicht oft genug einer Stammtischrunde. Kritik ist nicht erwünscht.

Längst aber brennt es in jenem Dezember 1973 auf der »Raumstation Orion«. So nennen die Herstatt-Mitarbeiter den Devisen-Handelsraum der Bank mit seinem futuristischen Tisch in Form einer abgeschnittenen Pyramide. In der Mitte flackern Daten über Monitore, flapsig werfen Händler mit Kauderwelsch um sich: »Zehn Kisten für die Comba Frankfurt« ruft der eine, »90 für Opidüss« der andere. Was so viel heißt wie: zehn Millionen für die Frankfurter Commerzbank und einen Kurs von 90 D-Mark für die Privatbank Sal. Oppenheim in Düsseldorf.

HERSTATT – RAUMSTATION ORION BRENNT

1987

Das Geschäft mit Währungen ist relativ neu: Erst 1971 schwanken die Wechselkurse europäischer Währungen zum Dollar wieder. Und es ist ein für damalige Verhältnisse schwer zu durchblickendes und nervenaufreibendes Treiben. Für Herstatt trägt der Kauf und Verkauf von Dollars entscheidend zum Wachstum bei. 24 Milliarden Mark setzt die Bank 1973 im Devisenhandel um – das ist fast zwölfmal mehr als ihre Bilanzsumme.

Der Kapitän der Orion heißt Dany Dattel. Offizieller Titel: Leiter der Devisenhandelsabteilung. Fotos aus jener Zeit zeigen einen etwas fülligen Mittdreißiger mit hoher Stirn, Wuschelkopf und großer Nase. 1958 beginnt er als Lehrling bei Herstatt, früh entdeckt er den Devisenhandel – und steigt auf. »Goldjunge« nennt ihn der alte Herstatt. »Es war faszinierend, im Devisenraum zu sein«, erinnert sich der Bonner Pelzer. Doch etwas wundert ihn bei seinem Antrittsbesuch in Köln: »Neben jedem Telefon lagen Medikamente. Insbesondere Psychopharmaka und Beruhigungsmittel.«

Aus Neugier fragt Pelzer Chefrevisor Heinz Laaff, ob er sich die Buchführung des für ihn unbekannten Geschäfts ansehen dürfe. Er bekommt die Antwort: »Zu dem hier darfst du nichts sagen.« Womit die Geschäfte in der Devisenabteilung gemeint sind. Laaff ist wohl frustriert, denn Herstatt lässt Dattel und seinen Leuten in dem Bereich alle Freiheiten. Er selbst hat keinen wirklichen Einblick in das Treiben auf dem Devisenmarkt, glauben ehemalige Mitarbeiter.

Eine Zeitlang läuft es glänzend. Bald zocken viele in der Kölner Zentrale mit und pumpen zusätzlich Geld in den Währungshandel. Lehrlinge fahren im Porsche vor. Im Jahr 1973 aber schwankt der Kurs des Dollars ständig: von 3,15 D-Mark zu 2,28 D-Mark und schließlich zu 2,70 D-Mark. Im Ausland fragen sich die Händler der Großbanken erstmals, ob das kleine Privatinstitut in Köln nicht ein »zu großes Rad dreht« – erst durch die Herstatt-Pleite wird der Begriff zum sprachlichen Allgemeingut. Immer schwerer wird es für Dattel, Geschäfte abzuschließen, um die enormen Schwankungen auszugleichen. Sein Team greift zu betrügerischen Methoden: Eine Abbruchtaste an den Computern sorgt dafür, dass zwar Belege ausgeworfen werden, Verlustgeschäfte aber nicht in die Buchhaltung kommen. »Mein Vater hat erst am 10. Juni von diesen Geschäften erfahren«, berichtet Iwan Davids

Sohn Johann David Herstatt später. Es ist der Tag, an dem Dattel eine Beichte ablegt.

Beim Nachrechnen kommt heraus, dass der Bank ein Verlust von 470 Millionen D-Mark droht. Hans Gerling verspricht Hilfe, allein aber kann er das Loch nicht stopfen. Während Herstatt die Westdeutsche Landesbank (WestLB) in letzter Minute zu Hilfe rufen will, pocht Gerling auf Gespräche mit den Konkurrenten Deutsche Bank, Dresdner Bank und Commerzbank, was sich als Fehler herausstellt. Sie fordern Sicherheiten von Gerling, er soll Aktien verpfänden.

Als Herstatt an jenem Mittag des 26. Juni 1974 den Anpfiff des Deutschlandspiels hört, glaubt er die Rettung seiner Bank nahe. Gerling hat versprochen, alles zu richten. Doch der Schulfreund beugt sich dem Willen der Großbanken nicht – dies bedeutet für Herstatt das Aus. Wilde Szenen spielen sich nun in Köln ab. Vor den Herstatt-Filialen versammeln sich um ihr Geld bangende Kunden. Im Dezember kommt es zur größten Gläubigerversammlung der Nachkriegsgeschichte: Die Kölner Sporthalle ist prall gefüllt, bis weit nach Mitternacht wird diskutiert.

Das Erstaunliche ist: 83,5 Prozent der Gelder werden von den Insolvenzverwaltern gerettet, eine sensationelle Quote. Heute gilt als sicher, dass Herstatt hätte überleben können – wenn die Großbanken ein Interesse daran gehabt hätten. So aber veränderte der Fall Herstatt die Bankenlandschaft für immer: Privatbanken haben es in den folgenden Jahren erheblich schwerer, der Einlagensicherungsfonds wird als Rettungsboot gegründet, die Bankenaufsicht verschärft.

»Ab dem Tag hat mein Vater eigentlich nicht mehr gelebt«, sagt Johann David Herstatt über den 26. Juni 1974. Nur eines ließ ihn weitermachen: der Kampf um die Familienehre. In seinem Buch »Der Untergang« stellt Iwan David Herstatt später seine Sicht der Dinge dar. »Die Bank ist zum Teufel. Mir ist nichts geblieben. Ich lebe von meinen Kindern, die mich das aber nicht fühlen lassen«, sagte er dem »Kölner Stadt-Anzeiger« 1994 in seinem letzten Interview. Der Bankier stirbt mit 81 Jahren am 9. Juni 1995.

Bis zuletzt konnte sich Herstatt nicht damit abfinden, dass Dattel nicht belangt wurde. Ursprünglich ist auch Dattel zu einer Haftstrafe verurteilt worden. Das Revisionsverfahren gegen ihn wird aber aus ge-

1987 sundheitlichen Gründen eingestellt: Dattel leide unter einem KZ-Syndrom, sagen seine Ärzte – als Vierjähriger verbrachte er einige Monate in Auschwitz, diese Erinnerung sei wieder aufgebrochen.

Dattel ist es auch, der dafür sorgt, dass der Fall Herstatt nicht ruht. Noch heute gibt es auf Initiative von Dattel in Köln ein Büro, wo der Nachlass der Bank verwaltet wird. Denn Dattel klagt noch immer gegen die Folgen der Pleite. Es geht um 5 Millionen Euro aus Devisengeschäften, die auf einem Konto der Filiale Herstatt in Luxemburg lagen. 1,4 Millionen Mark davon gehörten Dattels inzwischen verstorbener Mutter. Dattel beansprucht dieses Geld genauso wie die Liquidatoren. Seit 1977 schleppt sich die Angelegenheit durch die Gerichte und Instanzen in Luxemburg, doch nun, nach dreißig Jahren Prozessierens, scheint das finale Kapitel in der Geschichte des Bankhauses I. D. Herstatt nahe: Seit November 2006 läuft die letzte Ausschüttung an die verbliebenen Gläubiger. Zwei Millionen Euro sind noch übrig, sie sollen an rund 3400 Gläubiger gehen, deren Adressen bisher nicht ermittelt wurden. Im Laufe des Jahres 2007 wird dann der Name Herstatt vom Klingelschild des Büros und aus dem Handelsregister verschwunden sein – 33 Jahre nach der spektakulärsten Bankenpleite der deutschen Nachkriegsgeschichte.

Thomas Knüwer

1988

DDR-Chip –
»Mit den Krümeln vom Kuchen«

Im September 1988 präsentiert Carl Zeiss Jena Erich Honecker einen 1-Megabit-Chip. Doch der ganze Stolz der DDR-Industrie wird zum Auslaufmodell – wie das ganze Land.

Acht Männer und eine Frau sitzen mit Michael Raab um einen großen ovalen Tisch. Bisher lief alles glatt: Die hohen Herren hatten ihre Reden gehalten, die große Leistung gelobt und die Zukunft in leuchtenden Farben ausgemalt. Das Mittagessen naht. Da stellt der oberste Herr plötzlich Fragen – reihum, jeder kommt dran. »Drei Leute waren vor mir, ich hatte nicht viel Zeit zum Nachdenken«, erinnert sich Raab.

Was ihm spontan in den Sinn kommt, das sind Zweifel, und die äußert er: Ja, der heute vorgestellte Prototyp sei ein schöner Erfolg; aber dass sie ihn auch bald wirtschaftlich und in der notwendigen Stück-

Stand der Firma Robotron auf der DDR-Gewerbeausstellung »Kämpfer und Sieger« in Ost-Berlin (1969)

1988

zahl – einige Millionen im Jahr – herstellen könnten, nein, das glaube er nicht.

Michael Raab muss es wissen. Für die Produktionstechnologie ist er verantwortlich. »Große Anstrengungen« müssten unternommen werden, »umfangreiche Investitionen« seien »notwendig« – nur verklausuliert dürfen die Bürger der DDR tags darauf in ihrer Zeitung die Bedenken über ein Prestigeprojekt der Mikroelektronik lesen, die Michael Raab dem ersten Mann im Staate ins Gesicht gesagt hat: Erich Honecker.

35 eng beschriebene Schreibmaschinenseiten konnte der Mikrochip speichern, den Raab und seine Kollegen vom Kombinat VEB Carl Zeiss Jena im Staatsratsgebäude am Marx-Engels-Platz Honecker an jenem 12. September 1988 in Ost-Berlin präsentierten. Ein Megabit gespeicherte Daten sollten beweisen, dass die DDR im Wettbewerb mit dem »Klassenfeind« im Westen mithalten konnte.

Ein paar hundert dieser Schaltkreise hatte die Zeiss-Tochter »Forschungszentrum für Mikroelektronik« in Dresden, kurz ZMD, hergestellt. Zusammen mit dem 32-Bit-Prozessor, an dem im Kombinat Mikroelektronik Karl Marx in Erfurt gearbeitet wurde, sollte der Chip der DDR-Industrie wieder Schwung geben. Seit den siebziger Jahren krankten der Maschinenbau und die feinmechanisch-optische Industrie der DDR hauptsächlich daran, dass viele elektronische Komponenten hoffnungslos veraltet waren.

1988 liegt die DDR-Industrie um Jahre zurück. Den 1-Megabit-Speicherchip produziert Marktführer Toshiba schon seit zwei Jahren in Massen, der 4-Megabit-Chip ist bereits in Arbeit. Und bei den Prozessoren, dem Herzen eines Computers, nimmt Intel die 64 Bit in Angriff.

Der Zustand ist ein Beweis für das Scheitern der DDR-Wirtschaftsordnung. Denn gerade in der Mikroelektronik setzte die DDR-Führung alles daran, nicht völlig den Anschluss zu verlieren. Längst ist Walter Ulbrichts Motto vom »Überholen, ohne einzuholen« Illusion. »Dranbleiben« lautet die Devise – koste es, was es wolle.

Schon in den sechziger Jahren erklären die Partei-Mächtigen die Mikroelektronik zur »Schlüsseltechnologie«. 1977 wird es ernst: Auf seiner 6. Tagung beschließt das SED-Zentralkomitee, dass »Entwicklung, Produktion und Anwendung der Mikroelektronik« beschleunigt werden sollen. 14 Milliarden DDR-Mark wird das Land bis 1988 investieren, mehr als eine Viertelmillion Menschen arbeiten in 17 Kombinaten. In Erfurt entsteht das Kombinat Mikroelektronik Karl Marx für Speicher und Mikroprozessoren. Carl Zeiss Jena soll Anlagen für Entwicklung und Produktion liefern. Robotron in Dresden ist Hauptabnehmer der Chips, die die Maschinen der Firma steuern sollen. Später baut Robotron die DDR-PCs KC 85–1 bis 3.

Derweil veralten in den »Old Economy«-Kombinaten die Anlagen: Die Investitionsquote in der DDR-Industrie sinkt von 24,6 Prozent bei Erich Honeckers Amtsantritt 1970 auf am Ende unter 20 Prozent. Wirtschaftlichkeit spielte zudem kaum eine Rolle, wenn die Partei etwas wollte. So erzählt Physiker Raab, dass die Traditionsfirma Orwo in Wolfen den Fotolack für die Chipherstellung entwickeln sollte. »Klar, wie viel braucht ihr?«, habe es in Wolfen geheißen. »Einige Kilo pro Jahr«, habe die Antwort gelautet. »Da fangen wir gar nicht an, das lohnt ja den Entwicklungsaufwand nicht, ihr müsst schon mindestens ein paar Tonnen abnehmen«, hätten die Beauftragten geantwortet. Erst eine Order aus Berlin änderte diese Meinung.

Im neuen Mikroelektronikkombinat in Erfurt, wo die Chips produziert werden sollen, fehlen derweil die Mitarbeiter. »Die anderen Betriebe mussten daher Leute abstellen«, sagt der Physiker Konrad Bach. Er geht 1977 nach Erfurt. Um den Umzug schmackhaft zu machen, setzt das Kombinat ein besonderes Lockmittel ein: »Im September fing ich an, im November hatte ich eine Wohnung«, erzählt Bach. Durchaus ein Argument für eine junge Familie: In der Regel musste man Jahre auf eine eigene Wohnung warten.

Und noch etwas begeistert die Mikroelektroniker der DDR: »Wir arbeiteten mit Technik, die hier sonst niemand kannte«, erzählt Schaltkreisentwickler Ullrich Dienemann aus seiner Zeit beim Funkwerk in Erfurt. Er meint die Bauteile aus dem Westen. Die kleine DDR mit ihren gut 15 Millionen Bürgern kann eben nicht alles selbst machen. Und der große Bruder Sowjetunion hilft nicht wie geplant. Ein Regierungsabkommen verpflichtet die UdSSR, Anlagen aus der Nukleartechnik zu liefern – etwa Ätzmaschinen, um die Siliziumscheiben zu bearbeiten. Die DDR konzentriert sich auf optische Geräte, worin Zeiss viel Erfahrung hat. Doch die Arbeitsteilung funktioniert nicht. In Dresden und Erfurt wartet man vergeblich auf die Anlagen aus Moskau. Damit

DDR-CHIP – »MIT DEN KRÜMELN VOM KUCHEN«

1988

nicht alles stillsteht, müssen sie sich anderswo umsehen: im NSW, dem »nichtsozialistischen Wirtschaftsgebiet«.

Der Klassenfeind ist in der Entwicklung weit voraus – bis zu sieben Jahre bei Chips, bis zu neun Jahre bei Spezialausrüstungen. Das hat eine Studie im Auftrag des ZK schon Mitte der siebziger Jahre ergeben. Aber benötigte Maschinen wie Ätzanlagen, Ionenimplanter und auch Chips stehen auf der so genannten Cocom-Liste. Ihr Export in sozialistische Länder war daher verboten.

So kommt die Staatssicherheit ins Spiel, deren Hauptabteilung XVIII ohnehin stets ein wachsames Auge auf Zeissianer und Funkwerker wie Raab, Bach und Dienemann hat. Die Abteilung »Kommerzielle Koordinierung« (Koko), die von Alexander Schalck-Golodkowski geleitet wird, muss helfen. Die Kombinate schreiben regelmäßig Wunschzettel. Geld spielt keine Rolle. In der Regel zahlen Schalcks Einkäufer 30 Prozent über Listenpreis, bei besonders wichtigen Geräten sogar 80 Prozent. Allein von 1986 bis 1989 steckt die DDR 3 Milliarden D-Mark in die Beschaffung westlicher Maschinen.

»Wenn so eine Anlage dann kam, mussten als Erstes die Namen überpinselt und die Schilder abmontiert werden«, erinnert sich Konrad Bach. »Wenn dann doch mal ein Monteur aus dem Westen kam und er sah, dass das Firmenschild fehlt, brachte er hilfsbereit ein neues mit.«

Oft stimmte das, was die »Koko« lieferte, nicht mit der Bestellung überein, erzählt Raab, der ab 1978 in Dresden dabei ist. Und dann fehlten meist die Handbücher. Also wurde getüftelt. »Da gab es nur eins: aufmachen und reinsehen«, erinnert sich Dienemann. »Wir kannten die Anlagen am Schluss besser als ihre Konstrukteure.« Er leitete die Produktion des 16-Bit-Prozessors. Den 32-Bit-Chip schaffte er nicht mehr – sozusagen in Handarbeit ließen sich nicht Millionen von Chips anfertigen.

Nicht nur auf Maschinen sind die DDR-Entwickler angewiesen. Ihre Chips müssen auch mit westlichen Modellen kompatibel sein, schließlich will die DDR ihr Know-how exportieren. Beispiel-Modelle aus dem Westen – vor allem für die komplizierten Prozessoren – müssen her. Doch auch die Nachentwicklung ist keine leichte Aufgabe. Bach, der in Erfurt einer der Projektleiter beim 32-Bit-Prozessor war, beschreibt es so: »Das ist, wie wenn die Oma einen tollen Pflaumenkuchen gebacken hat, und wenn du sie um das Rezept bittest, gibt sie dir einen Krümel und sagt, finde es selbst raus.«

Die DDR-Forscher müssen nicht nur die Zutaten, sondern auch den ganzen Ofen selbst entwickeln. Sie nehmen, was sie kriegen können. Den Dresdnern brachte ein Kollege von einer Reise nach Japan eine Krawattennadel mit, erzählt Michael Raab. »Da war ein Megabit-Chip dran – nicht funktionsfähig.« Sie analysieren den toten Chip, als ihr eigener Schaltkreis schon fast fertig ist. »Vieles war ziemlich ähnlich zu dem, wie wir es auch machten.« Genugtuung spiegelt sich bei diesen Worten noch heute auf Raabs Gesicht.

1986 hat die Produktion der 64-Kilobit-Speicher die Millionengrenze überschritten, und die Erfurter fertigen 8-Bit-Prozessoren. Das reicht jedoch noch nicht. Der Anteil der DDR-Mikroelektronik an der Weltproduktion beträgt nach Einschätzung der Akademie der Wissenschaften weniger als 0,5 Prozent – und er schrumpft.

Die Partei beschließt: Der 1-Megabit-Speicherchip muss her. Wolfgang Biermann, mächtiger Zeiss-Generaldirektor und Mitglied des ZK der SED, übernimmt die Leitung des prestigeträchtigen Projekts. Der »General« ist verschrien wegen seines autoritären Führungsstils. Zwei Jahre später wird er Physiker Michael Raab in Ost-Berlin für die »destruktiven« Bemerkungen einen »Tritt vor's Schienbein« androhen – nach den Maßstäben des Generaldirektors eine vergleichsweise harmlose Strafe. Nach zwei Jahren, pünktlich zum 39. Jahrestag der DDR, ist der Prototyp fertig. Er ist 260 Gramm schwer und 7 Zentimeter hoch, wie im Deutschen Museum in Bonn nachgemessen werden kann. »Der erste begehbare Chip der Welt«, wird gespottet. Aber er funktioniert.

Im Sommer 1989, fast genau ein Jahr nach der Übergabe des 1-Megabit-Speichers an Honecker, sitzen die Erfurter beim Staatsratsvorsitzenden und überreichen ihr Glanzstück: den 32-Bit-Prozessor. Nach der Übergabe mischt sich Erich Honecker überraschend unter die Leute. Wie es ihm denn so gehe, fragt ihn Konrad Bach. Nicht so gut, seine Gesundheit mache nicht mehr so mit, ist die Antwort. »Da kam er mir zum ersten Mal wie ein Mensch vor«, erinnert sich der Physiker. Um große Worte ist der alte Herr dennoch nicht verlegen. Just bei diesem Treffen tönt er: »Den Sozialismus in seinem Lauf – hält weder

1988

Ochs noch Esel auf.« Drei Monate später ist die DDR Geschichte – und mit ihr ihre Mikroelektronik.

Epilog: Ganz umsonst waren die Anstrengungen der DDR nicht. Zwar gingen die Kombinate unter und zigtausende Menschen verloren ihren Arbeitsplatz. Aber aufbauend auf ihrer Tradition entstanden neue Unternehmen, und Hightech-Konzerne wagten sich in den Osten. Das ZMD gibt es noch heute.

In Dresden bedienen sich heute Siemens, Infineon und AMD – der US-Konzern Advanced Micro Devices – der reichlich vorhandenen Fachkräfte, ihres Improvisationstalents und ihrer Neugier für den Aufbau eigener Werke. DDR-Chip-Entwickler Michael Raab arbeitet heute als Direktor für Technologie und Integration bei AMD. Konrad Bach und Ullrich Dienemann verdienen ihr Geld beim Spezialchip-Hersteller X-Fab.

Zum guten Schluss erzählen die Erfurter noch eine besondere Geschichte. Einst nutzten sie die Prozessoren von Ziloc als Muster. Nach der Wende drohte die Westfirma, die in den achtziger Jahren in der Mikroelektronik führend war und den 8-Bit-Prozessor erfand, mit einer Klage wegen Patentverletzungen. Doch dann lenkte Ziloc ein und ließ stattdessen den Prozessor, der in den eigenen Werken längst durch den Nachfolger ersetzt worden war, noch einige Jahre in Ostdeutschland weiter produzieren. Die Nachfrage nach dem preiswerten Chip war so groß, dass es sich lohnte.

Susanne Wesch

1989

Herrhausen – Banker unter lauter Bankiers

Im November 1989 wird Alfred Herrhausen, Chef der Deutschen Bank, von der RAF ermordet. Kaum ein deutscher Manager wurde so bewundert – und war gleichzeitig im eigenen Haus so umstritten.

Der 30. November 1989 ist ein klarer, kalter Tag. Um 8.30 Uhr holt Fahrer Jakob Nix seinen Chef in Bad Homburg ab. Mit zwei Begleitfahrzeugen macht sich der Mercedes 500 auf den Weg nach Frankfurt. Sieben Minuten später löst die gepanzerte Limousine eine als Baustelle

Alfred Herrhausen (1930–1989): Vorstandssprecher der Deutschen Bank

1989

getarnte Lichtschranke aus. Die Explosion im Seedammweg schleudert den Mercedes meterweit durch die Luft. Die Bombe der »Roten Armee Fraktion« tötet Alfred Herrhausen, den Vorstandssprecher der Deutschen Bank.

Heute erinnern am Seedammweg zwei Basalt-Steelen an den Mord. In eine ist ein Satz von Ingeborg Bachmann eingraviert: »Die Wahrheit ist dem Menschen zumutbar.« Besser lässt sich das Leben Herrhausens kaum zusammenfassen. »Man muss Macht auch wollen« war das zweite Motto, das sein Leben prägte. Am 12. Mai 1988 übernahm Herrhausen als alleiniger Vorstandssprecher die Führung der Deutschen Bank. Noch heute wird er in Deutschlands größtem Geldhaus als Übervater verehrt.

Der kühle Denker Herrhausen machte eine Karriere, wie sie im Nachkriegsdeutschland nur wenigen beschieden war. Und er versah seine Bank mit einer modernen Vision, die ihr heutiger Chef Josef Ackermann fortschreibt und umsetzt. Er war der Banker unter lauter Bankiers. »Herrhausen war seiner Zeit um zehn bis fünfzehn Jahre voraus«, sagt Matthias Mosler, sein ehemaliger Assistent.

Die Wirkung Herrhausens strahlte tief in Politik und Gesellschaft hinein: Er war ein Banker, der die Macht der Banken kritisierte, und ein Kapitalist, der für die Entschuldung der Dritten Welt kämpfte. Alfred Herrhausen pflegte auch das Image des Querdenkers. Auf Hauptversammlungen wurde er wie ein Star umjubelt und musste Autogramme auf Geschäftsberichte schreiben.

Um die Karriere des Alfred Herrhausen zusammenzufassen, reichen zwei Begriffe: Schnelligkeit und Disziplin. Am 30. Januar 1930 wird er in Essen geboren. Der Großvater ist Metzgermeister, der Vater hat es per Abendstudium zum Vermessungsingenieur gebracht. Mit zwölf Jahren kommt Herrhausen an die Reichsschule in Feldafing, ein Eliteinternat der Nazis für den »Führernachwuchs«.

In seinem preisgekrönten Film »Black Box BRD«, der Herrhausens Leben mit dem von RAF-Terrorist Wolfgang Grams vergleicht, zeichnet Andreas Veiel das Bild eines introvertierten, ehrgeizigen Jungen, für den Selbstbeherrschung das Wichtigste ist. Herrhausen ist 15 Jahre alt, als der Krieg zu Ende geht. Nach dem Abitur will Alfred eigentlich Arzt oder Lehrer werden, folgt aber dem Wunsch der Eltern und studiert Betriebswirtschaftslehre.

1989

In seiner Doktorarbeit finden sich jene Werte, die seine Karriere bestimmen sollten: die Gedanken des Philosophen Karl Popper, die Modelle des Ökonomen Friedrich von Hayek und seine eigene Idee vom »richtigen Denken«. Das heißt für Herrhausen, durch präzise Analyse die wirklichen Zusammenhänge hinter den Dingen zu erkennen und diese Erkenntnisse auch durchzusetzen. Herrhausen glaubt an die eine eindeutige Wahrheit. Es ist diese Unbeirrbarkeit, die den Vorstandssprecher in der Führungsetage später isolieren wird. »Herrhausen war ein intellektueller Snob, der andere die Arroganz des Hochbegabten spüren ließ«, erinnert sich ein ehemaliger Kollege.

Die Karriere des Überfliegers beginnt zwischen Kohlengruben und Stahlwerken. 1952 heuert Herrhausen bei Ruhrgas an und wechselt dann zu den Vereinigten Elektrizitätswerken Westfalen (VEW), wo er sich bis zum Finanzvorstand hocharbeitet. Deutsche-Bank-Vorstand F. Wilhelm Christians, der Herrhausen aus dem VEW-Aufsichtsrat kennt, holt ihn 1970 zur Deutschen Bank. Ludwig Poullain, Chef der Westdeutschen Landesbank (WestLB), damals einer der einflussreichsten Bankiers der Republik, lernt Herrhausen in diesen Tagen kennen: »Ich sah damals nicht, dass er einen großen Weg vor sich hatte. Aber mir hat dieser Mann sehr gefallen.«

In der Deutschen Bank, die damals konservativer als ein britischer Herrenclub war, gefällt der Neue längst nicht jedem. Für viele ist er nur der »Elektriker« aus dem Ruhrpott. Immerhin: Die Sanierung des Reifenherstellers Continental und sein Beitrag zur Neuordnung der Stahlindustrie verschaffen dem 41-jährigen stellvertretenden Vorstand Respekt. Für Herrhausen werden sogar die Regeln der ehrwürdigen Bank geändert. Statt nach drei Jahren steigt er schon nach einem Jahr in den Vorstand der Deutschen Bank auf. Und der Überflieger bricht weitere Tabus. 1977 lässt er sich scheiden – damals ist das bei der Deutschen Bank noch ein Rücktrittsgrund. Doch die anderen Vorstandsmitglieder lehnen diesen Schritt ab, die Bank will den brillanten Manager nicht verlieren. Am 5. September 1977 entführt die RAF Arbeitgeberpräsident Hanns Martin Schleyer. Herrhausen kennt Schleyer gut, beide sitzen im Aufsichtsrat von Daimler-Benz. Sechs Wochen zuvor hatten die Terroristen Jürgen Ponto, den Chef der Dresdner Bank, erschossen.

»Herrhausen wurde nicht zu einem Ziel der RAF, weil er ein typi-

1989

scher Repräsentant des bösen Kapitalismus war. Er wurde der linken Szene gefährlich, weil er eine Gesinnung zeigte, die ihr Feindbild zerstörte«, analysiert Ludwig Poullain.

Herrhausen ist die Rolle als Bankier nicht genug. Schon in seinen ersten Jahren als Vorstand denkt er weit über die Bank hinaus. Eine seiner ersten Reden trägt den Titel »Verantwortung in der Gesellschaft – Risiken und Chancen der Demokratie«. Sie handelt von der mangelnden Auseinandersetzung der Deutschen mit dem Nationalsozialismus. Auch die Macht der Banken thematisiert Herrhausen immer wieder selbstkritisch. Vielen in der Deutschen Bank missfällt das. Zu weit ist Herrhausens Forderung nach Transparenz von der diskreten Hinterzimmerdiplomatie der Deutschland AG entfernt.

Dennoch ernennt der Aufsichtsrat Herrhausen am 29. Januar 1985, einen Tag vor seinem 55. Geburtstag, zum Vorstandssprecher. Zunächst leitet Herrhausen die Bank gemeinsam mit seinem Förderer F. Wilhelm Christians. Als der 1988 in den Aufsichtsrat wechselt, wird Herrhausen alleiniger Herr in den Doppeltürmen an der Taunusanlage in Frankfurt – auch wenn die Führung zuvor zwei Tage um die umstrittene Personalie ringt.

Matthias Mosler lässt Herrhausens Schicksal bis heute nicht los. Bis zu dessen Tod war Mosler zwei Jahre lang Herrhausens Assistent. Als Mosler 2005 seinen Job als Deutschland-Chef der Investmentbank Merrill Lynch aufgibt, macht er in London ein Studium als Kameramann – er ist ein ungewöhnlicher Banker, wie einst sein Chef. Heute ist Mosler stellvertretender Vorstandschef der Depfa Bank in Dublin, und er hat seine eigene Erklärung für das Misstrauen gegenüber Herrhausen: »Herrhausen war eigentlich gar kein Geldmensch. Ihn trieben vor allem politische und gesellschaftliche Ziele. Er wollte eine gerechte Gesellschaft, in der jeder eine faire Chance bekommt.«

Das prominenteste Beispiel für Moslers These findet sich im Herbst 1987. Herrhausen unterbricht die Jahrestagung des Internationalen Währungsfonds in Washington für einen Kurzbesuch beim Präsidenten von Mexiko, Miguel de Madrid Hurtado. Dessen drastische Schilderung der vor allem finanziellen Probleme des Landes beeindruckt Herrhausen tief. Am Tag darauf fordert er auf einer Pressekonferenz zum ersten Mal einen umfassenden Schuldenerlass für die Entwicklungsländer. Das ist nichts weniger als eine Kulturrevolution für die Finanzbranche – und es ist ein Schock für die Kollegen in der Deutschen Bank.

Außerhalb der Bank erntet Herrhausen viel Lob für seine Initiative, auch in linken Kreisen. Andreas Platthaus, Autor der jüngsten Herrhausen-Biographie, zufolge hat der Vorstandssprecher damit den Finanzkapitalismus mit sich selbst versöhnt.

Aber der systemkritische Kopf der Deutschen Bank weiß die Macht des Geldes auch zu nutzen, wenn es der Optimierung des deutschen Standortes nutzt. Wie eine Spinne sitzt das Geldhaus im Netz der Deutschland AG. In über 400 Aufsichtsräte hat es seine Vertreter entsandt, und Herrhausen will durch diese Kontakte Industriepolitik machen – etwa bei Daimler-Benz, wo Herrhausen den Aufsichtsrat selbst führt. Gegen viele Widerstände hievt er Edzard Reuter auf den Chefsessel des Autobauers. Reuter macht sich mit Rückendeckung Herrhausens daran, durch zahlreiche Übernahmen einen »integrierten Technologiekonzern« zu schaffen. Doch die Strategie scheitert grandios – eine von Herrhausens schwersten Niederlagen.

Seine schmerzlichste Niederlage jedoch erlebt Herrhausen ausgerechnet in seinem eigenen Haus. »Freiheit – und Offenheit, die damit einhergeht – wird uns nicht geschenkt, die Menschen müssen darum kämpfen, immer wieder«, steht in Stein gemeißelt im Foyer der Zwillingstürme der Deutschen Bank. In den Debatten über das »vaterlandslose Institut« und seinen unbedingten Willen zur Rendite wird Herrhausen gerne als positives Gegenbild zum heutigen Chef Josef Ackermann herausgestellt. Doch in Wahrheit gilt eher das Gegenteil: In vieler Hinsicht ist Ackermann der legitime Erbe des Übervaters Herrhausen.

Herrhausens Vision für die Deutsche Bank ähnelt Ackermanns heutiger Strategie verblüffend: Um im globalen Wettbewerb mithalten zu können, soll die Deutsche Bank im Ausland expandieren. Herrhausen entdeckt das Investment-Banking und treibt die Übernahme der Investmentbank Morgan Grenfell in London voran.

Doch für seine Vision müsste Herrhausen die mächtigen Regionalfürsten entmachten. Ein Konzept der Unternehmensberatung McKinsey sieht vor, die siebzehn bislang weitgehend selbständigen Hauptfili-

1989

alen auf sieben zu reduzieren und die Verantwortung in der Frankfurter Vorstandsetage zu konzentrieren. Außerdem soll die Bank einen Teil ihrer Industriebeteiligungen verkaufen.

Rationalisieren und internationalisieren – das ist auch Ackermanns Credo. Doch anders als Ackermann verfügt Herrhausen noch nicht über die Macht eines Chief Executive Officers angelsächsischer Prägung. Er ist nur »Sprecher des Vorstands« – ein primus inter pares. Entschieden werden muss einstimmig. »Die Bank war damals ein sehr schwerer Tanker, das Steuer konnte man nicht innerhalb von drei bis vier Jahren herumreißen. Vielleicht hat Herrhausen die Widerstände unterschätzt«, sagt sein damaliger Assistent Matthias Mosler.

Doch Herrhausen ist überzeugt, dass er »richtig« denkt und jeder vernünftige Kollege so denken müsse wie er. Am 28. November 1989 treffen sich die Vorstände zu einer Sitzung in München. Herrhausen berichtet von der Morgan-Grenfell-Übernahme und fordert seine Kollegen auf, den Chef der Investmentbank in den Vorstand aufzunehmen.

Doch das Führungsgremium verweigert ihm die Gefolgschaft. Sein späterer Nachfolger Hilmar Kopper spricht von einer »Palastrevolution«. Selbst Vertraute stimmen gegen den Vorstandssprecher. Herrhausen ist fassungslos, und er droht mit seinem Rücktritt für den 30. Januar 1990, den Tag seines 60. Geburtstags.

War es Herrhausen ernst, oder pokerte er nur in höchster Not hoch? Noch heute bezweifeln Teilnehmer der Sitzung, dass Herrhausen tatsächlich alles hingeworfen hätte. Die Wahrheit wird wohl niemand je erfahren. Zwei Tage später wird der Vorstandssprecher der Deutschen Bank von der RAF ermordet.

Michael Maisch

1990

Nixdorf – Tödlicher Kulturschock

Am 1. Oktober 1990 übernimmt Siemens den Computerpionier Nixdorf. Doch der Zukauf wird kein Erfolg – weil Siemens die Fähigkeiten des Partners verkennt.

Der 23. August 1990 ist ein Tag großer Entscheidungen. In den frühen Morgenstunden stimmen die Abgeordneten der DDR-Volkskammer mit überwältigender Mehrheit für den Beitritt zur Bundesrepublik Deutschland. Um 2.47 Uhr gibt Volkskammer-Präsidentin Sabine Bergmann-Pohl in Berlin die historische Entscheidung bekannt. Nur wenige Stunden später machen die Aktionäre der Nixdorf Computer AG in Paderborn den Weg frei für die Übernahme durch den über-

Heinz Nixdorf im Jahr 1985 beim Richtfest für das Computerwerk an der Berliner Brunnenstraße

NIXDORF – TÖDLICHER KULTURSCHOCK

1990

mächtigen Siemens-Konzern – die am 1. Oktober offiziell vollzogen wird.

Auf den ersten Blick haben die beiden Ereignisse nichts miteinander zu tun. Im einen Fall schließt sich ein Staat einem anderen an. Ein Ereignis, das die Menschen auf der ganzen Welt bewegt. Im zweiten Fall übernimmt eine Firma eine andere. Eigentlich eine Alltäglichkeit. Und doch gibt es Parallelen. Denn in beiden Fällen treffen durch den Zusammenschluss zwei völlig unterschiedliche Welten aufeinander. Und sie bedeuten jeweils eine tiefe Zäsur für alle Betroffenen.

Doch während über die Wiedervereinigung und ihre Folgen bis heute heftig diskutiert wird, redet über den Abschied von Nixdorf schon lange niemand mehr. Dabei ist mit der Übernahme durch Siemens ein spannendes Kapitel deutscher Wirtschaftsgeschichte zu Ende gegangen. Gleichzeitig begann ein turbulenter neuer Abschnitt in der hiesigen Computerbranche, der bis heute noch nicht beendet ist.

Doch zurück zu jenem 23. August 1990 und zu Siemens und Nixdorf. In der firmeneigenen Sporthalle am Paderborner Ahornpark treffen sich an diesem Morgen die Nixdorf-Aktionäre zu ihrer letzten Hauptversammlung. Der Ort ist eine Art Kultstätte des 1986 gestorbenen, legendären Firmengründers Heinz Nixdorf. Hier hat der Unternehmer seine berühmten Sportfeste für die Mitarbeiter zelebriert, hier hat sich der charismatische Selfmademan mit seinen Leuten verbunden gefühlt.

Doch für Sentimentalitäten ist an diesem Donnerstag kein Platz mehr. Es geht lediglich darum, die Übernahme durch Siemens abzunicken. Denn das einstige Vorzeigeunternehmen Nixdorf ist zum Sanierungsfall geworden. Zur Kapitulation vor dem Münchener Riesen gibt es zu diesem Zeitpunkt keine Alternative mehr. Die wirtschaftliche Lage ist trostlos. Allein im ersten Halbjahr 1990 ist der Umsatz von Nixdorf um 11 Prozent auf 2,1 Milliarden D-Mark gefallen. Es lief ein Verlust von 266 Millionen D-Mark auf.

»Für einen Nischenanbieter ist Nixdorf zu groß und für einen Universalanbieter zu klein«, macht Vorstandschef Horst Nasko den Aktionären schnell die aussichtslose Lage klar. Mit katastrophalen Fehlentscheidungen hat das Management in kürzester Zeit ein Unternehmen ins Abseits manövriert, das fast vier Jahrzehnte lang als Synonym für deutsche Informationstechnik stand.

NIXDORF – TÖDLICHER KULTURSCHOCK

1990

Alles beginnt 1952. Mit einem Startkapital von 30 000 D-Mark, das er als Vorauszahlung der Rheinisch-Westfälischen Elektrizitätswerke (RWE) erhält, gründet Heinz Nixdorf nach abgebrochenem Physik- und Betriebswirtschaftsstudium seine erste Firma namens »Labor für Impulstechnik« in Essen. Dort baut der Tüftler seinen ersten Computer.

Einige Jahre später zieht Nixdorf nach Paderborn und errichtet seine ersten eigenen Werke. In den siebziger Jahren steigt das Unternehmen schließlich zum größten Computerbauer Deutschlands auf und wird Nummer vier in Europa. Auf dem Höhepunkt des Erfolgs geht Nixdorf 1984 an die Börse und will den mächtigen amerikanischen Konkurrenten wie IBM Paroli bieten. Der Umsatz erreicht inzwischen 4 Milliarden D-Mark, die Firma produziert mit ihren mehr als 23 000 Mitarbeitern rund um den Globus, unterhält Werke in Amerika, Spanien und Singapur.

Doch alles kommt anders als geplant. Denn just als Nixdorf zum Siegeszug ansetzen will, verpasst die Firma den Anschluss. PCs lehnt Heinz Nixdorf rundum ab. Die kleinen, standardisierten Produkte sind ihm zuwider. Computer »quick and dirty« zu produzieren, wie die Amerikaner sagen, ist mit ihm nicht zu machen. Stattdessen setzt er weiter auf Rechner, die er seinen Kunden auf den Leib schneidert.

Angesichts der Erfolgsgeschichte des PCs war dies eine verhängnisvolle Fehleinschätzung. Es war nicht die einzige. Nixdorf fuhr aus Überzeugung in der inzwischen legendären Limousine NSU RO 80 mit Wankelmotor. Der NSU war technisch eine Sensation. Doch auch ihn wollten die Leute nicht haben.

Als Heinz Nixdorf 1986 auf der Computermesse Cebit in Hannover an einem Herzinfarkt stirbt, geht es mit dem Unternehmen erst recht bergab. Ohne den Vordenker laufen die Geschäfte schnell aus dem Ruder. »Wir hatten eine Galionsfigur verloren«, erinnert sich der Elektrotechniker Winfried Kampe, der 1978 zu Nixdorf gestoßen war.

Obwohl sich bereits abzeichnet, dass Nixdorf aufs falsche Pferd gesetzt hat, stellt der Konzern Ende der achtziger Jahre weiter massiv Personal ein: 6 000 Mitarbeiter kommen in nur zwei Jahren. Die Kunden satteln derweil zunehmend auf Standardbetriebssysteme wie Unix oder MS/DOS um. Nixdorf hingegen hält unbeirrt an seiner eigenen Software fest. »Um zu wachsen, hätte sich Nixdorf öffnen müssen«, ist IT-

1990

Berater Luis Praxmarer, heute Chef des Consultinghauses Experton Group, überzeugt.

Jährliche Zuwachsraten von 20 Prozent sind das Ziel, vernebeln allerdings den Blick auf die Realitäten des Marktes. »Dieser Dynamik fiel letzthin alles zum Opfer, was zwar nicht den Charme eines Konzerns ausmacht, aber immerhin seine Existenz sichert: solide Betriebswirtschaft, Controlling auf allen Ebenen, systematisierter Materialfluss, effektive Logistik«, urteilt das Wochenmagazin »Wirtschaftswoche« zu jener Zeit.

Als klar wird, dass Nixdorf allein nicht überleben kann, stehen die Interessenten Schlange. Vom amerikanischen Telekommunikationskonzern AT&T bis hin zu IBM haben die Großen der IT-Industrie ihre Fühler ausgestreckt. Am Ende kommt es zu jener deutschen Lösung mit Siemens, die von den Politikern bevorzugt wird, um Arbeitsplätze zu bewahren und das Know-how im Lande zu halten.

Am 1. Oktober 1990 ist es schließlich so weit: Die Computersparte des Münchener Technologiekonzerns Siemens und Nixdorf werden zusammengelegt. Für beide Firmen bricht eine neue Epoche an. »Wir haben immer etwas neidisch auf Nixdorf geschaut. Die waren sehr dynamisch und hatten einen charismatischen Macher an der Spitze. Wir dagegen waren eher an der Technologie orientiert«, sagt der Informatiker Bertram Halt, der vor der Übernahme von Nixdorf in der IT-Sparte von Siemens gearbeitet hat.

In der Tat: Mit Nixdorf trifft ein flexibles, ganz auf die Kundenwünsche ausgerichtetes Unternehmen auf einen Konzern, der von Innovationen getrieben wird, aber bürokratisch ist. »Der Zusammenschluss war für uns so etwas wie ein Kulturschock«, erinnert sich der ehemalige Nixdorf-Mitarbeiter Kampe. Es ist nicht die einzige Schwierigkeit, mit der die neue Siemens Nixdorf Informationssysteme AG (SNI), wie die Firma nun heißt, zu kämpfen hat. Denn die Übernahme kostet Zeit, zu viel Zeit. In der sich rasant wandelnden Computerbranche braucht SNI viel zu lange, um sich intern neu zu organisieren. Da werden Chefposten doppelt besetzt, um niemanden vor den Kopf zu stoßen. Produktlinien werden weiter gefahren, obwohl sie längst veraltet sind. »Siemens hat die ganze Firma sehr stark auf Zentralfunktionen ausgerichtet. Als man nach zwei, drei Jahren gesehen hat, dass es so nicht optimal war, schlug das Pendel in die andere Richtung aus«, klagt Kampe.

Nützliche Tugenden von Nixdorf wirft Siemens dabei kaltblütig über Bord. »Das Kapital von Nixdorf waren die guten Kundenbeziehungen. Das hat Siemens im Rückblick nicht genügend genutzt«, sagt Manager Halt. Junge, flexible Wettbewerber wie Dell oder Compaq ziehen an SNI vorbei. Nur drei Jahre nach dem Zusammenschluss sucht Siemens erneut nach einem Partner. Denn schnell zeigt sich, dass es SNI weltweit allein nicht schaffen würde. Erstmals kommt der japanische Elektronikkonzern Fujitsu ins Gespräch. Die Asiaten beliefern die Münchener schon länger mit Großrechnern. Doch noch finden die Firmen nicht zusammen, es werden sechs zähe Jahre vergehen, bis es zu dem Zusammenschluss kommt.

SNI entwickelt sich derweil längst nicht so, wie sich das die Konzernlenker in der Siemens-Zentrale am Wittelsbacher Platz in München vorgestellt hatten. Erst 1995 gelingt der Firma der Sprung über die Gewinnschwelle. Das Management verzettelt sich mit verlustträchtigen Beteiligungen wie der am Computerhändler Escom, verpasst es aber, das Kerngeschäft voranzubringen. Die Belegschaft muss bluten und schrumpft von 52 000 auf 38 000 Mitarbeiter.

1998 entschließt sich Siemens schließlich, eng mit dem Taiwaner Computerbauer Acer zusammenzuarbeiten. Die PC-Fertigung in Augsburg soll Acer übernehmen. Gleichzeitig soll der Konzern SNI-Produkte in Asien vertreiben. Doch in letzter Minute scheitert der Deal, weil sich die Unternehmen nicht über die Finanzierung einigen können. Acer geht derweil das Geld aus.

Siemens ist nun gezwungen, einen anderen Weg zu gehen. Dabei gliedert der Konzern das Geschäft mit Geldautomaten und Kassensystemen aus. Dieser Bereich wird an Finanzinvestoren verkauft und ist heute unter dem Namen Wincor Nixdorf an der Börse. Der erst 1995 geschaffene IT-Dienstleister SBS wird schnell wieder abgespalten und in die Kommunikationssparte von Siemens integriert. Was dann noch übrig bleibt, findet im Herbst 1999 in Fujitsu den dringend nötigen Partner. Siemens und Fujitsu teilen sich je die Hälfte der Anteile an dem neuen Gemeinschaftsunternehmen. Der Name Nixdorf geht dabei verloren: Die Firma heißt künftig Fujitsu Siemens Computers (FSC).

1990

1990

Die Zeit des Leidens ist für die Mitarbeiter aber noch längst nicht vorbei. Wieder müssen die Chefs der Reihe nach gehen, wieder werden Stellen abgebaut, wieder laufen hohe Verluste auf – und wieder wird eine neue Strategie formuliert. Von weltweiten Ansprüchen ist längst nicht mehr die Rede. FSC fokussiert sich ganz auf Europa, Afrika und den Nahen Osten. Im Rest der Welt verkauft Fujitsu die Rechner.

Bis heute muss FSC ums Überleben kämpfen. Jüngst hat FSC-Chef Bernd Bischoff angekündigt, erneut 300 Stellen zu streichen. Die Firma schreibt inzwischen zwar schwarze Zahlen. Doch gegen große Wettbewerber wie Dell oder Hewlett-Packard tun sich die Bayern nach wie vor schwer. Und so fragen sich viele in der IT-Branche, wie es mit FSC denn weitergehen soll.

In der wechselvollen Geschichte von Siemens, Nixdorf und der deutschen Computerindustrie steht derweil nur eines fest: So, wie es jetzt ist, wird es nicht bleiben. »Magere 40 Millionen Euro Gewinn können einen Konzern wie Siemens auf Dauer nicht zufriedenstellen«, sagt Berater Praxmarer.

Joachim Hofer

1991

Euro – Diktat der Deutschen

Im Dezember 1991 beschließt die EU die gemeinsame Währung und damit das Ende der D-Mark. Zehn Jahre später haben die Deutschen ihre ersten Euros im Geldbeutel. Es ist das krönende Finale eines Polit-Theaters um ökonomische Macht und nationale Eitelkeiten.

Die Boulevard-Presse bringt die Stimmung der Deutschen auf den Punkt: »Unser schönes Geld«, jammert die »Bild«-Zeitung. Der Kölner »Express« erscheint mit der Warnung: »Kohl will die D-Mark abschaffen«. Selbst der seriöse »Rheinische Merkur« klagt, dass ausgerechnet die stabilste europäische Währung »kaputt gemacht« werde.

Am 10. Dezember 1991 wird im holländischen Maastricht zur Gewissheit, was sich seit der deutsch-deutschen Wiedervereinigung abzeichnete: Europa soll eine gemeinsame Währung bekommen und Deutschland Abschied nehmen von der D-Mark, dem Symbol für sein

Von links: Jacques Santer, Wim Duisenberg, Jean-Claude Juncker, Werner Müller und Dominique Strauss-Kahn stoßen am 31. Dezember 1998 auf die EU-Währungsunion an

1991

einzigartiges Wirtschaftswunder, dem Inbegriff deutscher Tugenden wie Fleiß und Sparsamkeit. Ein ganzes Volk leidet.

Aber es gibt kein Zurück: In Maastricht beschließen die Staats- und Regierungschefs der damals zwölf EG-Länder mit Bundeskanzler Helmut Kohl als treibender Kraft den Zeitplan für das Ende der nationalen Währungen. Es ist ein beispielloses Wagnis. Was werden die Menschen statt der D-Mark künftig im Geldbeutel haben? Die »European Currency Unit«, kurz Ecu? Oder den Gulden, die Krone, den Euro-Franken? Die Antwort gibt es erst vier Jahre später. Diesmal in Madrid.

Schneematsch bedeckt die Straßen der spanischen Metropole. Es ist der 15. Dezember 1995. Ein eisiger Wind vermiest den Madrilenen ihren Weihnachtseinkauf. Nur beiläufig nimmt die Stadt Notiz von den inzwischen fünfzehn europäischen Staats- und Regierungschefs, die fernab des Zentrums in der betonierten Ödnis des Kongressareals »Parque Ferial Juan Carlos I« zusammenkommen. Kaum jemandem ist bewusst, dass dieses Treffen Geschichte schreiben wird, dass es dem Geld von 300 Millionen Menschen von Lappland bis Kreta einen neuen, gemeinsamen Namen geben soll.

Seit Monaten streitet die EU, wie die geplante Einheitswährung heißen soll. Die öffentliche Wirkung ist verheerend. In Madrid muss deshalb endlich die Entscheidung fallen. Doch die Fronten sind völlig verhärtet. Frankreich will mit aller Macht den Ecu durchsetzen. Deutschland ist mit aller Macht dagegen.

Es ist ein erbittertes Ringen um den letzten Rest nationaler Identität in einem Projekt, das die Länder der EU wie nie zuvor zur Preisgabe ihrer Souveränität zwingen wird. Die Menschen misstrauen diesem Großversuch mit ihrem Geld, besonders die Deutschen. Drei von vier Bundesbürgern lehnen 1995 die Währungsunion ab. Kohl und seine Regierung stehen massiv unter Druck. »Mir war klar, dass in dieser Lage nur ein neutraler Name eine Chance hat«, erzählt der damalige Finanzminister Theo Waigel.

Wenige Wochen vor dem Madrider Gipfel glaubt Waigel, die Lösung gefunden zu haben. »Wie wäre es mit Euro?« fragt er Hans Tietmeyer, den Bundesbankpräsidenten, beiläufig während eines Vier-Augen-Gesprächs in seinem Bonner Ministerbüro. Tietmeyers Skepsis gegenüber der Währungsunion ist bekannt. Auf ihm ruht die Hoffnung jener, die das Ende der D-Mark verhindern wollen. Waigel weiß, wie wichtig es deshalb ist, Deutschlands obersten Währungshüter einzubinden. Es gelingt ihm unerwartet schnell. »Euro – den gleichen Gedanken hatte ich auch«, antwortet Tietmeyer sofort. Wenige Tage später wird Kohl eingeweiht. Auch er ist einverstanden. Aber der Kanzler warnt: »Das durchzusetzen wird schwierig werden.«

Er wird Recht behalten. Beinah platzt die Taufe in Madrid. Listig lobt Frankreichs Staatspräsident Jacques Chirac den deutschen Vorschlag als so brillante Idee, dass man darüber eine europaweite Volksabstimmung abhalten müsse. Der britische Premier John Major, der die gesamte Währungsunion ohnehin verhindern will, sekundiert. Öffentlich verkündet er, man brauche »dem Kind ja nicht schon vor der Schwangerschaft einen Namen zu geben«. Kohl kocht.

Seit Maastricht ist die Einheitswährung beschlossene Sache. In spätestens vier Jahren soll sie in den Ländern eingeführt werden, die dann die Kriterien erfüllen. Und jetzt will ausgerechnet Frankreich, Deutschlands engster Weggefährte, mit einem Referendum die Namensgebung auf unbestimmte Zeit blockieren. Kohl bietet seine ganze politische Schläue auf, um das Desaster zu verhindern. »Der Kanzler hat Chirac gefragt, was er denn machen werde, wenn 80 Millionen Deutsche für den Namen D-Mark stimmen«, erinnert sich Waigel. Die Warnung wirkt. Zähneknirschend stimmt der französische Präsident dem Vorschlag schließlich zu. Das gemeinsame Geld hat endlich einen Namen.

Den ersten konkreten Vorschlag für eine Währungsunion hatte es schon 25 Jahre früher gegeben, vorgelegt 1970 von Luxemburgs damaligem Ministerpräsident Pierre Werner. Doch der Werner-Plan verschwindet schnell wieder in der Schublade. Zu riskant erscheint den EU-Staaten der geforderte Souveränitätsverzicht. Auch das neun Jahre später eingeführte Europäische Währungssystem, das für die Wechselkurse enge Bandbreiten festlegt, ist bald am Ende. Die Differenzen in der damals sechs Mitglieder umfassenden Gemeinschaft über die Wirtschaftspolitik sind einfach zu groß. In Frankreich erhöht Chiracs Vorgänger François Mitterrand massiv die Staatsausgaben, um die Binnenkonjunktur anzukurbeln. In Deutschland dagegen verfolgen nach dem Regierungswechsel 1982 Kanzler Kohl und sein Finanzminister Gerhard Stoltenberg einen strikten Sparkurs.

1991

Das System fixierter Wechselkurse hält diesem Widerspruch nicht stand. Mehrmals muss der Franc gegenüber der D-Mark abgewertet werden. Ein Prestigeverlust, der Mitterrand tief verärgert. Vom monetären Diktat der Deutschen ist im Elysée-Palast die Rede. Die Bundesbank zwinge mit ihrer kompromisslosen Stabilitätspolitik Frankreich in die Knie. Paris will die mächtigen deutschen Währungshüter deshalb an die Leine legen. Eine europäische Parallelwährung, die nach einiger Zeit die nationalen Währungen ersetzt, soll die Autonomie der Bundesbank beenden.

Kohl reagiert reserviert. Der erfahrene Wahlkämpfer weiß, was einem Politiker droht, der sich an der Mark vergreift. Zwar ist auch er prinzipiell für eine Währungsunion. Aber erst in vager Zukunft als Krönung eines vereinten Europas mit gemeinsamer Außen-, Finanz- und Rechtspolitik. Auf einen konkreten Fahrplan festlegen will er sich damals nicht.

Doch der Kanzler hat die Rechnung ohne seinen Außenminister gemacht. Am 26. Februar 1988 veröffentlicht Hans-Dietrich Genscher ohne vorherige Absprache mit Kohl ein fünfseitiges Memorandum. Kernpunkte sind eine Europäische Zentralbank nach dem Vorbild der Bundesbank und eine gemeinsame Währung, die nach einigen Jahren zum »allgemeinen europäischen Zahlungsmittel« aufsteigen soll.

Die Wellen, die das Memorandum schlägt, sind gewaltig. Stoltenberg verfasst wütend eine Gegenschrift. Bundesbankpräsident Karl Otto Pöhl appelliert an seine europäischen Kollegen, den »Blödsinn« zu verhindern. Vergeblich. Vier Monate später erhält EG-Kommissionspräsident Jacques Delors den Auftrag, einen Stufenplan für die Währungsunion auszuarbeiten. In seinen »Erinnerungen« resümiert Genscher zufrieden: »Der Zug setzte sich in Bewegung.«

Auch Kohl ist zunächst wenig erbaut vom Alleingang seines Außenministers. Keinesfalls will er vorschnell auf ein verbindliches Zieldatum für die Währungsunion festgelegt werden. Doch dann fällt am 9. November 1989 in Berlin die Mauer.

Das Ereignis verändert Europas politische Statik fundamental. Und es erzeugt in der Europäischen Gemeinschaft eine Dynamik, die wenige Monate zuvor niemand für möglich hielt: Nur zwei Jahre später zementiert die inzwischen auf zwölf Mitglieder angewachsene Ge-

1991

meinschaft in Maastricht unwiderruflich den Weg zum europäischen Geld. Die Regierungschefs vereinbaren, dass spätestens am 1. Januar 1999 die Wechselkurse dauerhaft fixiert werden. Eine gemeinsame Zentralbank übernimmt ab diesem Zeitpunkt alle Macht in der Geldpolitik. Drei Jahre später, am 1. Januar 2002, soll die Einheitswährung zum einzigen Zahlungsmittel werden. »Wir haben den Rubikon überschritten«, bekennt Kohl am Ende des Gipfels. Die D-Mark ist absehbar Geschichte.

Wie kam es, dass Kohl so schnell das Symbol deutschen Nationalstolzes preisgab, wo es doch gerade erst die neuen Bundesbürger im Osten beglückte? Opferte er die Mark, um von den europäischen Nachbarn grünes Licht für die Wiedervereinigung zu bekommen? »Eine Legende«, widerspricht Waigel rückblickend. Auch Tietmeyer hält die These vom Tauschgeschäft »für zu einfach gestrickt«. Aber: »Beschleunigt hat der Fall der Mauer die Währungsunion schon«, glaubt der Bundesbankchef. Es habe Angst vor einer deutschen Dominanz in Europa gegeben.

In der Tat wirkt der 9. November auf die Europäische Gemeinschaft zunächst wie ein Schock. Vor allem in Paris und London fürchtet man ein wiedervereinigtes 80-Millionen-Volk, das mit seiner Wirtschaftskraft den Kontinent beherrscht, das ausscheren könnte vom Weg der europäischen Integration. Kohl ist über diese Sorgen alarmiert. Am 27. November, einen Tag bevor er im Bundestag sein »Zehn-Punkte-Programm« zur Einheit vorstellt, schickt er Mitterrand deshalb einen Brief, der Deutschlands Bekenntnis zu Europa zweifelsfrei dokumentieren soll. Kohl erklärt darin seine Zustimmung zu dem französischen Vorschlag einer Doppelstrategie: Parallel sollen Währungsunion und politische Einigung vorangetrieben werden. Der erhoffte Beruhigungseffekt bleibt zunächst jedoch aus. Auf dem EG-Gipfel zwei Wochen später in Straßburg ist die Atmosphäre eisig. Kohl sieht sich einer »fast tribunalartigen Befragung« über die Einheit ausgesetzt, wie er rückblickend schreibt.

Die Wende bringt ein Neujahrsspaziergang mit Mitterrand bei dessen Landhaus im südfranzösischen Latché. Erneut versichert Kohl, es sei ihm ernst mit Europa – einschließlich gemeinsamer Währung und Zentralbank. Mitterrand ist allmählich überzeugt. Doch letzte Zweifel

1991

bleiben: Wird das vereinigte Deutschland wirklich keinen Sonderweg nehmen?

Um dieser Gefahr vorzubeugen und Kohl unwiderruflich in das Projekt »gemeinsame Währung« einzubinden, macht Mitterrand auf dem eiligen Marsch nach Maastricht ein erhebliches Zugeständnis – die Europäische Zentralbank soll so autonom werden wie die Bundesbank. Vorbei ist es mit dem »pouvoir politique« in Zins- und Währungsfragen, seit Napoleon französisches Staatsverständnis. Aber auch Kohl muss Federn lassen. Die politische Einigung Europas, die er stets als Vorbedingung für das gemeinsame Geld angesehen hatte, kommt kaum voran. Daheim erntet der Kanzler dafür heftige Kritik.

Zwar steht mit dem Maastricht-Vertrag das Regelwerk für die gemeinsame Währung. Aber es fehlt ihr ein Fundament, eine europaweit abgestimmte Finanzpolitik mit strengen Vorschriften zur Haushaltsdisziplin. Die Angst vor einem Euro, der weicher ist als die Mark, und vor den vermeintlichen Schuldenmachern aus Europas Süden eint das deutsche Volk. Erst als Kohl und Waigel den EU-Ländern Ende 1996 den Stabilitätspakt abringen, ebbt der Widerstand ab. Mit anfangs elf Ländern, Griechenland kommt kurz darauf als zwölftes hinzu, geht die Währungsunion schließlich an den Start. Schweden, Dänemark und Großbritannien sind freiwillig nicht dabei.

30. August 2001, mehr Pathos schafft keine Oscarverleihung: »Hier kommt der Euro!« ruft Wim Duisenberg, der Chef der Europäischen Zentralbank (EZB). Er steht auf der Bühne von Frankfurts festlich geschmückter Oper und hält einen durchsichtigen Plastikstern in die Höhe. Darin sind die sieben neuen Euro-Scheine zu sehen. Es ist ihre Weltpremiere. Noch 124 Tage bis zum 1. Januar 2002, dann wird das Geld unters Volk gebracht: 14 Milliarden Banknoten und 50 Milliarden Münzen. Duisenberg sagt, dass ihn »in diesem Augenblick der Mantel der Geschichte streift«. Er macht dabei ein glückliches Gesicht, schließlich ist der Weg der Euro-Scheine fast ebenso holprig gewesen wie jener der gesamten Währungsunion. Als ihr erster Entwurf vorgestellt wird, moniert Chirac, die abgebildete Landkarte unterschlage Teile der EU, nämlich französische Überseegebiete wie Guadeloupe und Martinique. Erst als der »Chirac-Streifen« mit deren Umrissen am unteren Rand der Scheine eingefügt wird, gibt sich der Franzose zufrieden.

1991

Ausgerechnet ein Experte aus dem Euro-skeptischen Großbritannien findet wenig später heraus, dass die abgebildeten Brücken reale Vorbilder haben. Ein Verstoß gegen die Vorgabe an die Grafiker, keine nationalen Symbole zu verwenden. »Eine schwierige Situation«, erinnert sich Tietmeyer. Zunächst erwägen die Notenbanker, den Designwettbewerb für die Scheine neu aufzurollen. Doch die Vorbereitungen für den Druck laufen bereits. So werden die Brücken schließlich nur überarbeitet. Es bleibt bei den Bildern, die heute jeder Europäer kennt.

Die alten D-Mark-Noten werden 2002 eingezogen, geschreddert und der kommunalen Müllentsorgung anvertraut. »Als ich 1989 Finanzminister wurde, hatte ich wenig Lust, derjenige Ressortchef zu sein, unter dem die D-Mark untergeht«, bekennt Waigel. Doch dann sei ihm klar geworden: Wenn die EU-Länder bereit seien, die deutsche Stabilitätskultur zu übernehmen, dann werde die Währungsunion ein Gewinn. »Zu meiner Überraschung waren sie dazu bereit.«

Helmut Hauschild

1992

Expo – Zu hoch geschraubt

Als Hannover im Juni 1992 die Weichen für die Expo 2000 stellt, sind die Erwartungen an die erste Weltausstellung in Deutschland groß – zu groß, wie sich bald herausstellen wird.

Um Holland ist es schlecht bestellt. Die verdorrten Bäume im Obergeschoss geben ein klägliches Bild ab. Zwischen den einzelnen Stockwerken wehen zerfetzte Plastikplanen im Wind. Oben am Gebäude prangt in schwarzen Ziffern die Zahl 2 800 000. So viele Menschen haben den niederländischen Pavillon besucht. Der höchste Pavillon der Expo in Hannover, der ersten Weltausstellung in Deutschland, war im Sommer 2000 ein Publikumsmagnet. Mit gestapelten Landschaften aus Wasser, Wald, Dünen und Blumenfeldern, die sich vierzig Meter hoch auftürmten, wartete er auf. Doch sieben Jahre später steht das einstige Prachtstück am Boulevard der EU im Süden Hannovers leer.

1992 werden die Weichen für das Unternehmen Expo gestellt. Das

Birgit Breuel, Generalkommissarin der Expo 2000, mit Bundeskanzler Gerhard Schröder während der Pressekonferenz zur Eröffnung der Weltausstellung

1992

Architektenbüro Arnaboldi/Cavadini aus Locarno gewinnt den Ideenwettbewerb zur Gestaltung des Expo-Geländes, und im Juni stimmen die Bürger Hannovers in einem Referendum den Expo-Plänen zu. Acht Jahre später, am 1. Juni 2000, beginnt die »Expo 2000«. Ihr Motto: »Mensch – Natur – Technik. Eine neue Welt entsteht«. Visionen für die Zukunft will die Expo vorstellen, Modelle für das Gleichgewicht zwischen Gesellschaft, Wirtschaft und Umwelt, Lösungsmöglichkeiten für das Zusammenleben von mehr als sechs Milliarden Menschen – Lösungen, um dem Kollaps des Planeten zu entgehen.

Doch es ist eher die Expo, die kollabiert: Wirtschaftlich wird sie zu einem Fiasko. Die Idee, eine Weltausstellung über die Eintrittsgelder zu finanzieren, schlägt fehl. Es kommen nicht einmal halb so viele Besucher wie erwartet. Die Geschichte der Expo in Hannover ist auch eine von überzogenen Erwartungen und zu großem Ehrgeiz.

Herbert Schmalstieg sitzt in einem spärlich eingerichteten Büro in der Nähe des Hannoveraner Rathauses und erinnert sich. 34 Jahre lang war Schmalstieg Bürgermeister der niedersächsischen Landeshauptstadt – von 1972 bis 2006. Heute sitzt der Mann mit der Halbglatze und der runden Brille lächelnd da und erzählt. Die Idee zur ersten und bislang einzigen Weltausstellung in Deutschland entsteht 1987. Vertreter von Land, Stadt und Messe überlegen, wie der Messeplatz Hannover neu positioniert werden kann. Mit dabei ist neben Schmalstieg auch Birgit Breuel, die niedersächsische Finanzministerin. Hannover und Niedersachsen wollen etwas Großes, Außergewöhnliches – eine Expo.

Die Bundesregierung macht den Niedersachsen jedoch schnell klar: Außer der Infrastruktur darf die Expo den Staat nichts kosten. Kein Problem – antwortet zumindest Birgit Breuel, die später zur Generalkommissarin der Weltausstellung ernannt wird. Sie will das gesamte Projekt durch Sponsoren finanzieren – was sie in einem Brief an die Bundesregierung auch unterstreicht. Der erste große Fehler, denn eine privat finanzierte Expo erweist sich als unmögliches Unterfangen. Sogar die USA machen diese Erfahrung: Die größte Wirtschaftsmacht der Erde bleibt der Expo fern, weil sich nicht genügend Sponsoren für einen amerikanischen Pavillon finden. Am Ende bleibt Hannover ein Verlust von 1,1 Milliarden Euro. Zwar sind viele namhafte Unternehmen dabei, wie die Deutsche Post, die Deutsche Telekom oder die

1992

Deutsche Bahn. Doch sie haben alle auch ihre eigenen Vorstellungen von Marketing. Und Herbert Schmalstieg warnt zudem: »Man darf das nicht zur Firmenveranstaltung werden lassen.«

Die Risiken jedoch bleiben an Bund und Land hängen. Die Stadt wird vom Defizit freigestellt. Der Bund trägt zwei Drittel, das Land Niedersachsen ein Drittel der Verluste. »Ich kritisiere Frau Breuel nicht dafür, dass sie diesen Brief geschrieben hat«, sagt Schmalstieg heute – doch es ist ihm anzumerken, dass er mit dieser Linie keineswegs einverstanden war. »Eine Weltausstellung kann man nie kostendeckend machen.« Schon gar nicht aber könne sie über Eintrittspreise finanziert werden. Birgit Breuel muss im Nachhinein viel Kritik für ihre Fehlkalkulationen einstecken. Heute hat sie mit dem Thema Expo abgeschlossen und sich ins Privatleben zurückgezogen.

Der zweite große Fehler der Expo sind die überhöhten Erwartungen an die Besucherzahlen. Mit 40 Millionen kalkulieren die Organisatoren. Doch nur 18 Millionen Menschen besuchen die Expo in 153 Tagen, und ausländische Gäste sind kaum darunter. Die Tagestickets sind mit 69 D-Mark sehr teuer. Später wird die Expo sogar »verramscht«: Es gibt Abendtickets für 15 D-Mark.

Nicht die tatsächliche Besucherzahl ärgert Herbert Schmalstieg bis heute, sondern die kalkulierte. In den Bewerbungsunterlagen war noch von 14 Millionen Besuchern die Rede. Doch das Beratungsunternehmen Roland Berger hat nachgerechnet: Im Umkreis von 300 Kilometern leben 60 Millionen Menschen – also sei die Kalkulation mit 14 Millionen Besuchern doch zu niedrig. Schließlich habe in Umfragen jeder Dritte gesagt, er würde die Expo gerne besuchen. Und hatte nicht schon anno 1900 die Pariser Weltausstellung 50 Millionen Besucher angelockt? Auch nach Montreal kamen 1967 50 Millionen Menschen. Die erste Weltausstellung auf asiatischem Boden 1970 in Osaka bringt es sogar auf 64 Millionen Besucher. Also schraubt Hannover sein Ziel höher – zu hoch.

Dabei hatte alles so ermutigend begonnen. Nur zu gut erinnert sich Schmalstieg an den Tag der Entscheidung am 14. Juni 1990: Mit einer Delegation fahren er und Generalkommissarin Breuel nach Paris. In kleinen Filmen präsentieren die Finalisten Hannover und Toronto sich vor dem Entscheidergremium des Internationalen Büros für Ausstellungen. Dann wird abgestimmt. zwanzig zu fünfzehn Stimmen liegen die Kanadier schon vorn. Und es sind nur noch sechs Wahlzettel verschlossen. Eigentlich hat Hannover schon so gut wie verloren. Doch dann steht auf allen sechs Papierchen, die aufgeklappt werden: Hannover. Herbert Schmalstieg ist so erleichtert, dass er Birgit Breuel im Überschwang einen Kuss auf die Wange schmatzt.

Damit reiht sich Hannover neben Metropolen wie London, Paris, New York und Barcelona in die Reihe der Ausrichterstädte von Weltausstellungen ein. Einen Sommer lang darf sich Hannover der Welt präsentieren – und die Welt sich in Hannover. Am Ende wird Sigmar Gabriel, Ministerpräsident von Niedersachsen, sagen: »Die Expo war wirklich ein großer Erfolg und wir sollten uns immer daran erinnern. Es war ein phantastisches Fest.« Ein Fest von 155 Nationen und 27 internationalen Organisationen. Am Boulevard der EU auf dem Expo-Gelände wird die Landkarte neu sortiert: Holland grenzt an Finnland, Dänemark an Ungarn, Belgien an Spanien. 49 Länder bauen eigene, teils sehr aufwendige Pavillons, die sich auf einem 160 Hektar großen Areal präsentieren – in all ihrer Vielfalt und Farbenpracht.

An solche Dimensionen ist bei der ersten Weltausstellung im Jahr 1851 noch nicht zu denken. Dabei setzt auch die Expo in London Maßstäbe: Auf 8,7 Hektar zeigen sich 25 Länder und 15 britische Kolonien. Und es kommen für diese Zeit sagenhafte sechs Millionen Besucher in den Kristallpalast im Hyde Park. Am Ende steht sogar ein Gewinn von 150 000 Pfund zu Buche. Der britische Prinz Albert gibt damals das Ziel der Ausstellung vor: »Die gedeihliche Beförderung aller Zweige des menschlichen Fleißes und die Befestigung der Bande des Friedens unter allen Nationen der Erde.«

Zunächst ist die Expo als reine Produktausstellung angelegt, als Leistungsschau der Industrie. Doch langsam entwickelt sie sich hin zu einer Selbstdarstellung der Länder in individuellen Pavillons. 1876 in Philadelphia werden die Exponate erstmals nicht in einem einzigen Gebäude gezeigt, sondern nach Sachgruppen und Nationen aufgeteilt. Häufig fällt die Weltausstellung zudem mit einem bedeutenden nationalen Ereignis zusammen: 1876 in Philadelphia ist das Thema die Hundertjahrfeier der amerikanischen Unabhängigkeit; 1889 wird in Paris der hundertste Geburtstag der Französischen Revolution begangen;

1992

1893 feiert Chicago das 400-jährige Jubiläum der Entdeckung Amerikas. Auch das 500-jährige Jubiläum der Entdeckung Amerikas ist wieder Anlass einer Weltausstellung – diesmal aber in Europa. Von Sevilla aus ist Columbus zu seiner Reise auf den neuen Kontinent aufgebrochen; hier begegnen sich die beiden Kontinente 1992 wieder. Europäische Städte verdanken der Expo einige ihrer Wahrzeichen: 1889 entsteht in Paris der Eiffelturm, 1958 in Brüssel das Atomium. Jeder Ausrichter einer Weltausstellung will schließlich die Vorgänger übertreffen.

Die Deutschen bieten in Hannover gleich zwei Neuheiten: Ein Themenpark als eigener Beitrag der Expo zeigt Lösungen für Probleme der Zukunft auf den Gebieten Mobilität, Gesundheit oder Umwelt. Neu ist auch das Konzept, die Ausstellung in die ganze Welt zu tragen: In mehr als 700 Projekten weltweit entwickeln Menschen Ideen für die Zukunft. In der Innenstadt Hannovers erinnert heute eine Uhr auf dem Platz der Weltausstellung an das Spektakel. Sie zählt die Stunden, die seit der Expo vergangen sind.

»Die Expo war wirklich ein Geschenk des Himmels für die Stadt«, sagt Ex-Oberbürgermeister Schmalstieg. Zwischen 10 und 15 Milliarden Euro haben die öffentliche Hand und Sponsoren investiert. Mit den öffentlichen Geldern werden der Bahnhof renoviert, die Autobahn sechsspurig ausgebaut und das U- und S-Bahnsystem erweitert. Auf dem Kronsberg ist sogar ein neuer Stadtteil entstanden. Während der Weltausstellung wohnten dort tausende Expo-Mitarbeiter. Als sie gingen und die Hannoveraner kamen, waren Schule, Kindertagesstätte und Kulturzentrum schon fertig.

»Das Schöne ist«, sagt Herbert Schmalstieg heute: »Die privaten Investitionen haben nach der Expo nicht aufgehört.« Zurzeit etwa baut ECE, europäischer Marktführer für innerstädtische Einkaufszentren, ein großes Kaufhaus in der Hannoveraner Innenstadt. Auch die Bürger merken, dass sich viel getan hat. In einer Befragung gaben im vergangenen Jahr 90 Prozent der Hannoveraner an, sie würden gerne oder gar sehr gerne in ihrer Stadt leben. Das sind 10 Prozent mehr als vor der Expo.

Die Nachnutzung des Expo-Geländes läuft jedoch nur schleppend – wenn auch besser als bei jeder anderen Weltausstellung. Ein Grund dafür ist die Nähe zur Messe. Von vornherein ist klar, dass 60 Prozent der Expo später für die Messe genutzt werden. Auf der Expo Plaza, wo die ehemalige Preussag-Arena – die heute den Namen des Reisekonzerns TUI trägt – und der deutsche Pavillon stehen, herrscht noch einige Betriebsamkeit. Hier haben sich die Fachhochschule für Medien, Information und Design sowie die Hochschule für Musik und Theater angesiedelt. Das bringt 3000 Studenten auf das Gelände. Sonntags hat das Exposeeum geöffnet – ein kleines Museum zur Weltausstellung im ehemaligen World Trade Center, das von einem Verein betrieben wird. Doch viel Platz haben die Besucher rund um die Plaza nicht: Die Exponale, einst als längste Fußgängerbrücke Europas eingeweiht, ist die meiste Zeit abgesperrt. Nur bei Messen oder größeren Veranstaltung wird der hohe Zaun entfernt.

Das restliche Gebiet im Osten des Expo-Geländes ist nur schwer zu vermarkten. Was zum Teil auch daran liegt, dass der Bebauungsplan eine Nutzung des Geländes durch Einzelhandelsunternehmen untersagt. »Einkauf muss im Zentrum liegen«, sagt Schmalstieg. »Das zerstört sonst die Innenstädte.« Von den 56 Hektar sind acht noch nicht verkauft. Allerdings zählt die »Expo Grund«, die die Nachnutzung koordiniert, auch die vielen freistehenden Objekte hinzu, die zwar einen neuen Besitzer haben, aber nicht genutzt werden. An vielen Pavillons klebt eine Telefonnummer, bei der Miet-Interessenten anrufen können.

Auch der niederländische Expo-Pavillon harrt noch immer seinem Schicksal. Er gehört einem deutschen Windkraftanlagenbetreiber, der ihn weiterverkaufen will. Verlassen steht er mitsamt seinen vertrockneten Pflanzen da. Gegenüber, im französischen Pavillon, läuft es besser: Hier hat BMW im März 2007 seine Niederlassung eröffnet. Der belgische Ausstellungsbereich heißt jetzt »Peppermint Pavillon« und ist Sitz eines modernen Tonstudios. Der DJ und Produzent Mousse T. arbeitet nun hier.

Viele andere Gebäude auf dem Expo-Gelände verfallen zusehends. Auch der Pavillon der Spanier steht leer. Die Farbe blättert von der Fassade, und die Türen sind mit Holz verrammelt. Nur noch die silberglitzernde Aufschrift »España« erinnert an den Glanz der Weltausstellung. Doch hinter Spanien kommt die Rettung: Vier gelbe Lettern auf blauem Grund locken die Menschen – IKEA. Seit der schwedische Möbelkonzern im Herbst 2006 am Rande des Expo-Geländes seine Filiale eröffnet hat, läuft die Vermarktung der noch freistehenden Fläche besser. »Die Nachfrage ist in letzter Zeit sehr stark gestiegen«, sagt Walter Richter, Geschäftsführer der »Expo Grund«.

Herbert Schmalstiegs Telefon klingelt. Nur wenige haben seine Nummer, doch der Apparat schellt recht häufig. Der 63-Jährige ist auch heute, Jahre nach der Expo und Monate nach der Amtsübergabe als Bürgermeister, immer noch stark beschäftigt. Sein Know-how ist bei anderen Expo-Städten gefragt. Schmalstieg berät die Mailänder, die sich für die Expo 2015 bewerben, und auch die Ausrichter in Shanghai, wo die Weltausstellung 2010 stattfindet. Mit ihnen spricht der Ex-Oberbürgermeister auch offen über die Finanzen der Expo 2000, um die kommenden Ausstellungen vor einem ähnlichen Fiasko zu bewahren. Er hat auf der Weltausstellung viele Freunde gewonnen. Und Freunden hilft man.

Claudia Schumacher

1993

Rheinhausen – »Doch platt gewalzt«

160 Tage kämpfen die Stahlarbeiter von Rheinhausen für ihr Werk. Vergeblich. 1993 geht der letzte Hochofen aus – die deutsche Stahlbranche aber, sie lebt wieder auf.

Dieses Gelände: 500 Fußballfelder groß. 265 Hektar. Fast eine Stunde braucht man, um zu Fuß von einem Ende zum anderen zu kommen, vorbei an Eschen und jungen Silberlinden. Dahinter sieht man von Baggern platt massierte Fläche, glatt gerieben von Raupen, stellenweise von Unkraut überwuchert. Ab und zu eine Lagerhalle – in Blau, in Grau, seidig schimmernde Quader. Trotz ihrer gigantischen Ausmaße wirken sie verloren. Selbst die Containerbrücken auf der anderen Stra-

Stahlarbeiter der Krupp AG protestieren im Januar 1988 mit einer Blockade der Rheinbrücke in Duisburg gegen die geplante Schließung des Stahlwerks Rheinhausen

RHEINHAUSEN – »DOCH PLATT GEWALZT«

1993

ßenseite, Ungetüme aus Stahl, kommen fast zierlich daher in der Ödnis und Leere, die sie umgibt.

Das ist geblieben von einhundert Jahren Industriegeschichte – mitten in Duisburg, am linken Ufer des Rheins, der sich windet wie ein Aal, hier in Rheinhausen. Nichts deutet mehr darauf hin, dass an diesem Ort eines der größten Stahlwerke Deutschlands stand: die Krupp Hüttenwerke Rheinhausen. 16 000 Menschen gaben sie in den besten Zeiten Arbeit, damals in den sechziger Jahren. Sie produzierten 2,3 Millionen Tonnen Rohstahl im Jahr. Drei Jahrzehnte später reichten für die gleiche Menge 2 300 Beschäftigte.

Am 19. Mai 1988 beschloss der Krupp-Aufsichtsrat, das Werk zu schließen. Am 15. August 1993 verlosch im letzten Hochofen das Feuer, wurde die letzte Charge Stahl gegossen – eine bittere Niederlage für tausende Stahlarbeiter, hatten sie sich doch mit aller Macht dagegen gewehrt, zusammen mit der ganzen Region. 160 Tage lang, ab November 1987, hatten sich die Menschen gegen das Aus für Rheinhausen aufgebäumt. Sie hatten Brücken blockiert, eine Menschenkette von Duisburg bis Dortmund gebildet und im Walzwerk Gottesdienste abgehalten. Verhindern konnten sie das Ende nicht, nur einige Jahre aufhalten.

Bis heute ist Rheinhausen ein Mythos geblieben, das Symbol für den längsten Arbeitskampf der deutschen Nachkriegsgeschichte, ein nervenaufreibendes Poker zwischen Wirtschaft, Politik und Beschäftigten. In Duisburg, wo der Fernseh-Kommissar Horst Schimanski zwischen rostigen Hochöfen und verwaisten Walzanlagen jahrelang Verbrecher jagte, gab es seit Ende der Achtziger nie wieder einen ähnlichen Aufstand gegen die Vernichtung von Arbeitsplätzen.

Ausgelöst hat den Aufstand damals ein schlanker Mann mit einer großen Brille. Auf dem Kopf einen weißen Stahlhelm, so stellt er sich am 27. November 1987 vor die Belegschaft in Rheinhausen. Gerhard Cromme, Chef der Krupp Stahl AG, verkündet das Aus für das Werk – nach neunzig Jahren Stahlproduktion. Die Arbeiter reagieren mit Enttäuschung, mit Wut. »Einige schleuderten ihm Eier entgegen«, erinnert sich Theo Steegmann, damals stellvertretender Betriebsratsvorsitzender des Stahlwerks. »Dotter tropfte von Crommes Mantel.« Die Betroffenen lassen ihrem Frust freien Lauf. Erst zwei Monate zuvor hat Cromme ihnen den Erhalt der Hütte zugesichert, wenn sie dem

1993

Abbau von 2000 Jobs zustimmen. Schon fünf Jahre zuvor hatte das Werk 2500 Stellen gestrichen.

Aufsichtsratschef Berthold Beitz hat Cromme zu Krupp geholt, als Sanierer, der das Unternehmen aus der Krise führen soll, in der die Branche seit Mitte der siebziger Jahre steckt. Nun kommt billiger Stahl aus Brasilien, Korea und Japan nach Deutschland. Parallel dazu sinkt die Nachfrage, Bau- und Autoindustrie brauchen immer weniger Stahl. Krupp & Co. haben enorme Überkapazitäten. Die Stahlpreise sinken, die Hersteller rutschen in die roten Zahlen. Im Stahlwerk Rheinhausen häufen sich zwischen 1974 und 1988 Verluste von zwei Milliarden D-Mark an.

Krupp kämpft zudem mit hausgemachten Problemen: Der Essener Traditionskonzern engagiert sich im Osteuropageschäft und gerät in Geldnot. Interne Ränkespiele um Macht und die Verhaftung von zwei Spitzenmanagern wegen Untreue kommen hinzu. Als Gerhard Cromme 1986 seinen Job bei der Krupp Stahl AG antritt, hat er große Pläne. Aus seiner Sicht hat die deutsche Stahlindustrie nur im Verbund die Chance, weltweit wieder konkurrenzfähig zu werden. Er wird Recht behalten. 1992 schluckt Krupp den Dortmunder Konkurrenten Hoesch und fusioniert 1998 mit Thyssen. Doch der erste Schritt der Konsolidierung der deutschen Stahlindustrie kommt 1988 mit dem Aus von Rheinhausen. »Ende gut, alles gut«, sagte Cromme damals.

Theo Steegmann denkt auch heute noch oft an die fünf langen Monate im Winter und Frühjahr 1987/88, in denen das gesamte Ruhrgebiet genau dies verhindern will. Die Erinnerungen kommen immer wieder. Meistens, wenn er alte Kollegen trifft, manchmal im Gespräch mit seinen Kindern, und auch achtzehn Jahre danach wollen sich immer wieder auch Journalisten mit ihm über diese Zeit unterhalten.

Dann legt Steegmann den Kopf ein bisschen schief, schaut sein Gegenüber aus dunklen Augen an und fängt an zu erzählen, erst etwas holpernd. »Ja, erst haben wir es als Niederlage begriffen. Wir haben es nicht geschafft, unsere Jobs zu erhalten, und das Versprechen, dass auf dem Gelände neue Stellen entstehen, glaubten wir nicht.« Dann werden seine Sätze immer flüssiger: »Vor allem die Gewerkschaft hat es nicht geschafft zu verhindern, dass Stahlarbeiter verschiedener Werke gegeneinander ausgespielt werden.«

RHEINHAUSEN – »DOCH PLATT GEWALZT«

1993

Irgendwann hält er sich nicht mehr auf mit der Chronologie der Geschichte, der Sicht eines Funktionärs auf die Dinge, sondern formuliert ganz schlicht und persönlich: »Es war eine tolle Zeit, Kaufleute sprachen von Sozialismus, Professoren von zivilem Ungehorsam, Typen, die vorher in Spielhallen rumhingen, organisierten Demos. Wir wollten die Welt verändern, und so geben wir das auch an unsere Kinder weiter – als eine positive Erinnerung.«

Steegmann hat nach dem Abitur als Hilfsarbeiter bei Krupp in Rheinhausen angefangen. Während des Arbeitskampfes, mit dem sich Rheinhausen der Welt widersetzt, wird der Betriebsrat zum Strategen im Hintergrund. In schwarzer Lederjacke, die Haare lang und zottelig, wie die jüngere Ausgabe von Udo Lindenberg, ist er bei Gesprächen mit Politikern und der Konzernspitze dabei. Steegmann koordiniert das Hoch- und Runterfahren der Hochöfen, entwickelt Ideen wie den Besuch der türkischen Kollegen beim iranischen Krupp-Anteilseigner oder pilgert zur Villa Hügel, um mit Krupp-Eminenz Beitz Tee zu trinken.

Hätte es eine andere Lösung für die Stahlarbeiter gegeben? »Die Kapazitäten mussten zurückgefahren werden«, hat Wirtschaftshistoriker Dietmar Petzina ein Jahrzehnt später gesagt. »Man hätte mit den Menschen aber anders umgehen können, ihnen keine Illusionen machen sollen, dass ihre Arbeitsplätze doch erhalten bleiben.« Erst dies habe die Bitterkeit hervorgerufen. Sie hat Menschen in der gesamten Region mobilisiert, Geistliche und Politiker, Hausfrauen und Schüler, Landwirte und Künstler, Katja Ebstein und die Toten Hosen, ein Knappenorchester und Klaus Lage. Sie alle solidarisieren sich mit den Kruppianern. Die Stars geben Konzerte, ohne Gage zu verlangen.

Innerhalb weniger Wochen kommt knapp eine Million Mark für die Streikkasse zusammen – und skurrile Geschenke: Tierschützer schicken Lastwagen mit Hundefutter, weil ein Kruppianer im Fernsehen erzählt, er könne seinen Hund nicht mehr füttern, wenn er seinen Job verliere.

Rheinhausen ist der Anfang, weitere Stahlwerke werden geschlossen. Gerhard Cromme setzt seinen Plan um, erst als Chef der Krupp-Stahl-Tochter, später als Vorstandsvorsitzender des Gesamtkonzerns. Heute sitzt er dem Aufsichtsrat von Thyssen-Krupp vor.

Von der einstigen deutschen Stahlindustrie ist ein Nukleus übrig geblieben, der beinahe so viel herstellt wie alle Stahlwerke der siebziger Jahre zusammen. Thyssen-Krupp erwirtschaftet in der Stahlsparte seit Jahren Gewinne – zuletzt fast eineinhalb Milliarden Euro. Stahl gilt inzwischen wieder als Wachstumsmarkt. Wegen des Wirtschaftsbooms in China werden sogar die Rohstoffe knapp.

Auch die verbliebenen Duisburger Hochöfen blasen weiter weiße Schwaden in den Himmel – nur durch den Rhein von Rheinhausen getrennt, das heute auch für das neue Duisburg steht. Das Gelände, wo die Stahlfabrik war, soll unter dem schicken Namen »Logport« zu einer der größten Logistikdrehscheiben Europas werden.

Die Industrie- und Handelskammer Niederrhein berichtet von 2000 Arbeitsplätzen, die hier entstanden seien. Die Menschen sind größtenteils damit beschäftigt, Güter zu verladen, sie hin- und herzufahren. Und die Menge steigt stetig: 2006 ist der Duisburger Hafen in die Top 100 der weltweit größten Containerhäfen aufgestiegen.

Zunächst hatten Politiker und Wirtschaftsförderer eine andere Alternative zur Stahlindustrie diskutiert: ein Entsorgungszentrum sollte in Rheinhausen entstehen – mit Forschung, Altautorecycling, jeder Menge Zulieferbetrieben. Den Anfang machte das Institut für Energie- und Umwelttechnik (IUTA), 1989 gegründet in der ehemaligen Krupp-Versuchsanstalt.

Wo Ingenieure jahrzehntelang an neuen Stahlsorten tüftelten, beschäftigen sich heute Wissenschaftler mit Feinstaub und Thermodynamik. Ein Glasbild im Treppenhaus erinnert an die alten Zeiten – im Zentrum des Bildes ist der Stahlkocher im traditionellen Silbermantel zu sehen, dahinter der Hochofen.

Das Institut beschäftigt zudem dreißig ABM-Kräfte, Behinderte, die elektronische Geräte auseinanderbauen, Platinen von Plastik trennen. »Mehr ist nicht geblieben von der einst mit viel Euphorie begleiteten Idee, hier ein Entsorgungszentrum aufzubauen«, sagt Jochen Schiemann, stellvertretender IUTA-Geschäftsführer. Er steht auf dem Dach des Instituts, zeigt mal in diese und mal in jene Richtung und erzählt von früher, als er von dieser Stelle aus die Krupp-Hallen und die Schlote der Hochöfen sah.

Inzwischen ist alles abgerissen, nur die ehemaligen Villen der Krupp-Direktoren stehen noch – völlig heruntergekommen, versprühen sie

1993

morbiden Charme. Die alte mechanische Werkstatt blieb ebenfalls vom Abriss verschont. Heute liegt sie verlassen da, die Scheiben sind eingeschlagen. Stehen geblieben ist auch die einstige Werkskantine, in der sich während des Arbeitskampfes dienstags und freitags bis zu 1000 Menschen trafen, um die nächsten Aktionen zu planen – sie hatten dabei immer zwei großflächige Gemälde im Blick: des Fischerdorfes Rheinhausen, bevor Friedrich Alfred Krupp Ende des 19. Jahrhunderts dort Bauland kaufte. Heute ist die Kantine ein türkisches Kulturzentrum.

Wie kaum ein anderes Bauwerk ist aber die Brücke zwischen Rheinhausen und dem Duisburger Stadtteil Hochfeld bis heute Symbol des legendären Arbeitskampfes: ein roter Stabbogen, schwungvoll und fast filigran. Die »Brücke der Solidarität« haben die Stahlarbeiter sie getauft, die Stadt hat den Namen übernommen.

Und noch mehr ist übrig geblieben, aber weniger sichtbar. »Der Arbeitskampf hat die Menschen verändert«, sagt der heute 50-jährige Theo Steegmann, der inzwischen Leiter der Weiterbildung bei der Thyssen-Krupp-Tochter Nirosta ist und die Haare deutlich kürzer trägt. »Der Arbeitskampf hat die Menschen stolz gemacht, dass sie Geschichte geschrieben haben.«

Katharina Slodczyk

1994

Treuhand –
Ein Ding der Unmöglichkeit

Im August 1994 beginnt die Abwicklung des wohl größten deutschen Unternehmens der Geschichte: der Treuhand. Dreizehn Jahre später gibt es sie immer noch.

Februar 1990, Konferenzcenter des Palasthotels an der Spree, Berlin. Detlev Karsten Rohwedder und Christa Luft, stellvertretende Ministerpräsidentin der noch existierenden DDR, streiten vor großem Auditorium über die Reformfähigkeit der ostdeutschen Wirtschaft. Die Debatte im überfüllten, stickigen Saal endet mit einer in Tränen aufgelösten Politikerin (Ost) und einem siegreichen Abgang des Managers (West).

Feierstunde zur Währungsunion in Berlin am 1.7.1990: Finanzminister Walter Romberg überreicht seinem Amtskollegen Theo Waigel handsignierte Geldscheine der ehemaligen Währung der DDR

TREUHAND – EIN DING DER UNMÖGLICHKEIT

1994

Knapp drei Monate sind vergangen, seit die Mauer fiel. Luft hofft noch auf einen dritten Weg. Rohwedder, Chef des Stahlkonzerns Hoesch, glaubt bloß, dass »der ganze Ramsch 600 Milliarden D-Mark wert ist«. Wie schwierig die Privatisierung einer Staatswirtschaft ist, das ahnt der spätere Präsident der Treuhandanstalt wohl schon. Und Rohwedder wird Recht behalten.

Noch nie war eine Planwirtschaft wie die der DDR in eine Marktwirtschaft umgewandelt worden. Niemand hatte Pläne für ein derart gigantisches Projekt mit 16 Millionen Bürgern und tausenden Betrieben gemacht. Was für eine Herausforderung für das Land – und für Rohwedder. »Das Unmögliche wagen« betitelten Wissenschaftler wie Herbert Hax und Hans Karl Schneider schon ihre Zwischenbilanz 1993. Unmöglich? Vielleicht. Nur: Gab es eine Alternative?

Im Mittelpunkt einer der größten Unternehmungen der deutschen Wirtschaftsgeschichte steht die Treuhandanstalt. Vier Jahre lang war sie der größte Staatskonzern, den es je auf deutschem Boden gab: vier Millionen Beschäftigte, 14 000 Unternehmen. Und sie hinterließ das größte Defizit, das wohl je ein Konzern produzierte: 110 Milliarden Euro. Am 9. August 1994 verabschiedete der Bundestag das Gesetz, das die Treuhand begrub. Doch sie lebt bis heute.

Das Palast-Hotel mit dem sozialistischen Einheits-Chic ist längst abgerissen. Vom gegenüberliegenden Palast der Republik, dem ehemaligen Sitz der DDR-Regierung, ragt noch ein rostendes Skelett in den Himmel. Symbole verschwinden, die Geschichte aber bleibt. Und sie wird sorgsam aufbewahrt. 10 Kilometer Richtung Nordosten ist die Treuhand-Story zu besichtigen, in Marzahn, einst sozialistische Vorzeige-Trabantenstadt für viel beschäftigte Werktätige, heute Problem-Kiez mit hoher Arbeitslosigkeit und Kriminalität. Hier lagern 42 Kilometer Wirtschaftsgeschichte der DDR, einsortiert in grauen Hochregallagern. Drei Etagen klinisch saubere Stahlkonstruktion, luftdurchlässig, verzinkt und neonbeleuchtet. Falls es brennt, tritt die CO_2-Löschanlage in Aktion, damit die Papiere keinen Wasserschaden nehmen. Sämtliche Akten der »Anstalt zur treuhänderischen Verwaltung des Volkseigentums« ruhen in ihrem eigenen Hochsicherheitstrakt.

Fast 40 000 Verträge produzierte die Treuhand in ihrem kurzen Leben. Dazu Firmenbilanzen, Privatisierungsvereinbarungen, Gerichts-

TREUHAND – EIN DING DER UNMÖGLICHKEIT

1994

akten. In fünf Außenstellen lagern weitere 160 Kilometer Unterlagen aus den Unternehmen selbst. Macht 200 Kilometer Nachlass der abgewickelten DDR-Wirtschaft. Wer daran entlanggeht, der glaubt nicht, dass hier Sprengstoff lagert.

Das kühle Archiv täuscht über die hitzigen Auseinandersetzungen hinweg, die die Treuhand provozierte. Zu Tausenden gingen Firmen in den Konkurs, hunderttausende Menschen wurden arbeitslos. Zeitweise bedrohte die Arbeit der Treuhand den sozialen Frieden der jungen deutsch-deutschen Republik.

Und Detlev Carsten Rohwedder kostete der Streit sogar das Leben. Der Manager wurde am Ostermontag des Jahres 1991 in seinem Düsseldorfer Haus erschossen – mit einem Gewehr aus 63 Metern Entfernung. Der oder die Mörder zerstörten ein Menschenleben, treffen aber wollten sie das System. Der Hass auf die Institution Treuhand hatte mit dem Mord seinen Höhepunkt erreicht – keine acht Monate nach der deutschen Einheit am 3. Oktober 1990. Für die Ossis war die Behörde der »Plattmacher«, für die Wessis ein Fass ohne Boden.

Mit der Treuhand bekam der Volkszorn eine Adresse: Berlin Alexanderplatz, später Wilhelmstraße, Sitz des früheren Reichsluftfahrtministers. Birgit Breuel, Rohwedders Nachfolgerin, räumt später ein, dass die Treuhand grenzenlos überfordert gewesen sei, weil sie »für alle Lebensbereiche eine neue Perspektive eröffnen sollte«.

Höhepunkt der Proteste gegen die Treuhand war 1993 der Kampf um den Kalibergbau in Thüringen. Fast alle Gruben sollten geschlossen werden. Die Bergleute aus Bischofferode traten in einen Hungerstreik. Eine Protestwelle ergriff das Land. Die Parole lautete: »Bischofferode ist überall«. Das amerikanische »Wall Street Journal« fragte besorgt: Kippt jetzt die Wiedervereinigung?

Der Politikwissenschaftler Wolfgang Seibel sieht die eigentliche Funktion der Treuhand in der des Blitzableiters. Was schieflief beim Umbau der DDR-Wirtschaft, das wurde auf die Treuhand geschoben. Dabei hatte die Behörde einen klaren Auftrag: »Sie dient der Privatisierung und Verwertung volkseigenen Vermögens nach den Prinzipien der Sozialen Marktwirtschaft.« So steht es im Gesetz. Wenn das so einfach wäre.

Nach dem Mauerfall stand die ostdeutsche Volkswirtschaft vor einem

1994

Riesenproblem. Bis dahin kannten die Volkseigenen Betriebe (VEBs) keinen Wettbewerb. Produktion und Handel waren staatlich organisiert, Preise machten die Plankommissare – nach politischen Kriterien. Die Produktivität erreichte meist kaum ein Drittel des Westniveaus.

Die Produktionskapazitäten waren auf die sozialistischen Bruderstaaten ausgelegt, etwa die sowjetische Staatsbahn. Für diese betrieb die DDR ein Waggonbau-Kombinat mit 24 000 Werktätigen an zehn Standorten. Die Produktionskapazität bei Vollauslastung betrug mindestens 2000 Reisezugwagen und tausend Güterwaggons. Zweifellos ein Vorzeigebetrieb im Sinne planwirtschaftlicher Massenanfertigung.

Der Einbruch für viele DDR-Betriebe kam mit der Währungsunion am 1. Juli 1990. Trotz aller Warnungen wurde die DDR-Mark weitestgehend eins zu eins auf D-Mark umgestellt. Inoffizieller Tauschkurs war zuvor vier DDR-Mark für eine D-Mark. Die Entscheidung von Bundeskanzler Helmut Kohl für den politischen Wechselkurs führte beinahe zum Rücktritt von Bundesbankpräsident Karl-Otto Pöhl.

Die Treuhand aber, erst seit wenigen Wochen Eigentümer von 8000 VEBs, die sie später in 14 000 Einzelunternehmen zerlegte, brauchte umgehend 30 Milliarden D-Mark, um Pleitekandidaten zumindest kurzfristig zu stabilisieren. Denn in D-Mark gerechnet, hatten die Firmen nun plötzlich Riesenschulden.

In den heißen Sommertagen 1990 bestand die Treuhand ihre erste Bewährungsprobe. Dabei herrschte das Chaos. Die neue Behörde hatte viel zu wenig Mitarbeiter, ihr politischer Auftrag war nebulös. Führungsquerelen belasteten den Aufbau. Während ringsherum die Wirtschaft wegbrach, löste ein Präsident den anderen ab. Nur vier Monate war der von der letzten DDR-Regierung eingesetzte Peter Moreth, Ex-Mitglied des DDR-Staatsrats, im Amt. Keine zwei Monate schaffte es sein Nachfolger Rainer Maria Gohlke, Ex-Chef der Deutschen Bundesbahn.

Im September 1990 nahm der bisherige Verwaltungsratschef Rohwedder die Führung der Behörde selbst in die Hand. Schon nach wenigen Wochen schickte der Manager von der Ruhr das erste Vorzeigekombinat in den Konkurs: die Dresdener Pentacon. Seinen politischen Auftrag ignorierte Rohwedder. Laut Treuhandgesetz sollten alle DDR-Kombinate in vier großen Branchen-Aktiengesellschaften neu organisiert werden. Der Treuhand-Chef aber befürchtete einen endlosen Subventionsfluss, weil der Druck zur Rationalisierung und Modernisierung fehlte. Rohwedder nahm stattdessen alle Kombinate an die kurze Treuhand-Leine. Das Gesetz wurde später der Realität angepasst.

Rohwedders Prinzip lautete: So schnell wie möglich privatisieren. In Windeseile wurden Manager aus dem Westen engagiert – darunter auch viele, die sich nur dafür hielten. Zudem tummelten sich wendige und windige Genossen sowie Berater auf den glatt gewienerten Resopalböden der Treuhand-Flure. So blieb es nicht aus, dass die Treuhand mehrfach über den Tisch gezogen wurde.

Spektakulär ist etwa der Fall des Baukonzerns Elbo. Nur mit staatsanwaltschaftlicher Hilfe kann sich die Treuhand einen kleinen Teil ihrer 120 Millionen D-Mark Überlebenshilfe vom westdeutschen Investor Heinz Krahmer wiederholen. Der Löwenanteil des Geldes aber bleibt verschwunden. Krahmer stirbt angeblich in einem Massagesalon in Singapur.

Oder die Übernahme ostdeutscher Werften durch die Schiffbaugruppe Bremer Vulkan: 700 Millionen D-Mark Subventionen für den Osten verschwinden im Management des West-Konzerns. Oder Interhotel: Das Luxushotel-Kombinat wird zum Spottpreis an die Steigenberger-Gruppe verpachtet und später für stolze 2,6 Milliarden D-Mark verkauft.

Trotzdem blieb die Treuhand auch unter der Regie von Rohwedders Nachfolgerin Birgit Breuel bei dem Prinzip »Privatisierung vor Sanierung«. Das hohe Tempo schaffte die Voraussetzung dafür, dass die Treuhand Ende 1994 offiziell geschlossen werden konnte. Bis auf wenige Ausnahmen waren alle VEBs verkauft oder – wie es in den hoffnungslosen Fällen hieß – »abgewickelt«. Birgit Breuel höchstpersönlich schraubte am 30. Dezember 1994 das Schild von ihrem Dienstsitz ab. Was ist geblieben?

Berlin-Mitte, im Sommer 2006. Bernd Halstenberg, der letzte Präsident der Treuhand, schaut aus seinem Büro auf die Rückseite der »Staatsoper Unter den Linden«. Er ist froh, »wenn über uns nicht geredet wird«. Abgesehen von 150 000 Anfragen pro Jahr, in denen Ex-Mitarbeiter der VEBs um Nachweise für die Rentenversicherung bitten, nimmt auch kaum noch jemand Notiz von dem Amt. Die Nach-

1994

weise sind Routine für die Treuhand, die nun »Bundesanstalt für vereinigungsbedingte Sonderaufgaben« (BvS) heißt. Nur ab und zu bekommt Halstenberg unfreundliche Briefe aus Halle, Rostock oder Brandenburg: Der Herr BvS-Präsident möge doch nun endlich das Geld für die Beteiligung am DDR-Volksvermögen aufs Girokonto überweisen. Die Forderung der Ex-DDR-Bürger ist nicht abwegig. Im ersten Treuhand-Gesetz stand, »dass den Sparern zu einem späteren Zeitpunkt ein verbrieftes Anteilsrecht am volkseigenen Vermögen eingeräumt werden kann«. Der Passus wurde am 9. August 1994 gestrichen. Und tatsächlich müsste eigentlich jeder DDR-Bürger rein rechnerisch 6875 Euro zahlen, um die Schulden der Treuhand abzutragen.

Nun wickelt Bernd Halstenberg die Treuhand ab. Betriebe schließen muss der promovierte Kaufmann zum Glück nicht mehr. Vertragskontrolle, Immobilienverwaltung und unerledigte Sonderfälle wie die Entsorgung der Kernkraftwerke Greifswald und Rheinsberg sind an so genannte »Geschäftsbesorger« ausgelagert. In Halstenbergs Ein-Mann-Betrieb laufen nur die Fäden – und vor allem die Finanzen – zusammen.

Immerhin hantiert er noch mit einem Etat von 800 Millionen Euro. Und: Die BvS macht jedes Jahr Gewinn. Weil die Geschäfte der privatisierten Unternehmen besser laufen als gedacht, fließen Zuschüsse der Treuhand zurück. »Am Ende aller Tage«, kalkuliert der Abwickler, »werden wir bei 110 bis 112 Milliarden Euro Defizit landen.« Birgit Breuel rechnete 1994 noch mit umgerechnet 130 Milliarden Euro.

Und noch etwas: Die Treuhand hat zwar keine Nachahmer in Osteuropa gefunden, »weil es sich dort keiner leisten kann, 100 Milliarden in seine Wirtschaft zu pumpen«, sagt Halstenberg. Doch kürzlich war eine Delegation aus Korea zu Gast. Die Herren wollten sich darüber informieren, wie das in Deutschland funktioniert hat mit der Transformation vom Sozialismus zum Kapitalismus. Man kann ja nie wissen, wie es mit Nord- und Südkorea weitergeht.

Dieter Fockenbrock

1995

MP3 – Eine deutsche Erfindung

Im Juli 1995 bekommt eine neue Technik aus Deutschland ihren Namen: MP3. Das Format zum Komprimieren von Musikdateien revolutioniert den Weltmarkt für Musik.

Nein, Stars sind sie keine. Karlheinz Brandenburg und Harald Popp bewegen sich weitgehend unbehelligt über die Computer-Messe Cebit im Frühjahr 2007. Hier und dort erklären sie ihre neuesten Entwicklungen. Dabei werfen sie mit Fachbegriffen wie »immersive Systeme« oder »Wellenfeldsynthese« um sich – Techniker eben. Und wie Techniker sehen sie auch aus. Brandenburg trägt ein pfirsichfarbenes Hemd zum karierten Sakko. Sein angegrauter Vollbart ist nicht besonders gleichmäßig gestutzt. Zwei ganz normale Ingenieure, so scheint es. Doch hin und wieder kommt ein Besucher auf sie zu und sagt: »Danke!«

Die beiden deutschen Forscher haben gemeinsam mit ihren Kollegen vom »Fraunhofer Institut für Integrierte Schaltungen« (IIS) in Erlangen Musikfans auf der ganzen Welt eine Erfindung geschenkt, mit der sie sich unkompliziert Lieder aus dem Internet auf ihre Rechner

Shawn Fanning: Gründer der virtuellen Musiktauschbörse »Napster«

1995

herunterladen können. Die Wissenschaftler gaben der neuen Technik am 14. Juli 1995 den Namen MP3. Das Kürzel wird zum Synonym für die digitale Revolution im Musikgeschäft – und zum Alptraum der Plattenindustrie.

Dass ihre Erfindung ein derartiges Erdbeben auslösen würde, davon hätten sie nicht mal geträumt, sagt Karlheinz Brandenburg: »Ich muss mich manchmal zwicken, um das alles zu begreifen.« Harald Popp fand einen eigenen Weg, um seinen Erfolg zu realisieren: Wenn er mit seinen beiden Söhnen unterwegs war, versuchten sie oft, Menschen mit MP3-Playern zu entdecken. Es wurden sehr schnell mehr. »Ein tolles Gefühl«, sagt Popp.

Am Anfang ihrer Erfolgsgeschichte steht die Idee, Musik über Telefonleitungen zu übertragen. Dieter Seitzer, Professor an der Friedrich-Alexander-Universität Erlangen, stellt bereits in den siebziger Jahren einen ersten Patentantrag. Doch der zuständige Prüfer lehnt das Gesuch mit der Begründung ab, das sei technisch nicht realisierbar. Und er hat Recht: Nach damaligem Wissensstand ist es unmöglich, Musikstücke so stark zu komprimieren, dass sie durch Telefonleitungen passen.

Doch Dieter Seitzer glaubt an seine Idee. Er sucht einen Studenten, der sie im Rahmen einer Doktorarbeit weiterverfolgt. Karlheinz Brandenburg, ein 25-jähriger Student der Elektrotechnik und Mathematik, hat gerade seine Diplomarbeit abgeschlossen. Er tritt die Doktorandenstelle 1982 an. »Ich habe nicht daran geglaubt, dass es funktionieren könnte«, sagt er heute.

Die ersten vier Jahre kommt Brandenburg tatsächlich nur sehr mühsam voran. Dann, im Februar 1986, hat er die geniale Idee. Ob ihn der Geistesblitz tatsächlich unter der Dusche traf, wie häufig zu lesen ist, weiß Brandenburg nicht mehr so genau. Wie auch immer: Er findet einen Weg, wie sich die Daten stärker zusammenpressen lassen, ohne dass die Klangqualität leidet. Erst werden die Signale auf allen Frequenzen wie mit einem Rasenmäher gleichermaßen gestutzt. Dann werden die anspruchsvollen Sequenzen des Liedes, die gelitten haben, wieder etwas aufpoliert. An den anderen Stellen wird so lange weiter gekürzt, wie es gerade noch ohne Qualitätsverluste geht.

Nach Brandenburgs Durchbruch nimmt das Projekt Fahrt auf – auch dank eines anderen jungen Forschers am Fraunhofer-Institut: Harald Popp. Der damals 30-Jährige entwickelt binnen weniger Monate ein Gerät, das die Arbeiten an dem neuen Format dramatisch beschleunigt. Vorher rechneten die Computer vier Stunden lang, um 20 Sekunden Musik zu komprimieren. Das Testen der Codierungsverfahren wurde dadurch zu einem schwer erträglichen Geduldsspiel. Popps Apparat schafft die Umwandlung dagegen in Echtzeit.

Eine Zeitersparnis, die die Forscher dringend brauchen. Denn ab 1988 entwickelt sich ein regelrechtes Wettrennen: Die Internationale Standardisierungsorganisation (ISO) ruft die »Moving Picture Experts Group« ins Leben, kurz »MPEG«. Sie soll ein Standardverfahren erarbeiten, mit dem sich Musik und Filme komprimieren lassen. Beim ersten Treffen der Gruppe in Hannover gehen vierzehn Teams aus aller Welt an den Start. Doch schnell kristallisiert sich ein innerbayerischer Zweikampf heraus: Auf der einen Seite die Forscher der Erlanger Universität und des IIS, die mit Experten des US-Telekommunikationskonzerns AT&T und des französischen Elektronik-Herstellers Thomson kooperieren. Ihre härtesten Konkurrenten kommen vom Münchener Institut für Rundfunktechnik, unterstützt vom niederländischen Elektronik-Riesen Philips und dem französischen Forschungslabor CCETT.

Zwei Tage vor dem Abgabetermin reist eine Delegation aus München zum Probehören nach Erlangen. Es erklingt »Tom's Diner«, ein Hit der US-Liedermacherin Suzanne Vega. Ihre rauchige Stimme ist die ultimative Herausforderung für die Kompressionsverfahren – und sie klingt furchtbar. In der Software stecken noch einige Fehler. Hätten die Forscher das nicht gerade noch rechtzeitig bemerkt, wäre hier wohl Schluss für sie gewesen.

Am Ende gewinnen beide. Das Expertengremium beschließt 1992, gleich drei Formate als internationale Standards für die Audiocodierung festzulegen: Sie bekommen die Namen MPEG-1, Layer 1 bis 3. Layer 2 entspricht dem Verfahren des Instituts für Rundfunktechnik, Layer 3 dem Format der Erlanger. Layer 1, eine abgespeckte Variante der Münchener Technik, gerät schnell in Vergessenheit. Die beiden anderen Verfahren sollten unter den Namen MP2 und MP3 für Furore sorgen: MP2 setzte sich als Standardtechnik des digitalen Rundfunks und Fern-

1995

sehens durch. Und MP3 befreit die Musik von ihrer Abhängigkeit von physischen Tonträgern und stellt damit das herrschende System der Musikverbreitung auf den Kopf.

Nur ist Anfang der neunziger Jahre die Zeit dafür noch nicht reif. Die meisten Home-Computer sind noch nicht schnell genug, um das komplexe Verfahren zu stemmen. Von der Industrie müssen sich die Forscher deshalb anhören, zwar etwas Schönes erfunden zu haben, das aber nirgendwo einsetzbar sei. Gleichzeitig läuft die öffentliche Förderung aus, die Forscher müssen ums Überleben ihres »Babys« kämpfen. Brandenburg und seine Kollegen reisen kreuz und quer durch die Welt, um MP3 bekannt zu machen. Parallel zur Vermarktung müssen sie ihr Verfahren verbessern – die Konkurrenz schläft nicht. »Wir haben rund um die Uhr gearbeitet, die Belastung hätte uns beinahe gesprengt«, erzählt Harald Popp.

Der Durchbruch für MP3 auf dem Massenmarkt kommt – Ironie der Geschichte –, als 1997 eine ins Internet gestellte Demoversion der Software gehackt wird. Das Programm, das eigentlich für einige hundert Dollar verkauft werden sollte, verbreitet sich danach in Windeseile im Netz.

Nun kommt der Zug ins Rollen. Als einer der ersten Unternehmer springt Michael Robertson auf. Der Amerikaner hat gerade seine erste Internet-Firma gegen die Wand gefahren und sucht jetzt eine neue Geschäftsidee. Er bemerkt, dass die Zugriffszahlen auf MP3-Dateien im Netz in die Höhe schießen, und sichert sich Mitte 1997 für gerade mal 1000 Dollar die Domain MP3.com. Die Internet-Seite sollte Robertson zwei Jahre später, nach einem Börsengang, zum Multimillionär machen – und zum Erzfeind der Musikindustrie.

Als Robertson seiner Frau vom Kauf der Domain erzählt, fragt sie entsetzt: »Bist du noch zu retten? Was ist MP3?« Das Format ist zu diesem Zeitpunkt fast nur unter College-Studenten verbreitet, die an ihren Universitäten über schnelle Internet-Zugänge verfügen. Robertson sammelt in wenigen Monaten tausende von Musikdateien im Internet ein und stellt sie zum Herunterladen auf seine Homepage. Auch wenn er anfänglich ausschließlich Lieder unabhängiger Künstler veröffentlicht, greift er damit das Geschäftsmodell von Weltkonzernen wie Sony an, die mit dem Verkauf von Musik-CDs Milliarden umsetzen.

Gleichzeitig schwingt sich Michael Robertson zum Sprecher der Online-Musik-Bewegung auf. Er wirft den etablierten Firmen vor, sie beuteten die Musiker aus und versuchten, »alles zu zerquetschen, was mit MP3 zusammenhängt«, anstatt das Internet als zusätzlichen Vertriebskanal zu akzeptieren. Dadurch zwingt er die Industrie, sich mit dem immer populärer werdenden Phänomen ernsthaft auseinanderzusetzen. Die Großen Fünf des Musik-Business – BMG, EMI, Universal, Warner und Sony – hatten die zunehmende Verbreitung von MP3-Dateien im Internet bislang ignoriert. Nun gehen sie mit aller Härte dagegen vor.

1998 kommt es zum ersten großen Schlagabtausch vor Gericht: Der amerikanische Branchenverband »Recording Industry Association of America« (RIAA) verklagt den kalifornischen Elektronik-Hersteller »Diamond Multimedia« wegen Verletzung des Urheberrechts. Dieser hatte kurz zuvor den ersten tragbaren MP3-Spieler namens »Rio« auf den US-Markt gebracht. »Wir hegen ernste Zweifel, ob es einen Markt für MP3-Recorder gäbe, wenn nicht tausende von illegalen Songs im Internet zur Verfügung ständen«, begründet die Verbandsvorsitzende Hilary Rosen die Klage. Diamond-Rechtsanwalt Bob Kohn holt daraufhin im Gerichtssaal seinen Taschencomputer hervor und sagt: »Euer Ehren, fast jeder hat heute ein solches Gerät. In sechs Monaten oder einem Jahr wird man damit auch Musik abspielen können. Wollen Sie dann alle diese Geräte verbieten?« Richterin Audrey B. Collins weist die Klage ab.

Der Prozess sorgt für großes Aufsehen – und wird damit zum großen PR-Erfolg für die junge MP3-Branche. »Es war, als wäre ein Tanklastzug vorgefahren und hätte seine gesamte Ladung auf unser kleines Lagerfeuer gekippt«, sagt Diamond-Marketingleiter Ken Wirt. Und damit nicht genug: Nur wenige Monate nach dem verlorenen Prozess kommt es noch dicker für die Musikindustrie.

Ein schüchterner 19-Jähriger namens Shawn Fanning programmiert eine Software, mit deren Hilfe die Nutzer auf die Festplatten aller angeschlossenen Computer zugreifen und die dort abgelegten MP3-Dateien auf dem eigenen Rechner speichern können. Er gibt dem Filesharing-Programm den Namen »Napster« – angelehnt an einen Spitznamen, den Fanning als Kind wegen seiner Locken verpasst bekommen hatte. Napster startet Anfang 1999, die Zahl der Nutzer steigt

1995

binnen weniger Monate in die Millionen. Die Musikbranche ist entsetzt: »Es ist, als ob Napster an den Türen sämtlicher Plattenläden die Schlösser entfernt hat«, sagt Cary Sherman, Chef-Syndikus der RIAA.

Der US-Verband zieht erneut vor Gericht und verklagt Fannings Start-up-Firma wegen Verletzung der Urheberrechte. Die Nutzer tauschten lediglich Lieder von CDs aus, die sie zuvor ehrlich gekauft hätten, kontert Fanning. Außerdem biete Napster das Material nicht selbst an. Doch dieses Mal gewinnt die Industrie: Napster muss im Juli 2001 schließen. Wenig später kauft der deutsche Bertelsmann-Konzern, zu dem auch BMG gehört, das Unternehmen auf.

Doch es ist ein Pyrrhus-Sieg für die Industrie: Längst sind weitere populäre Tauschbörsen im Internet entstanden. Anders als Napster kommen sie ohne zentrale Server aus und sind damit juristisch kaum zu belangen. Napster-Chefin Eileen Richardson hatte das vorausgesehen: »Die Plattenindustrie will nicht einsehen, dass MP3 nicht wegzudiskutieren ist. Ob wir das sind oder ein anderes Unternehmen, spielt dabei keine Rolle.«

Die Musikindustrie versucht, der zunehmenden Verbreitung von MP3-Dateien im Internet auf eine andere Art Herr zu werden: Schon Ende 1998 haben Plattenfirmen und die Hersteller von Unterhaltungselektronik sich an einen Tisch gesetzt. Sie wollten eine gemeinsame technische Lösung finden, die das Kopieren von Dateien verhindern soll, um legale, kostenpflichtige Vertriebswege im Internet zu etablieren. Doch die Initiative scheitert, weil sich die Mitglieder nicht auf einen Kopierschutz-Standard einigen können.

Erst 2002 gelingt es einem Unternehmen, einen legalen Internet-Shop für Musikdateien zu etablieren, der von den Nutzern akzeptiert wird. Allerdings vollbringt dieses Kunststück keine der etablierten Firmen des Musikgeschäfts, sondern ein Computerhersteller: Apple. Der Konzern profitiert von der enormen Popularität seines MP3-Spielers »iPod«, der durch das zugehörige Onlineportal »iTunes« mit aktuellen Liedern gefüttert werden kann. Bis heute hat das Unternehmen aus dem kalifornischen Cupertino nach eigenen Angaben mehr als zwei Milliarden Lieder über iTunes verkauft.

Die Plattenindustrie dagegen hat bis heute keine überzeugende Antwort auf die Herausforderung durch MP3 gefunden. Besonders bei den

Internetaffinen unter dreißig brach der CD-Absatz seit 1997 weltweit dramatisch ein. Gleichzeitig schnellte die Zahl der illegalen Downloads nach oben: Der Internationale Verband der Phonoindustrie schätzt, dass 2005 rund 20 Milliarden Titel unentgeltlich heruntergeladen wurden.

Hat Karlheinz Brandenburg deshalb ein schlechtes Gewissen? Der 53-jährige Leiter des Fraunhofer-Instituts für Digitale Medientechnologie in Ilmenau schüttelt energisch den Kopf: »Wir haben schon Mitte der neunziger Jahre mit den großen Plattenfirmen über MP3 gesprochen und ihnen ein Kopierschutz-Verfahren angeboten.« Die Konzerne hätten sie aber nicht ernst genommen. »Sie haben sich damit selbst ins Knie geschossen.«

Reich geworden sind Brandenburg und seine Mitstreiter durch ihre bahnbrechende Erfindung nicht. Die Lizenzgebühren summieren sich zu einem ordentlichen Zubrot zum Gehalt, mehr nicht. Aber seine Forschungen seien ihm ohnehin wichtiger als Geld, sagt Brandenburg. Ihm glaubt man es.

Till Hoppe

1996

Telekom – »T« wie Trecker

Im Oktober 1996 geht das Buhlen der Deutschen Telekom um die Gunst der Anleger in die heiße Phase. Deutschland erlebt eine Börsen-Euphorie – und bald eine tiefe Enttäuschung.

0130/1996: Es ist so weit. Der breite Schädel von Schauspieler Manfred Krug ist vom Fernsehbildschirm verschwunden, eben brummte er noch: »Die Telekom geht jetzt an die Börse, da geh' ich mit.« Da wird die Telefonnummer auf rosarotem Hintergrund eingeblendet. Und ganz Deutschland wählt 0130/1996. Auch Thomas Hoffmann will sich als Käufer für die neue Aktie vormerken lassen. »Teilweise gab es aber stundenlang kein Durchkommen.« Kein Wunder. Manfred Krug animiert bis zu 80 000 Deutsche zum Anruf – in nur einer Stunde. Das Netz ist dicht. »Ich hab' es mal frühmorgens versucht, da hat es geklappt«, sagt Thomas Hoffmann. So wurde er ein T-Aktionär der ersten Stunde.

Ron Sommer, Vorstandsvorsitzender der Deutschen Telekom AG, am 17. November 1996 vor der Wertpapierbörse in Frankfurt nach Einführung der T-Aktie

TELEKOM – »T« WIE TRECKER

1996

Deutschland anno 1996: Die Bundesbürger sind im T-Fieber. Drei Millionen lassen sich bei der Telekom unter 0130/1996 registrieren – ohne zu wissen, was sie für das Börsenabenteuer zahlen müssen. Manche wollen ihr gesamtes Erspartes in T-Aktien umwandeln. Nie zuvor haben sich so viele Deutsche für die Börse interessiert.

Am 21. Oktober 1996 geht das Buhlen um die Anleger in die entscheidende Phase. Der Konzern setzt die Preisspanne auf 25 bis 30 D-Mark pro T-Aktie fest. Vier Wochen später folgt der krönende Abschluss einer gigantischen Werbekampagne: Mehr als 1,7 Millionen Deutsche kaufen zum ersten Mal Aktien – für 28,50 D-Mark pro Wertpapier.

Die damals größte Aktienemission der Geschichte bringt der Telekom gut 10 Milliarden Euro ein, und das ist erst der Anfang. Knapp drei Jahre später versetzt der Staatskonzern die Deutschen erneut in ein Aktienfieber, obwohl das Papier da schon umgerechnet fast 40 Euro kostet. Als Anfang des neuen Jahrtausends die T-Aktie bis auf 104,90 Euro hochschießt, scheint es kein Halten mehr zu geben. Anleger aus aller Welt stürzen sich mit Begeisterung auf die Telekom-Aktien. Mitte 2000, als die dritte Tranche zu 66 Euro herauskommt, ist die Aktie – trotz Warnzeichen an der Börse – klar überzeichnet. Seither geht's bergab mit der T-Aktie. Auf etwa ein Zehntel seines Höchstkurses ist das »T« zusammengesackt.

Lange Zeit ist es vor allem ein Gesicht, das für die Telekom und für die T-Aktie stand – das von Ron Sommer, von 1995 bis 2002 Vorstandsvorsitzender. Früher nannte man ihn mal einen Popstar, heute gilt er als Vernichter eines Volksvermögens. Sommer ist es, der die Telekom verändert hat wie kein anderer. Mit ihm hat die T-Aktie die größten Ausschläge erlebt – nach oben wie nach unten.

Ein knappes Jahr vor dem ersten Börsengang: Ron Sommers Skiurlaub endet jäh. »Herr Sommer, ein frohes neues Jahr wünsche ich Ihnen, aber es fängt nicht gut an«, meldet Pressechef Jürgen Kindervater Anfang 1996 nach Vorarlberg, Sommers Winterdomizil. Die Kunden laufen Sturm gegen die Telekom – aufgebracht durch eine Panne im Softwareprogramm, das den Neujahrstag zum teureren Werktagstarif abrechnete, sowie eine Tarifreform, die das Ortsgespräch verteuert. Europas größter Telekomkonzern steht als Abzocker da. Zehntausende lassen ihrem Frust freien Lauf. Die »Bild«-Zeitung startet

1996

eine Postkartenaktion, in der sich die Leser an den »sehr geehrten Herrn Dr. Sommer« wenden sollen.

»Die Postkarten stapelten sich in meinem Vorzimmer bis zur Decke«, erzählt der Empfänger später. Und das sind noch die zurückhaltenden Kunden, die ihren Unmut so kundtun. Sommer: »Es gab noch deutlich heftigere Reaktionen: zerstörte Telefonzellen, Morddrohungen.«

Die Telekom gerät in eine Krise – ausgerechnet im Schicksalsjahr des Konzerns. Eine Katastrophe für den geplanten Börsengang, denn internationale Investoren kaufen nur, wenn auch heimische Privatanleger ihr Geld hergeben. Ron Sommer bricht seinen Urlaub ab. Er muss die Telekom aus diesem Tief herausholen – seine erste große Bewährungsprobe, ist er doch gerade ein gutes halbes Jahr im Amt. Und er besteht sie. Wie? »Meine Medienpräsenz stieg seit Januar 1996 deutlich an«, erzählt er später, »vorher waren Medien nicht unbedingt mein Thema, aber da mussten wir in die Offensive gehen, die Menschen beruhigen.« Denn der Sturm der Entrüstung wollte nicht nachlassen.

Nichts wird dem Zufall überlassen. Sommer nimmt Medientraining, um im Fernsehen bei Erich Böhmes »Talk im Turm« die Tarifreform zu verteidigen. Aus dem medialen Tribunal macht er eine Lehrstunde über seine unternehmerische Vision. Mit der gleichen Perfektion geht der Telekom-Chef auf Roadshow – eine Mammuttour zu milliardenschweren Investoren. Bei mehr als 3700 Anlegern von Amsterdam bis Tokio, von Abu Dhabi bis Seattle wirbt der Vorstandschef mit seinen Kollegen für die T-Aktie. Mehr als 40 000 Kilometer legen sie zurück, klappern 44 Städte in 16 Ländern ab. Vorher spielen Experten mit Sommer & Co. alle Fragen und Antworten durch, die von Anlageprofis gestellt werden könnten. Sprachtrainer polieren Sommers Englisch auf.

Die Weltreisenden mit der T-Mission bekommen zudem Unterstützung von allerhöchster Stelle. Gemeinsam mit Ron Sommer besucht Bundeskanzler Helmut Kohl die Börse in Tokio. Der Kanzler rät Japans Premier Ryutaro Hashimoto persönlich, auch er müsse unbedingt T-Aktien kaufen. Und daheim in Deutschland tut Schauspieler Manfred Krug sein Bestes. In seiner alten Berliner Kneipe lobt er den Aufbau Ost oder erledigt um Mitternacht über die Telekom-Internetsparte T-Online seine Bankgeschäfte: »Das ist der helle Wahnsinn, was die Telekom alles draufhat.«

TELEKOM – »T« WIE TRECKER

1996

Die inszenierte Begeisterung steckt viele an. »Man konnte sich dieser Stimmung nicht entziehen, allen meinen Bekannten ging es so«, erzählt T-Aktionär Thomas Hoffmann später, »wir alle haben Aktien bestellt, aber bei dem Ansturm nicht erwartet, welche zugeteilt zu bekommen.« Bei ihm klappt es: »Ich weiß nicht mehr, wie viele es waren, ich weiß nur, dass wir den ersten Handelstag feierten.« Der Kurs steigt um 18 Prozent auf 33,90 D-Mark. Auch Ron Sommer feiert – im Guggenheim-Museum in New York. Liza Minnelli singt: »If you can make it there, you can make it anywhere«. Und der Telekom-Chef swingt mit. Sogar an einem Glas Champagner nippt der Antialkoholiker.

Aktionär Hoffmann besitzt seine T-Aktien noch immer – und hat sogar noch welche dazugekauft. Gefeiert hat er aber nicht mehr. »Ich hab' mich mal schwarzgeärgert, dass ich die Aktien nicht verkauft habe«, erzählt er. »Ich habe sogar überlegt, ob ich mich den Klagen anschließe.« Mehr als 15 000 Aktionäre haben die Telekom Ende 2004 auf 100 Millionen Euro Schadenersatz verklagt – eine Spätfolge des dritten Börsengangs, der sich für die Aktionäre als Flop erwies. Die Kläger werfen dem Konzern vor, die Lage im Börsenprospekt beschönigt zu haben. Inzwischen ist Thomas Hoffmanns Ärger allerdings verraucht: »Ich hab' mit anderen Aktien Glück gehabt.«

Für viele Aktionäre ist vor allem einer schuld an dem Desaster: Ron Sommer. Der Mann habe zu exzessiv eingekauft, den US-Mobilfunker Voicestream und die Lizenzen für die schnelle Mobilfunktechnik UMTS, um aus der Telekom einen innovativen Weltkonzern zu machen, und dadurch mehr als 60 Milliarden Euro Schulden aufgehäuft. Er habe die Aktie beim ersten Börsengang als so sicher wie eine vererbbare Zusatzrente angepriesen und die Anleger getäuscht. Er habe über seinen Visionen vergessen, die Unternehmensteile auf Profit zu trimmen und die hohen Personalkosten abzubauen.

Das Ergebnis: 2002 macht die Telekom ein Minus von 24,6 Milliarden Euro – der größte Verlust, den je ein börsennotiertes Unternehmen hierzulande eingefahren hat. »Unser Unternehmen ist eine Perle. Sie muss nur ein bisschen geschliffen werden«, hatte Sommer einst gesagt. Das kommt den Aktionären wie Hohn vor. Sie sehen in ihm nicht mehr den Vorzeigemanager, sondern den Blender, den Heiße-Luft-Redner.

Bundeskanzler Gerhard Schröder, damals Vertreter des Bundes und

1996

damit des größten Telekom-Aktionärs mit noch 30 Prozent, schließt sich dieser Sicht an und betreibt Sommers Ablösung – wohl auch deshalb, weil er die drei Millionen T-Aktionäre als Wähler sichern will, denn im Herbst 2002 ist Bundestagswahl. Am 18. Juli 2002 kündigt Ron Sommer seinen Rücktritt an. Und der Kurs der T-Aktie steigt um vier Prozent – auf 12,57 Euro.

»Das ist kein normales Unternehmen in einem normalen Umfeld«, hatte der Aufsichtsratschef der Telekom, Rolf-Dieter Leister, Mitte der neunziger Jahre gesagt. Der Machtkampf zwischen Konzern und Politik macht das wieder mal deutlich – mit zwei Kontrahenten in ähnlich misslicher Situation: Hier ein Regierungschef, der mit schlechten Umfragewerten kämpft. Dort ein Unternehmenslenker, dem die Anleger misstrauen.

Die Telekom wird zu einem Symbol: wie das Land, so das Unternehmen. Das »Telefon für alle« zu Zeiten von Ludwig Erhard, dann die geregelten Behörden-Jahre, dann die Börsen-Hysterie, dann die Verzweiflung, 2006 schließlich nach der Sommer-Ära die Devise »sparen, sparen, sparen«. Das klang nicht anders als die Parolen der Politik.

Heute verbringt Ron Sommer viel Zeit in Aufsichts- und in Beiräten. Er sitzt im Kontrollgremium des US-Handyherstellers Motorola und des Chemiekonzerns Celanese, er berät den indischen IT-Dienstleister Tata Consultancy Services, den russischen Mobilfunker Sistema und auch die US-Investmentfirma Blackstone – den neuesten Telekom-Großaktionär. Im April 2006 kauften die Amerikaner 4,5 Prozent der T-Aktien. Bislang war auch ihr T-Abenteuer verlustreich. Bei einem Kurs um 14 Euro stieg Blackstone ein, ein halbes Jahr später dümpelt die T-Aktie bei unter 13 Euro. Dafür fällt die Dividendenrendite mit sechs Prozent recht üppig aus. Zudem sind die Aktien mit der Wertpapierkennnummer 555 750 im Handel die Nummer eins. Keine andere Aktie wird so häufig gekauft und verkauft.

Zwischendurch sah es auch für den Börsenkurs ganz gut aus. Nach dem Antritt von Sommer-Nachfolger Kai-Uwe Ricke im Herbst 2002 stieg die T-Aktie kontinuierlich – auf mehr als 16 Euro Anfang 2005. Es entstand ein Ricke-Hoch, nachdem der neue Telekom-Chef die Schulden reduziert und das Unternehmen wieder in die schwarzen Zahlen geführt hatte. »Die Grundlage für vieles davon hat Sommer gelegt durch seine Expansion nach Ost- und Mitteleuropa, seinen Zukauf in den USA, der der Telekom heute die höchsten Wachstumsraten beschert«, sagt ein Kenner des Konzerns, »nach seinem Abgang begann der Cash-Flow zu sprudeln.« Die Folge: Zeitweise reduzierte der Bonner Konzern seine Schulden um etwa eine Milliarde Euro – pro Monat.

Auf neue Fragen aber bleibt Ricke eine Antwort schuldig: Wie will er den Kundenexodus im Festnetz aufhalten? Wie soll das margenarme Geschäft mit IT-Diensten die Kurve kriegen? Warum schaltet die Telekom nicht von Verteidigung auf Angriff? Die Fragen werden lauter, als Ricke im August 2006 enttäuschende Zahlen präsentieren muss und die Aktie wieder fällt.

Vier Jahre nach seinem Antritt und noch vor Ablauf seines Vertrags muss der Mann, der erst als der große Sanierer gefeiert wurde, seinen Posten räumen. Er hat sein Ziel nicht erreicht, aus einem behäbigen Konzern ein effizientes, kundenfreundliches Unternehmen zu machen und den Aktienkurs in Schwung zu bringen. Und der Aufsichtsrat traut dies Ricke auch nicht mehr zu, sondern René Obermann. Der Chef der Telekom-Mobilfunktochter T-Mobile, den eine jahrelange Freundschaft mit Ricke verbindet, wechselt Mitte November 2006 an die Spitze des Gesamtkonzerns. Die Aufgabe bleibt dieselbe: Jetzt muss Obermann den kostenträchtigen Personalapparat des Konzerns verkleinern, den Kundenexodus im Festnetz stoppen und der schwindsüchtigen T-Aktie auf die Beine helfen.

Die T-Aktie sei eben »ein Investment für die Enkel«, hatte Börsenguru André Kostolany vor zehn Jahren gesagt – zum Börsengang der T-Aktie. Ein Telekom-Manager kann sich noch gut an die Worte des 90-Jährigen erinnern: »Ich hab' das damals überhaupt nicht verstanden, das erschien mir viel zu skeptisch.« 1996 arbeitete er noch nicht bei dem Bonner Konzern. Heute gehört er zur Führungsmannschaft und ist anderer Meinung: Das Unternehmen umzubauen und dem Aktienkurs auf die Beine zu helfen, das sei »eine Generationenaufgabe«. Man müsse sich das so vorstellen, sagt ein Kollege: »Eine Autowerkstatt bekommt einen Trecker geliefert und muss daraus einen Sportwagen machen.« So was kann dauern.

Katharina Slodczyk

1997

Neuer Markt – Die Gier der Glücksritter

Am 10. März 1997 geht der »Neue Markt« an den Start. Die Wachstumsbörse macht aus Boykotteuren des Kapitalmarkts euphorische Aktienkäufer. Doch viele müssen die Zockerei teuer bezahlen.

Eltern halten ihre Kinder in die Höhe, damit der stattliche Mann im dunklen Anzug oben auf der Bühne den süßen Kleinen einmal über den Kopf streicheln kann. Rentner sind im Reisebus von weither angereist, nun recken sie wie verzückte Teenager ihre Arme nach oben, um einmal die Hand ihres Idols zu drücken. Auf der Bühne der Frankfurter Festhalle steht kein Motivationsguru, hier feiert auch kein Erweckungsprediger seinen Gottesdienst, eher schon handelt es sich um einen Götzendienst, um den großen Tanz ums goldene Kalb.

Es ist der 22. Juli 1999, der Tag der Hauptversammlung von EM.TV, und das Idol oben auf der Bühne heißt Thomas Haffa, Chef und Grün-

Thomas Haffa, Vorstandsvorsitzender der EM.TV Merchandising AG, und sein Bruder Florian Haffa während einer Presskonferenz

1997

der des Münchener Medienunternehmens. Für die ungezügelte Heldenverehrung gibt es einen Grund: Wer 1997 beim Börsengang von EM.TV mit 6000 Euro einstieg, ist dank einem Kursplus von 16 600 Prozent im Sommer 1999 Millionär – jedenfalls auf dem Papier.

Absurde Zahlen, die aber noch vor zehn Jahren ganz normal wirkten. Am 10. März 1997 startete die Deutsche Börse ein eigenes Segment für junge Wachstumsunternehmen, den Neuen Markt. Doch in Jahren lässt sich der Abstand zur heutigen Börsen-Realität kaum messen. Keine Ära der jüngeren deutschen Wirtschaftsgeschichte wirkt im Rückblick so fremd, so unwirklich, so abwegig wie die Zeit des Technologiebooms.

Für eine kurze Zeit verwandelte der Neue Markt Deutschland in ein Land der unbegrenzten Möglichkeiten. Aus einem Volk von Kleinsparern wurden risikofreudige Aktionäre, plötzlich wimmelte es nur so vor wagemutigen Unternehmensgründern mit innovativen Ideen. Aufbruchstimmung, Optimismus, Dynamik, alles war da, was im reformmüden Deutschland ein Jahrzehnt später noch immer viele vermissen. Doch der Spuk war so schnell vorüber, wie er begonnen hatte. Der Neue Markt kannte zuerst nur eine Richtung: steil nach oben. Später ging es steil abwärts. Als die große Technologieblase platzt, reißen die abstürzenden Kurse ganze Wirtschaftszweige mit in Depression und Rezession.

Karl Fickel ist ein Überlebender. Er war dabei in der Frankfurter Festhalle, als EM.TV Hauptversammlung feierte. Damals war der bodenständige Bayer mit der Vorliebe für quietschbunte Fliegen selbst ein Star, einer der großen »Reichmacher«, der auf der Straße von begeisterten Anlegern umarmt wurde und Autogramme geben musste. Für die Fondsgesellschaft Invesco hatte Fickel einen der ersten Neue-Markt-Fonds aufgelegt, den »Invesco Neue Märkte«. 2001 machte sich der heute 45-Jährige mit seiner eigenen Fondsgesellschaft »Lupus Alpha« selbständig. Da war der Neue Markt schon auf dem Weg in die Versenkung. Mit »Lupus Alpha« setzt Fickel noch immer auf kleine und kleinste Werte – und das nach einer Durststrecke ziemlich erfolgreich.

Der Mann mit dem scharfgeschnittenen Gesicht und dem kaum zu bändigenden Haarschopf gehört zu den wenigen Protagonisten, die die Boom-Ära ohne größere Blessuren überstanden haben, und er gehört zu denen, die sich noch immer fragen, was damals eigentlich genau passiert ist: »Das war wie auf der Autobahn. Wenn man drei Stunden mit

200 Kilometern dahinrast, merkt man in der Ausfahrt nicht mehr, dass man viel zu schnell fährt.«

Dabei begann alles ganz langsam. Der Neue Markt startete mit gerade einmal zwei Unternehmen, dem Ingenieurdienstleister Bertrandt und dem Telekommunikationsanbieter Mobilcom. Exakt drei Jahre nach der Gründung am 10. März 2000 erreichte die Wachstumsbörse mit einem Indexstand von 9631 Punkten ihren Höhepunkt. Da waren mehr als 300 Unternehmen am Neuen Markt notiert. Tag für Tag pumpten die Anleger Millionen in Fickels Fonds – Geld, das angelegt werden wollte. In Neuemissionen zum Beispiel. Zehn Börsengänge in einer Woche waren 1999 keine Seltenheit, insgesamt waren es in diesem Jahr mehr als 140. »Man war völlig überarbeitet, man wollte ja jeden einzelnen Fall prüfen«, meint Fickel. Aber lohnte sich das überhaupt? Die ersten fünfzig Neuemissionen legten allesamt am ersten Handelstag zu, bei vielen verdoppelte sich der Kurs binnen weniger Stunden, völlig egal, ob das Management genial oder kriminell, ob die Geschäftsidee brillant oder hanebüchen war.

Wann kippte der Markt auf dem kurzen, steilen Weg Richtung 9600 Punkte ins Ungesunde? Wann wurde aus Optimismus Euphorie, wann aus Euphorie Hysterie? Und warum wollte es kaum einer wahrhaben, bevor es zu spät war? Mit »irrationalem Überschwang« beschreiben einige das Phänomen, für das Fickel diese Erklärung liefert: »Ein fatales Dreieck aus Opfern, Tätern und Getriebenen, und die meisten Marktakteure spielten alle drei Rollen gleichzeitig.« Es gibt noch weitere Theorien und Erklärungsversuche. Doch am Ende bleibt stets ein Rest, der einfach nicht nachvollziehbar ist.

»Eine spekulative Blase erkennt man eben immer erst, wenn sie geplatzt ist«, hat Wirtschafts-Nobelpreisträger Milton Friedman einmal gesagt. Aber das eine oder andere Warnzeichen gab es schon. Da ist zum Beispiel der Mann, der eines Tages im Foyer von Fickels damaligem Arbeitgeber Invesco sitzt, mit einem Koffer voller Geld. Den will er nur dem Fondsmanager persönlich übergeben, um sicherzugehen, dass das Geld wirklich beim verehrten »Reichmacher« ankommt. In Frankfurter U-Bahnen konnte man Obdachlose beim Lesen von Börsenmagazinen beobachten. Und wenn eine Branche »in« war, kauften die Anleger alles, was auch nur so ähnlich aussah. Waren Telekom-Aktien angesagt, stand oft genug auch »Teleplan« auf dem Einkaufszettel – dass das Unternehmen sein Geld mit dem Reparieren von Computern verdiente, störte nur unverbesserliche Bedenkenträger.

An den Grundzutaten für eine Börsenblase hat sich seit vielen hundert Jahren nur wenig geändert – von der großen Tulpenspekulation im Holland des 17. Jahrhunderts bis zum Schwarzen Freitag 1929. Am Anfang steht meist eine umwälzende Idee, eine technische Innovation, die die bisher geltenden Gesetze des Wirtschaftens aufzuheben scheint. Im Fall des Neuen Marktes war das die Lehre von der New Economy, die ewig währendes, inflationsfreies Wachstum versprach. Die zweite Zutat ist ein Überschuss an Liquidität, der den Anleger auf der Suche nach Anlagemöglichkeiten über die Kapitalmärkte vagabundieren lässt. Dann greift der psychologische Faktor. Die steigenden Kurse bescheren den Anlegern satte Gewinne, die wiederum neue Investoren anlocken. Ein Perpetuum mobile entsteht, die Glücksritter übernehmen das Ruder.

Am Neuen Markt waren das Menschen wie der Fondsmanager Kurt Ochner. Er verwaltete für die Privatbank Julius Bär zeitweise bis zu 12 Milliarden Euro, mit denen er ein großes Rad drehte. Wie sein Perpetuum mobile funktionierte, zeigt die Beziehung zwischen ihm und dem Musikproduzenten Jack White. Als White seine Entertainment-Firma an die Börse bringt, greift der Fondsmanager kräftig bei den neuen Aktien zu. Zeitweise kontrolliert Ochner bis zur Hälfte der frei handelbaren Anteile. Dafür investiert White einen erheblichen Teil der Mittel aus dem Börsengang in Ochner-Fonds. Geld, das der Vermögensverwalter aus dem Odenwald wieder in den Neuen Markt pumpt.

Solche Konstruktionen waren eindeutige Zeichen der Degeneration. Ende 2000 steht der Neue Markt nur noch bei 2870 Punkten, und die Rutschpartie geht ungebremst weiter. Dem ehemaligen Schlagersänger Daniel David bleibt es vorbehalten, die erste von vielen Pleiten des Neuen Marktes hinzulegen. Am 17. September 2001 geht sein Internet-Dienstleister Gigabell in die Insolvenz. »Das ist die Sache nicht wert«, war der Titel eines seiner Songs.

Nach den Glücksrittern kommen meist die Raubritter. Und so schreibt auch der Neue Markt seine ganz eigene Kriminalgeschichte. In Hamburg ist der Betrugsprozess gegen den ehemaligen Internetunternehmer Alexander Falk auch im Frühjahr 2007 noch immer nicht beendet – nach zweieinhalb Jahren Verhandlung. Zwischendurch hat der Stadtplan-Erbe verkündet, dass er ein Stipendium von 200 000 Euro ausloben will, damit wissenschaftlich untersucht wird, ob die Justiz rechtsstaatliche Regeln verletzt hat.

Völlig unstrittig ist der dreisteste Betrugsfall des Neuen Marktes. Bodo Schnabel, Chef des Verkehrstechnik-Unternehmens Comroad, meldet ständig neue Großaufträge aus Fernost. Einziger Haken: Die Kunden gibt es genauso wenig wie die Aufträge. Für seine phantasievolle Bilanzgestaltung wird der Manager 2002 zu sieben Jahren Haft verurteilt. Aber selbst Staatsanwalt Peter Noll attestiert dem Angeklagten: »Zu einem Clown gehört immer auch ein Zirkus, und dieser Zirkus heißt Neuer Markt.«

Am 21. März 2003 schließt die Deutsche Börse die Manege ein für alle Mal. Der Neue-Markt-Index steht bei 309 Punkten. Was bleibt von den sechs Jahren zwischen Rausch und Kater?

»Eigentlich hat der Neue Markt trotz aller Kapitalvernichtung mehr Positives als Negatives gebracht«, meint Fondsmanager Fickel. »Immerhin entstanden tausende Arbeitsplätze, hunderte innovativer Unternehmen wurden finanziert. Viele davon gibt es immer noch.« Ganz zu schweigen vom Thema Aktienkultur in Deutschland. Das war bis Mitte der Neunziger nur ein Begriff, der sich erst mit der ersten Tranche der Telekom-Emission im Jahr 1996 und dem Beginn des Neuen Marktes ein Jahr später mit Leben füllte. Anfang 2007 sind wieder 10,3 Millionen Deutsche – direkt oder über Fonds – Aktienbesitzer, fast so viele wie in der absoluten Hochphase des Neuen Marktes im Jahr 2000.

Von dessen einst 300 Firmen existieren heute noch rund ein Drittel. Darunter auch einige Kandidaten wie Grenke Leasing »mit absolut lupenreiner Bilanz«, wie Fickel sagt. Seit dem Börsengang im April 2000 legte die Aktie des Unternehmens bis heute um 165 Prozent zu. Eigentlich sei es mit dem Neuen Markt so gewesen wie mit der Eroberung des amerikanischen Westens, sagt der Fondsmanager. »Man schickt tausende Planwagen auf den Weg ins gelobte Land, und wenn man ehrlich ist, wusste man von Anfang an, dass nicht alle ankommen werden.«

Michael Maisch, Christian Schnell

1998

Münchener Rück – Hausgemachtes Erdbeben

1998 rutscht die grundsolide Münchener Rück in ihre größte Krise. Die Übernahme des Konkurrenten American Re zwei Jahre zuvor entpuppt sich als viel teurer als erwartet.

Princeton: Das steht für Geist, Geld und Geschäft. Rund um den Campus der Eliteuniversität haben sich Weltkonzerne versammelt, um das abzuschöpfen, was hier zwischen New York und Philadelphia im Überfluss vorhanden ist: Know-how. Auch der Business-Park in Plainsboro, ein paar Meilen nördlich des Unistädtchens, versammelt große Namen: den Pharmakonzern Bristol-Myers Squibb, die Investmentbank Merrill Lynch oder das »Wall Street Journal«, die größte Wirtschaftszeitung der Welt.

Hans-Jürgen Schinzler:
Vorstandsvorsitzender der
Münchener Rückversicherungs-
gesellschaft

MÜNCHENER RÜCK – HAUSGEMACHTES ERDBEBEN

1998

Zu den am wenigsten auffälligen Adressen in Plainsboro zählt ein Unternehmen, dessen Geschäftsmodell seit jeher auf Diskretion gründet: die American Reinsurance Corporation, einer der traditionsreichsten Rückversicherer der USA mit 1200 Mitarbeitern, dreizehn Niederlassungen in den USA, dazu weiteren sechzehn im Ausland. Die American Re ist das, was man eine feine Adresse nennt. Jedenfalls glaubt das die Branche zu diesem Zeitpunkt noch. Es ist Anfang August 1996, als eine Schar aus Versicherungsmathematikern, Anwälten und Wirtschaftsprüfern aus München bei der American Re in Plainsboro Einlass begehrt. Der wird natürlich gewährt, schließlich geht es für den Eigentümer um Milliarden. Die Investmentfirma Kohlberg Kravis Roberts (KKR) hat American Re vor vier Jahren für 1,4 Milliarden Dollar gekauft, nun will die Großmutter aller Beteiligungsgesellschaften Kasse machen.

Fast alle namhaften Rückversicherer der Welt wie Swiss Re oder Employers Re haben Schlange gestanden. Bis nach Plainsboro hat es nur die Truppe der Münchener Rückversicherungs AG geschafft, der größten Rückversicherung Europas. Der Coup, der 1996 besiegelt wird, ist für die Münchener nicht nur die größte Übernahme in ihrer 114-jährigen Firmengeschichte. Er ist auch ein Abenteuer, das ihre vornehm-zurückhaltende Tradition in Frage stellt und reichlich Lehrgeld kostet. Wie viel, das wird der Münchener Rück erst zwei Jahre später klar: 1998 erlebt der Konzern Turbulenzen, die ihn jahrelang durchschütteln.

Seit 1880 in Schwabing daheim, ist die Münchener Rück mehr als ein Unternehmen. Sie ist eine Ikone für die Versicherungsbranche – in Deutschland sowieso, aber auch weltweit. Sie ist ein Symbol für die Leistungskraft deutscher Assekuranz. Unter ihrem Gründer Carl Thieme schaffte es die Firma, nur fünf Jahre nach ihrer Gründung in der neuen Branche Weltmarktführer zu werden – und dies jahrzehntelang auch zu bleiben. Konkurrenten fallen Krisen zum Opfer, die Münchener Rück machen sie stärker.

1906 bebt in San Francisco die Erde, eine Katastrophe für die Einwohner und ihre Versicherer. Die Münchener Rück, wie das gesamte wilhelminische Reich vor Selbstbewusstsein strotzend, hat sich tüchtig engagiert in Kalifornien. Das Erdbeben fordert 3000 Tote – und es schlägt eine Bresche in die Bilanz des Versicherers der Versicherer. San

MÜNCHENER RÜCK – HAUSGEMACHTES ERDBEBEN

1998

Francisco ist verwüstet, eine halbe Milliarde Dollar beträgt der Schaden, 180 Millionen davon sind versichert. Für 12 Prozent ihrer Nettobeitragseinnahmen muss die Münchener Rück geradestehen, das macht 12 Millionen Reichsmark – eine gigantische Summe. Firmen wie die Süddeutsche Feuerversicherung gehen ein, die Münchener Rück hält stand.

Viele Erdbeben hat der Konzern seit 1906 überlebt. Doch das, das ihn gut neunzig Jahre später ereilt, ist ein besonderes: Es ist hausgemacht. Bis heute bestreitet das Unternehmen, es habe zu wenig Zeit gehabt, die Bücher der American Re zu prüfen, damals in Plainsboro, im August 1996.

Die Branche der Rückversicherer ist überschaubar. Regelmäßig trifft man sich bei den so genannten »Erneuerungsrunden«, September in Monte Carlo, Oktober in Baden-Baden. Da werden die entscheidenden Geschäfte gemacht zwischen den internationalen Rück- und Erstversicherern – per Hinterzimmerdiplomatie. American Re ist den Deutschen also bestens bekannt, und sie steht schon einige Monate zum Verkauf. Die Münchener haben eine sechzig Mann starke Truppe zusammengestellt, darunter Spitzen-Anwälte von Shearman & Sterling und Investmentbanker von Morgan Stanley.

Hinzu gesellt sich die Gunst der Stunde. Der erste Schritt zur Auflösung der Deutschland AG ist getan. Die Münchener Rück, seit Jahrzehnten mit ihrer Schwester Allianz per Überkreuzbeteiligung verbandelt, hat einen gegenseitigen Beteiligungstausch vereinbart und sitzt auf einem Berg von Geld. Die Aufnahme der Aktie in den Dax steht kurz bevor. Obendrein ist der Dollar mit kaum 1,50 D-Mark außerordentlich günstig bewertet. Der seit drei Jahren amtierende Generaldirektor Hans-Jürgen Schinzler setzt zum großen Sprung über den Ozean an. Die Münchener Rück ist, auch wenn das noch heute kaum jemand im Hause zugeben mag, »risikoaffin« geworden. Man geht aufs Ganze.

Sechs Tage dauert die Prüfung der Bücher in Plainsboro. Am 13. August 1996 wird der Kaufvertrag unterzeichnet, am folgenden Tag die Übernahme bekanntgegeben. Die Deutschen zahlen 3,3 Milliarden Dollar für das Unternehmen, das gerade einmal 2,6 Milliarden Dollar im Jahr umsetzt. Für American-Re-Eigner KKR ist es ein Bombengeschäft. Die Beteiligungsfirma hat einen Teil der Aktien längst an der

Börse platziert und damit bereits ihren Einsatz zurückerhalten. Nun macht sie aus den restlichen 64 Prozent der Aktien Cash.

KKR kassiert, die Münchener Re zahlt – mehr als einmal. Denn der Kauf der American Re entpuppt sich als kostspieliges Abenteuer. Als sich Schinzler am 8. Dezember 1996 der Hauptversammlung stellt, warnen Aktionärsschützer, dass in Plainsboro noch »Leichen im Keller« liegen könnten. Der Münchener-Rück-Chef zitiert den letzten Sowjetführer Michail Gorbatschow: »Auch in unserer Branche gilt: Wer zu spät kommt, den bestraft das Leben.«

Schinzler setzt in Plainsboro den gerade 37 Jahre alten Edward Noonan als neuen Chef ein – und lässt ihm völlig freie Hand. Dies sei damals so üblich gewesen, heißt es heute. Noonan soll dem neuen Eigner Wachstum bringen. Die Prämien am US-Markt brechen weg, dennoch geht die American Re hohe Haftpflichtrisiken ein. Für die Münchener Rück, seit jeher Inbegriff von Solidität und Zuverlässigkeit, ist solches Geschäftsgebaren neu.

Es gibt Leute, die sagen, Rückversicherer seien eigentlich Reisebüros der Extraklasse, gehört doch die Organisation gehobener Gastfreundschaft zu den Erfolgsgeheimnissen der Branche. Schließlich ist das Kerngeschäft der Rückversicherer das »B to B« – das »Business to Business«. Da ist die edle Pflege persönlicher Kontakte unabdingbar.

Einer der vornehmsten Plätze für diese Art der Geschäftspflege ist die Zentrale der Münchener Rück am Englischen Garten, ein repräsentatives Gebäude in feinstem Jugendstil. In der Beletage verwaltet der Rückversicherer auch seinen Fundus an kleinen Nationalflaggen aus aller Welt, die auf den Tisch gestellt werden – damit für die Gäste aus 154 Ländern jederzeit stilgerecht gesorgt ist. Nach Auslandsaufenthalten werden Mitarbeiter regelmäßig heimgeholt in die Zentrale, um dort einen neuen Job zu übernehmen. Sie wechseln zwischen In- und Ausland – das funktioniert so ähnlich wie im Auswärtigen Amt. Beim Frühstück mit dem Konzernchef sollte der Gast übrigens darauf verzichten, das Ei mit dem Messer zu köpfen. Dafür nimmt man bei der Münchener Rück den Löffel. Dass die Konzernküche zu den besten Adressen ihrer Art zählt, muss nicht eigens erwähnt werden. Nicht nur die Silbertabletts, auf denen der Kaffee serviert wird, signalisieren, dass in dieser Welt ganz eigene Regeln herrschen. Und sie deuten an: Wer hier arbeitet, hat es zu etwas gebracht. Das ist ein wichtiger Teil der Erfolgskultur der Münchener Rück. Wer nachfragt, erntet Achselzucken: »Das ist einfach da.«

Umso besorgniserregender entwickeln sich die Dinge in Plainsboro: Gerüchte über hohe Altschadenrisiken aus Asbestbelastungen dringen nach München. 1998 stellt sich heraus, dass die US-Tochter die hohen Wachstumserwartungen nicht erfüllen kann. Ein Jahr später treten die Risiken zutage. Die Münchener Rück muss die Reserven für Schäden in Amerika auf 377 Millionen Euro erhöhen. Noch ein Jahr später werden es bereits 875 Millionen Euro sein. Und dann kommt der 11. September 2001. Als Ende 2001 das Ausmaß der Probleme klar wird, setzt Vorstandschef Schinzler American-Re-Boss Edward Noonan vor die Tür.

Doch dieser Schritt kann die Lage nicht retten. Im Mai 2002 kündigt Schinzler weitere Maßnahmen an, um die Reserven der US-Tochter zu stärken. Im Juli schiebt er weitere 2 Milliarden Euro Reserveerhöhung über den Atlantik. Die Vergangenheit lässt die American Re noch immer nicht los. Auch andere europäische Versicherer, nicht zuletzt die Allianz mit ihrem Engagement bei Fireman's Fund, haben in den USA Lehrgeld bezahlt. Aber keinen trifft es wohl so hart wie die grundsolide Münchener Rück.

Mehrfach versichert Konzernchef Schinzler, die Probleme seien überstanden – und muss doch immer wieder Kapital nachschießen. Auf den Hauptversammlungen 2002, 2003 und 2004 kommt es zu Szenen, die die Münchener Rück noch nie erlebt hat. Kleinaktionäre sprechen vom »Desaster«, vom »schwarzen Loch in Amerika«. Schinzler gibt das Prinzip Hoffnung aus: »Ich bin überzeugt davon, dass die Probleme damit nachhaltig gelöst sind.« Sind sie aber nicht.

Im Januar 2004 zieht er die Konsequenz und wechselt an die Spitze des Aufsichtsrates. Sein Nachfolger als Chef der Münchener Rück wird Nikolaus von Bomhard. Noch im selben Jahr muss der neue Chef weitere Reserveerhöhungen von 482 Millionen Euro hinnehmen. Im Juli 2005 stärkt die Münchener Rück das Eigenkapital ihrer US-Tochter mit 1,1 Milliarden Euro. Die Summe verhagelt ihr nur deshalb nicht die Bilanz, weil sie aus dem Verkauf ihrer Aktienbeteiligungen – auch an der Allianz – erquickliche Buchgewinne erzielt hat. »Für mich ist das

Thema Nachreservierung erledigt«, sagte von Bomhard. Investoren und Aktionäre hofften, dass er Recht behalten möge.

Bislang hat es geklappt. Im ersten Halbjahr 2006 steuert American Re 100 Millionen Dollar zum Ergebnis ihrer Mutter bei. »Ich bin nach wie vor davon überzeugt, dass der Kauf der American Re eine strategisch richtige Entscheidung war«, sagt von Bomhard. »Die USA sind der größte Versicherungsmarkt der Welt und potenziell so ertragreich wie andere relevante Märkte. Als einer der weltweit führenden Rückversicherer müssen und wollen wir daran angemessen partizipieren.«

Alles in allem hat die Münchener Rück ihr amerikanisches Abenteuer allerdings 7,7 Milliarden Dollar gekostet. Von Bomhard zieht im Gespräch einen für sein Unternehmen bemerkenswerten Schlussstrich, er gestattet sich einen Hauch von Kritik: »Im Rückblick kann man uns vielleicht vorwerfen, dass wir zu spät auf die Entwicklungen von 1997 bis 2001 reagiert haben. Und dabei ist es ein schwacher Trost, dass wir mit den Problemen nicht alleine stehen. Aber wir haben reagiert. Heute ist die American Re eine der finanziell stärksten Gesellschaften unter den US-Rückversicherern.«

Eines muss man den Herrschaften von der Münchener Rück lassen: Sie gingen mit ihrer Tochter durch dick und dünn. Insofern ist auch der vorerst letzte Akt dieses Abenteuers ein symbolischer: Am 1. September 2006 wird die American Re in »Munich Re of America« umbenannt.

Christoph Hardt

1999

Hoechst – Die Rotfabrik

Im Juli 1999 beschließen die Aktionäre von Hoechst die Fusion mit Rhône-Poulenc. Was aussieht wie der Tod der Frankfurter Traditionsfirma, ist der Beginn einer Wiedergeburt.

Blitzlichtschauer, Gedränge und Geschubse: Wie bei einer Oscar-Verleihung geht es zu, als Jürgen Dormann den Saal betritt. Er weiß: Noch 40 Minuten reden, ein paar Stunden Fragen beantworten, und dann ist es ist geschafft. Seine »große Vision«, die der Vorstandschef der Hoechst AG noch ein letztes Mal erläutern will, wird endlich wahr. Für die 3000 Kleinaktionäre dagegen, die an diesem Julitag anno 1999 in die Jahrhunderthalle zu Frankfurt gekommen sind, ist Dormanns Vision ein Horrorfilm der nicht oscarträchtigen Kategorie. Die Hauptversammlung ist die letzte in der 136-jährigen Geschichte von Hoechst. Draußen verhüllen Wolken den Sommerhimmel über der Mainmetropole.

Der Vorstandsvorsitzende der Hoechst AG Jürgen Dormann und der Vorstandsvorsitzende des französischen Chemieherstellers Rhône-Poulenc bei einer Pressekonferenz zur Fusion der beiden Konzerne zum neuen Konzern Aventis

1999

Noch einmal versucht Jürgen Dormann die Aktionäre – viele sind zugleich auch Hoechst-Mitarbeiter – zu überzeugen, warum die Fusion mit dem französischen Konkurrenten Rhône-Poulenc richtig ist. Und warum der Verkauf der Industriechemie richtig ist, und die Verlegung des Konzernsitzes nach Straßburg auch. Und warum der neue Firmenname »Aventis« richtig ist. »Wenn wir etwas Neues schaffen wollen«, sagt der letzte Hoechst-Chef, »dann müssen wir auch bereit sein, Hergebrachtes aufzugeben.« Fünfzehn Stunden muss Dormann die Debatte mit den Aktionären ertragen, dann wird abgestimmt. Das Ergebnis ist das erwartete: 99 Prozent stimmen für die Fusion. Auch der Großaktionär Kuwait Petroleum Corporation, dem ein Viertel von Hoechst gehört, stimmt zu. Die zweite Mega-Fusion mit deutscher Beteiligung nach der von Daimler-Benz und Chrysler im Jahr zuvor ist beschlossen. Am 16. Juli 1999 wird die Hoechst AG beerdigt. Eines der größten Unternehmen der deutschen Wirtschaftsgeschichte ist nicht mehr.

Nostalgie, das macht Jürgen Dormann den Seinen schon 1994 klar, als er den Vorstandsvorsitz übernimmt, kann sich Hoechst nicht mehr leisten. Die Zeiten sind nicht mehr wie Ende des 19. Jahrhunderts, als Hoechst mit dem Grippemittel »Antipyrin« den Weltmarkt erobert, oder wie in den Wirtschaftswunderjahren, als die Frankfurter Firma trotz Nachkriegswirren ein zweites Mal zu einem der größten Chemiekonzerne der Welt wächst. Auf nostalgische Gefühle gibt Dormann nicht viel. »Wenn die Leute ›Hoechst‹ gehört haben, dachten sie ohnehin nur an Chemiestörfälle«, entfährt es dem Vorstandsvorsitzenden.

Jürgen Dormann, der 1963 als Trainee bei Hoechst einstieg, ist der erste Nichtchemiker, der den Konzern führt. Und das ist nur der kleinste Traditionsbruch, der mit dem Volkswirt bei Hoechst Einzug halten wird. »Entfrosten und entrosten« will Dormann den trägen Chemiekoloss. Die Fusion mit Rhône-Poulenc ist die Krönung des bis dahin wohl radikalsten Umbaus eines Konzerns in der deutschen Industriegeschichte.

Von den Textilfarbstoffen und der Kosmetik über Spezialchemie und Industriegase bis hin zur Basischemietochter Celanese: Mehr als drei Dutzend Sparten und Tochterfirmen gliedert Dormann aus, verkauft er oder bringt sie in neue Gemeinschaftsunternehmen ein. Einen Umsatz von 30 Milliarden D-Mark stößt Dormann ab. Das frische Geld steckt er in milliardenschwere Zukäufe für das Pharmageschäft. Für den US-Konzern Marion Merrell Dow und die restlichen Anteile am französischen Pharmahersteller Roussel Uclaf zahlt er fast 16 Milliarden Euro. Es sind die größten Deals der Firmengeschichte – und doch nur Etüden für seinen ganz großen Coup.

1999

Begonnen hat alles anno 1863 in tiefer nassauischer Provinz, dem kleinen Gewerbeflecken Höchst am Main. Hier nahe Frankfurt gründet der Chemiker und Kaufmann Eugen Lucius mit dem Kaufmann Carl Friedrich Wilhelm Meister, einem angeheirateten Verwandten, die »Meister, Lucius & Co.« Die kleine Fabrik nimmt mit fünf Arbeitern, einem Chemiker und einem Kontoristen die Produktion von roter Teerfarbe auf. Viele Hoechster nennen ihren Konzern bis zuletzt liebevoll »Rotfabrik«.

Bald schon kommt das Pharmageschäft hinzu. Hoechst wächst, um das Werk entsteht ein eigener Stadtteil, auch weil die Firma ihren Arbeitern großzügige Wohnungen baut. Stadt und Konzern gehen eine symbiotische Beziehung ein. Gemeinsam mit den deutschen Konkurrenten Bayer und BASF beherrscht Hoechst Teile des Weltmarktes für Arzneien und Chemieprodukte. Der spätere Nobelpreisträger Paul Ehrlich entdeckt für Hoechst das erste Mittel gegen Syphilis: Salvarsan. 1913 hat Hoechst 9000 Mitarbeiter und setzt 100 Millionen Reichsmark um. Deutschland reift zu einer führenden Industrienation und wird zur »Apotheke der Welt«.

Der Erste Weltkrieg ändert alles für Hoechst. Weil die Siegermächte den Deutschen Markenrechte und Patente wegnehmen, schließen sich die geschwächten Konzerne Agfa, Bayer, BASF und Hoechst mit den chemischen Fabriken Griesheim-Electron und Uerdingen 1925 zum Beinahemonopolisten IG Farben zusammen – Sitz der Zentrale wird Frankfurt. Im Zweiten Weltkrieg verstrickt sich der Gigant im Geschäft mit den Nationalsozialisten, baut ein Werk gleich neben dem Konzentrationslager Auschwitz, beschäftigt Zwangsarbeiter und ist beteiligt an der Firma Degesch, die das Todesgas Zyklon B herstellt, mit dem die Nazis Millionen Menschen töten. Nach 1945 entflechten die Alliierten die IG Farben. Hoechst wird wieder Hoechst und arbeitet sich rasch wieder in die Weltspitze – auch weil die Werke in Frankfurt von den alliierten Bomben kaum beschädigt wurden.

1999

Als Jürgen Dormann 1994 Chef bei Hoechst wird, ist die Chemie- und Pharmabranche schon heftig in Bewegung. Im Jahr zuvor hat die britische ICI die Neuordnung der europäischen Großchemie eingeleitet, als sie ihr Geschäft mit Arznei- und Pflanzenschutzmitteln unter dem Namen Zeneca abspaltet. Zwei Jahre später fusionieren die Schweizer Konzerne Sandoz und Ciba-Geigy zu Novartis und spalten gleichzeitig ihre Chemiegeschäfte ab. In der Pharmabranche fusionieren Glaxo und Wellcome, Pharmacia und Upjohn, Sanofi mit Synthélabo, und Roche schluckt Boehringer.

»Dormann hat das alles sehr genau beobachtet und war entschlossen, aktiv an dem Strukturwandel teilzunehmen«, sagt ein Ex-Hoechst-Manager. Nicht nur weil er will, auch weil er muss: Innerhalb von zehn Jahren sind die Frankfurter im Pharmageschäft von der Marktführerposition auf Rang acht zurückgefallen. Innovationen fehlen, das Chemiegeschäft ist zersplittert und ineffizient. »Hoechst hatte damals wenige Stärken und viele Schwächen«, erinnert sich Andreas Heine, Chemieexperte der Hypo-Vereinsbank. Branchenkenner fürchten, der Tanker Hoechst könne zerbrechen.

Mitte der neunziger Jahre unternimmt Jürgen Dormann seinen ersten Rettungsversuch: Er spricht mit der Bayer AG, die im Pharmageschäft wesentlich erfolgreicher ist als Hoechst. Doch die Leverkusener winken ab, und Dormann kauft 1995 stattdessen die US-amerikanische Marion Merrell Dow. Die deutschen Konkurrenten halten sich auch deswegen aus dem Fusionspoker heraus, weil sie recht gut dastehen – im Gegensatz zu Hoechst. »Für Hoechst ergab das strategisch Sinn. Aber die anderen Firmen hatten damals keine vergleichbaren Probleme«, sagt Rolf Krebs, der damals Boehringer Ingelheim leitete.

Sein Familienunternehmen ist dank neuer Produkte gut aufgestellt. Bayer verfügt über ein starkes US-Geschäft und mehrere »Blockbuster« – Arzneien mit über einer Milliarde US-Dollar Umsatz. Schering reüssiert in der Nische, Merck im Generika- und Diabetesgeschäft. An Fusionen ist außer Hoechst keiner der deutschen Chemie- und Pharmakonzerne interessiert. Erst 2006 leitet die Übernahmeofferte von Merck an Schering die innerdeutsche Konsolidierung ein – zur Freude von Bayer, das Schering schließlich übernahm.

Als Hoechst-Chef Dormann Ende 1998 zum großen Schlag ausholt und seine Pläne einer Zweckheirat mit Rhône-Poulenc bekanntgibt, reagieren selbst die Betriebsräte zahm. Dormanns Schritt ist logisch, und sie sind wohl auch des Streitens müde. Ihre heftigsten Schlachten haben sie in den Jahren zuvor gefochten, als Hoechst die Pharmasparte auf den Kopf stellte und einen drastischen Abbau in der Forschung anordnete.

1999

Dormann hatte aus Hoechst ein »Life-Science«-Unternehmen gemacht, das sich auf Pharma und Pflanzenschutz konzentriert und die Chemie abstößt. Die Wurzeln der »Rotfabrik« sind gekappt. »Als dann die Fusion mit den Franzosen kam, war das für uns nicht mehr so aufregend«, sagt Friedhelm Conradi. Er war zur Fusionszeit Betriebsrat bei Hoechst Marion Roussel und führt heute den Betriebsrat von Sanofi-Aventis in Frankfurt. So startet der neue Konzern – heute mit 22 Milliarden Euro Umsatz und 90 000 Beschäftigten – 1999 unter dem Kunstnamen Aventis.

Doch noch ehe Aventis so richtig existiert, scheint der Konzern schon wieder zu klein. Als Dormann die Verhandlungen aufnahm, wäre das neue Unternehmen weltweit die Nummer eins in der Pharmabranche gewesen. Doch noch vor Vollzug der Unternehmensehe wird er von neuen Großfusionen wie denen zwischen Pfizer und Warner-Lambert, Glaxo und Smithkline oder Astra und Zeneca überrundet.

Gegenüber diesen Konkurrenten geht Aventis mit einigen Handicaps an den Start: Überkapazitäten in der Produktion, hohe Verschuldung und Reste aus der großen Chemievergangenheit wie die Beteiligungen an Wacker, Clariant und Rhodia. Nur zwei Jahre nach der Fusion ist das »Life-Science«-Konzept schon wieder passé. Wie zuvor bereits AstraZeneca und Novartis verkauft auch Aventis seine Sparte »Crop-Science«, in der das Geschäft mit Pflanzenschutzmitteln und Saatgut gebündelt ist – dieser Bereich geht an Bayer. Trotzdem geht der große Plan von Dormann und Jean-René Fourtou – der Ex-Chef von Rhône-Poulenc leitet den Aufsichtsrat von Aventis –, eine hohe Börsenbewertung für weitere große Übernahmen zu nutzen, nicht in Erfüllung. Ein anderer ist schneller.

Anfang 2004 ist es Jean-François Dehecq, der im Rampenlicht steht. Der Vorstandschef des französischen Aventis-Konkurrenten Sanofi-Synthélabo will die wesentlich größere Aventis übernehmen – und das

HOECHST – DIE ROTFABRIK

1999 feindlich, denn der neue Aventis-Chef Igor Landau, der Jürgen Dormann 2002 beerbte, hat alle seine Avancen abgelehnt. Aventis flirtet mit Novartis, um Sanofi die Lust an der Übernahme zu verderben. Fast vier Monate dauert der Abwehrkampf. Bei der alten Hoechst in Frankfurt kippen Mitarbeiter aus Protest Lippenstifte, Nagellackfläschchen und Lidschattendöschen von L'Oréal auf einen Haufen: Der Kosmetikkonzern ist Großaktionär von Sanofi. Aber als Novartis abwinkt und Sanofi sein Angebot aufstockt, gibt Aventis auf.

Dennoch: Für die Hoechst-Aktionäre hat sich der Abschied von der großen Historie gelohnt. Ihre Aktien legten von Anfang 1998 bis Ende 2005 um mehr als 100 Prozent zu. Sie schnitten damit deutlich besser ab als die Eigner von BASF und Bayer. Und in Frankfurt-Hoechst gibt es sogar mehr Jobs im Pharmasektor als vorher. »Die Fusion hat den Standort gestärkt«, sagt Heinz-Werner Meier, Deutschland-Chef von Sanofi-Aventis, der als Aventis-Manager vor zwei Jahren noch zu den heftigsten Gegnern der Übernahme gehörte. Bei der jüngsten Betriebsratswahl am Standort Frankfurt zählte er 7000 Wahlberechtigte. Acht Jahre zuvor, als Hoechst noch selbstständig war, waren es nur 5000.

Siegfried Hofmann

2000

Dax – 30 auf einen Streich

Im März 2000 erreicht der noch junge Aktienindex Dax seinen ersten historischen Höchststand vor der späteren Talfahrt. Mit dem Crash der New Economy und 9/11 geht es bergab – und viele Deutsche verlieren die Lust am Spekulieren.

Der Mittfünfziger hier mitten in Ostfriesland redet ganz offen über seine Finanzen. Geldsorgen habe er nie gehabt, nachdem er seine Druckerei verkauft hatte. Er legte sich davon einen Zweitwohnsitz in der Schweiz zu und brachte das restliche Geld zur Bank. Von den Zinsen habe er gut leben können, erzählt er – wären da nicht die Freunde gewesen, die jeden Freitag beim Stammtisch mit ihren Börsengewinnen prahlten. Und Tipps zum Besten gaben, die daraus eine unendliche Geschichte machen sollten. Und irgendwann probierte der Mann sie aus, die gut gemeinten Tipps seiner guten Freunde. Nur: Das Ergebnis fiel nicht so aus, wie er es sich vorgestellt hatte.

Von solchen Geschichten hat Frank Lehmann einige auf Lager. Wenn der ehemalige Börsenexperte der ARD mal wieder einen Vortrag hält über das Auf und Ab auf den Aktienmärkten, und wie man das als Anleger möglichst unbeschadet übersteht, dann berichten die Zuhörer

Feier am 20. März 1998, nachdem der Deutsche Aktienindex zum ersten Mal in seiner Geschichte einen Stand von 5000 Punkten erreichte

2000

auch von ihren Erfahrungen. »Und die meisten davon haben sie Anfang 2000 gesammelt«, erzählt Lehmann. So wie der Mann aus Ostfriesland – einer von vielen, die damals dem Lockruf der Börse folgten.

Deutschland im Frühjahr 2000: Immer mehr Deutsche, die ihr Geld jahrzehntelang in Bausparverträgen, auf Sparbüchern oder in Bundesschatzbriefen anlegten, interessieren sich für »Puts« und »Calls«, für die Infineon-Aktie und die Marktkapitalisierung der Deutschen Telekom. Die halbe Republik, so scheint es, hat das Börsenfieber erfasst. Und alle blicken auf den Dax, die Fieberkurve des deutschen Aktienmarkts. Sogar finanztechnische Legastheniker, die bis vor kurzem ein possierliches Nagetier dahinter vermuteten und nicht ahnten, dass das Kürzel für den Deutschen Aktienindex steht.

Der nimmt zur Jahrtausendwende Fahrt auf – getrieben durch die Interneteuphorie, eine gigantische Übernahmewelle und den Börsenwahn der Bundesbürger. Der Dax steigt und steigt – genauso wie der Puls der Anleger. Nach 4000 Punkten folgt schnell die 5000er-Marke. Dann 6000, 7000, 8000 – und schließlich 8136,16 Punkte. Am 7. März 2000 ist das erste Allzeithoch erreicht – ein Rekord in der noch jungen Geschichte des Dax. Nicht mal zwölf Jahre ist es da her, dass das Konstrukt geschaffen wurde – kein Alter natürlich im Vergleich zum Dow Jones Industrial Index an der New Yorker Wall Street, der 1896 eingeführt wurde. Der Dow Jones ist das älteste und bedeutendste Börsenbarometer und bis heute die Ikone für alle Börsianer.

Deutschland hingegen hat zunächst den Hardy-Index, benannt nach der ehemaligen Frankfurter Privatbank Hardy & Co. GmbH und seit 1959 gültig. Gut zwanzig Jahre später wird er eingestellt und durch den BZ-Index der »Börsen-Zeitung« ersetzt – eine Notlösung, die die Experten an der Frankfurter Börse nicht zufriedenstellt. Wollen sie doch endlich ein Börsenbarometer mit einem ähnlich einprägsamen Namen wie die Amerikaner, einem Namen, der nicht an ein Unternehmen geknüpft ist und der gut in den Ohren klingt. Das bekommen sie erst im Jahr 1988, als der Dax aus der Taufe gehoben wird. Zum 1. Januar wird er eingeführt, ab dem 1. Juli täglich berechnet. Er startet mit 1163,52 Punkten.

Frank Mella, damals Redakteur bei der »Börsen-Zeitung«, hat den Dax erfunden und dafür das Bundesverdienstkreuz bekommen. Mella,

2000

der heute in der Nähe von Bonn seinen Ruhestand genießt, war bereits für den weitgehend unbedeutenden BZ-Index verantwortlich. Er modelt diesen später zum Dax um und läuft damit dem damaligen Platzhirsch, dem FAZ-Index der »Frankfurter Allgemeinen Zeitung«, den Rang ab. Denn während dieser zwar als solide Konstruktion zur Abbildung des Börsengeschehens gilt, hat er doch ein Manko: Er ist träge, er bewegt sich kaum.

Der Dax ist viel dynamischer. Er bildet nur die Aktienkursentwicklung der dreißig größten Werte, gemessen an Umsatz und Börsenkapitalisierung, ab. Und der Index nutzt einen weiteren Trick: Er ignoriert – anders als der Dow Jones – die jährlichen Dividendenabschläge. Bei der Berechnung des Dax geht man davon aus, dass Dividenden nicht ausgeschüttet, sondern wieder investiert werden. Dadurch entwickelt sich der deutsche Index etwas besser als die Konkurrenzprodukte.

Das kommt beim breiten Publikum gut an. Denn just zum Start des Dax ist die Börse auf dem Weg zu einem medialen Ereignis. Der Fernsehsender Sat 1 hat kurz vorher täglich zwischen 13 und 14 Uhr die »Tele-Börse« gestartet. Mit launigen Worten kommentiert Moderator Friedhelm Busch das Geschehen unten auf dem Parkett in Frankfurt. Immer wieder geht sein Blick auch zum Dax. Der gibt Antwort auf die Fragen, wie die Börse auf wichtige Tagesereignisse reagiert, etwa Wahlen, Fusionen oder Terrorattacken.

Gut drei Millionen Aktionäre zählt Deutschland zu diesem Zeitpunkt – gar nicht so wenig im Vergleich zu den heute mehr als vier Millionen Deutschen, die direkt – also nicht über Fonds oder andere Finanzprodukte – Unternehmensanteile besitzen. Doch die meisten halten Ende der achtziger Jahre lediglich Belegschaftsaktien ihres eigenen Arbeitgebers. Es gibt nur wenige Privatleute in Deutschland, die ihr Geld in Aktien anderer Unternehmen investieren.

Wie das Relikt vergangener Epochen erscheinen auch die Handelszeiten an der Frankfurter Börse. Von 11.30 bis 13.30 Uhr stehen aufgeregte Händler in Hemd und Krawatte mit einem Bündel selbst geschriebener Zettel vor einem großen Tresen und rufen den Menschen dahinter für den Laien unverständliches Zeug zu. Alle halbe Stunde wird daraus der Dax berechnet und an der großen Kurstafel verkündet. Später wird er jede Minute, heutzutage längst im Sekundentakt aktualisiert.

2000

Manche Namen der ersten Stunde existieren inzwischen nur noch in Büchern über die deutsche Wirtschaftsgeschichte: Feldmühle Nobel notiert am Anfang im Dax neben Nixdorf und der Deutschen Babcock. Die Bayerische Vereinsbank ist 1988 ebenso dabei wie Mannesmann, die Metallgesellschaft, Veba oder Viag.

Von den Gründungsmitgliedern ist nur jedes dritte bis heute dabeigeblieben, ansonsten erlebte der Dax ein Kommen und Gehen: Die Metallgesellschaft macht der Deutschen Telekom Platz, der Deutschen Babcock folgt der Softwarekonzern SAP, und nach Degussa kommt Altana. Wenn ein Unternehmen nach Marktkapitalisierung und Börsenumsatz nicht zu den Größten zählt, wird es ausgetauscht. Und für die Konzerne, die aus dem Dax ausscheiden, gibt es in der Regel kein Comeback – bis auf eine Ausnahme: Continental. Der Reifenhersteller aus Hannover, der schon beim Start dabei war, ist nach einer Pause von sieben Jahren seit September 2003 wieder im Dax notiert.

Nicht nur die Zusammensetzung hat sich geändert – auch die Handelszeiten. Aus zwei Stunden in den Anfangsjahren werden drei. Und ab dem zehnten Geburtstag des Dax, Mitte 1998, wird bis 17 Uhr gehandelt. Das weltweite Kapital, das inzwischen 24 Stunden am Tag in Bewegung ist, will bedient sein. Schließlich scheint der Dax nur eine Richtung zu kennen, nämlich nach oben. Und da wollen alle dabei sein und kräftig mitverdienen. Auf mehr als fünf Millionen – so viel wie nie zuvor – steigt die Zahl der Aktionäre bis 2000 hierzulande. Und der Wert ihrer Anteilsscheine war noch nie so hoch: mehr als 250 Milliarden Euro.

Auch der 55-jährige Ostfriese, von dem Frank Lehmann erzählt, gehört zu den neuen Aktionären. Doch der Mann kommt zu spät. »Er investierte zudem zu einseitig und stieg zu spät wieder aus«, analysiert Lehmann, der die Börsenentwicklung jahrelang beobachtete und im Fernsehen kommentierte – mit markigen Sprüchen und hessischem Witz. »Der ehemalige Drucker machte Fehler, die immer wieder zu beobachten sind und die Anleger wohl noch in hundert Jahren machen werden.« Das hat Konsequenzen: Das angelegte Geld ist irgendwann weg, der Zweitwohnsitz in der Schweiz nicht mehr zu halten. Der Mann braucht wieder einen Job – um überleben zu können. Als Hotelmanager hat er inzwischen in seiner alten Heimat wieder Fuß gefasst.

2000

Für Frank Lehmann hat der Börsenhype ganz andere Folgen: Er katapultiert den Aktienexperten auf einen der besten Sendeplätze im deutschen Fernsehen. Kurz vor der Tagesschau darf der wild gestikulierende Schnellsprecher täglich in 135 Sekunden Entwicklungen und Prognosen präsentieren, über Stamm- und Vorzugsaktien reden, den Dax und seinen kleineren Bruder Nemax, vor allem aber seine Weisheiten an den Mann bringen: »Hin und her macht die Taschen leer« oder »Reichtum macht ein Herz schneller hart als kochendes Wasser ein Ei«, lauten seine Faustregeln für Anleger. »Wer kauft in Eil', bereut in Weil'.« Oder: »Gier frisst Hirn.« Der inzwischen pensionierte 65-Jährige hat den Höhepunkt der Börsenhausse noch bestens in Erinnerung: »Knaben in Konfirmationsanzügen bevölkerten Hauptversammlungen, Analystenkonferenzen und Internet-Chatrooms«, erzählt er, »die haben einen Crashkurs übers Wochenende gemacht und nannten sich dann Analysten.«

Eine Erklärung für diese verrückten Zeiten hat aber selbst Frank Lehmann nicht. Der Mann, der die kompliziertesten Börsenentwicklungen in zwei Minuten zusammenfassen kann, muss kapitulieren: »Blasen gibt es eben immer wieder. Das war vor 250 Jahren so, als die Tulpenblase in Holland platzte, und das wird wohl auch noch in 250 Jahren so sein.« Selbst saisonale Muster, denen der Dax seit seiner Gründung folgte, sind in dieser Ausnahmezeit außer Kraft gesetzt. Im Frühjahr und den ersten Sommermonaten geht es für den deutschen Leitindex normalerweise aufwärts, dann kommt die Flaute. Vor allem im September wird es kritisch – »ein fürchterlicher Monat für den Dax«, klagte sein Erfinder Frank Mella einst.

Nach der Hoch-Zeit im März 2000 dauert die Flaute für den Dax aber nicht nur einige Monate, sondern ganze drei Jahre. Im März 2003 endet die Talfahrt bei gut 2200 Punkten. Nach und nach erholt er sich – fast unbemerkt von der Öffentlichkeit. Im Februar 2007 durchbricht der Index erneut die 7000er-Marke, im Mai 2007 steigt er auf über 7700 Punkte. Doch der Börsenwahn, wie ihn die Republik vor sieben Jahren erlebte, der bleibt aus.

Es sind dieses Mal auch nur wenige Kleinanleger, die von der Entwicklung profitieren. Denn die sind nach den Verlusten von einst noch immer so verunsichert, dass sie bestenfalls erzkonservative Titel kaufen

2000 oder neuen Börsenprodukten wie Zertifikaten mit Sicherheitspuffer und Garantie den Vorzug geben. Frank Lehmann schüttelt den Kopf: »Es ist zum Verrücktwerden, aber da fahren momentan alle darauf ab.« Wie lange noch? Auf diese Frage passt der alte Lehmann-Spruch: »Die Börse ist nicht wie das Wetter. Da kann man die nächsten vier Tage voraussagen. Die Börse aber nie!«

Christian Schnell

2001

Mercedes – Kratzer im Lack

Als im Dezember der zwanzigmillionste Mercedes vom Band läuft, hat Daimler-Chrysler-Vorstandschef Jürgen Schrempp vieles im Kopf – nicht aber, edle Autos zu bauen.

Wüsste Gottlieb Daimler, wie heute die Limousinen gebaut werden, die seinen Namen tragen, er würde mehr als nur staunen. Da legt ein Roboter im Daimler-Chrysler-Werk zu Sindelfingen einen zweiten Roboter in den Kofferraum, schließt den Deckel, und der Roboter im Kofferraum schraubt den Deckel fest. Danach öffnet der erste Roboter die Klappe wieder, holt den Blechbruder heraus und legt ihn wieder in die Ladestation – bis zur nächsten Karosserie. »Das ist unser Mann im Kofferraum«, sagt Bruno Baur, der Rohbau-Chef der Mercedes S-Klasse, der die zwei Roboterkollegen gebaut hat.

Werner Breitschwerdt war von 1983–1987 Vorstandsvorsitzender der Daimler-Benz AG

2001

Für die Verarbeitung der Karosserie des besten Mercedes im Sortiment bekam Daimler-Chrysler die höchste Auszeichnung der Automobilwirtschaft verliehen, den »Euro Carbody Award«. Wenn ein Kofferraum in geschlossenem Zustand in die Karosserie eingebaut wird, ist späteres Nacharbeiten nicht mehr nötig. »1988 war die Zahl der Roboter überschaubar«, sagt Bruno Baur, »heute haben wir hier mehrere hundert im Einsatz.«

Am 17. Februar 1988 durchbricht die Marke Mercedes eine Schallmauer: Ein Roadster 300 SL läuft in Sindelfingen vom Band – der Wagen ist der zehnmillionste Mercedes seit der Wiederaufnahme der Produktion 1946. Für die nächsten zehn Millionen braucht der Autokonzern nur knapp vierzehn weitere Jahre: Der zwanzigmillionste Mercedes wird am 27. Dezember 2001 gefertigt. Einmal mehr wird Daimler seinem Mythos gerecht – und seiner großen Rolle in der deutschen Wirtschaftsgeschichte der vergangenen hundert Jahre.

Allerdings fallen die beiden Jubiläen für den Konzern mit dem Stern als Logo in unruhige Zeiten. In den achtziger Jahren toben Machtkämpfe um Führung und Strategie des Autobauers, und zwanzig Jahre lang geht es hin und her bei Daimler zwischen Diversifikation und Konzentration, zwischen großen Deals und Milliardenpleiten. Und 2001 zeichnet sich immer deutlicher ab, dass der größte Deal von allen, die ambitionierte Fusion mit dem US-Hersteller Chrysler drei Jahre zuvor, mehr Probleme bringt als Lösungen. So manches von den Folgen zwickt den neuen Daimler-Chef Dieter Zetsche so sehr, dass er im Frühjahr 2007 den Verkauf von Chrysler beschließt. Für 5,5 Milliarden Dollar verkauft er 80,1 Prozent der amerikanischen Tochter an den Finanzinvestor Cerberus.

Einer ihrer ersten Großaufträge bringt der Weltmarke im Jahr 1900 ihren Namen: Da bestellt der Geschäftsmann Emil Jellinek 36 Autos bei der Daimler-Motoren-Gesellschaft in Cannstatt. 550 000 Mark bekam die junge Firma dafür – und den Vornamen von Jellineks Tochter. Der wird zum Synonym werden für Weltklasseautomobile: Mercedes. 88 Jahre später ist das Zehn-Millionen-Jubiläumsauto ein Nachfolger des legendären Sportwagens von 1954. Mit den nach oben schwingenden Flügeltüren erobert sich der 300 SL die Herzen der Sportwagenfans.

2001

Mit Spitzentechnik, Rennsporterfolgen und hoher Qualität knüpft die Marke Mercedes nach 1945 an die Führungsposition in der Luxusklasse an, die sie schon vor dem Zweiten Weltkrieg innehatte. In den Wirtschaftswunderjahren sind Mercedes-Limousinen so gefragt, dass Kunden bis zu 18 Monate Lieferzeit in Kauf nehmen. Mit dem Stern auf der Motorhaube zu fahren wird zum Statussymbol. Bis weit in die siebziger Jahre hinein gilt: Wer einen Mercedes fährt, hat es zu etwas gebracht. Und kaum ein Konkurrent wagt es, den Mythos anzugreifen. BMW ist zu dieser Zeit noch gar nicht in der Oberklasse vertreten. Und bei Audi denkt man seinerzeit eher an Toilettenrollen unter selbstgehäkelten Schonern auf der Hutablage als an Sportlimousinen.

Doch in den achtziger Jahren geht der Konzern in die Breite. Ab 1982 steigt Daimler mit der Baureihe 190 in die Mittelklasse ein. Auch Mercedes braucht höhere Stückzahlen und ein sparsames und günstigeres Modell wie den »Baby-Benz«. Von nun an purzeln die Absatzrekorde wie von selbst: 1946 werden in Sindelfingen 214 Fahrzeuge gebaut, im Jahr 1950 rollen 30 000 Wagen vom Band, 1960 sind es 120 000, 1970 schon 280 000 und 1987 fast 600 000 Fahrzeuge.

Die beschleunigte Expansion fordert in den achtziger Jahren ihren Preis. Mercedes bekommt erstmals Qualitätsprobleme. Die 190er-Baureihe leidet unter zahlreichen »Kinderkrankheiten«. Immer häufiger tauchen Autos mit dem Stern in der ADAC-Pannenstatistik auf. Auch der Konzerngewinn geht zurück. Bei vielen Mercedes-Fans drängt sich der Eindruck auf, das Management schenke dem Kerngeschäft – nämlich die besten Autos der Welt zu bauen – zu wenig Aufmerksamkeit.

So mancher Image-Kratzer am Daimler-Stern geht auf den 29. Oktober 1983 zurück, als Konzernchef Gerhard Prinz daheim auf dem Hometrainer einem Herzversagen erliegt und ein Machtvakuum hinterlässt. Der visionäre Finanzchef Edzard Reuter gilt als Favorit für die Nachfolge. Doch Aufsichtsratschef Wilfried Guth vom Großaktionär Deutsche Bank wählt einen Techniker, Entwicklungschef Werner Breitschwerdt. Reuter, der Sohn des legendären Berliner Bürgermeisters Ernst Reuter, findet sich mit seiner Niederlage nicht ab. Vier Jahre tobt in der Konzernzentrale in Stuttgart-Untertürkheim ein Machtkampf, der in der Unternehmensgeschichte seinesgleichen sucht. Gemeinsam mit dem robusten Mercedes-Produktionschef Werner Niefer setzt der machtbewusste Jurist Reuter den eher zartbesaiteten Ingenieur Breitschwerdt unter Druck.

Werner Breitschwerdt will die besten Autos der Welt bauen, Edzard Reuter will viel mehr. Der Finanzvorstand ist davon überzeugt, dass der Markt für Luxusfahrzeuge seine Grenzen erreicht und der Konzern andere Geschäftsfelder erschließen muss. Ein »integrierter Technologiekonzern« soll Daimler-Benz werden. Bereits im August 1984 unterbreitet der Finanzchef dem Daimler-Vorstand ein Strategiepapier zur »Verbreiterung der Unternehmensbasis«. Wandel müsse schnell her, warnt Reuter, die Geschichte sei »voll von Trümmern großer Reiche«.

Nolens volens lässt Breitschwerdt Reuter und Niefer gewähren. Innerhalb von neun Monaten kaufen die Stuttgarter für drei Milliarden D-Mark die Münchener Maschinen- und Turbinen Union (MTU), Hersteller von Düsentriebwerken und großen Dieselmotoren, das Friedrichshafener Luftfahrtunternehmen Dornier und den Hausgerätehersteller AEG, das zweitgrößte deutsche Elektrounternehmen nach Siemens. Daimler wird zu Deutschlands Konzern Nummer eins mit knapp 70 Milliarden D-Mark Umsatz. Nebenbei entsteht der größte deutsche Rüstungskonzern, der später noch durch den Einkauf des Luft- und Raumfahrtkonzerns Messerschmitt-Bölkow-Blohm (MBB) ergänzt wird.

Im September 1987 ist Reuter am Ziel: Im Alter von 59 Jahren wird er Vorstandschef bei Daimler. Deutsche-Bank-Chef Alfred Herrhausen, der nun dem Aufsichtsrat vorsteht, imponieren Reuters Visionen. Er schickt Breitschwerdt in den Ruhestand: »Die neue Konzernstruktur erfordert eine neue Führung.« Als im Februar 1988 der zehnmillionste Mercedes vom Band läuft, ist Reuter gerade fünf Monate im Amt – und ans Autobauen denkt er nur wenig. Sein neuer Weltkonzern benötigt eine neue Firmenzentrale. Gebaut wird sie in Möhringen nahe der Autobahn nach München. Daimler-Benz, so scheint es, kehrt den Autobauern in Untertürkheim den Rücken zu.

Doch ehe die Synergien seines Technologiekonzerns spürbar werden, gibt es Probleme für Edzard Reuter. Symptomatisch: Die S-Klasse, jahrzehntelang das Flaggschiff von Mercedes, wird von der Konkurrenz überholt – und zwar ausgerechnet von BMW. Die Bayern, die 1959 beinahe von Daimler geschluckt worden wären, verkaufen mit ihrer 7er-Reihe mehr Luxuslimousinen als die Schwaben. Mit der 5er-Reihe greift BMW-Chef Eberhard von Kuenheim zudem in der gehobenen Mittelklasse an. Mercedes bekommt erstmals Absatzprobleme. Reuter lässt sogar Radiowerbung schalten, um Kunden zur Probefahrt zu bewegen – das sind ungewohnte Methoden für eine Firma, die ihre Autos bislang eher hochherrschaftlich zuteilte als mühsam verkaufte.

Daimler hatte im Kerngeschäft geschlampt, das Betriebsklima leidet. »Wir sind es, die die goldenen Eier verdienen, mit denen der Daimler alles bezahlt«, beklagt sich ein Kfz-Schlosser vom Sindelfinger Werk. Anfang der neunziger Jahre schreibt die einstige Gelddruckmaschine Mercedes sogar rote Zahlen, tausende Jobs werden abgebaut.

Zwar macht Jürgen Schrempp, der Reuter 1995 beerbt, Schluss mit dem »integrierten Technologiekonzern«, was Daimler durch zahlreiche Unternehmensverkäufe 11 Milliarden Euro in die Kasse spült. Aber durch die Fusion mit Chrysler 1998, den Einstieg beim japanischen Konkurrenten Mitsubishi im März 2000 für 2,5 Milliarden Euro und seine neue Vision von der »Welt AG« stürzt Schrempp den Konzern ins nächste Abenteuer. Der neue Daimler-Herr beschließt, den Konzern wieder auf das zu konzentrieren, was ihn groß gemacht hat: Autos bauen. Nun aber soll Daimler der erste Hersteller der Welt werden, der in allen drei großen Automärkten – Europa, Asien und den USA – eine führende Rolle spielt.

Schrempp scheitert an dieser Aufgabe. Anfang 2005 liegt der Börsenwert von Daimler-Chrysler 37 Milliarden Euro niedriger als 1998. Und Schrempps Vorgänger Edzard Reuter, der einst für seinen Kurs gescholten wurde, spottet: »Den ersten Rang beim Kapitalvernichten haben mir andere abgenommen.« Chrysler fährt Milliardenverluste ein und muss mühsam saniert werden – von Jürgen Schrempps späterem Nachfolger Dieter Zetsche. Mit der Beteiligung an Mitsubishi wird Daimler ebenfalls nicht glücklich. Als der Konzern Anfang 2004 vor der Wahl steht, den japanischen Autobauer mit weiteren 5 Milliarden Euro zu unterstützen, beschließt Daimler-Chrysler nach hartem Ringen in Vorstand und Aufsichtsrat den Ausstieg – und damit das Ende der Welt AG. Ein gutes Jahr später tritt Jürgen Schrempp, den das US-Magazin »Business Week« im Jahr zuvor zum »schlechtesten Manager des Jahres« gekürt hatte, zurück. Ende 2005 stößt der neue Daimler-Chef Dieter Zetsche die restlichen 12,4 Prozent an Mitsubishi ab.

2001

Manch anderer Konzern hätte diese strategischen Crashtests wohl nicht überlebt. Aber die in fast 125 Jahren entstandene Konzern-Karosserie von Daimler hat sich bisher als stabil genug für die zahlreichen Kurswechsel erwiesen. Dennoch hatte die Berufung von Dieter Zetsche auf den Chefsessel im Juli 2005 etwas von einer Notbremsung. »Back to the roots« lautet das vordergründig simple Programm des Mannes mit dem lichten Haar und dem breiten Schnauzer. In drei Jahren will er bis zu 22 000 Stellen abbauen bei Daimler – viele davon auch in den Führungsetagen. Erich Klemm, heute Betriebsratschef von Daimler-Chrysler, saß schon in den achtziger Jahren im Aufsichtsrat. Für ihn ist der aktuelle Sparkurs deshalb wohl auch ein Déjà-vu. Wieder müssen die Sindelfinger Autobauer die Fehler des Managements ausbaden. Diesmal heißt der Sargnagel nicht AEG, sondern Smart und Chrysler.

Es gibt viel zu tun für den neuen Daimler-Chef. Das fängt schon damit an, dass das Unternehmen in Stuttgart nicht mehr als erste Adresse für Managertalente gilt. Die heuern lieber bei Porsche an oder dem weltgrößten Autozulieferer Bosch. Auch die Spitzenprodukte vermögen noch nicht wieder zu überzeugen. Die neue S-Klasse wird viel gelobt. Dennoch wird die Limousine 2006 nicht – wie früher fast immer – zum »Auto des Jahres« gekürt. Der Audi A8, der schon seit mehreren Jahren auf dem Markt ist, hat die S-Klasse überholt. Das Votum der Leser von »Auto, Motor und Sport« ist ein Gradmesser für die Kundenzufriedenheit. Es zeigt, dass die Kunden Mercedes noch nicht verziehen haben.

Der Weg zur alten Glorie ist noch lang, aber Dieter Zetsche hat auch Sinn für Tradition. Er wird die Konzernzentrale wieder nach Untertürkheim legen. Das »Bullshit Castle«, wie Vorgänger Schrempp die Daimler-Burg in Möhringen spöttisch nannte, als er selbst noch nicht Chef war, wird eingemottet. Das Gehirn von Daimler-Chrysler kehrt wieder zurück zum Herz des Konzerns, der Motorenherstellung.

Dieter Zetsche residiert – wie zuletzt Edzard Reuter – im 13. Stock in Untertürkheim direkt unter dem sich drehenden Mercedes-Stern. Von dort führt er seine Daimler-Mission an. Mercedes braucht nicht nur einen preisgekrönten Blech-Mann im Kofferraum, sondern auch einen begnadeten Fahrer hinterm Lenkrad.

Martin-W. Buchenau

2002

Pay-TV – Pleite oder Monopol

Im April 2002 meldet Leo Kirch Insolvenz an. Der Medienvisionär aus München hat alles auf die Zukunft des Bezahlfernsehens in Deutschland gesetzt – und er hat verloren.

Es ist ein historisches Ereignis, aber es findet fast unter Ausschluss der Öffentlichkeit statt. Gerade einmal ein paar hundert Zuschauer erleben 1988 das Debüt von Teleclub, Deutschlands erstem Bezahlfernsehsender. Was sie auf dem Bildschirm sahen? Nicht einmal die Senderchefs können sich heute noch daran erinnern. Nur eines fällt den meisten Ex-

Der Premiere-Geschäftsführer Georg Kofler (Mitte) steht mit seinen Vorstandskollegen am 9. März 2005 vor der Frankfurter Börse

perten ein, wenn sie an Teleclub denken: »Ich bin in viele Läden gerannt, doch der für den Empfang notwendige Decoder war nicht aufzutreiben«, erzählt ein Branchenkenner.

Im beschaulichen Oldenburg startete Leo Kirch am 25. Oktober 1988 das erste Bezahlfernsehen in Deutschland. »Wir sahen die positiven Beispiele in den USA und in Frankreich. Es ging darum, die Verwertungskette der Filmrechte lückenlos abzudecken«, erinnert sich Gottfried Zmeck, lange Zeit die Nummer zwei hinter Kirch in dessen Medienkonzern.

Eigentlich ist der Moment gut gewählt. Der Start von Teleclub fällt in die Zeit, als das deutsche Privatfernsehen gerade erst das Laufen lernt, als die Medienwelt bunter wird und Deutschland nicht mehr das Land der drei öffentlich-rechtlichen Programme ist. Leo Kirch ist davon überzeugt, dass werbefreies, privates Fernsehen gegen eine monatliche Gebühr ein lukratives Geschäftsmodell ist. Was 1988 beginnt, treibt der Mann aus München vierzehn Jahre lang voran. Milliarden investiert er in seine Vision – nur um am Ende doch aufgeben zu müssen.

Für die ersten Zuschauer ist »Pay-TV« Ende der achtziger Jahre zunächst ein recht teures Vergnügen. In Oldenburg und in zwanzig weiteren Städten müssen die ersten Kunden eine Aufnahmegebühr von 90 D-Mark zahlen – plus 34 D-Mark pro Monat. Dafür bekommen sie monatlich fünfzig Spielfilme zu sehen. Das Empfangsgerät müssen sie sich bei einem Elektrohändler leihen.

Leo Kirch ist damals – in den goldenen Jahren der Medienbranche – voller Optimismus. Wenn es einer schaffen würde, die Deutschen für Bezahlfernsehen zu gewinnen, dann er. Der einst wichtigste Filmlieferant der ARD verbucht in den achtziger und neunziger Jahren einen Erfolg nach dem anderen. 1985 gründet er zusammen mit Verlagen den ersten deutschen Privatsender Sat.1. Mit der Einführung einer privaten Konkurrenz für ARD und ZDF füllen sich die Kassen des mittelständischen Unternehmers. Noch ahnt niemand, dass ausgerechnet das Bezahlfernsehen Jahre später der Sargnagel für das Medienimperium von Leo Kirch sein wird.

Gut zwei Jahre nach dem Start von Teleclub wagen auch die Bertelsmanntochter CLT-Ufa und das französische Pay-TV-Unternehmen Canal Plus das Abenteuer Bezahlfernsehen in Deutschland. Mit Kirch als Kooperationspartner heben sie Anfang 1991 den Sender Premiere aus der Taufe. Die knapp 100 000 Abonnenten von Teleclub werden in die Kundenkartei von Premiere aufgenommen. »Der Bezahlsender ›Canal Plus‹ in Frankreich ging ab wie eine Rakete. Deren Plan, auch nach Deutschland zu expandieren, hat uns nur bestärkt«, sagt Gottfried Zmeck, der für Kirch in den neunziger Jahren das Pay-TV-Unternehmen führte.

Doch die öffentliche Kritik am Bezahlfernsehen ist in Deutschland unerwartet groß. »Weil mit werbefinanziertem Fernsehen auf Dauer nicht mehr Geld zu machen sein wird als heute schon, greifen die TV-Veranstalter via Pay-TV nun direkt in die Tasche der Zuschauer«, warnt Oliver Herrgesell, heute Sprecher des Fernsehkonzerns RTL Group, damals in der Zeitung »Die Woche«. Auch aus den Reihen von ARD und ZDF hagelt es Kritik. Bezahlfernsehen sei etwas für Roulettespieler, kolportiert dort so mancher, um die neue Konkurrenz madig zu machen. Leo Kirch lässt sich davon nicht abhalten. Er pumpt Milliarden in das defizitäre Geschäft. Mit enormem Aufwand lässt er eine konzerneigene Verschlüsselungssoftware programmieren und entsprechende Empfangsgeräte produzieren. Kirch glaubt an die Zukunft des Bezahlfernsehens, das er mit neuen digitalen Techniken noch weiter entwickeln will.

Sein Fehler: Er legt viel zu früh los. Am 28. Juli 1996 geht das digitale Pay-TV-Angebot DF1 mit dreizehn Sendern an den Start. Für den deutschen Zuschauer ist es tatsächlich ein ganz neues Fernsehgefühl: Zum ersten Mal erlebt er etwa Konferenzschaltungen bei Bundesliga-Spieltagen, wie es sie bisher nur im Radio gab. Ein Formel-1-Rennen wird nun von gleich sechs verschiedenen Kameras übertragen.

Parallel zu DF1 bleibt Leo Kirch weiterhin an Premiere beteiligt, seinem Kooperationsprojekt mit Bertelsmann. Ein mörderischer Wettbewerb zeichnet sich ab, den die Partner aber zu verhindern suchen. Nach monatelangen Geheimgesprächen wird eine Allianz von DF1 und Premiere besiegelt, die die EU aber später verbietet. Eine Fusion von DF1 und Premiere ist damit vom Tisch. Leo Kirch bleibt nichts anderes übrig, als Premiere von Bertelsmann und Canal Plus zu kaufen. Der Medienmogul zahlte damals den gigantischen Preis von über einer

2002

Milliarde D-Mark, berichten Beteiligte. Für Kirch geht es nun um alles oder nichts – Monopol oder Pleite.

Doch seine Investition zahlt sich nicht aus. In den folgenden Jahren bleiben DF1 und Premiere Milliardengräber. Zahlreiche Fernsehmanager dürfen ausprobieren, aus den Unternehmen, die später zu Premiere fusioniert werden, doch noch eine Erfolgsgeschichte zu machen. Erst der Schweizer Markus Tellenbach, dann der österreichische Investmentbanker Manfred Puffer, schließlich der luxemburgische Fernsehvisionär Ferdinand Kayser – die Geschäftsführer von Premiere wechseln schnell. Nur die Geschäfte laufen weiter schlecht. Im Jahr 2001 fährt Premiere ein Minus von rund 1,3 Milliarden Euro ein – den höchsten Verlust, den ein Fernsehsender jemals verbucht hat. Es kommt noch schlimmer: Die Abonnenten-Zahlen stagnieren, während Kirch horrende Summen für US-Filmrechte zahlen muss. »Die Deals waren für uns fatal«, erinnert sich ein früherer Kirch-Manager.

Im Februar 2002 steht Leo Kirch endgültig am Abgrund. News Corp, ein Unternehmen des Medienmoguls Rupert Murdoch, schreibt seine Beteiligung an Premiere ab. Und nun will Murdoch sein Geld von Kirch zurück. Doch dieser ist nicht mehr in der Lage zu zahlen. Das weiß ganz Deutschland, spätestens nachdem Rolf-Ernst Breuer, der Vorstandsvorsitzende der Deutschen Bank, Kirch öffentlich die Kreditwürdigkeit abspricht – ausgerechnet per Fernsehinterview, was Breuer und der Deutschen Bank später einige Klagen vor Gericht einbringt. »2002 war ein Tiefpunkt. Das Bezahlfernsehen stand auf der Kippe«, erinnert sich Ex-Kirch-Manager Zmeck, der heute den Schlagerkanal Goldstar TV führt und weiter mit Premiere zusammenarbeitet.

In seiner finanziellen Notlage Anfang 2002 sträubt sich Kirch nicht mehr gegen eine Übernahme durch Rupert Murdoch. Wenn es nötig sein sollte, halte er dem »Haifisch« alles hin, sagte Kirch in einem seiner seltenen Interviews dem »Spiegel«. Der Schuldenberg ist gigantisch. Kirchs Stellvertreter Dieter Hahn spricht von 6,5 Milliarden Euro. Am 8. April 2002 stellt Leo Kirch Antrag auf Insolvenz für die Sendergruppe ProSiebenSat1, die Holding Kirch Media und den Filmrechtehandel. Einen Monat später kommt der Insolvenzantrag für die Holding von Premiere. Das deutsche Bezahlfernsehen erlebt sein Waterloo.

PAY-TV – PLEITE ODER MONOPOL

2002

In den letzten Wochen vor der Pleite seines Medienimperiums setzt Leo Kirch alle Hoffnungen auf seinen alten Bürochef und Zögling Georg Kofler, der bereits 1997 den Spielfilmkanal ProSieben erfolgreich an die Börse gebracht hatte. Dieser Mann soll das Ruder herumreißen. Doch es gelingt ihm nicht. Die Zeit ist zu knapp. Doch auch wenn es ihn selbst nicht mehr rettet: Leo Kirchs letzte Personalentscheidung, den leidenschaftlichen Gipfelstürmer Kofler wieder auf den Chefsessel von Premiere zu setzen, erweist sich als richtig. Kofler gelingt es nach der Kirch-Pleite, den ins Wanken geratenen Fernsehkonzern wieder auf Kurs zu bringen. Einer seiner wichtigsten Sanierungsschritte ist der Einstieg des Finanzinvestors Permira bei Premiere. Auch Kofler selbst wird zum Großaktionär. Die Gläubiger Hypo-Vereinsbank, Bayerische Landesbank und die österreichische Bawag werden Gesellschafter.

Zwei Jahre nach dem Desaster erreicht Premiere erstmals im laufenden Geschäft die Gewinnzone. Die Zahl der Abonnenten liegt deutlich über drei Millionen. Mehr Kunden hat auch der legendäre Buchklub von Bertelsmann nicht. Georg Kofler verbreitet Zuversicht, und das zahlt sich aus. Der Sender wagt erfolgreich den Sprung auf das Börsenparkett. Doch ob sich mit Premiere dauerhaft gutes Geld verdienen lässt? In der Branche und auch bei Premiere wachsen die Zweifel. Ende 2005 pokert Kofler im Bieterwettbewerb um die Live-Berichterstattung der Fußball-Bundesliga – und verliert. Die Übertragungsrechte für Spiele der 36 Profiklubs gehen an den Kabelkonzern Unity Media. Der hat extra den Sender Arena gegründet, um Premiere die Bundesligarechte abzujagen.

Das Schlimmste für Kofler ist aber nicht, keine Bundesliga-Spiele mehr senden zu können. Es ist der Verlust des Monopols. Premiere ist zwar der größte Bezahlsender in Deutschland – doch längst nicht mehr der einzige. Kabelkonzerne wie Unity oder Kabel Deutschland haben eigene Pay-TV-Angebote mit mehreren hunderttausend Abonnenten. Auch neue Internetportale, bei denen mit zwei Mausklicks die neuen Hollywood-Blockbuster heruntergeladen werden können, setzen Premiere zu. Die öffentlich-rechtliche Konkurrenz hält zudem wichtige Sportrechte.

Lange war es Georg Koflers Traum, der ARD die für Premiere schädliche »Sportschau« wegzunehmen. Doch das hat der promovierte

Kommunikationswissenschaftler nicht durchsetzen können. Er hat das Interesse der Vereine und der Politik an Sportereignissen im frei zugänglichen Fernsehen unterschätzt – ein großer Fehler. Denn nun kann Premiere keinen einzigen Inhalt mehr bieten, der für Millionen von Zuschauern unverzichtbar wäre. Doch Kofler lässt sich nicht unterkriegen. Nachdem er monatelang aggressive Werbung geschaltet und diverse Klagen gegen den Nebenbuhler Arena inszeniert hat, verkündet der Premiere-Chef im Februar 2007 die Überraschung: Arena und Premiere tun sich zusammen und zeigen die Bundesliga gemeinsam. Der Newcomer hatte einsehen müssen, dass es ihm an Erfahrung und Reichweite fehlt, um sein Konzept wirtschaftlich zu betreiben.

Eines hat Premiere aber trotz seiner Achterbahnfahrt geschafft: »Das Bezahlfernsehen«, stellt der frühere Premiere-Chef Ferdinand Kayser nüchtern fest, »hat sich in Deutschland fest etabliert.« Nur ein bisschen zu spät – jedenfalls für Leo Kirch.

Hans-Peter Siebenhaar

2003

Agenda 2010 – Baustelle Hartz IV

Im Jahr 2003 beginnt die Regierung mit dem größten Umbau der Arbeitsmarktpolitik seit Bestehen der Bundesrepublik: Hartz IV ist das Herzstück einer späten Reformpolitik der rot-grünen Koalition, der Agenda 2010. Doch die Wirkung lässt auf sich warten und kostet die Regierung bei der nächsten Wahl die Mehrheit.

Es ist halb vier in der Nacht, als sich die vielen Männer und wenigen Frauen im Saal 1128 des Bundesrats die Hand geben. Fast elf Stunden haben sie verhandelt – Langzeitarbeitslose wollen sie motivieren, die Sozialkassen entlasten und bürokratische Strukturen auflösen. Sie wollen die beste und wirkungsvollste Arbeitsmarktreform seit Bestehen der Bundesrepublik: Hartz IV lautet ihr Titel.

Montagsdemonstration in Leipzig am 9. März 2005 gegen geplante Einschnitte in das Sozialsystem durch die Reformen von Hartz IV und der Agenda 2010.

2003

Deutschland habe auf diese Entscheidung gewartet, sagt Bundeskanzler Gerhard Schröder am frühen Morgen in die Kameras. Nun gehe es aufwärts. Geht es nicht – zumindest nicht in dem Tempo, in dem sich der Kanzler das vorgestellt hat. Denn was die Politiker in jenem Morgengrauen Ende 2003 besiegeln, ist eine Ausgeburt an Komplexität, wie sie die Republik noch nicht gesehen hat. Von unterschiedlichen Modellen zur Betreuung von Langzeitarbeitslosen ist die Rede. Von neuen Behörden, von Kommunen und der Bundesagentur für Arbeit, die in so genannten »Arbeitsgemeinschaften« kooperieren sollen. Und dann wird auch noch eine Ausnahme formuliert, das »Optionsmodell«.

Die Hartz-Reform, benannt nach dem damaligen Volkswagen-Personalvorstand Peter Hartz, ist das Herzstück des groß angelegten Umbaus des deutschen Sozialstaats, den Bundeskanzler Gerhard Schröder Anfang 2003 angestoßen hat, als das Land in einer bis dahin nicht gekannten wirtschaftlichen Dauerstagnation verharrte. Agenda 2010 hat er sein ambitioniertes Programm genannt, mit dem er in die Geschichtsbücher eingehen, über Jahrzehnte gewachsene Missstände beseitigen und die ausufernden Sozialausgaben drücken wollte. Es ist das zentrale Projekt seiner zweiten Amtszeit. Und es wird der wesentliche Grund dafür, dass Schröder in der vorgezogenen Bundestagswahl 2006 gegen Angela Merkel verliert.

Zu viel in zu kurzer Zeit hat er sich vorgenommen, der Mann, der einst mit »ruhiger Hand« das Land steuern wollte – als ob Bundeswirtschaftsminister Wolfgang Clement es schon geahnt hatte: Die Umsetzung von Hartz IV, sagte er einst, sei »die größte und wichtigste Baustelle Deutschlands.« Und das über Jahre. Bleibt man bei diesem Bild, ist Dorothea Nilles-Liebig so eine Art Polier auf der Reformbaustelle deutscher Arbeitsmarkt. Sie leitet in Eisenach die »Arge«, die Arbeitsgemeinschaft, in der Stadt und Arbeitsagentur gemeinsam die Langzeitarbeitslosen betreuen. Und wenn sie über ihre Arbeit berichtet, wird es schnell kompliziert: Die Sätze werden länger, die Pausen dazwischen auch. Die grauen Aktenordner, die sie anschleppt, werden immer dicker, die Zahlenkolonnen, die sie raussucht, immer umfangreicher. Nichts ist einfach, nichts lässt sich auf einen Nenner bringen.

Die »Arge« ist die neue Behörde für das Arbeitslosengeld II, das im

AGENDA 2010 – BAUSTELLE HARTZ IV

2003

Zuge von Hartz IV entsteht, als Arbeitslosen- und Sozialhilfe Anfang 2005 zusammengelegt werden. In der »Arge« sitzen Mitarbeiter der Arbeitsagentur und der Sozialämter unter einem Dach, sie werden für gleiche Arbeit unterschiedlich bezahlt und müssen verschiedenen Herren gehorchen. »Die Rechtsaufsicht hat das Land, die Fachaufsicht im Rahmen der Gewährleistungsverantwortung liegt bei der Bundesagentur, die Fachaufsicht für die Kosten der Unterkunft wiederum bei der Kommune«, spult Nilles-Liebig herunter. Einen Kommentar dazu spart sie sich. Die Fakten sprechen für sich. Das gilt auch für ihren Gesichtsausdruck: eine Mischung aus Belustigung und Verzweiflung.

Am Anfang von Hartz IV stand die Idee, Bürokratie abzubauen. Alles sollte einfacher, Entscheidungen sollten direkter und effizienter werden. Im Amtsalltag müssen Menschen wie Arge-Eisenach-Chefin Nilles-Liebig die Weisungen der Bundesagentur ernst nehmen, die für Arbeitslosengeld II und Vermittlung zuständig ist; sie müssen aber auch zugleich die Interessen der Kommunen berücksichtigen, die die Unterkunft der Arbeitslosen bezahlen. Die Arbeit einer Arge ist ein einziges Einerseits-Andererseits. Sie ist für Beschäftigungsförderung zuständig, muss aber über alle Maßnahmen wie Fortbildung und Arbeitsbeschaffung den Kommunen Rechenschaft ablegen. Die Arge soll ihre Kunden in den ersten Arbeitsmarkt integrieren, aber sie hat nicht immer Kontakt zu den Firmen vor Ort. Die Jobsuche für die Hartz-IV-Empfänger verantworten die Kollegen von der Bundesagentur.

Die Zahl der Arbeitslosen könne halbiert werden, dies sei ein realistisches und seriöses Ziel, hatte der Bundeskanzler vor der Hartz-Reform angekündigt. »Die Rahmenbedingungen zur Bekämpfung von Arbeitslosigkeit werden wir jetzt deutlich verbessern«, sagt er in seiner Agenda-2010-Rede an. Man werde Anreize für die Aufnahme von Arbeit setzen, jedem, der dies kann und will, die Möglichkeit geben, seinen Lebensunterhalt zu verdienen. »Fördern und fordern« sei das Ziel. Und die Bundesagentur für Arbeit in Nürnberg würde endlich so umgebaut, dass die Arbeitslosen nicht mehr verwaltet, sondern vermittelt werden.

Stattdessen lähmt die Reform die Arbeitsvermittler über Monate. So haben etwa die Mitarbeiter der Arge Eisenach ein Vierteljahr damit verbracht, Schicksale umzuschichten: Sozialhilfeempfänger zu Empfän-

2003

gern von Arbeitslosengeld II zu machen, neue Mappen anzulegen und alle »Kunden« mit einer neuen Software zu erfassen. Sobald die Daten vollständig waren, mussten die Angaben der Antragsteller mit den Informationen von Finanzämtern und Rentenversicherungsträgern verglichen, später ein Ermittlungsdienst aufgebaut werden. Der begann im Sommer 2006 mit seinen Kontrollen. Nutzt der Arbeitslose die Wohnung, für die er Geld vom Staat bezieht? Lebt er als Single oder doch nicht?

Hartz IV hat das Leben für Langzeitarbeitslose deutlich ungemütlicher gemacht. Früher orientierte sich ihre staatliche Unterstützung am einstigen Gehalt. Heute bekommt nur derjenige Arbeitslosengeld II, der auch bedürftig ist – wenn sein Ehepartner einen Job hat und gut verdient, geht er leer aus. Auch die eigenen Ersparnisse müssen die Betroffenen erst aufbrauchen, bevor Vater Staat einspringt. Und wer Termine bei der »Arge« platzen lässt, dem kürzen die Behörden die Leistungen schneller als früher.

Dennoch sinken die Kosten nicht, wie es Experten der Bundesregierung im Voraus berechnet haben. Die Belastungen steigen – und zwar deutlich. Bund und Kommunen geben 2005 zusammen 44 Milliarden Euro für Arbeitslose aus, sechs Milliarden mehr als im Jahr zuvor, weil Langzeitarbeitslose in dem neuen System ihre Ansprüche konsequenter durchsetzen als bei der alten Sozialhilfe. Was den Sozialstaat verkleinern soll, bläht ihn zunächst auf. Außerdem steigt die Gesamtzahl der Arbeitslosen – entgegen den Erwartungen. 5,23 Millionen Menschen sind kurz nach dem Start von Hartz IV arbeitslos gemeldet, da gut 300 000 frühere Sozialhilfebezieher zum ersten Mal in der Statistik auftauchen.

Das erhöht den Arbeitsaufwand der Behörden zusätzlich: »Wir haben bisher immer wieder neue Leute eingearbeitet«, erzählt Eberhard Hertzsch, Chef von »Jenarbeit«, einer kommunalen Gesellschaft, die sich in Jena um Langzeitarbeitslose kümmert. »Von dreißig auf hundert ist unsere Mannschaft angewachsen.« Denn die Zahl der Kunden der Jenarbeit hat sich fast verdoppelt: mehr als 6000 Menschen werden in Jena betreut.

Die lange Aufbauphase sorgt bei allen Beteiligten für Misstrauen und Frust, keine Spur von der von Schröder versprochenen Kultur des Förderns und Forderns. »Die Jenarbeit-Leute sind mit einigen Kunden überfordert«, berichtet die Mitarbeiterin einer Arbeitsloseninitiative in Jena, »die können nicht unterscheiden, ob jemand nicht arbeiten will oder nicht kann und statt Mittelkürzung einen Termin bei der Schuldenberatung braucht.« Und dann erzählt sie von einer 20-jährigen allein erziehenden Mutter, der der Strom abgestellt wurde, weil sie ihre Rechnungen nicht bezahlte, der das ALG II gekürzt wurde, weil sie sich im Gespräch mit der Jenarbeit-Beraterin nicht traute, ihre Probleme anzusprechen. Sie erzählt von Menschen, denen die Jenarbeit einen Job im Ausland nahelegte, obwohl sie in Jena ihre kranken Eltern betreuen. Und von Arbeitslosen, die nur noch mit Magenschmerzen zu ihrem Sachbearbeiter gehen, weil sie sich ungerecht behandelt fühlen.

Wer Jenarbeit-Chef Hertzsch auf solche Vorfälle anspricht, bekommt erst eine pauschale Antwort: »Dazu kann ich nichts sagen, da müssen wir uns über den ganz konkreten Fall unterhalten.« Irgendwann gibt er aber das Dilemma der Arbeitsvermittler zu: »Einem Teil unserer Kunden, so 10 bis 15 Prozent, wird das Gesetz nicht gerecht.« Kein Wunder, müssen die Arbeitsvermittler doch mit den für den deutschen Politikbetrieb so typischen Formelkompromissen voller Widersprüche umgehen, auf die sich Regierung und Opposition schließlich im Dezember 2003 irgendwann morgens um halb vier einigen. Ursprünglich gute Reformideen schreddern sie im Zuge dieser Verhandlungen klein und passen alles an das föderale System an. Oder anders ausgedrückt: Sie schaffen »ein Reformmonster, eine Gruselgeschichte, einen Alptraum«. So nennt Monika Winkler, die ihren richtigen Namen nicht verraten möchte, das Ergebnis.

Monika Winkler sitzt auf einer Holzbank vor dem Imbiss am Arbeitsamt in Eisenach. Bei einer Bockwurst für 1,40 Euro erzählt sie ihre Hartz-IV-Geschichte. Von ihrem Antrag auf Arbeitslosengeld II, siebzehn Seiten, und wie sie Monate braucht, um ihn auszufüllen. Von ihrer Panik, als sie hört, dass alle Vermögenswerte – wohl auch das zurückgelegte Geld für die Ausbildung ihres Sohnes – herangezogen werden, ehe staatliche Unterstützung kommt. Von ihrer Angst, umziehen zu müssen, als sie irgendetwas über zulässige Wohnungsgrößen liest. »Ich dachte, ich bin am Tiefpunkt meines Lebens angekommen«, sagt Winkler. Immer wieder fährt sie sich durch die schulterlangen Haare,

2003

bis sie völlig zerrauft vom Kopf abstehen. »Ich denk' das immer noch, aber jetzt haben die da oben«, sie zeigt auf das gelbe Haus der Arge Eisenach, »wieder Zeit, einem die Dinge zu erklären. Sie beschäftigen sich wieder mit einem, nicht nur mit sich selbst.«

Frank-Jürgen Weise, Chef der Bundesagentur, sagte mal über die Reform: »In einem privaten Unternehmen müsste ich sagen: Lassen wir die Finger davon.« Wirtschaftsminister Clement fand das nicht amüsant. Also sagte Weise später: »Das Gesetz hat zu einem Komplexitätsanwuchs geführt.«

Andere Ziele der Agenda 2010 kommen dagegen deutlich schneller und unkomplizierter in Gang. Dazu gehören die Lockerung des Kündigungsschutzes und eine liberalere Handwerksordnung, Einschnitte bei der Krankenversicherung und niedrigere Steuern. Messbare Erfolge bei all diesen Reformen gibt es aber über lange Zeit kaum. Selbst regierungskritische Ökonomen halten die Agenda-Politik zwar für einen Schritt in die richtige Richtung, aber noch nicht für ausreichend, um alle Missstände zu beseitigen. Weitere Reformen müssten her, fordert Bert Rürup, der Vorsitzende des Sachverständigenrates im Herbst 2006, fast zwei Jahre nach Einführung von Hartz IV und einen Regierungswechsel später. Der Aufschwung auf dem Arbeitsmarkt entbinde die Regierung nicht von der Pflicht, sich über weitere Arbeitsmarktreformen Gedanken zu machen. Immerhin trägt die Konjunktur in erster Linie dazu bei, dass die Zahl der Arbeitslosen im April 2007 auf weniger als 4 Millionen sinkt – und damit deutlich schneller als gedacht.

Viele Arbeitslose erwarten sich von Arbeitsmarktreformen dagegen ohnehin nicht mehr viel. »Die meisten Beschwerden bekommen wir wegen der Sanktionen, die wir verhängen«, sagt Dorothea Nilles-Liebig, »ich wünsche mir, mal eine Beschwerde zu bekommen darüber, dass kein Arbeitsangebot unterbreitet wurde.«

Dietrich Creutzburg, Katharina Slodczyk

2004

Salamander – Lurchis Abenteuer

Im September 2004 meldet die Salamander AG Insolvenz an – der Tiefpunkt in der Geschichte des traditionsreichen Schuhherstellers ist erreicht. Mit einem neuen Eigentümer geht es inzwischen wieder aufwärts mit dem Unternehmen.

»Sohn und Tochter Salamander/springen fröhlich umeinander./Glücklich schaut die Mutter zu./Papa liest in guter Ruh./Alle tragen miteinander/Schuhe nur von Salamander.«

So beginnt sie im Frühjahr 1937, die Geschichte von Lurchi, dem jungen Feuersalamander. Reimend und in bunten Comicbildern bringt er Kindern die Schuhmarke Salamander nahe und entschädigt sie für

Kinder mit den lustigen Salamandergeschichten »Lurchis Abenteuer«

2004

die meist ungeliebte Prozedur des Schuhkaufs. Am Anfang geht es in Lurchis Leben noch unbeschwert zu, doch nach und nach werden seine Erlebnisse verwegener. So verwegen, dass viele Fans im Herbst 2004 besorgt fragen: »Muss Lurchi sterben?«

Meist hat der Feuersalamander in letzter Minute noch eine gute Idee, um gefährliche Situationen zu meistern. Dieses Mal ist es aber damit nicht getan. Fremde Hilfe ist nötig, denn der Salamander AG droht das Aus. Der einst größte europäische Schuhhersteller und eine der ältesten deutschen Marken meldet am 8. September 2004 Insolvenz an. Das Unternehmen ist da schon lange nicht mehr selbständig, sondern Teil des Schuhgroßhändlers Garant, der im Spätsommer 2004 ebenfalls zahlungsunfähig ist. Genau hundert Jahre vorher hat der jüdische Schuhhändler Rudolf Moos »Salamander« als Marke für »Schuhwaren, Leisten, Senkel und Bänder« beim Kaiserlichen Patentamt in Berlin eintragen lassen. Er legte damit den Grundstein für eine Erfolgsgeschichte, die bis in die neunziger Jahre währte.

Was davon übrig geblieben ist, füllt bis heute fast drei Etagen der »Stadtgeschichtlichen Sammlung«, des Museums des Vereins für Geschichte und Heimatpflege Kornwestheim: Maschinen zum Stanzen und zum Herstellen von Leisten, Schuhlöffel, Werbeplakate und Salamander-Schuhe gleich regalweise. Auch ein Karussell, bemalt mit den Abenteuern von Lurchi und seinen Freunden, ist dabei – ebenso wie Lurchi als fast zwei Meter großes Kunstobjekt.

In der schwäbischen Stadt Kornwestheim hat die Salamander AG bis heute ihren Sitz. Und hier werden die ersten Salamander-Schuhe gefertigt. Rudolf Moos gibt bei Jakob Sigle, der in Kornwestheim eine Schuhmacherwerkstatt betreibt, 1904 die ersten Modelle in Auftrag: Herrenschuhe, die für 12,50 Mark verkauft werden. Rund ein Jahr später, im Jahr 1905, gründen Sigle und Moos die »Salamander-Schuhvertriebsgesellschaft mbH«. 600 000 Paar Schuhe verlassen anfangs jährlich die Fabrik. Als Moos 1909 aus dem Unternehmen ausscheidet, übersteigt die Produktion erstmals die Millionengrenze. 1930 werden die unterschiedlichen Unternehmen, die inzwischen zur Sigle-Gruppe gehören, in der Salamander AG gebündelt. 1949 kommt auch eine Kinderschuh-Linie dazu, die das Unternehmen »Lurchi« nennt – wie die Comicfigur, die für das Unternehmen wirbt.

Bis Ende der sechziger Jahre geht es mit Salamander stetig aufwärts: Das Unternehmen beschäftigt fast 18 000 Mitarbeiter und produziert jährlich 13,5 Millionen Paar Schuhe in Deutschland, Frankreich, Italien und Österreich. Sie werden in fast 1 900 Läden verkauft. Salamander ist in jenen Wirtschaftswunderjahren eine europäische Marke – wie es dem Erfinder Rudolf Moos offenbar schon früh vorschwebte. Auf den Markennamen ist der findige Schuhhändler beim Durchblättern einer Zeitung gekommen. Auf einem Reklamebild war eine Frau zu sehen, die eine Eidechse als Brosche trug, erzählt Hermann Wagner. Der 70-Jährige ist Herr über die zahlreichen Salamander-Ausstellungsobjekte in der Stadtgeschichtlichen Sammlung Kornwestheim. Moos gefiel offenbar die Idee, Schuhe mit einer Eidechse als Reklametier zu verkaufen. »Aber anders als ›Eidechse‹ klingt ›Salamander‹ in jeder Sprache gut«, erklärt Wagner die Namenswahl.

Der rüstige Rentner hat sein gesamtes Berufsleben in der Salamander-Fabrik in Kornwestheim verbracht. Vierzig Jahre hat er dort als Heizungsmonteur gearbeitet, dabei auch seine Frau kennengelernt und Boom- ebenso wie Krisenzeiten im Unternehmen miterlebt. Den Aufschwung in den sechziger Jahren zum Beispiel, als eigens der Kornwestheimer Bahnhof in die Nähe der Salamander-Werke verlegt wurde. Und den Abschwung, der einige Jahre später begann. »In den siebziger Jahren herrschte hier Weltuntergangsstimmung«, sagt Wagner.

Der Import ausländischer Schuhe setzt dem Unternehmen zu. Salamander-Treter erweisen sich immer häufiger als Ladenhüter, gelten als zu teuer, viel zu unmodisch – ähnlich wie Lurchi mit Hut und Gamsbart und seinen hausbackenen Reimen »Lurch, der kleine Salamander/denkt, wenn durch den Wald ich wander/hol ich aus der Kleidertruhe/erst die Salamanderschuhe.« Anfang der 70er Jahre schließt Salamander eine Fertigungsstätte nach der anderen, fährt die Schuhproduktion auf unter zehn Millionen Paar runter und entlässt fast die Hälfte seiner Mitarbeiter. Auf dem Höhepunkt der Krise, 1973, nimmt Franz Josef Dazert das Heft in die Hand. Drei Jahre später gelingt dem Salamander-Chef der große Coup, zumindest auf den ersten Blick: Er vereinbart mit der DDR eine Kooperation. Salamander produziert dort fünf Millionen Paar Schuhe jährlich, die ausschließlich für den ostdeutschen Markt bestimmt sind. In den Folgejahren erweitert das Unter-

2004

nehmen die Verbindung in den Osten und baut zwei Werke in der Sowjetunion auf.

Dazert macht Salamander wieder groß. Doch die Osteuropa-Aktivitäten sind es auch, die das Unternehmen später zu einem Sanierungsfall machen. Über Jahre hinweg häufen sich dadurch Verluste an. Und nach dem Fall des Eisernen Vorhangs und dem Zusammenbruch des Ostblocks sind die Salamander-Werke in der Sowjetunion nicht mehr zu halten.

Dazert, inzwischen an der Spitze des Aufsichtsrats, versucht sein Lebenswerk zu retten. Er aktiviert die Freundschaft zu Gerhard Goll, Chef von Energie Baden-Württemberg (EnBW). Im Frühjahr 2000 übernimmt die EnBW 95 Prozent der Aktien an Salamander. Doch was will ein Stromkonzern mit einem Schuhladen? »Im Grunde sind sowohl Schuhe als auch der Strom profane Produkte«, sagt Goll. Daher passe Salamander zu EnBW. Doch es sind wohl weniger die Schuhe, die den EnBW-Chef interessieren, als ein anderer Teil der Salamander AG: die Servicesparte, zu der unter anderem eine Gebäudereinigungsfirma gehört. Goll baut den Dienstleistungsbereich aus, auf den 2001 mehr als die Hälfte des Salamander-Umsatzes entfallen. Von der Schuhsparte dagegen will er sich schon bald trennen, denn sie fährt Verluste ein. Und Goll will mit der EnBW an die Börse, da kann er die marode Tochter nicht gebrauchen.

Doch die Suche nach einem Käufer wird schwierig, denn der EnBW-Chef will zwar die Schuhproduktion und das Ladennetz loswerden, nicht aber die Markenrechte. Schließlich gelingt es Volker Grub, der Anfang 2003 den Vorstandsvorsitz bei Salamander übernimmt, die Schuhläden trotz dieses Nachteils zu verkaufen. Grub hat Erfahrung im Sanieren und Veräußern von Unternehmensanteilen, denn eigentlich verdient er sein Geld als Insolvenzverwalter. Im Auftrag von EnBW geht er nun bei Salamander seiner Profession nach, obwohl kein Insolvenzverfahren läuft. Er schließt drei Schuhfabriken sowie hundert unrentable Läden und entlässt Mitarbeiter. Schließlich, nach langen Verhandlungen, verkauft er den Rest des Unternehmens an die Garant Schuh + Mode AG.

Grub kümmert sich auch um ein paar Dinge, die nicht unbedingt zu seinem Kerngeschäft gehören: Er gibt den Lurchi-Heften ihr altes For-

2004

mat und die Schreibschrift zurück, wovon man zeitweise abgekommen war. »Und damals wollte Dr. Grub ein ständiges Salamander-Museum einrichten«, erinnert sich der ehemalige Salamander-Mitarbeiter Herrmann Wagner. Mit dem Verkauf starb aber dieser Plan.

Der neue Eigentümer, die Einkaufskette Garant, macht sich mit viel Zuversicht an die Arbeit: Die Geschäftsführung fordert die Belegschaft auf, »für den Erfolg des Unternehmens und damit zur Sicherung unser aller Arbeitsplätze mit uns an einem Strang zu ziehen und mit Optimismus und Elan die Zukunft anzugehen.« Doch Garant übernimmt sich mit Salamander – das ist spätestens ein knappes Jahr nach der Übernahme für jedermann sichtbar, als das Unternehmen Insolvenz anmeldet. »Salamander war vielleicht zu groß und Garant möglicherweise zu klein«, wird der Insolvenzverwalter später sagen.

Anfang 2005 geht Salamander schließlich an Egana-Goldpfeil. Das deutsch-chinesische Luxusgüterunternehmen, zu dem bereits Marken wie Joop, Junghans und Dugena gehören, ist der dritte Besitzer innerhalb von fünf Jahren, und der führt eine erstaunliche Wende herbei: Egana-Goldpfeil investiert in Salamander und eröffnet neue Läden. Besonders in Osteuropa sieht Salamander-Chef Norbert Breuer großes Potenzial. »Vor der Wende sind viele Tschechen in Pantoffeln in die DDR oder die Sowjetunion gereist, um Salamander-Schuhe zu kaufen«, erzählt Breuer. »Die Pantoffeln haben sie vor Ort in den Müll geworfen, die neuen Schuhe direkt angezogen und schmutzig gemacht – damit sie nicht in Verdacht gerieten, sie zu schmuggeln.«

Er will Salamander auch ein neues Image verpassen. Nicht mehr bieder und antiquiert soll die Marke daherkommen, sondern edel und schick. Die sonst eher dunklen Läden mit endlosen nach Größen sortieren Schuhregalen sollen durch viel Glas, Leder und helles Holz ersetzt werden. Langfristig will Egana-Goldpfeil in allen Salamander-Geschäften neben Schuhen auch Lederaccessoires wie Taschen und Gürtel verkaufen. In einigen Filialen ist das bereits der Fall. Salamander verbesserte seine Gewinnmarge unter dem Egana-Goldpfeil-Dach. Seit September 2006 sind zudem Lurchi und Salamander wieder vereint. Egana-Goldpfeil kaufte die Markenrechte an Lurchi von EnBW.

Auch an dem kleinen Feuersalamander ging die Zeit nicht spurlos vorbei: Erst fiel sein Hut weg, dann hat ihm sein Zeichner Dietwald

2004

Doblies Hose und T-Shirt verpasst. Inzwischen trägt Lurchi aber wieder einen Hut, nachdem seine Fans gegen die Modernisierung protestierten.

Als Teil von Egana-Goldpfeil kann Lurchi in nächster Zeit wohl wieder harmlosere Abenteuer erleben. Und auch der letzte Satz in allen Lurchi-Comics passt wieder deutlich besser: »Lange schallt's im Hause noch, Salamander lebe hoch!«

Sara Kammler

2005

Lufthansa –
Wundervogel mit Faktor zwei

2005 hebt der erste Airbus A380 vom Boden ab und liefert der Lufthansa einen Vorgeschmack auf die Zukunft des Luftfahrtgeschäfts. Eine vergleichbare Revolution gab es nur 1960 – mit der ersten Boeing 707.

Als gegen Mittag die Sirenen der Hamburger Luftwerft aufheulen, schläft Harald Claasen noch. Unruhig zwar, weil der Kopf ein historisches Ereignis nicht verpassen will. Der Körper des Lufthansa-Technikers aber verlangt Ruhe nach der Nachtschicht. Abends berichten ihm die Kollegen dann von den Tumulten auf dem Vorfeld des Flughafens Fuhlsbüttel: »Die Neugier, diesen Wundervogel von innen sehen zu können, übermannte die Masse, als sie hinter den Putzfrauen die Maschine regelrecht stürmte«, schildert die Mitarbeiterzeitung »Lufthanseat« das Treiben nach der Landung des ersten Düsenjets in

Umjubeltes Roll-Out des Airbus A380 in Toulouse am 18. Januar 2005

2005

Deutschland. Es ist 11.31 Uhr an jenem Märztag 1960, als das Wunderflugzeug in den blau-gelb-weißen Farben der Lufthansa unter Hamburgs Regenwolken auftaucht. An den Steuerhörnern der 25 Millionen D-Mark teuren Boeing 707 sitzen Chefpilot Rudolf Mayr und Flugkapitän Werner Utter.

An diesem Tag beginnt im deutschen Luftverkehr das neue Zeitalter des Düsenflugs – »die erste Erfahrung mit einer neuen Welt«, wie es der spätere Flugvorstand Utter beschreibt. Techniker Harald Claasen erkennt die Tragweite des Ereignisses daran, dass Ingenieurskollegen plötzlich Krawatte zur grauen Technikerkombi tragen. Allerdings: Kaum ein offizielles Medium führt den 17. März 1960 als historischen Tag auf.

45 Jahre später ist vieles ganz anders. Als am 18. Januar 2005 der Airbus A380 in Toulouse seine Premiere feiert – flippig »Roll-out« genannt –, berichtet das Fernsehen europaweit live. Und Bundeskanzler Gerhard Schröder, Staatspräsident Jacques Chirac und die beiden Premierminister Tony Blair und José Luis Zapatero sind zum Staunen und Gratulieren persönlich angereist. Die Zukunft der zivilen Luftfahrt soll der europäische Riesenjet mit den vier Rolls-Royce-Triebwerken vom Typ »Trent 900« und den bis zu 850 Plätzen sein, den Airbus, die Tochter des deutsch-französisch-britisch-spanischen EADS-Konzerns, entwickelt hat – größer, leiser, billiger. Die Lufthansa gehört zu den ersten Bestellern. Im November 2005 landet die A380 zum ersten Mal in Hamburg. Doch der Start in die neue Zeit für Deutschlands Airline verläuft reichlich rumpelig – und schon 1960, beim Einstieg ins Düsenflugzeitalter, war es nicht anders gewesen.

Schneller, höher, weiter: Zwar schafft Armin Hary im Juni 1960 in Zürich als erster Sprinter die 100-Meter-Strecke in 10,0 Sekunden – eine Sensation. Die eigentliche Revolution des Jahres 1960 aber spielt sich über den Wolken ab. Sie bringt der Luftfahrt bis dahin kaum vorstellbare Rekorde am Rande der Schallgeschwindigkeit, die fortan fast im Monatstakt verbessert werden. Heute rauscht der Mensch von Neufundland nach Irland in weniger als drei Stunden, von Frankfurt nach New York in sechs Stunden und 21 Minuten, von Chicago nach Frankfurt in sieben Stunden und drei Minuten.

1960 war das noch unvorstellbar. Zwar sind die Zeiten vorbei, in denen ein Flug von Berlin nach Peking 38 Tage, 15 Zwischenlandungen und 72 Flugstunden benötigte wie 1926, als zwei Junkers G24 der gerade sechs Monate alten Lufthansa ins Reich der Mitte flogen. Doch auch 1960 dauern Flüge von Deutschland in die USA noch doppelt so lange wie heute – selbst mit der Lockheed Super Constellation, die in den fünfziger Jahren noch ehrfurchtsvoll als »Königin der Lüfte« gefeiert wird. Die Boeing 707 aber macht die »Super Conny« über Nacht zum Fall fürs Museum.

Der erste Passagierjet mit einem Turbinen-Luftstrahl fliegt – auch dank der markanten Pfeilform, in der Boeing und Airbus bis heute ihre Tragflächen konstruieren – mit fast 1000 km/h. Und er befördert dabei fast doppelt so viele Passagiere wie die bis dahin größten Flugzeuge mit Kolbenmotoren. »Es war ein Vogel mit dem Faktor zwei. Ob Geschwindigkeit, Größe, Flughöhe oder Zuladung: Fast alle Werte hatten sich verdoppelt«, sagt Zeitzeuge Harald Claasen. »Die 707 war der Start in eine neue Epoche – und jeder spürte es«, schreibt der stellvertretende Lufthansa-Vorstandschef Reinhard Abraham bei der Ausmusterung des Flugzeugtyps 1984.

Obwohl das über zwanzig Jahre her ist, mag Harald Claasen nicht von diesem Jet lassen, der für viele Fans bis heute das schönste je gebaute Strahlverkehrsflugzeug ist. Seit Jahren ist der unauffällige Mann mit dem weißen Haar und dem korrekten Scheitel in Rente – eigentlich. Doch tatsächlich verfasst der bei Ingenieuren als »Mister 707« bekannte Unruheständler bis heute technische Expertisen im Auftrag der Lufthansa Technik AG. Bisweilen führt Claasen auch Besucher durch einen längst stillgelegten Jet vom Typ 707–430, der auf dem Vorfeld des Hamburger Flughafens als Kulisse für Filmproduktionen, Hochzeiten oder Firmenfeiern dient. Diverse Fernsehstars wurden hier in der First Class bedient, etwa Heiner Lauterbach in seiner Rolle als Axel Springer (»Der Verleger«) oder Michael Mendl als Willy Brandt (»Im Schatten der Macht«).

»Eigentlich wollte Wim Thoelke die Maschine mal für den Aufbau einer Chartergesellschaft kaufen, aber wir haben ihm abgeraten«, sagt Claasen zu Beginn des Rundgangs. Die Maschine mit der Registrierung D-ABOB sieht längst nicht mehr flugtauglich aus – der Zahn der Zeit hat auch am Wundervogel genagt. Claasen, der detailverliebte Techniker, schaut bisweilen ein wenig traurig: »Wenigstens noch mal früh-

2005

lingsreif« will er die Maschine kriegen – gemeinsam mit anderen ehrenamtlichen Helfern der »Interessengemeinschaft 707«.

Im hinteren Bereich haben die 707-Fans dem Museumsflugzeug schon eine schicke Bar verpasst, die an die frühen Tage des »Jet-Set« erinnern soll. Claasen hat an einem Konferenztisch in der First Class Platz genommen und schwärmt vom Senator-Service der Lufthansa: Damals war die 707 wie ein fliegender Partykeller. Das Bier wird aus Eichenfässern gezapft, das A-la-carte-Menü von einem mitreisenden Koch zubereitet. Die Stewardessen servieren einen herzhaften Dämmerschoppen mit Steinhäger, Schwarzbrot und Schinken vom Schinkenbock.

Wo heute das Internet an Bord Einzug hält, um Business-Reisenden noch über den Wolken die Arbeitszeit zu verlängern, schien einst nur Platz fürs Private. »Schauen Sie hier, ein simulierter Sternenhimmel für Nachtflüge«, sagt Claasen und zeigt auf die Decke. Zwischen Staub und Spinnweben zaubert die Beleuchtung winzige Lichter in die Kabine. Das Beispiel zeigt: Was Airlines heute als Top-Innovation in neuen Langstreckenjets verkaufen – etwa in der First Class bei Emirates Airlines –, ist eine Idee der sechziger Jahre.

Die neue Düsentechnik setzt sich schnell durch. Die Skepsis vieler Fluglinien, durch den Wechsel vom Propellerflieger zu den fast doppelt so großen Jets so viel mehr Fluggäste finden zu müssen, weicht bald einer neuen Euphorie. Die US-Gesellschaft PanAm bestellt die ersten sechs Maschinen vom Typ Boeing 707 und setzt damit die Konkurrenten unter Druck – ein Vorbote der Globalisierung. Fortan lassen Boeing und sein US-Rivale Douglas, der mit der DC-8 gegen die 707 antritt, Tag und Nacht Düsenflugzeuge produzieren. Weil immer mehr Flugtickets angeboten werden, purzeln die Preise. Das günstigste Lufthansa-Ticket für die Strecke Frankfurt-New York, zuvor nicht unter 2200 D-Mark zu haben, wird 1961 schon ab 1703 D-Mark angeboten. Der Wandel von der »Touristenklasse« zur preiswerteren »Economy Class« kurbelt den Absatz kräftig an: Die Passagierzahlen der Kranich-Linie schnellen in die Höhe und verdoppeln sich innerhalb von drei Jahren auf 1,5 Millionen Fluggäste im Jahr. Der Präsident des Weltluftfahrtverbands, Sir William Hildred, gibt die Devise aus: »Wir müssen die Monstren füllen, sonst fressen sie uns.«

2005

Das wird auch für das neuste »Monster« der Lüfte gelten, die A380. Zunächst allerdings droht das Flugzeug seine Erbauer zu fressen. 12 Milliarden Euro hat Airbus in die Entwicklung des Super-Jets gesteckt. Dann muss das Unternehmen im Juni 2006 einräumen, dass es die vereinbarten Lieferfristen nicht einhalten kann: Die Kabinenelektronik ist voller Fehler – auch weil die verschiedenen Standorte im europäischen Konzernverbund mehr neben- als miteinander gearbeitet haben. Im Oktober verschiebt Airbus die Auslieferung um ein weiteres Jahr. Die A380 hat damit sogar ihren Mutterkonzern EADS ins Trudeln gebracht.

Manches erinnert an 1960. Der Premierenflug der Boeing 707, Flugnummer LH 402 A, wird von Pech und Pannen geplagt – als wolle er den Boom der 707 eher verhindern als fördern. Zunächst gibt es anno 1960 Probleme mit dem Anlassgerät in Hamburg, dann lässt der Reifendruck am Flughafen Frankfurt zu wünschen übrig. Schlechtes Wetter über dem Nordatlantik macht schließlich eine Umleitung zum Ausweichflughafen Gander in Neufundland erforderlich. Als der erste Düsenflug der Lufthansa endlich New York erreicht, muss die Crew eine Verspätung von sieben Stunden und 32 Minuten nach Deutschland melden. Und auch beim Rückflug gibt es Probleme, etwa weil das Lufthansa-Geschirr gut verschlossen beim New Yorker Zoll liegen geblieben ist. Die Crew muss erst die Teller und Tassen des Hinflugs spülen lassen, ehe der Boeing-Jet mit seinen 16 First- und 132 Economy-Class-Sesseln wieder Richtung Frankfurt abheben kann.

In den jungen Jahren der Jetfliegerei haben die Piloten vor allem zwei Feinde: die nicht immer schon ganz ausgereifte Technik und das Wetter. Wenn Ex-Lufthansa-Vorstand Werner Utter von Flügen mit der Boeing 707 berichtet, kommt er unweigerlich auf Gewitter, Hagelfronten und andere Turbulenzen zu sprechen: »Die Maschine war ein Spielball des Wetters, wie ein Blatt Papier im Sturm«, bringt sich der Mann mit den fast 30 000 Flugstunden in Fahrt. Doch das waren nicht die einzigen Probleme. Seinerzeit mussten die Mitarbeiter des Flughafens Kathmandu auf einen Berg steigen und winken, sobald die Startbahn frei von Kühen war. Utter ist der erste und einzige Pilot, der jemals mit einer Boeing 707 auf dem Gebirgsflughafen in Nepal landete. Prominenter Gast im Cockpit ist Bundespräsident Heinrich Lübke.

2005

Der muss sich beim Starten und Landen an der Schulter des Kapitäns festkrallen, um seine Flugangst zu bändigen.

Allen Kinderkrankheiten zum Trotz erwirbt sich die 707 dennoch schnell einen Ruf als überaus zuverlässiges Flugzeug. »Nach drei Monaten hatten wir schon eine durchschnittliche Tagesauslastung von zehneinhalb Stunden erreicht. Dieser Wert war Weltspitze«, sagt Harald Claasen. Der Techniker ist daran nicht ganz unbeteiligt. Zunächst ist er als Prüfingenieur tätig, unter anderem bei Flugzeugabnahmen im Boeing-Werk Seattle. Später wird er Systemingenieur bei Lufthansa Technik.

Mit der 707, die den Mittel- und Langstreckenverkehr rasant erobert, beginnt auch der Aufstieg der »neuen« Lufthansa zu einer weltweit führenden Fluglinie. Zwar hat der Jet-Boom auch Schattenseiten, etwa weil die bisherige Langstreckenflotte der Lufthansa mit dem Eintritt ins Düsenzeitalter fast über Nacht wertlos wird. Doch schon 1964 ist die Flotte ganz auf Düsenjets umgestellt, und der blaue Kranich auf gelbem Grund wird zu einem erfolgreichen Markenzeichen der deutschen Wirtschaft. Zehn Jahre nach der Neugründung macht das Unternehmen erstmals Gewinn: 36,9 Millionen Mark.

Heute gilt die Lufthansa mit ihren gut 90 000 Mitarbeitern und knapp 20 Milliarden Euro Umsatz als einer der größten und wirtschaftlich erfolgreichsten Flugkonzerne der Welt. Gemeinsam mit der Star Alliance, einem von Lufthansa initiierten Linienverbund, wickelt das Unternehmen etwa ein Viertel des zivilen Luftverkehrs rund um den Globus ab. Und die neue A380 soll künftig helfen, diese starke Stellung noch weiter auszubauen – auch wenn sich die Auslieferung der ersten Maschinen wegen der Probleme bei Airbus mehrfach verschoben hat.

Die Boeing 707 bleibt bei Lufthansa übrigens bis zum Silvestertag 1984 im Einsatz. Und einige Maschinen dieses Typs fliegen sogar heute noch: etwa als Frachter in einigen Dritte-Welt-Ländern sowie in verschiedenen Militärversionen als Tanker oder Awacs-Aufklärer.

Matthias Eberle

2006

Mannesmann – Die Engländer kommen

2006 endet Deutschlands spektakulärster Wirtschafts-Rechtsstreit – der Mannesmann-Prozess. Zu dem Verfahren kam es, nachdem der britische Mobilfunkbetreiber Vodafone den Traditionskonzern übernommen hatte.

Er hat ein ungutes Gefühl. Die Sache könnte schiefgehen. Mindestens drei Mal schon hatte das Unternehmen eine feindliche Übernahme in seiner gut 110-jährigen Geschichte abwenden können. Ob es wieder klappen würde? »Ich war besorgt, wie so viele Mitarbeiter«, erzählt Horst Wessel.

Der kleine, asketisch wirkende Mann konserviert seit Jahrzehnten die Konzerngeschichte und poliert historische Reminiszenzen auf. Er verfasst Chroniken und organisiert Ausstellungen, er ist Herr über mehr als 10 000 Regalmeter Akten, drei Millionen Fotos und 10 000 Filmrollen, historische Aktien, Münzen, Prospekte und allerlei Gerätschaften aus Stahlrohr. All das will Wessel rechtzeitig retten. Denn er fürchtet, das Unternehmen werde nicht mehr lange selbständig bleiben.

Der Vorstandsvorsitzende der Deutschen Bank AG Josef Ackermann und der ehemalige Vorstandsvorsitzende von Mannesmann Klaus Esser im Düsseldorfer Landgericht

2006

»Ich bin zum Vorstandschef und dem Aufsichtsratsvorsitzenden gegangen«, erzählt der Wirtschaftshistoriker später, »und habe vorgeschlagen, eine Stiftung zu gründen und das Archiv dort einzubringen.« Der Vorschlag wird abgelehnt, zwei Mal. Haben die Herren doch ganz andere Dinge im Kopf. Immerhin, sie versuchen die Bedenken des Archivars zu zerstreuen. »Ich müsste mir keine Sorgen machen, das werde schon nicht schiefgehen, wurde mir gesagt«, erzählt Wessel.

Doch die Sache geht schief, das müssen sich auch Vorstand und Aufsichtsrat spätestens am 3. Februar 2000 eingestehen. Vodafone, ein vergleichsweise kleiner, britischer Emporkömmling aus der noch jungen Mobilfunkbranche, schluckt Mannesmann, einen deutschen Industriekonzern mit einer bewegten Geschichte. Es ist die größte Fusion der Wirtschaftsgeschichte und zugleich die erste, bei der ein deutsches Unternehmen nach einer harten Übernahmeschlacht an eine ausländische Firma geht.

Noch sechs Jahre lang wird das Thema immer wieder in die Schlagzeilen kommen. An den Übernahmekampf schließt sich einer der größten und spektakulärsten Wirtschaftsprozesse an: Ehemalige Topmanager und Aufsichtsräte des Konzerns kommen vor Gericht, weil sie im Verdacht stehen, das Vermögen des Unternehmens veruntreut zu haben. Die Geschichte endet schließlich im Jahr 2006. Nach der Revision des Bundesgerichtshofs kommt es zum zweiten Prozess vor dem Düsseldorfer Landgericht. Angeklagte, Staatsanwaltschaft und Gericht einigen sich auf eine Einstellung des Verfahrens. Über den Prozessausgang und die ausgehandelte Geldauflage von 5,8 Millionen Euro – knapp 10 Prozent der Summe, die Anfang 2000 an ehemalige Mannesmann-Manager und Pensionäre geflossen ist – debattieren Experten bis heute.

Mannesmann, das ist heute in erster Linie ein Fall, der Rechtsgeschichte schrieb und im Mittelpunkt eines Wirtschaftskrimis stand. Denn der einstige Konzern existiert nicht mehr, er ist zerlegt und verkauft. Die Einzelteile aber, die gibt es bis heute. Einige stehen sogar besser da als je zuvor. Und der Name Mannesmann, der ist geblieben – als Bestandteil der Mannesmannröhren-Werke und der Mannesmann Plastics Machinery.

Überdauert hat auch das Prinzip der Brüder Mannesmann, die mit ihrer Erfindung eines Walzverfahrens zur Herstellung nahtloser Rohre im 19. Jahrhundert den Grundstein für den Konzern legten, ebenso wie eine Idee des letzten Mannesmann-Vorstandschefs, Klaus Esser, der die Zukunft der Telekombranche in einer Kombination aus Festnetz, Internet und Mobilfunk sah. Und das Firmengedächtnis, das ist ebenfalls bis heute erhalten.

Im Norden Mülheims auf dem Gelände der Mannesmannröhren-Werke, die heute zum niedersächsischen Stahlkonzern Salzgitter gehören, füllt es die Räume einer ehemaligen Volksschule, zwei Etagen plus Keller: löschwassergeschützt, in säurefreien Kartons werden die Akten aufbewahrt, bei 19 Grad und gut 50 Prozent Luftfeuchtigkeit, in Räumen, die kein Tageslicht sehen. Immer wieder darf das Gedächtnis vormachen, dass es nicht umsonst bis heute so gut gepflegt wird. »Ruhrgas hatte vor einiger Zeit Probleme mit einer Muffe an einem Mannesmann-Rohr, das Anfang der fünfziger Jahre verlegt wurde«, erzählt Wessel. »Mit Hilfe der Konstruktionsunterlagen, die wir aufbewahren, konnten wir das Problem lösen.« Auch die Fragen des Versorgers Gelsenwasser, der sich nach den Streck- und Dehngrenzen von Mannesmannrohren von 1906 erkundigte, konnten durch einen Gang ins Archiv beantwortet werden.

Sogar bei Rechtsstreitigkeiten über Patente, Marken und Umweltschutz kann das Archiv in der Regel helfen. Wie es aus dem Umfeld der Unternehmen heißt, ringen derzeit die Mannesmannröhren-Werke und die Mannesmann Plastics Machinery um die Frage: Wer darf den Namen Mannesmann tragen? Die Mannesmann Plastics Machinery ist ein noch junges Unternehmen, das Maschinen zur Kunststoffverarbeitung herstellt und aus der Demag hervorgegangen ist, ehemals Teil von Mannesmann.

Wer hat die besseren Chancen, die Auseinandersetzung für sich zu entscheiden? Wessel will sich zu dem Thema nicht äußern. Er geht über die Frage hinweg und setzt hintergründig lächelnd seinen Rundgang durch das Archiv fort – vorbei an den ersten Aktien der Deutsch-Österreichischen Mannesmannröhren-Werke, eines Vorläufers des Düsseldorfer Mannesmann-Konzerns; einem Fahrrad mit einem Rahmen aus Mannesmann-Stahlrohr; Federhaltern ebenfalls aus Mannesmannrohr, mit denen schon Karl May über Old Surehand schrieb; den

MANNESMANN – DIE ENGLÄNDER KOMMEN

handgeschriebenen Aufsichtsratsprotokollen mit Unterschriften berühmter Unternehmer wie Fürstenberg, Siemens und von der Heydt. Jedes einzelne Stück zeugt von einer glanzvollen Vergangenheit eines Ruhrkonzerns wie aus dem Bilderbuch.

Alles beginnt 1885 mit einer Aufsehen erregenden Innovation. Die Brüder Reinhard und Max Mannesmann finden ein Verfahren zur Herstellung nahtloser Stahlrohre – das Schrägwalzverfahren. Die Patenturkunde mit der Nummer 34 617 hängt bis heute im Büro des Archivleiters. Ausgestellt ist sie auf einen Cousin der Brüder: Dr. Fritz Koegel, seines Zeichens Philosoph, Künstler und Schöngeist. »Das war die perfekte Tarnung für die sensationelle Erfindung. Die Mannesmann-Brüder wollten nicht, dass man ihnen so schnell auf die Spur kommt«, erzählt Wessel, »die wollten in Ruhe das Verfahren verfeinern.«

Zwei Jahre nach ihrer Erfindung gründen Reinhard und Max Mannesmann in Remscheid die Mannesmannröhren-Werke. Schnell folgt der Aufbau weiterer Werke im In- und Ausland. Das seit 1907 börsennotierte Unternehmen kauft Stahl- und Bergwerke hinzu. Auch im Anlagenbau (Demag), in der Waffenproduktion (Krauss-Maffei) und als Autozulieferer (Fichtel & Sachs) wird Mannesmann aktiv und steigt neben Krupp, Thyssen und Hoesch zu einem der mächtigsten Konzerne zwischen Rhein und Ruhr auf.

Ende der achtziger Jahre leitet der damalige Chef Werner Dieter einen radikalen Wandel des Unternehmens ein – vom Röhrenhersteller und Anlagenbauer zum ersten und größten Mobilfunknetzbetreiber in Deutschland. Den Anstoß gibt der Mannesmann-Manager Peter Mihatsch mit einer eher beiläufigen Bemerkung im Gespräch mit Dieter: In Deutschland werde demnächst die erste Lizenz zum Aufbau eines Mobilfunknetzes ausgeschrieben. Ein viel versprechender Markt, auf dem schon bald gutes Geld zu verdienen sei. »Das wäre doch etwas für Mannesmann?«

Der Stahlmanager Dieter versteht sofort und lässt Mihatsch machen – Finanzpläne aufstellen, Ausschreibungsunterlagen ausfüllen, die Technik prüfen. Am 7. Dezember 1989 ist es so weit: Mannesmann erhält die Lizenz für das Mobilfunknetz D2, der Startschuss für den Totalumbau des Konzerns ist gefallen. Die ersten Mobiltelefone, darunter der fast ein Kilo schwere »Motorola-Knochen«, liegen noch heute in Wessels Archiv: in einer original D2-Glasvitrine mit dem Firmenlogo in Rot-Blau-metallic.

Konsequent bauen Dieters Nachfolger Mannesmann zu einem glitzernden Hightech-Unternehmen um, das in ganz Europa zu einem der führenden Anbieter von Festnetz- und Mobilfunkdiensten gehören soll. Der Plan geht auf, bis Mannesmann-Chef Klaus Esser im Herbst 1999 die britische Mobilfunkgesellschaft Orange übernimmt und damit den Unmut von Vodafone-Chef Chris Gent auf sich zieht. Der Brite ist an der Mannesmann-Mobilfunktochter D2 beteiligt. Nach dem Kauf von Orange attackiert Esser seinen Partner aber auf dessen eigenem Terrain. Aus den Geschäftsfreunden werden Rivalen.

Was folgt, ist eine erbitterte Übernahmeschlacht zwischen dem »Hai« (Gent) und dem »Superhirn« (Esser) – im Mannesmann-Archiv dokumentiert mit Dutzenden von Anzeigenmotiven, mit denen die Unternehmen um die Gunst der Anleger buhlen. Darauf: Babys, nackte Busen, diverse Verkehrsschilder und Schlagzeilen wie »Jeder Mann weiß: Wer groß werden will, braucht eine gute Mutter« oder »Eine feindliche Mutter wäre das Allerschlimmste«. Die Investoren sehen das offenbar nicht so und schlagen sich auf Gents Seite, ebenso wie Jean-Marie Messier, Chef des französischen Mischkonzerns Vivendi, den Esser als Retter zu gewinnen versucht. Mannesmann kann die Übernahme durch Vodafone nicht abwehren und willigt in eine Fusion ein. Damit beginnt »Teil II der Schlacht zwischen Deutschen und Engländern«, wie einige alte Mannesmann-Mitarbeiter den Ausverkauf des Konzerns bezeichnen. Denn die Briten sind nur am Mobilfunk interessiert und trennen sich von allem, was an die Ursprünge als Röhrenhersteller erinnert.

Auch Wessel, eigentlich ein ruhiger Mann, platzt irgendwann der Kragen, als er das Treiben beobachtet: »Manchmal hatte man den Eindruck, als ob die Engländer vergessen hätten, dass der Zweite Weltkrieg schon zu Ende ist«, rutscht es ihm kurz nach der Übernahme raus, als Mitarbeiter des Londoner Auktionshauses Christie's Industriegemälde ausmessen und schätzen sollen. Zuvor hatten sie bereits Gemälde von Picasso und Nolde taxiert, die Teil der Mannesmann-Sammlung waren. Heute ist Wessel deutlich versöhnlicher, wenn die Sprache auf diese Zeit kommt: »Vodafone hat mit einem Zuschuss geholfen, dass dieses Archiv weiter existieren kann.«

2006

Bislang endet die Mannesmann-Geschichte in Wessels Archiv im August 2001 – mit dem Protokoll der außerordentlichen Hauptversammlung, als Mannesmann in Vodafone AG umbenannt wird. Doch die Sammlung soll schon bald erweitert werden: »Wir würden gerne Unterlagen aus dem Prozess übernehmen«, sagt Wessel, »um sie nach Ablauf der Sperrfristen der Forschung zugänglich zu machen.« Das wären in erster Linie Aufsichtsratsprotokolle und Zeugenvernehmungen, hinzu kämen Anklageschrift und Gerichtsentscheidungen, die auf einigen tausend Seiten beschreiben, wie nach der Übernahme durch Vodafone der Mannesmann-Aufsichtsrat fast 60 Millionen Euro an Manager und Pensionäre verteilte. Zahlungen, die die Staatsanwaltschaft später als Untreue bezeichnete und die einen Richter des Bundesgerichtshofs zu diesem Vergleich veranlassten: Die Aufsichtsräte hätten sich wie Gutsherren aufgeführt, dabei seien sie nur Gutsverwalter gewesen. 2006 endet der langjährige Rechtsstreit dennoch mit einer Verfahrenseinstellung – einem »billigen Freikauf«, wie viele Beobachter kommentieren.

Für den Wirtschaftshistoriker Wessel ist das eher eine Fußnote in der Mannesmann-Geschichte, möglicherweise auch zwei, drei Regale voller Unterlagen. Aber nichts, was ihn so sehr fasziniert wie die Ursprünge des Unternehmens: die Röhrenwerke und ihr Revival. »Bei der Mannesmann AG spielten sie am Ende nur eine untergeordnete Rolle, bei Salzgitter sind sie ein bedeutender Umsatzträger«, erzählt Wessel und holt gleich eine Grafik hervor, die die Umsatzentwicklung verdeutlicht, »wie Phoenix aus der Asche sind die Röhrenwerke wieder auferstanden«.

Und einen Wunsch, den hat Wessel noch nicht aufgegeben: Als Teil einer Stiftung würde er sein Archiv gerne sehen. »Vielleicht klappt es aber mit einem Museum in Remscheid, wo die Brüder Mannesmann ihr erstes nahtloses Rohr schmiedeten.« Bislang liegt es in einer Vitrine des Archivs, leicht angerostet, aber sonst im Originalzustand, das damals Mannesmann-Arbeiter zu dem Ausruf veranlasste: »Dunnerkiel, dat Rohr, dat is ut Gold.«

Katharina Slodczyk

Zeittafel

1945

19. März	Mit dem »Verbrannte-Erde-Befehl« ordnet Hitler nun auch für die Westfront die Zerstörung aller Industrie- und Versorgungseinrichtungen beim Rückzug an.
8. Mai	Bedingungslose Kapitulation des »Deutschen Reiches«.
15. Mai	Die erste Ausgabe der »Täglichen Rundschau«, der ersten deutschsprachigen Zeitung nach Kriegsende, erscheint.
17. Juni	Auf der »Potsdamer Konferenz« beschließen die Siegermächte unter anderem, Deutschland als wirtschaftliche Einheit zu behandeln.
3. September	Die Durchführung einer Bodenreform in der Sowjetischen Besatzungszone (SBZ) wird beschlossen. Grundbesitz über 100 Hektar wird enteignet.
14. Oktober	Der I.-G.-Farben-Konzern wird vom Alliierten Kontrollrat beschlagnahmt.
17. November	Die Krupp-Werke werden der Kontrolle der britischen Militärregierung unterstellt.
22. Dezember	Bekanntgabe der entschädigungslosen Enteignung des Kohlebergbaus durch die britische Militärverwaltung.
23. Dezember	Die französische Administration beschlagnahmt die Saargruben.

1946

7. Januar	Schering produziert als erstes deutsches Unternehmen Penizillin.
2. Februar	Erste Delegiertenkonferenz des »Freien Deutschen Gewerkschaftsbundes« in Berlin.
28. Februar	Die Lebensmittelrationen in der britischen Zone werden auf täglich 1014 Kalorien verringert.
26. März	Der Industrieplan des Alliierten Kontrollrats sieht u. a. die Demontage von 1800 Industrieanlagen vor.
16. April	Der 1000. Personenkraftwagen seit Kriegsende läuft im Wolfsburger Volkswagenwerk vom Band.
3. Mai	Vorläufiger Demontagestopp in der US-amerikanischen Zone.
5. Juni	In der SBZ existieren 213 »Sowjetische Aktiengesellschaften«, d. h. Industriebetriebe im Eigentum der UdSSR.

3. August	In München wird die erste Exportschau der bayerischen Wirtschaft seit Kriegsende eröffnet.
20. Oktober	In der britischen Zone wird die Eisen- und Stahlindustrie beschlagnahmt.
2. Dezember	Abkommen der USA und Großbritanniens über die Vereinigung ihrer beiden Besatzungszonen zum »Vereinigten Wirtschaftsgebiet« (»Bizone«) ab dem 1. Januar 1947.
13. Dezember	In München wird der »Allgemeine Deutsche Automobil-Club« (ADAC), der 1933 von den Nationalsozialisten aufgelöst worden war, wiedergegründet.
22. Dezember	Das Saarland wird in das französische Wirtschaftsgebiet eingegliedert.

1947

1. März	Für zunächst vier dekartellisierte Betriebe der Stahlindustrie in der britischen Besatzungszone wird das Mitbestimmungsrecht der Arbeiter eingeführt.
26. März	Der Produktionsplan des Alliierten Kontrollrats sieht unter anderem die Herstellung von nur 40 000 Pkw und 10 400 Motorrädern pro Jahr vor.
5. Juni	US-Außenminister George C. Marshall verkündet das »European Recovery Programm« (ERP) der USA, auch Marshallplan genannt, um den Wiederaufbau Europas zu unterstützen.
9. Juni	Im Saarland wird anstelle der Reichsmark die Saarmark eingeführt. Der Umtausch im seit Ende 1946 zu Frankreich gehörenden Wirtschaftsgebiet beginnt am 15. Juni.
10. Juni	In Frankfurt wird der Wirtschaftsrat als zentrale Verwaltungsinstanz der Bizone eingerichtet.
2. Juli	Die UdSSR lehnt die Teilnahme am Marshallplan ab.
18. August	Die erste »Exportmesse Hannover« wird eröffnet.
29. August	Der revidierte Industrieplan für die Bizone sieht ein erhöhtes Wirtschaftspotenzial und eine verbesserte Ernährung vor. Als Produktionsobergrenze wird meistens das Volumen von 1936 festgesetzt.
27. November	Abkommen zwischen den Westzonen und der SBZ über eine Ausweitung des Interzonenhandels (»Berliner Abkommen«).
17. Dezember	Die USA übernehmen für die Bizone alle Zahlungsverpflichtungen und sichern so ihre Vormachtstellung gegenüber Großbritannien.

ZEITTAFEL

1. Januar	Heinrich Nordhoff wird Generaldirektor von VW in Wolfsburg. Für 20 Jahre ist er der Kopf von VW.	**1948**
3. Januar	Im Saarland wird die französische Währung eingeführt.	
24. Februar	Gründung der »Arbeitsgemeinschaft Eisen und Metall« als Vorstufe zum »Bundesverband der Deutschen Industrie« (BDI).	
2. März	Ludwig Erhard wird vom Wirtschaftsrat zum Direktor der Wirtschaftsverwaltung der Bizone gewählt.	
3. April	US-Präsident Truman unterzeichnet das Marshallplan-Gesetz.	
23. April	Gründung der »Vereinigung Volkseigener Betriebe« (VVB) auf Länderebene in der SBZ.	
31. Mai	Die letzten Demontagen in der SBZ werden beendet. In fünf »Demontagewellen« waren seit 1945 3500 Betriebe sowie das Eisenbahnnetz teilweise oder vollständig demontiert worden.	
8. Juni	Technische Abnahme des ersten Porsche-Sportwagens (Typ 356/1).	
20. Juni	Im Zuge der Währungsreform wird die Reichsmark durch die D-Mark ersetzt. Jeder Deutsche darf 40 RM zum Kurs 1:1 in DM tauschen, später noch einmal 20 RM. Das übrige RM-Vermögen wird zu erheblich schlechteren Wechselkursen umgetauscht.	
24. Juni	Das Gesetz über Leitsätze für die Bewirtschaftung und Preispolitik nach der Geldreform (»Grundgesetz der Sozialen Marktwirtschaft«) wird verkündet.	
24. Juni	Die Berlin-Blockade beginnt – und endet am 12. Mai 1949.	
8. Juli	Einstellung aller westdeutschen Reparationsleistungen an die UdSSR.	
1. August	Wirtschaftliche Vereinigung der Bizone mit der französischen Zone.	
3. November	Das Gesetz zur Aufhebung des Lohnstopps wird verkündet.	
20. November	9 Mio. Menschen beteiligen sich an einem von den Gewerkschaften der Bizone ausgerufenen Generalstreik gegen steigende Preise und für eine demokratische Struktur der Wirtschaft.	

28. Januar	Die »Bundesvereinigung der Deutschen Arbeitgeberverbände« (BDA) wird gegründet.	**1949**
9. April	Das Tarifvertragsgesetz tritt in Kraft. Es regelt bis heute die Rechte und Pflichten der Tarifvertragsparteien.	
23. Mai	Das vom Parlamentarischen Rat erarbeitete Grundgesetz wird verkündet.	

14. August	31 Mio. Wahlberechtigte sind zur Wahl des 1. Deutschen Bundestages aufgerufen. Erster Bundeskanzler wird Konrad Adenauer (CDU), der bis 1963 regiert.
10. September	Eröffnung der ersten Berliner Autoausstellung seit Kriegsende.
12. September	Die Bundesversammlung wählt Theodor Heuss (FDP) zum ersten Bundespräsidenten. 1954 wird er im Amt bestätigt.
18. September	Die erste Frankfurter Buchmesse nach 1945 wird eröffnet.
28. September	Die DM wird um 20,6 Prozent abgewertet. 1 US-Dollar entspricht nun 4,20 DM.
1. Oktober	Neugründung des Deutschen Patentamts in München als Nachfolger des Reichspatentamts.
7. Oktober	Die »Deutsche Demokratische Republik« (DDR) wird als »erster Arbeiter- und Bauernstaat auf deutschem Boden« gegründet. Ministerpräsident wird Otto Grotewohl, Staatsoberhaupt Wilhelm Pieck.
12. Oktober	Der Gründungskongress des »Deutschen Gewerkschaftsbundes« (DGB) für die Bundesrepublik Deutschland findet statt.
19. Oktober	Gründung des »Bundesverbandes der Deutschen Industrie« (BDI) in Köln.
31. Oktober	Die BRD tritt der OEEC (Organization for European Economic Cooperation) bei.
22. November	Das Petersberger Abkommen zwischen der Bundesregierung und den Alliierten Hohen Kommissaren beendet weitgehend die Demontagen.

1950

1. Februar	Mehr als 2 Mio. Arbeitslose in der BRD.
8. Februar	Ein Arbeitsbeschaffungsprogramm der Bundesregierung über 3,4 Mrd. DM wird bekannt gegeben.
7. März	Das Gesetz zur Förderung der Wirtschaft Berlins (Berlinhilfe-Gesetz) wird verkündet.
28. März	Der Bundestag verabschiedet das Gesetz über den sozialen Wohnungsbau.
1. Mai	In der DDR tritt das »Gesetz der Arbeit« in Kraft, in dem unter anderem festgelegt wird, dass Frauen weitgehend von der Hausarbeit entlastet und im Arbeitsprozess Männern gleichgestellt werden sollen.
16. Mai	DDR-Ministerpräsident Grotewohl erreicht bei der UdSSR die

	Halbierung der Reparationszahlungen von 6,3 auf 3,2 Mrd. US-Dollar.
1. September	Die Firma Henkel bringt mit einer großen Werbekampagne erstmals seit 11 Jahren das Waschmittel »Persil« wieder auf den Markt.
19. September	Gründung der Europäischen Zahlungsunion (EZU).
29. September	Die DDR wird Mitglied im »Rat für Gegenseitige Wirtschaftshilfe« (RGW). Der RGW entstand 1949 unter sowjetischer Führung als Reaktion auf den Marshallplan der USA.

1951

25. Januar	Gründung der »Vereinigung Volkseigener Betriebe«, die dem Ministerium für Land- und Forstwirtschaft untersteht.
26. Januar	Der Bundestag ratifiziert das Marshallplan-Abkommen mit den USA.
3. Februar	Erste »Grüne Woche« in Berlin.
18. April	Gründung der »Europäischen Gemeinschaft für Kohle und Stahl« (EGKS).
19. April	Erste »Internationale Automobilausstellung« (IAA) nach dem Krieg in Frankfurt am Main.
26. April	Der Ministerrat der DDR überträgt die Leitung und Kontrolle der Sozialversicherung dem »Freien Deutschen Gewerkschaftsbund« FDGB.
1. Mai	Gründung der Bundesanstalt für Arbeitsvermittlung und Arbeitslosenversicherung (heute Bundesagentur für Arbeit).
21. Mai	Das Gesetz über die Mitbestimmung der Arbeitnehmer in der Montanindustrie tritt in Kraft.
13. August	Die BRD erhält die Devisenhoheit.
1. Oktober	Die BRD tritt dem allgemeinen Zoll- und Handelsabkommen GATT bei.
8. Oktober	In der DDR wird die Rationierung aller Produkte bis auf Fleisch, Fett und Zucker aufgehoben.
1. November	Die Volkskammer beschließt die Gesetze über den Fünfjahresplan und die »Deutsche Notenbank« als Staatsbank der DDR.
14. November	Die Bundesregierung beschließt ein 200-Mio.-DM-Sofortprogramm zur Arbeitsbeschaffung.

1952

5. Februar	In Ost-Berlin beginnt der Bau der Stalin-Allee mit 3000 neuen Wohnungen.
10. März	Die UdSSR bietet den Westmächten Verhandlungen über die Wiedervereinigung und Neutralisierung Deutschlands an.
17. März	Das Wohnungsbauprämiengesetz begründet die Bausparförderung in der BRD.
24. Juni	Die erste Ausgabe der »Bild«-Zeitung erscheint.
9. Juli	Auf der 3. Parteikonferenz der SED wird der »planmäßige Aufbau des Sozialismus« verkündet.
14. August	Die BRD tritt dem 1945 gegründeten Internationalen Währungsfonds (IWF) und der Weltbank bei.
10. Dezember	Wegen einer akuten Versorgungskrise wird in der DDR Versorgungsminister Karl Hamann des Amtes enthoben und verhaftet.
25. Dezember	In der BRD wird die erste Fernsehsendung ausgestrahlt; die DDR beginnt den regelmäßigen Fernsehbetrieb bereits einige Tage vorher.

1953

2. Januar	Aufgrund des Verkaufserfolgs senkt VW den Preis für den Käfer von 4400 auf 4200 DM.
27. Februar	Das Londoner Schuldenabkommen regelt die noch aus der Weimarer Republik stammenden Schulden (13,3 Mrd. DM) sowie die Nachkriegsschulden der BRD (6,8 Mrd. DM).
20. April	Die Preise für rationierte Lebensmittel in der DDR werden erhöht.
23. April	Der Bundestag verabschiedet das neue Tarifvertragsgesetz.
17. Juni	Aus Protest gegen eine 10-prozentige Normerhöhung, sprich Lohnsenkung, legen die Bauarbeiter in der DDR die Arbeit nieder. Der Aufstand, der sich trotz Rücknahme der Normerhöhung über das ganze Land ausbreitet, wird von sowjetischen Truppen brutal niedergeschlagen.
20. Juli	Die UdSSR liefert auf Kredit Lebensmittel und Rohstoffe im Wert von 231 Mio. Rubel an die DDR.
24. Juli	Auf der 15. ZK-Tagung der SED wird eine Steigerung der Nahrungs- und Genussmittelproduktion beschlossen.
1. August	Gründung der Bundesversicherungsanstalt für Angestellte (Trägerin der Rentenversicherung).
6. September	Zweite Bundestagswahl: Die Regierungskoalition besteht aus CDU/CSU, FDP, DP.

ZEITTAFEL

1954

1. Januar	Die UdSSR gibt die letzten 33 »Sowjetischen Aktiengesellschaften« (SAG) an die DDR zurück.
1. Februar	Die Automobilproduktion hat sich seit 1949 verachtfacht, Spitzenreiter ist VW.
1. Mai	Forderung der Gewerkschaften nach der 5-Tage- und 40-Stunden-Woche.
1. Juni	Gründung der »Deutschen Lufthansa der DDR«.
4. Juli	Deutschland gewinnt in Adidas-Fußballschuhen mit Schraubstollen den Fußball-WM-Titel.
1. September	Mit einem Schiedsspruch endet in der bayerischen Metallindustrie der bislang längste Streik in der BRD.
13. September	Preissenkungen für Lebens- und Genussmittel sowie für Gebrauchsgüter in der DDR.
17. September	Gründung der »Deutschen Lufthansa AG« in der BRD.

1955

1. Januar	Beginn des freien Kapitalmarktes in der BRD durch Außerkraftsetzen des Kapitalmarktfördergesetzes.
22. Januar	Generalstreik von 790 000 Bergarbeitern, weil die Montanmitbestimmung als Ergebnis gewerkschaftlicher Erpressung bezeichnet wurde.
1. Mai	Der DGB fordert Arbeitszeitverkürzung, Lohnerhöhung und Mitbestimmung für Arbeitnehmer.
8. Juni	Der Bundestag verabschiedet das Landwirtschaftsgesetz zur Stärkung der Landwirtschaft.
5. August	Die Mitglieder der OEEC unterzeichnen das Europäische Währungsabkommen (vormals Europäische Zahlungsunion).
18. August	Ministerratsverordnung zur Bildung von Produktionsgenossenschaften des Handwerks (PGH) in der DDR.
9. Dezember	Franz Josef Strauß, Bundesminister für Atomfragen, fordert den Ausbau der Atomenergie.
20. Dezember	Das deutsch-italienische Anwerbeabkommen wird unterzeichnet. Damit beginnt die Ära der »Gastarbeiter« in der BRD.

ZEITTAFEL

1956

24. März	Auf der 4. Parteikonferenz der SED werden eine »Modernisierung, Mechanisierung und Automatisierung« sowie eine Leistungssteigerung von 50 Prozent bis 1960 festgelegt.
5. April	Das Statistische Bundesamt meldet für 1955 einen Anstieg des Bruttosozialprodukts um 12,7 Prozent.
25. Juni	»Bremer Abkommen« zwischen IG Metall und Gesamtmetall über die Einführung der 5-Tage-Woche.
26. Juni	Das Gesetz über die Bundesbank wird verabschiedet. Sie tritt an die Stelle der dezentral organisierten »Bank deutscher Länder«.
1. Oktober	Die 45-Stunden-Woche bei vollem Lohnausgleich wird von der IG Metall erkämpft.
24. Oktober	34 000 Metaller in Schleswig-Holstein streiken für die Lohnfortzahlung im Krankheitsfall.
27. Oktober	Vertrag mit Frankreich über die Wiedereingliederung des Saarlandes; auf wirtschaftlichem Gebiet wird eine dreijährige Übergangsphase vereinbart.
3. November	Erster Werbespot im bundesdeutschen Fernsehen (Persil).
24. Dezember	Die Beschränkung des Niederlassungsbereichs von Banken wird aufgehoben, sodass sich die nach 1945 regional aufgeteilten Großbanken rekonstituieren können.

1957

1. Januar	Als Reaktion auf die fast erreichte Vollbeschäftigung sinkt der Beitrag zur Arbeitslosenversicherung von 3 auf 2 Prozent.
1. Januar	Frankreich gibt das Saarland an Deutschland zurück.
21. Januar	Die Rentenreform (dynamische Rente) wird im Bundestag verabschiedet.
4. Februar	Mit »Wohlstand für alle« von Ludwig Erhard erscheint die »Bibel« der Sozialen Marktwirtschaft.
1. März	In mehreren Betrieben der BRD wird die 45-Stunden-Woche eingeführt.
1. März	Das Gesetz über die schrittweise Einführung der 45-Stunden-Woche in der DDR tritt in Kraft.
25. März	In Rom unterzeichnen sechs Staaten die Gründungsverträge der Europäischen Wirtschaftsgemeinschaft (EWG) und der Europäischen Atomgemeinschaft (EAG).
2. Mai	»Neugründung« der Deutschen Bank AG in Frankfurt. Nach Kriegsende war die Bank von den Alliierten in drei Nachfolgeinstitute aufgeteilt worden.

11. Mai	Das Bundesarbeitsgericht erklärt die so genannte »Zölibatsklausel« für ungültig, nach der ein Arbeitsverhältnis im öffentlichen Dienst mit der Eheschließung einer Arbeitnehmerin endet, sofern das Familieneinkommen für ihre wirtschaftliche Versorgung ausreicht.
7. Juli	Das Gesetz gegen Wettbewerbsbeschränkungen (GWB) tritt in Kraft.
24. August	Deutsche Auslandsinvestitionen sind in jeder Höhe genehmigungsfrei.
31. Oktober	Als erstes bundesdeutsches Kernkraftwerk geht in Garching bei München der Forschungsreaktor FRM-I, im Volksmund »Atomei« genannt, in Betrieb – es gehört zur Technischen Universität München.
15. November	Dritte Bundestagswahl: Die CDU/CSU erreicht die absolute Mehrheit.
16. Dezember	Der erste DDR-Atomreaktor wird in Rossendorf bei Dresden in Betrieb genommen.

1958

10. Januar	Aufruf der Liberal-Demokratischen Partei Deutschlands (LDPD) an die Handwerker, sich in Produktionsgenossenschaften zusammenzuschließen.
3. Februar	Die SED beschließt, dass die BRD bei der Höhe des Lebensstandards bis 1961 übertroffen werden soll.
13. Februar	In der DDR wird eine »Staatliche Plankommission« zur Steuerung der Volkswirtschaft eingerichtet.
22. Februar	Erste Kohlekrise: Die heimischen Gruben spüren den vom billigeren Erdöl ausgehenden Konkurrenzdruck.
25. April	Die BRD unterzeichnet ein Handelsabkommen mit der UdSSR. Vorgesehen ist eine Verdoppelung des Handelsvolumens.
10. Juli	Der »Trabi« geht in Serienproduktion.
18. September	Gründung der »Interflug« als zweite DDR-Luftfahrtgesellschaft.
30. September	Mit 1,7 Prozent erreicht die Arbeitslosenquote den tiefsten Stand seit der Währungsreform.
29. Dezember	An die Stelle der Europäischen Zahlungsunion tritt das Europäische Währungsabkommen.

ZEITTAFEL

1959

30. Januar	Infolge der Kohlekrise werden Zölle auf Importkohle erhoben.
24. März	Mit Ausgabe der ersten »Volksaktien« beginnt die (Teil-)Privatisierung von Bundesunternehmen.
3. Juni	Die DDR-Volkskammer beschließt das Gesetz über die Landwirtschaftlichen Produktionsgenossenschaften (LPG).
30. Juni	In der BRD gibt es erstmals mehr gemeldete offene Stellen als Arbeitslose.
1. Juli	Heinrich Lübke von der CDU löst Theodor Heuss als Bundespräsident ab.
1. Oktober	Die DDR-Volkskammer beschließt den Siebenjahresplan zur Entwicklung der Volkswirtschaft.
13. November	Die SPD beschließt das »Godesberger Programm«. Die Sozialdemokraten machen ihren Frieden mit Kapitalismus und Marktwirtschaft.
4. Dezember	Auslieferung der letzten Dampflok. Erst 1977 wurden die letzten Maschinen in der BRD ausgemustert. In der DDR taten sie noch bis 1990 ihren Dienst.
9. Dezember	Die BMW-Hauptversammlung votiert gegen den Verkauf an den Konkurrenten Daimler-Benz.
18. Dezember	Abkommen zwischen der DDR, der UdSSR und Polen über den Bau einer Erdölleitung von Weißrussland nach Schwedt an der Oder.

1960

4. Januar	Das Abkommen über die Europäische Freihandelszone wird unterzeichnet.
17. März	Auslieferung des ersten Düsenflugzeugs Boeing 707 bei der Lufthansa.
29./30. März	Anwerbevereinbarung für Arbeitskräfte mit Spanien und Griechenland
14. April	Die Zwangskollektivierung der DDR-Landwirtschaft wird abgeschlossen.
8. Juli	Die IG Metall beschließt einen 3-Stufen-Plan zur Durchsetzung der 40-Stunden-Woche bis 1965.
16. August	Abkommen zwischen der BRD und der DDR über Erleichterungen im Interzonenhandel ab 1961.
21. Juli	Der Bundestag verabschiedet das VW-Gesetz, das unter anderem die Stimmrechte auf 20 Prozent beschränkt, auch wenn ein Aktionär mehr Aktien besitzt.

13. November	Das erste deutsche Kernkraftwerk, das nicht nur Forschungszwecken, sondern in eingeschränktem Maße der Stromversorgung dient, geht in Kahl bei Hanau ans Netz.
15. Dezember	Die DDR revidiert die zu optimistischen Wachstumspläne des Siebenjahrplans von 1959–1965.

1961

3. März	D-Mark-Aufwertung um 4,75 Prozent. 1 US-Dollar entspricht nun 4 DM.
16. März	Die SED beschließt den »Plan Neue Technik«, mit dem die Entwicklung der Industrie vorangetrieben werden soll.
28. April	Verabschiedung des Außenwirtschaftsgesetzes, das die Freiheit des Außenwirtschaftsverkehrs vorsieht.
1. Juni	Schering bringt die erste »Pille« in Deutschland auf den Markt (Anovlar).
30. Juni	Das Bundessozialhilfegesetz wird verkündet. Es löst das alte Fürsorgerecht ab.
1. Juli	Im bundesdeutschen Bankgewerbe wird die 5-Tage-Woche eingeführt; samstags bleiben die Banken von nun an geschlossen.
12. Juli	Der Bundestag verabschiedet das Gesetz zur Förderung der Vermögensbildung der Arbeitnehmer.
1. August	Bis zum 31. März 1962 müssen keine Beiträge zur Arbeitslosenversicherung gezahlt werden.
13. August	Bau der Berliner Mauer. Bis zum Mauerfall am 9. November 1989 sterben über 1000 Menschen bei dem Versuch, von Ost nach West zu fliehen.
17. September	Vierte Bundestagswahl: Trotz Verlusten regiert die CDU/CSU zusammen mit der FDP weiter.
30. Oktober	Anwerbevereinbarung für Arbeitskräfte mit der Türkei.
24. November	Einrichtung des Ministeriums für wirtschaftliche Zusammenarbeit in der Bundesrepublik.

1962

14. Januar	Beginn des europäischen Agrarmarktes durch die Verabschiedung der ersten Marktordnungen im EWG-Ministerrat.
21. März	Bundeswirtschaftsminister Ludwig Erhard fordert Bürger ange-

ZEITTAFEL

	sichts konjunktureller Überhitzungstendenzen zum Maßhalten auf.
22. Mai	Der Bundestag verabschiedet das »Gesetz zur Einschränkung der Bautätigkeit«, das den Bau von Eigenheimen, deren Rohbaukosten 75 000 DM überschreiten, bis zum 30. Juni 1963 verbietet.
20. Juli	Start des ersten Fernseh- und Nachrichtensatelliten »Telstar«.
12. September	Mit der Gründung des »Rates für Industrieform« reagiert die DDR auf den steigenden Konsum technischer Gebrauchsgüter in den Privathaushalten.
7. Dezember	Der Bundestag verabschiedet das Bundesurlaubsgesetz, das den Mindesturlaub auf 15 Tage festlegt.
18. Dezember	Die BRD verhängt ein Ausfuhrverbot für Pipeline-Röhren in die UdSSR (Röhren-Embargo).

1963

6. Februar	In der DDR wird das Landwirtschaftsministerium durch Landwirtschaftsräte beim Ministerrat ersetzt.
1. April	Das ZDF nimmt als nationaler Fernsehsender der Bundesländer mit einem bundesweit einheitlichen Programm den Betrieb auf.
10. Mai	Nach einer Urabstimmung wird der härteste Arbeitskampf seit 40 Jahren in der baden-württembergischen Metallindustrie beigelegt.
15. Juli	In der DDR wird mit dem »Neuen Ökonomischen System der Planung und Leitung« (NÖSPL) der Versuch unternommen, den Unternehmen mehr Eigenständigkeit zu geben und durch ein neues Preissystem den Marktmechanismus zu »imitieren«.
29. Juli	Das Gesetz zur Förderung der Rationalisierung im Steinkohlenbergbau wird verkündet.
1. September	Fusion der beiden der DDR-Luftfahrtgesellschaften Lufthansa und Interflug zur Interflug.
16. Oktober	Nach dem Rücktritt Konrad Adenauers wird Ludwig Erhard, der »Vater des Wirtschaftswunders«, zum Bundeskanzler gewählt.
7. November	Das »Wunder von Lengede« ist die bisher spektakulärste Rettungsaktion in der Geschichte des Bergbaus. 11 Bergleute können nach 2 Wochen lebend geborgen werden.

1964

14. Februar	Konstituierung des Sachverständigenrates zur Begutachtung der wirtschaftlichen Entwicklung (Fünf Weise).
17. März	Anwerbevereinbarung für Arbeitskräfte mit Portugal.
4. Mai	Beginn neuer Zollverhandlungen im GATT (Kennedy-Runde), die Zollsenkungen um 35 Prozent bringen.
1. August	In der DDR werden neue Banknoten mit der Bezeichnung »Mark der deutschen Notenbank« ausgegeben.
31. August	Die Statistik weist mit 102 800 Arbeitslosen einen neuen Tiefstand aus. Diesen stehen 680 000 offene Stellen gegenüber.
16. September	Die Bundesregierung beschließt die Gründung der »Stiftung Warentest«.
19. September	Die Zahl der »Gastarbeiter« liegt erstmals über einer Million.
31. Oktober	Der Rationalisierungsverband Ruhrbergbau meldet 31 Großzechen im Ruhrgebiet zur Stilllegung an.
13. November	Die Bundesregierung will den Absatz von 140 Mio. Tonnen heimischer Steinkohle im Jahr sicherstellen.

1965

23. März	Der DGB fordert das 13. Monatsgehalt, Mindesturlaub von 4 Wochen und eine gerechtere Vermögensbildung.
6. April	Die Telekommunikation über Satellit beginnt mit dem Start des Intelsat 1.
5. Mai	Der Bundestag verabschiedet das »Zweite Gesetz zur Förderung der Vermögensbildung der Arbeitnehmer«.
23. Juni	Der Bundestag verabschiedet das Gesetz zur Förderung des Absatzes im Steinkohlenbergbau.
1. Juli	Die drei Hamburger Verleger Gerd Bucerius, John Jahr und Richard Gruner schließen ihre Unternehmen zur »Gruner und Jahr GmbH & Co« zusammen.
19. September	Fünfte Bundestagswahl: Bundeskanzler Ludwig Erhard gewinnt die Wahl eindrucksvoll.
10. November	Bundeskanzler Erhard plädiert für Maßhalten und schlägt eine Stunde Mehrarbeit pro Woche vor.
29. November	Der erste städtische Nahverkehrsverbund entsteht in Hamburg.
3. Dezember	Erich Apel, Vorsitzender der staatlichen Planungskommission der DDR, erschießt sich in seinem Dienstzimmer. Apel hatte sich zuvor dem Abschluss des Handelsvertrags zwischen der UdSSR und der DDR widersetzt, der die DDR in verstärkte Abhängigkeit von der UdSSR bringt.

ZEITTAFEL

	9. Dezember	Das Haushaltssicherungsgesetz beschließt die Einsparung von 3,1 Mrd. D-Mark.

1966

	9. April	Erster arbeitsfreier Samstag in der DDR. Danach jede zweite Woche.
	9. Mai	Das erste Atomkraftwerk in der DDR wird in Rheinsberg in Betrieb genommen.
	30. Juni	Durch das »Zweite Verstromungsgesetz« soll der Anteil der heimischen Steinkohle an der Stromerzeugung bis Ende 1970 bei 50 Prozent gehalten werden.
	27. Oktober	Konflikt in der Regierungskoalition über den Haushaltsausgleich ohne Steuererhöhungen. Die FDP-Minister treten zurück.
	1. Dezember	Nach dem Rücktritt Erhards wird Kurt Georg Kiesinger von der CDU zum Bundeskanzler der ersten großen Koalition gewählt. Willy Brandt (SPD) wird Vizekanzler und Außenminister.
	9. Dezember	VW kündigt Kurzarbeit an.

1967

	1. Januar	Die 40-Stunden-Woche in der Metallindustrie tritt in Kraft.
	14. Februar	Erstes Gespräch der »Konzertierten Aktion«. Tarifparteien, Bundesregierung und Wissenschaft wollen gemeinsam die Wirtschaftspolitik harmonisieren.
	17. Februar	Der Bundestag beschließt eine Erhöhung des Arbeitslosengeldes um 15 Prozent.
	23. Februar	Erstes Investitionsprogramm zur Ankurbelung der Konjunktur im Bundestag wird verabschiedet.
	1. April	Durch die Aufhebung der seit 1936 geltenden Zinsverordnung können die Banken und Sparkassen selbst entscheiden, welche Guthabenzinsen sie festlegen.
	17. April	Auf dem VII. Parteitag der SED wird das »Ökonomische System des Sozialismus« als zweite Etappe der Wirtschaftsreform proklamiert.
	3. Mai	Die Einführung der 5-Tage- und 43,75-Stunden-Woche wird in der DDR vom Ministerrat gebilligt.
	8. Juni	Eine Grundgesetzänderung verpflichtet die öffentlichen Haushalte zur Beachtung des gesamtwirtschaftlichen Gleichgewichts.

14. Juni	Das Stabilitäts- und Wachstumsgesetz tritt in Kraft.
25. August	Das Fernsehen in der BRD sendet in Farbe. In der DDR beginnt das bunte Fernsehzeitalter am 3. Oktober 1970.

1968

1. Januar	Die Umsatzsteuer – auch Mehrwertsteuer genannt – wird eingeführt. Der Steuersatz liegt anfangs bei 10 Prozent bzw. 5 Prozent ermäßigt.
5. April	Der Bundestag verabschiedet das Gesetz zur Anpassung und Gesundung der deutschen Steinkohlenbergbaugebiete (Kohleanpassungsgesetz).
6. Mai	Der Bau des Elbe-Seiten-Kanals wird begonnen (Fertigstellung im Juni 1976).
1. Juli	Der gemeinsame Außenzolltarif der EWG tritt in Kraft.
17. September	Die Großbanken in der BRD beschließen, dass künftig auch Inhabern von Lohn- und Gehaltskonten Überziehungskredite gewährt werden.
12. Oktober	Anwerbevereinbarung für Arbeitskräfte mit Jugoslawien.
27. November	Gründung der Ruhrkohle AG. Durch den Zusammenschluss der größten Unternehmen der Branche, die zusammen 80 Prozent der Steinkohle fördern, soll die unrentable Steinkohlenindustrie wieder profitabel werden.

1969

22. Januar	Bei der so genannten Schrittmacherkonferenz wird die Erhöhung der Arbeitsproduktivität in der DDR beschlossen.
5. März	Gustav Heinemann (SPD) wird zum Bundespräsidenten gewählt. Eine sozial-liberale Koalition nach der nächsten Bundestagswahl erscheint nun möglich.
18. März	Die Bundesregierung beschließt zur Konjunkturdämpfung eine vorläufige Ausgabensperre im Bundeshaushalt in Höhe von 1,8 Mrd. DM.
13. Mai	Der Bundestag verabschiedet das Arbeitsförderungsgesetz.
10. Juni	Die Bundesregierung beschließt die Bildung von Konjunkturausgleichsrücklagen.
12. Juni	Der Bundestag verabschiedet das Lohnfortzahlungsgesetz im Krankheitsfall.

ZEITTAFEL

18. Juli	Unterzeichnung des Gründungsvertrags der Ruhrkohle-AG (RAG).
24. September	Die Bundesregierung beschließt, die deutschen Devisenmärkte zu schließen.
28. September	Machtwechsel in Bonn nach der sechsten Bundestagswahl. Die nächsten 13 Jahre regieren SPD und FDP.
21. Oktober	Nach seiner Wahl zum ersten sozialdemokratischen Bundeskanzler kündigt Willy Brandt an, »mehr Demokratie wagen« zu wollen. Vizekanzler und Außenminister wird Walter Scheel (FDP).
24. Oktober	Die DM wird um 8,5 Prozent aufgewertet. 1 US-Dollar ist nun statt 4,00 nur noch 3,66 DM wert.

1970

1. Januar	Zusammenschluss von vier mittelständischen Reiseveranstaltern zur TUI.
27. Januar	Die Bundesregierung beschließt ein »binnenwirtschaftliches Stabilitätsprogramm« mit Haushaltssperren und Konjunkturausgleichsrücklagen.
1. Februar	Die BRD und die UdSSR schließen ein Abkommen über die Lieferung deutscher Großröhren im Tausch gegen Erdgas (Röhrenabkommen).
14. Mai	Die DDR-Volkskammer verabschiedet ein Landeskulturgesetz mit Vorschriften zum Natur- und Umweltschutz.
4. Juni	Der Bundestag verabschiedet das dritte Vermögensbildungsgesetz. Der Höchstbetrag der vermögenswirksamen Leistungen wird verdoppelt.
18. August	Die Bundesregierung beschließt Maßnahmen zur Liberalisierung der Einfuhren aus Ostblock-Staaten.
17. September	Die Bundesregierung legt ein »Sofortprogramm für den Umweltschutz« vor.
9. Dezember	Die SED beschließt eine starke Modifizierung des »ökonomischen Systems des Sozialismus«, insbesondere eine Rezentralisierung der Wirtschaft.

1971

3. Mai	Erich Honecker wird Nachfolger von Walter Ulbricht als Erster Sekretär des ZK der SED.

ZEITTAFEL

9. Mai	Die Bundesregierung beschließt ein binnen- und außenwirtschaftliches Stabilisierungsprogramm. Der Wechselkurs der DM wird vorübergehend freigegeben.
13. Mai	Bundesfinanzminister Alex Möller tritt zurück, weil er gegen eine Freigabe der Wechselkurse ist.
26. September	Mit dem Beginn des Winterfahrplans wird bei der Bundesbahn der Intercity-Verkehr (IC) eingeführt, aber vorerst nur mit 1.-Klasse-Wagen.
21. Oktober	DDR-Ministerratsbeschluss zur Förderung des privaten Wohnungsbaus ab 1972.
10. November	Der Bundestag beschließt das Betriebsverfassungsgesetz. Die Mitwirkungs- und Mitbestimmungsrechte des Betriebsrats werden erweitert.
11. November	Die erste sowjetische Bank in der BRD, die Ost-West-Handelsbank AG in Frankfurt/Main, wird eröffnet.
18. November	Preisstopp für Konsumgüter und Dienstleistungen bis 1975 in der DDR vom Politbüro und Ministerrat beschlossen.
18. Dezember	Die DM wird gegenüber dem US-Dollar erneut aufgewertet. 1 US-Dollar ist nun 3,22 DM wert.

1972

24. April	Bildung der »Europäischen Währungsschlange« mit verringerten Wechselkursbandbreiten zwischen den teilnehmenden Währungen.
3. Juni	Im Transitabkommen zwischen der BRD und der DDR wird unter anderem der Neubau der Autobahn Marienborn-Berlin vereinbart.
2. Juli	Wegen Meinungsverschiedenheiten über die Steuer- und Haushaltspolitik tritt Finanz- und Wirtschaftsminister Karl Schiller zurück.
5. Juli	Ein Handelsabkommen zwischen der BRD und der UdSSR wird unterzeichnet. Erstmals wird West-Berlin miteinbezogen.
21. September	Der Bundestag verabschiedet das »Rentenreformgesetz«, das unter anderem die Einführung der flexiblen Altersgrenze sowie die Öffnung der Rentenversicherung für Selbständige vorsieht.
18. Oktober	Das Eisenbahngrenzabkommen zwischen der BRD und der DDR bringt Verbesserungen im innerdeutschen Verkehr.
19. November	Siebte Bundestagswahl: Triumphaler Sieg für Willy Brandt und seine Ostpolitik.

ZEITTAFEL

1973

1. Januar	In der ersten Erweiterungsrunde treten Dänemark, Irland und Großbritannien der EWG bei. Die Gemeinschaft hat nun neun Mitglieder.
12. Februar	Erneute Aufwertung der DM. 1 US-Dollar ist jetzt noch 2,90 DM wert.
17. Februar	Die Bundesregierung kündigt ein Stabilitätsprogramm zur Dämpfung der überhitzten Konjunktur an.
19. März	Das Ende des Goldstandards. Die Freigabe des DM-Wechselkurses wertet die DM gegenüber dem US-Dollar stark auf.
10. April	Ein Druckerstreik in der BRD verhindert das Erscheinen beinahe aller Tageszeitungen. Es soll eine Lohnerhöhung für Drucker und Setzer um mindestens 13 Prozent durchgesetzt werden.
8. Mai	Bei der Vulkan-Werft in Bremen wird das »größte und modernste Baudock der Bundesrepublik« in Betrieb genommen.
1. September	Die Anwerbepauschale für ausländische Arbeitskräfte wird auf 1000 DM verdreifacht.
23. November	Anwerbestopp für ausländische Arbeitskräfte ab dem 1. Januar 1974.
25. November	Erster autofreier Sonntag infolge der Erhöhung des Ölpreises und eines Lieferboykotts der OPEC-Staaten.
6. Dezember	Hanns Martin Schleyer wird zum BDA-Präsidenten gewählt.

1974

1. Januar	In der BRD wird die Preisbindung für Markenartikel aufgehoben, die Hersteller geben künftig unverbindliche Preisempfehlungen.
11. Februar	Der ÖTV-Streik führt zu Einkommenserhöhungen von 11 Prozent.
4. April	Bildung der »Monopolkommission« zur Begutachtung der Unternehmenskonzentration.
14. Mai	Walter Scheel wird zum Bundespräsidenten gewählt.
16. Mai	Helmut Schmidt wird als Nachfolger des zurückgetretenen Willy Brandt zum Bundeskanzler gewählt. Außenminister und Vizekanzler wird Hans-Dietrich Genscher (FDP).
26. Juni	Das Kölner Privatbankhaus Iwan D. Herstatt muss infolge von Devisenspekulationen schließen. Es handelt sich um die größte Bankenpleite der deutschen Nachkriegsgeschichte.
25. September	Die Bundesregierung beschließt ein Konjunkturprogramm mit einem Volumen von 1 Mrd. DM, das im Dezember um 1,7 Mrd. DM ergänzt wird.

14. Oktober	IKEA eröffnet in Eching bei München seine erste Filiale in der BRD.
19. Oktober	In der DDR wird eine Verlängerung der Urlaubszeiten von 15 auf 18 Tage im Jahr beschlossen. Schichtarbeiter erhalten 21 Urlaubstage.
8. November	Das dritte Verstromungsgesetz sieht bis 1990 die Verstromung von jährlich 33 Mio. Tonnen heimischer Steinkohle vor.

1975

1. Januar	Die Einkommensteuerreform mit einer Entlastung von 13,4 Mrd. DM tritt in Kraft.
14. Januar	Die Deutsche Bank hält 57,5 Prozent an der Daimler-Benz AG, nachdem sie der Friedrich Flick KG deren Anteile am Autobauer abgekauft hat.
31. Januar	Nach mehr als 20 Jahren liegt die Arbeitslosenzahl in der BRD erstmals wieder über 1 Mio.
11. Februar	Beginn neuer Verhandlungen im GATT. Die »Tokio-Runde« dauert bis zum 12. April 1979 und bringt eine weitere Liberalisierung des Welthandels.
14. April	VW kündigt die Entlassung von 25 000 Mitarbeitern an.
14. April	Vertreter der DDR und der Essener Firma Krupp unterzeichnen in Ost-Berlin eine Rahmenvereinbarung über wissenschaftlich-technische Zusammenarbeit.
15. April	Das Kernkraftwerk Biblis am Rhein, die bis dahin weltweit größte Anlage dieser Art, nimmt den Betrieb auf.
6. Mai	Die DDR erteilt erstmals westlichen Banken die Genehmigung, in Ost-Berlin Filialen zu eröffnen.
27. August	Die Bundesregierung beschließt ein Konjunkturprogramm im Umfang von 5,8 Mrd. DM.
15. November	Erster Weltwirtschaftsgipfel der führenden sechs Industrienationen in Rambouillet/Frankreich.

1976

23. April	Der VW-Aufsichtsrat beschließt den Bau einer Autofabrik in den USA.
30. April	In der Druckindustrie der BRD beginnt ein landesweiter Streik.

	Die Arbeitgeber reagieren mit der ersten bundesweiten Aussperrung.
27. Mai	In der DDR wird eine planmäßige Verbesserung der »Arbeits- und Lebensbedingungen der Werktätigen« beschlossen. So sollen unter anderem die Mindestlöhne und die Mindestrenten erhöht werden.
1. Juni	Die Paritätische Mitbestimmung (Gesetz über die Mitbestimmung der Arbeitnehmer) sieht vor, dass Kapitaleigner und Arbeitnehmer jeweils die Hälfte der Aufsichtsratsmitglieder in großen Kapitalgesellschaften stellen.
25. Juni	Das Körperschaftssteuerreformgesetz wird verabschiedet, das die Kapitalgesellschaften entlasten soll.
28. September	Zweiter Weltwirtschaftsgipfel: Zur BRD, den USA, Frankreich, Großbritannien, Italien und Japan kommt Kanada hinzu (G 7).
3. Oktober	Achte Bundestagswahl: Bundeskanzler Schmidt siegt knapp gegen seinen Herausforderer Helmut Kohl.
15. November	Die Bundespost stellt in West-Berlin die ersten Tastentelefone vor, die Apparate mit Wählscheibe ersetzen.

1977

1. Januar	Hanns Martin Schleyer tritt Doppelpräsidentschaft im BDI und BDA an.
23. März	Die Bundesregierung beschließt ein »Mehrjähriges öffentliches Investitionsprogramm zur wachstums- und umweltpolitischen Vorsorge« (Programm für Zukunftsinvestitionen) im Umfang von 16 Mrd. DM über vier Jahre.
25. Mai	Die Bundesregierung beschließt ein Programm zur Bekämpfung der Arbeitslosigkeit im Umfang von mehr als 2 Mrd. DM.
27. Juni	Der Bundestag verabschiedet das Rentenanpassungsgesetz zur Konsolidierung der Rentenfinanzen und das Krankenversicherungs-Kostendämpfungsgesetz.
29. Juni	Als Reaktion auf die Verfassungsbeschwerde der Arbeitgeberverbände gegen das Mitbestimmungsgesetz verlässt der DGB die »Konzertierte Aktion«.
9. August	Aufgrund der neuesten alarmierenden Wirtschafts- und Arbeitsmarktdaten beruft Bundeskanzler Helmut Schmidt trotz parlamentarischer Sommerpause das Bonner Wirtschaftskabinett in Hamburg ein.
5. September	Die RAF entführt den BDA- und BDI-Präsidenten Hanns Mar-

	tin Schleyer. Am 19. Oktober wird die Leiche Schleyers in Mülhausen (Frankreich) gefunden.
30. November	Die DDR bestellt 10 000 VW-Golf – Autos von Volvo, Mazda, Citroën und Peugeot sollten noch folgen.

1978

1. Januar	Infolge neuer Steuergesetze wird die Mehrwertsteuer von 11 auf 12 Prozent erhöht.
19. Januar	Der letzte in Deutschland gebaute VW-Käfer läuft im Werk Emden vom Band. In Mexiko wurde der Käfer noch bis 2003 gebaut.
23. Februar	Der Wechselkurs des US-Dollars fällt erstmals unter die Marke von 2 DM.
20. März	In der Druckindustrie einigen sich die Tarifparteien nach wochenlangem Streik auf einen neuen Tarifvertrag. Wichtigster Streitpunkt war der Rationalisierungsschutz bei der Einführung neuer elektronischer Satztechniken.
16. Juli	Der vierte Weltwirtschaftsgipfel der G7-Staaten in Bonn. Es wird eine gemeinsame Strategie zur Bekämpfung der weltweiten Wirtschaftskrise beschlossen.
18. Juli	Der Bundestag beschließt angesichts der schlechten Lage der Rentenkasse eine vorübergehende Abkehr von der bruttolohnbezogenen Rentenanpassung.
28. Juli	Die Bundesregierung beschließt im Anschluss an den Weltwirtschaftsgipfel Maßnahmen zur Konjunkturstützung im Umfang von 28,5 Mrd. DM.
22. September	Vertreter der Wirtschaft aus der BRD unterzeichnen in Peking ein Protokoll über ein langfristig angelegtes 8-Mrd.-DM-Geschäft mit der Volksrepublik China.
5. Dezember	Der Europäische Rat beschließt in Brüssel das Europäische Währungssystem (EWS), das die Stelle des Europäischen Wechselkursverbunds einnimmt.

1979

17. Januar	Die Bundesregierung beschließt ein Soforthilfeprogramm für Werften und die Seeschifffahrt in Höhe von 700 Mio. DM.

ZEITTAFEL

1. März	Das Bundesverfassungsgericht weist die Klage der Arbeitgeberverbände gegen das Mitbestimmungsgesetz zurück.
8. Mai	Die nordrhein-westfälische Landesregierung kündigt ein Fünfjahresprogramm für das Ruhrgebiet an: Mit insgesamt fünf Mrd. DM sollen bis 1985 Strukturprobleme und Arbeitslosigkeit überwunden werden.
17. Mai	Internationale Verkehrsausstellung in Hamburg: Der erste für den Personenverkehr zugelassene Transrapid nimmt seinen Betrieb auf.
23. Mai	Karl Carstens (CDU) wird von der Bundesversammlung zum 5. Bundespräsidenten gewählt.
1. Juli	Die Mehrwertsteuer steigt von 12 auf 13 Prozent.
16. Juli	Infolge der zweiten Ölkrise steigen die Benzinpreise erstmals über die Marke von einer DM je Liter.
16. September	DDR-Bürger dürfen ab sofort bei Intertank und Genex sowie in den »Intershop«-Läden nur noch mit Mark-Wertscheck (»Forum-Schecks«) bezahlen. Die Mark-Wertschecks müssen gegen Westgeld bei DDR-Banken erworben werden.
16. September	DDR-Planungschef Gerhard Schürer teilt dem Politbüro erneut mit, dass die Durchführung der Importe und die Sicherung der Zahlungsfähigkeit »weitestgehend von der Bereitschaft kapitalistischer Banken abhängig (seien), uns Kredite zu gewähren.«
8. November	Beschluss des DDR-Ministerrats zur Einstufung volkseigener Kombinate zur »grundlegenden Wirtschaftseinheit«.

1980

30. Januar	Das Programm der Bundesregierung zur Gewinnung von Energie aus Kohle und zur Erforschung alternativer Energiequellen soll die Abhängigkeit vom Öl mindern.
23. April	Vertreter des Steinkohlenbergbaus und der Elektrizitätswirtschaft schließen den so genannten Jahrhundertvertrag, in dem sich die bundesdeutschen Stromerzeuger zur Abnahme von jährlich steigenden Mengen heimischer Steinkohle verpflichten.
4. Juli	Das Steuerentlastungsgesetz im Umfang von 16,4 Mrd. DM wird verabschiedet.
17. September	Die West-Berliner Beschäftigten der von der DDR betriebenen Berliner S-Bahn gehen wegen schlechter Arbeitsbedingungen und niedriger Bezahlung in den Streik, dieser wird jedoch nach einer Woche abgebrochen. Defizitäre S-Bahn-Strecken werden stillgelegt.

ZEITTAFEL

5. Oktober	Neunte Bundestagswahl: Die sozial-liberale Koalition unter Bundeskanzler Schmidt siegt über die CDU/CSU-Opposition unter Führung von Franz Josef Strauß.
4. November	Die Bundesregierung beschließt, den Beitragssatz zur Rentenversicherung von 18,0 auf 18,5 Prozent zu erhöhen und gleichzeitig den Bundeszuschuss um 3,5 Mrd. DM zu senken.

1981

20. Februar	Inflationsgefahr und passive Leistungsbilanz zwingen die Bundesbank zu einem restriktiven Kurs in der Geldpolitik.
7. Mai	Der Bundestag verabschiedet das Subventionsabbaugesetz.
15. Mai	Die Bauarbeiten für das Windkraftwerk GROWIAN im Kaiser-Wilhelm-Koog an der Nordseeküste bei Marne beginnen.
27. August	Der sowjetische Partei- und Staatschef Leonid Breschnew teilt Erich Honecker mit, die sowjetischen Erdöllieferungen an die DDR verringern zu wollen.
3. September	Die Bundesregierung beschließt mit der »Operation '82« für das kommende Jahr Einsparungen von insgesamt 15,8 Mrd. DM im Bundeshaushalt. Im Vermittlungsausschuss wird das Sparprogramm noch verschärft.
4. September	Um den Konsum der Bevölkerung nicht einschränken zu müssen, beschließt die DDR-Plankommission, die Mittel für Investitionen zu kürzen.
4. November	Die Bundesregierung beschließt die vierte Fortschreibung des Energieprogramms, das die Kohlevorrangpolitik fortführt.
20. November	Die Ruhrgas AG und der sowjetische Sojusgas-Export beschließen einen neuen Erdgas-Lieferungsvertrag für 25 Jahre.

1982

26. März	Der Bundestag verabschiedet das Konjunkturprogramm »Gemeinschaftsinitiative für Arbeit, Wachstum und Stabilität«.
8. Mai	In Nürnberg findet die erste deutsche Unternehmerdemonstration statt. Etwa 300 Chefs von mittelständischen Firmen protestieren gegen die Wirtschaftspolitik der Bundesregierung.
18. Juni	Zwischen der DDR und der BRD wird vereinbart, dass der zinslose Überziehungskredit (Swing) der DDR schrittweise von 850 Mio. auf 600 Mio. DM reduziert werden soll.

9. September	Bundeswirtschaftsminister Otto Graf Lambsdorff (FDP) veröffentlicht sein »Konzept für eine Politik zur Überwindung der Wachstumsschwäche und zur Bekämpfung der Arbeitslosigkeit«.
1. Oktober	Ein konstruktives Misstrauensvotum unter Mehrheit der FDP-Fraktion stürzt Helmut Schmidt. Helmut Kohl (CDU) wird zum neuen Bundeskanzler einer CDU/CSU-FDP-Koalition gewählt.
30. November	Erstmals seit dem Wirtschaftswunder gibt es über 2 Mio. Arbeitslose, genau: 2,04 Mio.
15. Dezember	Der zweite Nachtragshaushalt der neuen Bundesregierung wird verabschiedet. Die Neuverschuldung beträgt nun insgesamt fast 40 Mrd. DM.

1983

28. Februar	Mit 2,53 Mio. Arbeitslosen wird die höchste Zahl nach dem Zweiten Weltkrieg registriert.
17. März	Das Bundeskartellamt genehmigt die Übernahme der ehemaligen AEG-Tochter Telefunken AG durch den französischen Unterhaltungselektronikkonzern Thomson-Brandt.
14. Juni	Die Bundesregierung beschließt öffentliche Beihilfen für die deutsche Stahlindustrie in Höhe von 3 Mrd. DM.
1. Juli	Die Mehrwertsteuer steigt von 13 auf 14 Prozent.
1. Juli	Ein von Franz Josef Strauß vermittelter Vertrag über einen Milliardenkredit für die DDR wird unterzeichnet. Die Bundesregierung bürgt für die Rückzahlung der Kreditsumme in voller Höhe.
12. Juli	Das bis dahin größte europäische Sonnenkraftwerk nimmt auf der Nordseeinsel Pellworm/Schleswig-Holstein seinen Betrieb auf.
16. September	Die Ruhrkohle AG gibt bekannt, dass sie die Zahl ihrer Beschäftigten und ihre Förderkapazität um rund ein Achtel verringern wird. 14 000 Arbeitsplätze gehen verloren.
26. September	Das Gesetz zur Förderung der Rückkehrbereitschaft von Ausländern wird verkündet.
20. Dezember	Die Bundesregierung beschließt das Vorruhestandsgesetz, nach dem Arbeitnehmer von 1984 bis 1988 bereits mit 58 Jahren in Rente gehen können.

ZEITTAFEL

1984

23. Februar	Im Volkswagenwerk in Wolfsburg wird der Öffentlichkeit eine vollautomatische Fertigungsstrecke für die Golf-Produktion vorgeführt.
3. April	In der westdeutschen Druckindustrie scheitert die Schlichtung am Streit um die 35-Stunden-Woche. Als Folge wird die Branche schwerpunktmäßig bestreikt.
12. April	Die »Startbahn 18 West« des Frankfurter Flughafens wird nach mehr als 20-jähriger Planungs- und Bauzeit in Betrieb genommen. Vorausgegangen waren Demonstrationen, gerichtliche Auseinandersetzungen sowie der gescheiterte Versuch eines Volksbegehrens.
10. Mai	In der Metallindustrie beginnen die Streiks um die 35-Stunden-Woche. Die Automobil-Zulieferindustrie und die Kfz-Produktion kommen zum Erliegen. Die Arbeitgeber antworten mit Aussperrungen.
23. Mai	Richard von Weizsäcker (CDU) wird neuer Bundespräsident.
27. Juni	Bundeswirtschaftsminister Otto Graf Lambsdorff (FDP) tritt infolge der Flick-Affäre von seinem Amt zurück.
25. Juli	Die Bundesregierung bürgt auch für einen weiteren Kredit westdeutscher Banken an die DDR in Höhe von 950 Mio. DM.

1985

1. Januar	Mit Sat.1 nimmt der erste Privatfernsehsender in Deutschland den Sendebetrieb auf.
26. Februar	Der Wechselkurs des US-Dollars steigt auf ein Maximum von 3,47 DM.
24. Mai	Der Bundestag beschließt die Steuerreform 1986/88, die in zwei Stufen eine Entlastung von insgesamt 20 Mrd. DM bringt.
21. Juni	Der Bundestag beschließt die Anrechnung von Erziehungszeiten bei der Rentenberechnung.
17. Juli	Die Bundesregierung beschließt die Einführung eines Erziehungsgeldes und eines Erziehungsurlaubs.
28. November	Friedrich Flick verkauft sein Industrie-Imperium für 5,36 Mrd. DM an die Deutsche Bank.
11. Dezember	In Wackersdorf beginnt der Bau der Wiederaufbereitungsanlage für Kernbrennstäbe. Ein erbitterter Kampf zwischen Befürwortern und Gegnern entbrennt. 1989 wird der Bau eingestellt.

ZEITTAFEL

1986

1. Januar — Spanien und Portugal werden 11. und 12. Mitglied der Europäischen Gemeinschaft.

17. April — Die SED beschließt in den Direktiven zum Fünfjahresplan 1986–90, den Schwerpunkt auf den Ausbau der Mikroelektronik und Automatisierungstechnik zu legen.

26. April — In Tschernobyl ereignet sich der erste Super-GAU in der Geschichte der Kernenergienutzung.

13. Mai — Die Bundesregierung beschließt nach Bauernprotesten gegen die EG-Agrarpolitik Hilfen für die deutsche Landwirtschaft in Höhe von 800 Mio. DM.

18. Juni — Der Bundesfinanzminister erlässt eine Haushaltssperre für das Jahr 1986.

26. September — Der Bertelsmann-Konzern erwirbt für 960 Mio. DM den zweitgrößten US-amerikanischen Buchverlag Doubleday & Co. Damit ist Bertelsmann größter Medienkonzern der Welt.

1987

25. Januar — Elfte Bundestagswahl: Die Regierungskoalition aus CDU/CSU und FDP wird im Amt bestätigt.

16. Februar — In der so genannten Flick-Parteispendenaffäre werden die ehemaligen Wirtschaftsminister Otto Graf Lambsdorff und Hans Friderichs und der frühere Flick-Manager Eberhard von Brauchitsch zu hohen Geldstrafen wegen Steuerhinterziehung verurteilt.

12. März — Der Europäische Gerichtshof erklärt das 471 Jahre alte deutsche Brau-Reinheitsgebot für unzulässig und damit für Importbiere ungültig.

25. Juni — Der Bundestag beschließt das Steuersenkungserweiterungs-Gesetz 1988, das eine weitere Entlastung von 4,8 Mrd. DM bringt.

1. Juli — Der Bezug von Arbeitslosengeld wird – nach dem Alter gestaffelt – auf bis zu 32 Monate ausgedehnt.

7. September — Zum ersten Mal seit 1949 besucht mit Erich Honecker ein Staats- und Parteichef der DDR die BRD.

19. Oktober — »Schwarzer Montag« an den Weltbörsen, unter anderem größter prozentualer Tagesverlust des Dow Jones.

2. Dezember — Die Bundesregierung beschließt Maßnahmen zur Stärkung des Wachstums, vor allem Investitionskredite der Kreditanstalt für Wiederaufbau (KfW).

10. Dezember — Der größte und teuerste Streik der deutschen Stahlgeschichte für

	den Erhalt des Krupp-Werkes in Duisburg-Rheinhausen beginnt. 160 Tage lang legen die Arbeiter die deutsche Industrie lahm. 100 000 Menschen demonstrieren für den Erhalt. 1993 wird das Werk endgültig stillgelegt.
31. Dezember	Der Wechselkurs des US-Dollars fällt auf den bisherigen Tiefststand von 1,58 DM.

1988

1. Februar	An den Tankstellen wird verbleites Normalbenzin nicht mehr verkauft.
11. Mai	Alfred Herrhausen wird alleiniger Vorstandssprecher der Deutschen Bank. Am 30. November 1989 wird er von RAF-Terroristen ermordet.
23. Juni	Der Bundestag beschließt die Steuerreform 1990 mit einer Nettoentlastung von 19,1 Mrd. DM.
27. Juni	Auf dem EG-Gipfel wird die Schaffung des EG-Binnenmarkts bis Ende 1992 beschlossen.
1. Juli	Der Dax wird eingeführt. Er ist der Leitindex der Deutschen Börse in Frankfurt.
12. Oktober	Die Bundesregierung beschließt Finanzhilfen von 800 Mio. DM für den Bau von 30 000 Wohnungen von Spätaussiedlern.

1989

2. Mai	Ungarn baut die Grenzbefestigungen zu Österreich ab. Infolgedessen fliehen die ersten DDR-Bürger über Ungarn nach Österreich.
1. Juli	Das Sonderprogramm zur Beschäftigung von Langzeitarbeitslosen durch Lohnkostenzuschüsse bis zu 80 Prozent tritt in Kraft.
8. September	Zusammenschluss der Daimler-Benz AG mit dem Luft- und Raumfahrtkonzern Messerschmitt-Bölkow-Blohm (MBB) per Ministerentscheid. Damit ist die größte Unternehmensfusion in der Geschichte der BRD abgeschlossen.
1. Oktober	Einzelhandelsgeschäfte und Banken dürfen ab jetzt donnerstags bis 20.30 Uhr öffnen.
1. Oktober	Die ersten Sonderzüge aus Warschau und Prag mit ca. 6800 DDR-Flüchtlingen durchqueren die DDR. Ausreisewillige Bürger der DDR versuchen, auf die Züge aufzuspringen.

ZEITTAFEL

	9. November	Der Bundestag verabschiedet das Rentenreformgesetz 1992, mit dem die finanzielle Stabilität sichergestellt werden soll.
	9. November	Günter Schabowski verkündet auf einer Pressekonferenz, dass ab sofort Visa für Auslandsreisen ohne weitere Auflagen erteilt würden. Damit ist die Mauer offen.
	28. November	Bundeskanzler Helmut Kohl legt einen 10-Punkte-Plan mit föderativen Strukturen und dem Ziel der deutschen Einheit vor.
	5. Dezember	Die Bundesregierung beschließt die Einrichtung eines Fonds zur Finanzierung von Reisemitteln für DDR-Bürger für die Dauer von zwei Jahren.
1990	23. Januar	Erste Sitzung der deutsch-deutschen Wirtschaftskommission. Die Bundesregierung bietet zur Unterstützung kleiner und mittlerer Betriebe in der DDR zinsgünstige Kredite in Höhe von 6 Mrd. DM an.
	25. Januar	Die DDR-Regierung beschließt die volle Gewerbefreiheit für Handwerks-, Handels- und Dienstleistungsbetriebe und verabschiedet eine Verordnung über die Gründung von Unternehmen mit ausländischer Beteiligung.
	1. Februar	DDR-Ministerpräsident Hans Modrow unterbreitet seinen Stufenplan mit folgenden Schritten: Vertragsgemeinschaft, Konföderation und Übertragung von Souveränitätsrechten auf die Konföderation.
	7. Februar	Bundeskanzler Helmut Kohl schlägt der DDR sofortige Verhandlungen über eine Währungsunion mit Wirtschaftsreform vor. Anlass ist der nicht abreißende Übersiedlerstrom aus der DDR.
	10./11. Februar	Bundeskanzler Helmut Kohl und Außenminister Hans-Dietrich Genscher treffen Michail Gorbatschow, der der deutschen Einheit zustimmt, ebenso wie kurz darauf die Vertreter des Warschauer Pakts, die EG und die USA.
	13./14. Februar	Ministerpräsident Modrow und Bundeskanzler Kohl vereinbaren die Einsetzung einer Kommission zur Währungsunion.
	1. März	Der DDR-Ministerrat beschließt die Umwandlung aller Kombinate und Volkseigenen Betriebe in Kapitalgesellschaften sowie die Einrichtung der Treuhandanstalt.
	7. März	Die Volkskammer verabschiedet ein Wirtschaftsgesetz, das die Gründung von privaten Unternehmen zulässt.
	18. März	Die ersten und einzigen freien Volkskammerwahlen mit einer

ZEITTAFEL

	Wahlbeteiligung von 93,38 Prozent. CDU, DSU und DA erreichen mit 48,15 Prozent einen klaren Sieg. Die SPD erhält 21,84 Prozent, die PDS 16,33 Prozent und die Liberalen 5,28 Prozent. Das Bündnis 90, in dem sich die Hauptinitiatoren der friedlichen Revolution zusammengeschlossen haben, erreicht nur 2,91 Prozent.
5. April	Der Volkseigene Betrieb (VEB) Elektromaschinenbau Dresden wird als erstes Kombinat in eine Kapitalgesellschaft umgewandelt.
16. Mai	Bund und Länder einigen sich auf die Gründung eines Fonds »Deutsche Einheit« zur finanziellen Unterstützung der DDR mit einem Volumen von 115 Mrd. DM.
1. Juli	Deutsch-deutsche Wirtschafts-, Sozial- und Währungsunion: In der DDR wird die D-Mark eingeführt. Die Geldbestände und Schulden werden 2 : 1 umgetauscht, laufende Zahlungen 1 : 1. Bürgern, öffentlichen Verwaltungen und Unternehmen der DDR werden über 180 Mrd. DM ausgezahlt.
16. Juli	Konstituierung der Treuhandanstalt, die für die Abwicklung der 8000 Volkseigenen Betriebe (VEB) zuständig ist.
3. Oktober	Die DDR tritt nach Art. 23 des Grundgesetzes dessen Geltungsbereich bei. Damit ist über 45 Jahre nach der Aufteilung in Besatzungszonen und elf Monate nach der Maueröffnung die deutsche Vereinigung vollzogen.
2. Dezember	Erste freie gesamtdeutsche Wahl seit 1932: Die CDU/CSU erreicht 43,8 Prozent, die SPD 33,5 Prozent, die FDP 11 Prozent. Die Grünen der BRD scheitern mit 4,8 Prozent an der Fünf-Prozent-Hürde. Im Wahlgebiet der ehemaligen DDR erreichen Bündnis 90/Grüne 6 Prozent und die PDS 11,1 Prozent.

1991

1. Januar	Die neuen Bundesländer übernehmen das Steuerrecht und große Teile der Sozialgesetzgebung.
15. Februar	Im Montagewerk der Volkswagen Sachsen GmbH in Mosel bei Zwickau wird mit der Fertigung des VW-Golf begonnen.
28. Februar	Premiere geht als erster deutscher Pay-TV-Kanal auf Sendung, kann jedoch lange Zeit die Wachstumserwartungen nicht erfüllen.
1. April	Der Präsident der Treuhandanstalt Detlev Karsten Rohwedder wird Opfer eines Mordanschlags, zu dem sich die RAF bekennt.

	10. April	Im Automobilwerk Eisenach rollt der letzte Personenkraftwagen der Marke Wartburg vom Band.
	30. April	In Zwickau läuft nach fast 35 Jahren der letzte Trabant vom Band.
	30. April	Die Bundesregierung beschließt, die Verwendung von FCKW als Treib- und Lösungsmittel zu verbieten.
	9. Mai	Die Bundesregierung beschließt eine neue Verpackungsverordnung, wonach Handel und Industrie Transportverpackungen zurücknehmen und wiederverwenden müssen. Kunden dürfen die Verpackungen in den Geschäften zurücklassen.
	2. Juni	Das ICE-Zeitalter bricht an. Seither hat sich der Hochgeschwindigkeitszug der Deutschen Bahn zum wichtigsten Umsatzbringer im Fernverkehr entwickelt.
	28. Juni	Zur Finanzierung der deutschen Einheit wird ein Zuschlag in Höhe von 3,75 Prozent auf die Körperschafts-, Lohnsteuer- und Einkommensteuerschuld erhoben. In den Jahren 1993 und 1994 war der Solidaritätszuschlag abgeschafft, heute liegt er bei 5,5 Prozent.
	28. Juni	Der 1949 gegründete Rat für Gegenseitige Wirtschaftshilfe (RGW) wird aufgelöst.
	11. November	Die Kohlerunde einigt sich auf eine Verringerung der jährlichen Steinkohleförderung von 70 auf 50 Mio. Tonnen.
1992	1. Januar	Das westdeutsche Rentenrecht wird auf die neuen Bundesländer übertragen.
	31. Januar	Erstmals seit Kriegsende über 3 Mio. Arbeitslose, genau: 3,22 Mio.
	7. Februar	12 Staats- und Regierungschefs der EG unterzeichnen in Maastricht die Gründungsakte der Europäischen Union – als »eine neue Stufe bei der Verwirklichung einer immer engeren Union der Völker Europas«.
	14. Februar	Erhöhung der Mehrwertsteuer von 14 auf 15 Prozent.
	27. April	Nach dem Scheitern der Tarifverhandlungen kommt es zu einem flächendeckenden Streik der Gewerkschaft ÖTV, der sich zum längsten Arbeitskampf der ÖTV in der deutschen Geschichte entwickelt.
	2. Dezember	Der Bundestag ratifiziert die Verträge von Maastricht über die EU und die Währungsunion.

ZEITTAFEL

9. Dezember	Der Bundestag verabschiedet das Gesundheits-Strukturgesetz, das die Krankenkassen um 10,7 Mrd. DM entlasten soll.

1993

1. Januar	Inkrafttreten des gemeinsamen EG-Binnenmarkts: Innerhalb der EG herrscht nun die Freiheit des Waren-, Dienstleistungs-, Personen- und Warenverkehrs.
13. März	Die Bundesregierung, die oppositionelle SPD und die Ministerpräsidenten der Bundesländer einigen sich auf einen Solidarpakt zur Finanzierung der Folgen der deutschen Einheit. Durch die Neuordnung des Länder-Finanzausgleichs und des Umsatzsteueraufkommens wird der Bund zum Hauptlastenträger des wirtschaftlichen Aufbaus in Ostdeutschland.
1. Juli	Das vierstellige Postleitzahlensystem wird durch fünfstellige Ziffernkombinationen abgelöst.
20. Juli	Die Mitgliedsländer der Europäischen Gemeinschaft einigen sich auf eine Neuordnung des Strukturfonds. Für die neuen Bundesländer sollen Hilfen in Höhe von rund 27 Mrd. DM bereitgestellt werden.
2. August	Finanzminister und Notenbankchefs der Mitgliedsstaaten des Europäischen Währungssystems (EWS) beschließen, die Schwankungsbreite der Wechselkurse zu erweitern, um die Finanzmärkte zu stabilisieren. Das EWS wird so außer Kraft gesetzt.
3. September	Handel, Industrie, Entsorgungswirtschaft und kommunale Spitzenverbände einigen sich auf eine finanzielle Unterstützung für das vom Konkurs bedrohte privatwirtschaftliche Abfallentsorgungsunternehmen Duales System Deutschland.
1. Oktober	Der Bundestag verabschiedet das Entgeltfortzahlungsgesetz, nach dem der Arbeitgeberanteil bei der Pflegeversicherung durch Lohnkürzungen um 20 Prozent an bundeseinheitlichen Feiertagen ausgeglichen werden soll.
26. Oktober	Als erster deutscher Konzern beschließt das VW-Werk in Wolfsburg die Einführung der Vier-Tage-Woche bei entsprechendem Lohnverlust.
14. Dezember	In Genf unterzeichnen die Vertreter der GATT-Mitgliedsstaaten nach langen, mühevollen Verhandlungen ein neues Welthandelsabkommen.

ZEITTAFEL

1994
1. Januar	Bundesbahn/Reichsbahn werden zur Deutschen Bahn AG. Die AG ist weiterhin vollständig in Staatsbesitz.
1. Januar	Die Bestimmungen des Europäischen Wirtschaftsraums treten in Kraft. Er bildet mit 18 Staaten und ca. 375 Mio. Verbrauchern den weltgrößten Markt für freien Waren-, Dienstleistungs- und Kapitalverkehr.
31. Januar	Erstmals über 4 Mio. Arbeitslose, genau: 4,03 Mio.
11. März	Die Bundesregierung beschließt die Einführung der Pflegeversicherung. Sie bildet die vierte Säule der Sozialversicherung neben Renten-, Arbeitslosen- und Krankenversicherung.
15. März	Nach dem Abschluss des Allgemeinen Zoll- und Handelsabkommens (GATT) billigen 104 Staaten den Vertrag über die Schaffung der Welthandelsorganisation WTO.
15. März	Die Jürgen Schneider AG meldet Konkurs an. Die Immobilienholding ist bei etwa 50 Gläubigerbanken mit über 5 Milliarden DM verschuldet.
23. Mai	Roman Herzog wird zum Bundespräsidenten gewählt.
1. August	Nach dem neuen Beschäftigungsförderungsgesetz ist künftig die private Arbeitsvermittlung zugelassen und damit das bisherige Monopol der Bundesanstalt für Arbeit abgeschafft.
16. Oktober	Dreizehnte Bundestagswahl: Die CDU/CSU-FDP-Koalition behauptet knapp ihre Mehrheit.
31. Dezember	Die Treuhandanstalt stellt ihre Arbeit ein.

1995
1. Januar	Durch den Beitritt von Finnland, Österreich und Schweden wird die Europäische Union auf 15 Mitgliedsstaaten erweitert.
1. Januar	Privatisierung von Postdienst, Postbank und Telekom.
8. März	Der Dollar sinkt auf ein Rekordtief von 1,345 DM ab.
26. Juni	Die Dresdner Bank übernimmt die britische Merchantbank Kleinwort Benson mit einem Gebot von rund einer Mrd. Pfund.
15. August	Der Gesamtbetriebsrat der Daimler-Benz Aerospace AG stellt das Sanierungskonzept »Dolores« des Dasa-Vorstands vor. 15 000 Stellen und drei Standorte werden aufgegeben.
26. September	Mit dem Börsengang des Pharmakonzerns Merck KGaA erfolgt eine der größten Neuemissionen Europas.
1. Oktober	Elf Jahre nach dem ersten Streik für deren Einführung tritt in der westdeutschen Metallindustrie die 35-Stunden-Woche in Kraft.

ZEITTAFEL

1. November	IG-Metall-Chef Zwickel schlägt ein »Bündnis für Arbeit« vor. Die Löhne sollen 1996 nur um die Inflationsrate steigen, die Industrie ist verpflichtet, 300 000 Arbeitsplätze zu schaffen.

1996

17. Januar	Die Mutter Daimler-Benz beschließt die Auflösung der AEG. Ihre Marken und Namen finden jedoch durch neue Lizenznehmer weiter Verwendung.
22. Januar	Daimler Benz stellt die Unterstützung für die niederländische Tochter Fokker ein. Das Konkursverfahren des Flugzeugbauers wird am 15. März 1996 eröffnet.
5. Februar	Fresenius und W. R. Grace & Co. fusionieren ihre Töchter zum weltgrößten Dialyseunternehmen Fresenius Medical Care. Es folgt der Börsengang in Deutschland und den USA.
21. Februar	Der Werftenverbund Bremer Vulkan meldet Konkurs: Es zeigt sich, dass rund 700 Mio. DM an Subventionen für ostdeutsche Werften fehlgeleitet wurden.
6. März	In Deutschland erreicht die Zahl der Arbeitslosen mit 4,27 Mio. den bisher höchsten Stand der Nachkriegsgeschichte.
8. März	Opel und General Motors verklagen das Volkswagen-Vorstandsmitglied José Ignazio Lopez wegen des Verdachts der Industriespionage beim US-Bundesgericht in Detroit.
3. April	Erstmals seit über 40 Jahren lässt der Daimler-Benz-Konzern angesichts eines Fehlbetrags für 1995 von 5,7 Mrd. DM die Dividende ausfallen.
14. August	Die Münchener Rück übernimmt für 3,3 Mrd. DM den drittgrößten US-Rückversicherer American Re.
12. September	Das CentrO in Oberhausen wird eröffnet. Deutschlands erste Mega-Mall ist mit 70 000 Quadratmetern Verkaufsfläche und 250 Geschäften auch heute noch eines der größten Einkaufszentren.
1. Oktober	Das umstrittene Gesetz über die Entgeltfortzahlung im Krankheitsfall tritt in Kraft.
18. November	Die Deutsche Telekom wagt sich aufs Börsenparkett und kann einen Erlös von rund 20 Mrd. DM und eine Steigerung der Eigenkapitalquote von 15 auf 25 Prozent verbuchen.

ZEITTAFEL

1997

14. Februar	Im Ruhrgebiet demonstriert eine Viertelmillion Menschen für den Erhalt des Bergbaus.
28. Februar	Die Zahl der Arbeitslosen in Deutschland erreicht mit 4,672 Millionen den höchsten Stand seit dem Krieg.
10. März	Start des »Neuen Markts«. Das Börsensegment für junge Technologieunternehmen erlebt einen fulminanten Aufschwung mit 346 notierten Unternehmen und einen ebenso steilen Absturz: Im Juni 2003 hat die Deutsche Börse den Neuen Markt geschlossen.
26. März	Die Vorstände der Unternehmen Thyssen und Krupp-Hoesch kündigen die Gründung einer gemeinsamen Stahlgesellschaft an.
21. Juli	Die Bayerische Hypotheken- und Wechselbank sowie die Bayerische Vereinsbank geben ihre Fusion zum zweitgrößten deutschen Finanzkonzern bekannt.
28. November	Das elektronische Handelssystem Xetra löst an der Frankfurter Börse das Ibis-System ab.
1. Dezember	Die Börsensachverständigenkommission beim Bundesfinanzministerium legt den neuen Übernahmekodex vor. Er präzisiert die Schwelle, ab der von einer Kontrolle des übernommenen Unternehmens ausgegangen und daher ein Übernahmeangebot abgegeben werden muss.
4. Dezember	Die EU-Gesundheitsminister beschließen ein Verbot für Tabakwerbung.
11. Dezember	Mehrwertsteuererhöhung von 15 auf 16 Prozent.

1998

1. Januar	Das staatliche Postmonopol der Telekom im Telefonfestnetz wird aufgehoben: Die Kunden können künftig zwischen zahlreichen Anbietern frei wählen.
5. Januar	Auf der Automobilschau in Detroit wird der »New Beetle« von Volkswagen vorgestellt, der Nachfolger des legendären »Käfers«.
28. Januar	Wegen des Verstoßes gegen die Wettbewerbsregeln in der EU verpflichtet die EU-Kommission den VW-Konzern, 200 Millionen DM Strafe zu zahlen. VW hatte über Jahre hinweg den Reimport von Fahrzeugen verhindert, um so das Verkaufsniveau in Deutschland höher zu halten.
26. Februar	Das RWE schafft das Mehrfachstimmrecht der kommunalen Aktionäre ab. Es wird zu einer normalen Aktiengesellschaft.

ZEITTAFEL

7. Mai	Daimler-Benz und Chrysler kündigen mit ihrer Fusion den bislang größten Industriezusammenschluss der Welt an und steigen dadurch zum drittgrößten Automobilkonzern der Welt auf.
1. September	Die fusionierte Bayerische Hypo-Vereinsbank nimmt ihre Geschäftstätigkeit auf, um von München aus ein Gegengewicht zu den Frankfurter Großbanken zu bilden.
15. September	Mit dem ICE-Sonderzug »Claus Graf Stauffenberg« rollt erstmals ein ICE durch die neuen Bundesländer.
27. September	Vierzehnte Bundestagswahl: Die CDU/CSU erleidet mit 35,1 Prozent der Stimmen eine schwere Niederlage. Gerhard Schröder (SPD) wird zum Kanzler einer rot-grünen Koalition gewählt.

1999

1. Januar	Die Europäische Währungsunion startet, vorerst aber noch ohne Bargeld.
1. April	Das 630-Mark-Gesetz (heute 400-Euro-Gesetz) verpflichtet Arbeitgeber, auch für Beschäftigte mit einem Monatslohn von höchstens 630 DM Sozialabgaben abzuführen.
19. April	Fusion des größten deutschen Warenhauskonzerns Karstadt AG mit dem Versandhandelshaus Quelle zur KarstadtQuelle AG.
23. Mai	Johannes Rau wird zum Bundespräsidenten gewählt. Er ist das erste sozialdemokratische Staatsoberhaupt seit Gustav Heinemann im Jahr 1974.
4. Juni	Die Fusion von Deutscher Bank und Bankers Trust wird von den US-amerikanischen Behörden genehmigt. Es entsteht die nach Vermögenswerten größte Bank der Welt.
1. August	Alle deutschen Nachrichtenagenturen sowie die meisten Tages- und Wochenzeitungen und Magazine stellen auf die neue deutsche Rechtschreibung um.
26. September	Die Energieriesen Veba AG, Düsseldorf, und Viag AG, München, fusionieren zu einem der weltgrößten Versorgungsunternehmen, das den Namen Eon erhält.
1. Oktober	Der Münchner Filmhändler Leo Kirch startet den digitalen Pay-TV-Sender »Premiere World« durch einen Zusammenschluss von »Premiere« und »DF 1«.
30. November	Alt-Bundeskanzler Helmut Kohl räumt ein, dass die CDU verdeckte Parteikonten geführt habe, und berichtet von nicht ordnungsgemäßen Spenden, ohne jedoch die Spender zu nennen.

ZEITTAFEL

	17. Dezember	Mehr als 50 Jahre nach Kriegsende stellen die Bundesregierung und die deutschen Unternehmen jeweils 5 Mrd. DM zur Entschädigung ehemaliger Zwangsarbeiter zur Verfügung.
2000	3. Februar	Das britische Telekommunikationsunternehmen Vodafone kauft Mannesmann für knapp 360 Mio. DM.
	7. März	Der Dax erreicht einen historischen Höchststand von 8 064,97 Punkten (Schlusskurs).
	5. April	Die geplante Fusion der Deutschen Bank mit der Dresdner Bank zum weltweit größten Bankkonzern scheitert aufgrund von Differenzen.
	14. April	Die Telekom-Tochter T-Online geht an die Börse.
	28. April	In Gelsenkirchen wird die letzte Zeche geschlossen.
	1. Juni	In Hannover beginnt die erste Weltausstellung »Expo 2000« auf deutschem Boden. Es kommen nicht einmal halb so viele Besucher wie erwartet.
	15. Juni	In einem Kompromiss zum Atomausstieg wird eine durchschnittliche Betriebszeit der laufenden 19 Reaktoren von 32 Jahren vereinbart.
	27. Juni	Die Fernsehsender Sat.1 und ProSieben schließen sich zum größten deutschen Fernsehkonzern zusammen. Die Holding des Medienunternehmers Leo Kirch wird Hauptanteilseigner.
	26. Juli	Der zweite Versuch, zwei Frankfurter Großbanken zu verschmelzen, schlägt fehl. Die Dresdner Bank und die Commerzbank setzen die Sondierungsgespräche nicht fort.
	17. August	Die Versteigerung der UMTS-Lizenzen bringt einen nicht erwarteten Rekorderlös von 98,8 Mrd. DM.
2001	2. Januar	Eines der Vorzeigeunternehmen der New Economy gerät massiv ins Trudeln: Der Aktienkurs des Softwareunternehmens Intershop AG bricht zeitweise um bis zu 70 Prozent ein.
	8. Mai	Der Benzinpreis erreicht die Rekordhöhe von 2,23 D-Mark für einen Liter Superbenzin und 1,69 D-Mark für Diesel.
	11. Mai	Die neue »Riester-Rente«, die den Einstieg in die staatlich geförderte private Altersvorsorge regelt, wird beschlossen.

16. Mai	Die Piloten der Lufthansa streiken zum ersten Mal in der Geschichte des Unternehmens. Sie erhalten eine Lohnerhöhung von 26 Prozent.
23. Juli	Der Versicherer Allianz AG übernimmt die Dresdner Bank, wodurch der größte deutsche Allfinanzkonzern entsteht.
25. Juli	Der Bundestag schafft das »Rabattgesetz«, nach dem Handeln und Feilschen verboten waren, ab.
8. August	Der Bayer-Konzern muss das Medikament Lipobay wegen gefählicher Nebenwirkungen vom Markt nehmen. 52 Todesfälle wurden bekannt.
30. August	EZB-Chef Wim Duisenberg präsentiert die neuen Euro-Scheine.

2002

1. Januar	Nachdem der Euro als neue Währung zum 1. Januar 1999 für den bargeldlosen Zahlungsverkehr eingeführt wurde, beginnt jetzt der Umtausch des Bargeldes.
8. April	Der Medienunternehmer Leo Kirch meldet Insolvenz an. Auf seinen Konzern lasten Verbindlichkeiten von gut 6,5 Mrd. Euro.
3. Mai	Die Energieverbände und die kommunale Wirtschaft unterzeichnen die Zweite Verbändevereinbarung für Erdgas, die u. a. die Durchleitung von Erdgas durch Netze von Wettbewerbern erleichtern soll.
5. Juli	Die Eon AG erhält von Staatssekretär Alfred Tacke die Ministererlaubnis zur Übernahme der Ruhrgas AG. Damit entsteht Europas größter privater Gasversorger.
8. Juli	Nach 111 Jahren und mehreren Krisen muss der Oberhausener Babcock-Borsig-Konzern Insolvenz anmelden.
11.–16. August	Die »Jahrhundertflut« lässt in Ostdeutschland und in Bayern die Flüsse über die Ufer treten und richtet einen Schaden von geschätzten 18 Mrd. Euro an.
14. August	Die Lufthansa-Beteiligung Eurowings kündigt den Einstieg ins Billigfluggeschäft unter dem Namen Germanwings an.
22. September	Fünfzehnte Bundestagswahl: Die SPD kann sich mit einem Vorsprung von 9000 Stimmen knapp behaupten. Die Grünen erzielen mit 8,6 Prozent der Stimmen ihr bisher bestes Ergebnis bei einer Bundestagswahl, sodass die rot-grüne Koalition weiterregieren kann.
31. Dezember	Der Transrapid nimmt erstmals den regulären Verkehr zwischen dem Flughafen und Finanzdistrikt der chinesischen Stadt Shanghai auf.

ZEITTAFEL

2003

1. Januar	In Deutschland wird ein Pfand auf Getränkedosen und Einwegflaschen eingeführt.
14. März	Mit der »Agenda 2010« kündigt der Bundeskanzler milliardenschwere Einschnitte im Gesundheitswesen und die Zusammenlegung von Arbeitslosengeld und Sozialhilfe an.
3. April	Rund eine halbe Million Menschen protestieren in Berlin, Stuttgart und Köln gegen die Sozialreformen der »Agenda 2010«.
11. April	Ab 1. Juni dürfen die Geschäfte auch am Samstag bis 20 Uhr öffnen.
29. Juni	Die IG Metall muss ihren Streik in Ostdeutschland um die Einführung der 35-Stunden-Woche ergebnislos abbrechen.
9. August	Der US-Milliardär Haim Saban übernimmt den deutschen TV-Konzern ProSiebenSat.1.
28. August	Die Rürup-Kommission legt ihren Abschlussbericht vor, in dem sie die schrittweise Erhöhung des Renteneintrittsalters von 65 auf 67 Jahre empfiehlt.
7. November	Der Bayer-Konzern gibt sein Chemiegeschäft auf.

2004

21. Januar	Zu Beginn des Mannesmann-Prozesses in Düsseldorf sorgt der zusammen mit Klaus Esser, Klaus Zwickel u. a. wegen schwerer Untreue im Zuge der Übernahme von Mannesmann durch den britischen Mobilfunkkonzern Vodafone angeklagte Deutsche-Bank-Chef Josef Ackermann für ein PR-Desaster, indem er ein »Victory«-Zeichen macht.
2. Februar	Der neue Golf legt einen Fehlstart hin, sodass Volkswagen für sein wichtigstes Modell bereits drei Monate nach der Markteinführung Rabatte gewähren muss.
19. Februar	Aufsichtsräte deutscher Unternehmen dürfen keine Aktienoptionen erhalten, beschließt der Bundesgerichtshof.
3. März	In deutschen Großstädten folgen Hunderttausende dem Aufruf von Gewerkschaften und Sozialverbänden und protestieren gegen die Arbeitsmarktreform Hartz IV.
29. April	Gegen den erbitterten Widerstand der Opposition beschließt der Bundestag das Hartz-IV-Gesetz zur Zusammenlegung von Arbeitslosen- und Sozialhilfe. Es tritt am 1. Januar 2005 in Kraft.
1. Mai	Im Rahmen der bisher größten Erweiterung treten die zehn neuen Mitgliedsländer Estland, Lettland, Litauen, Malta, Polen, Slowakei, Slowenien, Tschechien, Ungarn und Zypern der neuen EU-25 bei.

ZEITTAFEL

23. Mai	Die Bundesversammlung wählt Horst Köhler (CDU) mit den Stimmen von CDU, CSU und FDP zum neunten Bundespräsidenten.
23. Juni	Die Postbank geht erfolgreich an die Börse. Zu Tagesende ist die Nachfrage größer als das Angebot an Aktien. Durch den Börsengang fließen dem Unternehmen rund 2,53 Mrd. Euro zu.
22. Juli	Deutsche-Bank-Chef Josef Ackermann wird im Mannesmann-Prozess freigesprochen.
22. September	Die Deutsche Bahn erklärt, ihren für 2006 geplanten Börsengang verschieben zu wollen.
29. Oktober	Die Staats- und Regierungschefs der 25 EU-Mitgliedsstaaten unterzeichnen in Rom den Verfassungsvertrag. Damit beginnt der auf zwei Jahre angelegte Ratifikationsprozess.

2005

1. Januar	Das satellitengestützte LKW-Maut-System geht nach vielen Pannen und Verzögerungen endlich an den Start. LKW-Fahrer müssen rund 12,4 Cent für jeden gefahrenen Autobahnkilometer entrichten.
31. Januar	Zum ersten Mal gibt es in der Bundesrepublik über 5 Mio. Arbeitslose, genau: 5,09.
14. März	Borussia Dortmund wendet die Insolvenz ab. Die Sanierung wird über den Immobilienfond Molsiris abgewickelt.
13. Mai	BMW eröffnet sein neues Werk in Leipzig. Es ist mit 1,3 Mrd. Euro eine der größten Investitionen in Ostdeutschland seit der Wiedervereinigung.
1. Juni	Der Bundestag entzieht Gerhard Schröder wunschgemäß das Vertrauen. Nachdem das Bundesverfassungsgericht entsprechende Klagen ablehnte, ist der Weg zu Neuwahlen frei.
12. Juni	Die italienische Großbank Unicredit übernimmt für rund 15 Mrd. Euro die Hypo-Vereinsbank. Eine der zehn größten Banken Europas entsteht.
3. August	Für 3,1 Mrd. Euro übernimmt der zweitgrößte Sportartikelhersteller Adidas den US-Konkurrenten Reebok und rückt damit zum Weltmarktführer Nike auf.
18. September	Sechzehnte Bundestagswahl: Die vorgezogene Wahl bringt kein eindeutiges Ergebnis. Schließlich einigen sich CDU/CSU und SPD auf eine große Koalition mit der Bundeskanzlerin Angela Merkel.
18. September	Die Deutsche Post übernimmt für 5,5 Mrd. Euro das britische

		Logistikunternehmen Exel und steigt zum größten Logistikkonzern der Welt auf.
	21. Dezember	Der Bundesgerichtshof (BGH) hat die Freisprüche des Düsseldorfer Landgerichts für Deutsche-Bank-Chef Josef Ackermann und fünf weitere Manager im Mannesmann-Prozess aufgehoben. Das Verfahren wird in allen zentralen Punkten neu aufgerollt.
2006	2. Februar	Die Deutsche Bank hat ein Rekordjahr hinter sich und gibt auf der Jahrespressekonferenz bekannt, dass die Eigenkapitalrendite 2005 nach den Zielvorgaben auf über 25 Prozent gestiegen ist.
	6. Februar	In Baden-Württemberg beginnt nach 14 Jahren der erste Arbeitskampf im Öffentlichen Dienst. Er dauert 16 Wochen.
	9. März	Dresden verkauft für 1,7 Mrd. Euro als erste deutsche Stadt ihre kommunalen Wohnungen an die Investorengruppe Fortress.
	23. März	Der Berliner Pharmakonzern Schering verliert nach 155 Jahren seine Eigenständigkeit. Die Bayer AG gibt ein Übernahmeangebot in Höhe von 16,3 Mrd. Euro bekannt.
	30. März	Alt-Bundeskanzler Gerhard Schröder wird Aufsichtsratchef der Nordeuropäischen-Gas-Pipeline-Gesellschaft (NEGP).
	3. April	Der Dax knackt erstmals seit acht Jahren wieder die Marke von 6000 Punkten.
	24. April	Die staatliche Förderbank KfW verkauft 4,4 Prozent der Telekom-Aktien an die US-amerikanische Beteiligungsgesellschaft Blackstone.
	11. Mai	Der Preis für eine Feinunze Gold steigt erstmals seit 25 Jahren wieder über die Marke von 700 US-Dollar.
	28. Juli	Der größte Einzelhändler der Welt, Wal-Mart aus den USA, zieht sich vollständig aus Deutschland zurück. Die 85 Filialen übernimmt der Metro-Konzern.
	17. August	Der deutsche Billigflieger Air Berlin übernimmt seinen Konkurrenten dba. Das neue Unternehmen verfügt jetzt über eine Flotte von 87 Flugzeugen.
	28. September	BenQ zieht sich nur ein Jahr nach dem Kauf der Siemens-Handy-Sparte aus Deutschland zurück. Mindestens 3000 Arbeitsplätze gehen verloren.
	24. Oktober	Bundespräsident Horst Köhler legt gegen die geplante Privatisierung der Deutschen Flugsicherung sein Veto ein.
	29. November	Das Landgericht Düsseldorf stellt das Verfahren im Mannesmann-Prozess gegen Zahlung von insgesamt 5,8 Mio. Euro ein.

Danksagung

Der amerikanische Journalist Hunter S. Thompson hat sich einen Namen gemacht mit ungewöhnlich gründlicher Recherche. So verbrachte er ein ganzes Jahr mit den »Hell's Angels« für einen authentischen Bericht über die Motorrad-Rocker, er lebte mit ihnen, trank mit ihnen, ließ sich von ihnen verprügeln. Seine Honorarforderung für die Reportage, die er schließlich schrieb: zwölf Dollar pro Wort. Aus Ulk schickte ihm eine Gruppe von Studenten später zwölf Dollar: Thompson sollte ihnen dafür sein bestes Wort zuschicken. Es kam postwendend: »Danke!«

Auch wir möchten Danke sagen – nicht für ein Wort, sondern für tausende: für all die Texte, die die »Handelsblatt«-Serie »Ökonomische Wochenschau« möglich gemacht haben, auf der dieses Buch basiert. Alle Autoren stammen aus der »Handelsblatt«-Redaktion: von Volontären der Georg von Holtzbrinck-Schule für Wirtschaftsjournalisten über Korrespondenten, Reporter, Dokumentare, Büroleiter bis hin zum Chefredakteur und seinem Vorgänger. Mancher war ohnehin schon Hobby-Historiker, mancher wurde erst durch die Recherche für einen Serienbeitrag zu einem. Wir möchten uns bedanken für das Engagement und die Begeisterung, mit der die Kollegen bei der Sache waren und auch unsere Bitten um Aktualisierung der Artikel für dieses Buch ertrugen.

Und wir möchten uns bedanken bei den zahlreichen Gesprächspartnern, die sich viel Mühe gaben, längst vergangene Zeiten wieder lebendig zu machen. Schließlich gebührt auch unseren Lektorinnen Silvie Horch und Katja Marczinske Dank für ihre Geduld.

Danke – es ist das beste Wort, das auch uns dazu einfällt.

Düsseldorf, im Juli 2007

Jörg Lichter
Christoph Neßhöver
Katharina Slodczyk

Personenregister

Abelshauser, Werner 27, 41, 62, 146, 192
Abs, Hermann Josef 32, 58ff.
Ackermann, Josef 272, 275f., 375, 418f., 420
Adenauer, Konrad 50, 58, 60, 79, 81ff., 87, 90, 92, 113f., 117f., 121, 392
Adenauer, Patrick 123
Apel, Hans 192
Apro, Piroschka 230
Aristoteles 108
Arnold, Klaus Jochen 53ff.
Auster, Paul 15

Baader, Andreas 202
Bach, Konrad 267ff.
Bach, Vivi 135
Bade, Klaus 128
Bahadir, Ismail 128
Baird, John Logie 132
Barzel, Rainer 92
Bausch, Hans 77
Beckenbauer, Franz 67
Beckham, David 67
Beitz, Berthold 299f.
Berg, Fritz 144
Bergman, Ingrid 19
Beyen, Johann Willem 83
Biermann, Wolfgang 269
Birkenbihl, Klaus 245
Blair, Tony 370
Blanchard, Olivier 194
Blank, Theodor 128
Bleicher, Willi 199f.
Blessing, Karl 32

Böckler, Hans 30
Boenisch, Peter 134
Bomhard, Nikolaus von 331f.
Boock, Peter-Jürgen 202
Borgward, Carl 162ff.
Brandenburg, Karlheinz 309f., 312, 315
Brandt, Willy 93, 135, 182, 185, 187ff., 371, 394, 397f.
Breeden, Laura 242, 246
Brehm, Beppo 75f.
Breitner, Paul 260
Breitschwerdt, Werner 182, 345, 347f.
Brentano, Heinrich von 84
Breschnew, Leonid 156, 159, 225f., 403
Breuel, Birgit 290ff., 305, 307f.
Breuer, Norbert 367
Breuer, Rolf-Ernst 354
Brisch, Josef 37
Bruch, Walter 131ff.
Buchheim, Christoph 27
Bührig, Erich 37
Burg, Lou van 135
Burkert, Rudolf 233
Buzánsky, Jenö 65, 69

Camus, Albert 15
Caracciola, Rudolf 73
Carl, Willi 193
Carstens, Karl 86, 402
Ceram, C. W. 15
Chirac, Jacques 285, 288, 370

Christians, Wilhelm 273f.
Chruschtschow, Nikita S. 91, 159
Churchill, Winston 23, 53, 56
Claasen, Harald 369ff.
Clark, Lincoln 19
Clay, Lucius D. 21, 26
Clement, Wolfgang 358, 362
Collins, Audrey B. 313
Conradi, Friedhelm 337
Cromme, Gerhard 143, 298ff.

Dähne, Helmut 15f.
Danke, Eric 219ff.
Dassler, Adolf 64ff.
Dassler, Horst 68
Dassler, Rudolf 67
Dattel, Dany 262ff.
Dazert, Franz Josef 365f.
Dean, James 70
Dedi, Hans 204, 206, 208
Dehecq, Jean-François 337
Delius, F. C. 15
Delors, Jacques 284, 286
Dienemann, Ullrich 267ff.
Dierichs, Heinz 182
Dieter, Werner 378f.
Dietrich, Marlene 19
Dincklage, Hans-Bodo von 135f.
Dittrich, Stefan 114
Dörensen, Peter 209
Dormann, Jürgen 333ff.

PERSONENREGISTER

Dürr, Heinz 198ff., 247ff.
Dürre, Günter 260
Duisenberg, Wim 283, 288, 417
Dunkel, Manfred 126

Eden, Anthony 83f., 116
Eggers, Karl 162, 168
Ehrlich, Paul 335
Eickelpasch, Ludger 101ff.
Ellerstorfer, Ulla 108f.
Ensslin, Gudrun 202
Enzensberger, Hans Magnus 213
Erhard, Ludwig 23, 26, 31ff., 40f., 84f., 90, 92, 114, 119ff., 146, 199, 206
Erhardt, Heinz 123
Ernst, Franz 209
Eryilmaz, Aytac 125f., 130
Esser, Klaus 375, 377, 379, 418

Falk, Alexander 325
Fallada, Hans 14
Fanning, Shawn 309, 313f.
Faure, Maurice 84
Fedida, Sam 221
Fedotow, Alexander W. 52
Feith, Hans 94f.
Fest, Alexander 15
Fickel, Karl 323ff.
Finger, Stefan 232, 236
Fischer, Heinz 76
Fischer, Joschka 243
Flick, Friedrich 97, 399, 405
Focke, Heinrich 166
Fourtou, Jean-René 337

France, Henri de 133
Frankenfeld, Peter 78
Frenzel, Karl 226
Freud, Sigmund 107
Friderichs, Hans 180, 187, 194, 406
Fuest, Clemens 154

Gabriel, Sigmar 293
Gaulle, Charles de 131ff.
Geis, Matthias 217
Genç, Hatice 129
Genç, Hülya 129
Genç, Saime 129
Genscher, Hans-Dietrich 185, 187ff., 194, 286, 398, 408
Gent, Chris 379
Gerling, Hans 260ff.
Glaser, Hermann 27f.
Glismann, Hans 117
Goethe, Johann Wolfgang von 203
Goll, Gerhard 366
Goppel Alfons 204
Gorbatschow, Michail 229f., 408
Grams, Wolfgang 272
Greene, Graham 14
Grobe, Karl 167
Grosics, Gyula 69
Grossbach, Franz 206, 208
Grub, Volker 366f.
Guillaume, Günter 189
Gunter, John W. 62
Gutermuth, Heinrich 91
Györi, Tamas 227

Haberland, Ulrich 46, 48ff.
Hachmeister, Lutz 200
Haffa, Florian 322
Haffa, Thomas 322
Haffner, Sebastian 184
Hainer, Herbert 68

Hald, Alexander 109
Hallstein, Walter 81ff.
Halske, Johann Georg 138
Halstenberg, Bernd 307f.
Handlos, Franz 233, 236
Hansen, Kurt 182
Hartz, Peter 358
Hayek, Friedrich von 273
Hector, Hans-Werner 174
Hemingway, Ernest 13, 15
Herberger, Sepp 66f.
Herrhausen, Alfred 251, 271ff., 348, 407
Herstatt, Iwan David 259ff., 398
Hertzsch, Eberhard 360f.
Herzog, Roman 18, 412
Himmelreich, Fritz-Heinz 197ff.
Himmler, Heinrich 31
Hitler, Adolf 31f., 58, 71, 91, 116, 211, 381
Höcherl, Hermann 92
Hoeneß, Dieter 248
Hoffmann, Thomas 316, 319
Holland, Wau 222
Holtfrerich, Carl-Ludwig 171
Holtzbrinck, Georg von 15
Honecker, Erich 161, 225, 235f., 265ff., 396, 403, 406
Hope, Bob 19
Hopp, Dietmar 174ff.
Hülshoff, Walter 180
Hunt, Benjamin 184
Hurtado, Miguel de Madrid 274

423

ANHANG

Ilsley, J.L. 169
Ince, Gürsün 129

Jacobi, Karl Paul 144f.
Jelinek, Elfriede 15
Jens, Walter 14
Johansson, Lennart 68
Jünger, Ernst 59
Juncker, Jean-Claude 283

Kampe, Winfried 279ff.
Karlsch, Rainer 55, 57
Karlstadt, Liesl 76
Kehlmann, Daniel 15
Keynes, John Maynard 144f., 149, 172, 240
Keyser, Theobald 91
Kiaulehn, Walther 13
Kiesinger, Kurt Georg 122, 394
Kipling, Rudyard 14
Kirch, Leo 351ff., 415ff.
Kirchhof, Paul 123
Kleinfeld, Klaus 142f.
Klemm, Erich 350
Klett, Arnulf 188
Kluncker, Heinz 184ff.
Koch, Marianne 79
Kofler, Georg 351, 355f.
Kohl, Helmut 84, 123, 148, 190, 233ff., 244, 252, 256, 283ff., 306, 318, 400, 404, 408, 415
Kolle, Oswalt 108ff.
Kopper, Hilmar 276
Kostolany, André 321
Krause-Junk, Gerold 153f.
Krebs, Rolf 336
Kreuger, Ivar 238ff.
Krug, Manfred 316, 318
Kühn, Heinz 192
Kuenheim, Eberhard von 97ff., 183, 349
Kunz, Andreas 257

Laaff, Heinz 262
Lachnit-Fixson, Ursula 108
Lambsdorff, Otto Graf 194, 404ff., 244
Landau, Igor 338
Lang, Karl Heinz 65
Langer, Wolfram 120f.
Lappas, Alfons 256f.
Laufer, Jochen 54
Ledig, Maria 12
Ledig-Rowohlt, Heinrich M. 11ff.
Lehmann, Frank 339ff.
Leiding, Rudolf 212
Leister, Rolf-Dieter 320
Lemke, Dietrich 230
Leonhard, Wolfgang 55
Ling, William 66
Littorin, Krister 240
Löscher, Peter 143
Lohse, Adolf 145
Lotz, Kurt 210ff.
Lucius, Eugen 335
Lübke, Heinrich 373, 390
Luft, Christa 303

Machowski, Heinrich 227, 230
März, Josef 235
Major, John 285
Mandel, Heinrich 102f.
Mannesmann, Max 378
Marcisz, Heinz 202
Marek, Kurt W. 14f.
Marshall, George 23ff., 382
Marx, Karl 214, 266f.
Mathern, Friedrich 95ff.
Matthöfer, Hana 239
Mayer, Paul 14
Meier, Heinz-Werner 338
Meister, Carl Friedrich Wilhelm 335

Mella, Frank 340, 343
Merkel, Angela 213, 218, 358, 419
Merkle, Hans L. 249f.
Messier, Jean-Marie 379
Meyer, Agnes 50
Middelhoff, Thomas 207f.
Mihatsch, Peter 378
Milosevic, Slobodan 218
Mittag, Günter 161
Mitterrand, François 84, 285ff.
Modrow, Hans 57, 230, 408
Mollet, Guy 86
Molotow, Wjatscheslaw 28
Molt, Peter 19f.
Moos, Rudolf 364f.
Morgenthau, Henry 25, 169
Morlock, Max 67f.
Mosler, Matthias 272, 274, 276
Mousse T. 295
Müller, Hermann 116
Müller, Jörg 237ff.
Müller, Karl 238
Müller, Werner 89, 283
Müller-Armack, Alfred 31, 81f.
Müntefering, Franz 256
Murdoch, Rupert 354
Myhrvold, Nathan 246

Nallinger, Fritz 98
Nasko, Horst 278
Nautz, Jürgen 37f.
Neckermann, Josef 206
Nilles-Liebig, Dorothea 358f., 362
Nipperdey, Hans. C. 37
Nixdorf, Heinz 277ff.
Nixon, Richard 169, 171, 173

PERSONENREGISTER

Nold, Erich 95ff.
Noll, Peter 326
Nonn, Christoph 91
Noonan, Edward 30f.
Nordhoff, Heinrich 73, 211, 383

Obermann, René 321
Ochner, Kurt 325
Oettinger, Karl-Heinz 152
Ohlendorf, Otto 30f., 34
Opel, Fritz von 146
Oppenheimer, Franz 123

Papst Paul VI. 110
Pelzer, Ingo 260, 262
Peters, Arno 57
Piëch, Anton 74
Piëch, Ferdinand 74
Piëch, Louise 74
Pierer, Heinrich von 143
Pincus, Gregory 107
Pineau, Christian 84
Platthaus, Andreas 275
Plattner, Hasso 174ff.
Pöhl, Karl-Otto 286, 306
Pohmer, Dieter 42f.
Ponto, Jürgen 273
Popp, Harald 309ff.
Popper, Karl 273
Porsche, Ferdinand 70f., 74, 211
Porsche, Ferdinand (»Ferry«) 70f., 73
Porsche, Ferdinand Alexander 74
Poullain, Ludwig 273f.
Praxmarer, Luis 280, 282
Presley, Elvis 96
Pünder, Hermann 35f.

Quandt, Herbert 96ff.

Raab, Michael 265ff.
Rabin, Lea 181
Rabin, Yitzhak 181
Rahn, Helmut 64, 66
Raspe, Jan Carl 202
Rau, Johannes 256, 415
Rauch, Karl-Heinz 216
Reagan, Ronald 218
Reichelt, Werner-Otto 50
Rendel, Sir George 60f.
Reubel-Ciani, Theo 205
Reuter, Edzard 247ff., 275, 347ff.
Richardson, Eileen 314
Richter-Bohm, Heinrich 95
Ricke, Kai-Uwe 320f.
Robertson, Michael 312f.
Rockefeller, David 183
Rodgers, James 60
Rodrigues de Sá, Armando 125ff.
Rohwedder, Detlev Karsten 303ff., 409
Rombeck-Jaschinski, Ursula 59
Romberg, Walter 303
Rosenberg, Ludwig 144
Rosenthal, Philip 152
Rotert, Michael 242ff.
Rothe, Michael 40f., 44f.
Rowohlt, Ernst 13ff.
Rürup, Bert 147, 149, 362
Ryschkow, Nikolai 229f.

Sabel, Anton 112, 116
Sanger, Margaret 106f., 111
Santer, Jacques 283
Sartre, Jean-Paul 15
Schäffer, Fritz 59
Schalck-Golodkowski, Alexander 231ff., 268

Scharnagl, Wilfried 234, 236
Schering, Ernst 110
Scherzer, Kurt 207
Schickedanz, Gustav 203ff.
Schickedanz, Leonhard 205
Schiesser, Horst 253f., 257f.
Schiller, Karl 92, 144, 146f., 169, 397
Schinzler, Hans-Jürgen 327, 329ff.
Schirner, Michael 79
Schleyer, Hanns-Eberhard 201
Schleyer, Hanns Martin 197ff., 273, 398, 400f.
Schmalstieg, Herbert 291ff.
Schmidt, Helmut 187, 200, 234, 238, 398, 400, 403f.
Schmidt, Siegfried 78ff.
Schmitz, Georg 216
Schmücker, Toni 210
Schmuhl, Hans-Walter 115
Schnabel, Bodo 326
Schneider, Ernst 144, 152
Schneider, Oscar 256
Schönherr, Dietmar 135
Schoettle, Erwin 33
Schrader, Klaus 117
Schrempp, Jürgen 252, 345, 349, 350
Schröder, Gerhard 117, 149, 196, 216, 290, 319, 358, 360, 370, 415, 419f.
Schürer, Gerhard 160f., 228, 402
Schumacher, Kurt 124
Schumpeter, Joseph 10

Schwarz-Schilling, Christian 220f., 249
Seibel, Wolfgang 305
Seitzer, Dieter 310
Semler, Johannes 168
Sherman, Cary 314
Siemens, Carl Friedrich von 139
Siemens, Ernst von 137ff.
Siemens, Hermann von 41
Siemens, Werner von 137ff.
Sievert, Olaf 147f.
Sigle, Jakob 364
Sinn, Hans-Werner 149
Smith, Adam 157
Smits, Phil 108, 111
Sommer, Ron 316ff., 323
Spaak, Paul-Henri 83f., 87
Späthen, Rolf 144
Spethmann, Dieter 61
Stalin, Josef 53, 227, 239
Stancu, Radu 230
Steegmann, Theo 298ff.
Steinbrück, Peer 157
Steiner, André 157ff.
Stepanov, M. S. 169
Stern, Fritz 24
Stingl, Josef 128
Stoppa, Günter 88f., 91, 93
Storch, Anton 114

Strauß, Franz Josef 101f., 147, 151, 153, 231ff., 387, 403f.
Strauss-Kahn, Dominique 283
Ströbele, Christian 214ff.
Strunk, Peter 249

Tecklenborg, Wilhelm 164
Tegtmeier, Willy 166
Tietmeyer, Hans 123, 284f., 287, 289
Tigges, Joachim 254, 257
Tönnesmann, Thomas 77, 80
Tomlinson, Ray 244
Tornow, Georgia 215
Torriani, Vico 135
Truman, Harry S. 18f., 25, 55, 383
Tschira, Klaus 174ff.
Tucholsky, Kurt 13ff., 215

Uhse, Beate 44
Ulbricht, Walter 55, 156ff., 226ff., 266, 396
Ullstein, Rudolf 109
Updike, John 15

Veiel, Andreas 272
Vietor, Albert 255
Vocke, Wilhelm 173
Völker, Heinrich 166

Waigel, Theo 57, 62, 123, 233, 236, 284f., 287ff., 303
Walter, Fritz 64ff.
Warhol, Andy 79
Wehrenalp, Erwin Barth von 121
Weise, Frank-Jürgen 362
Wellenreuther, Claus 175f.
Wenzel, Siegfried 228
Werner, Pierre 285
Wernery, Steffen 222ff.
Wertz, Hans 188
Wessel, Horst 375ff.
Westermann, Arne 76
White, Harry Dexter 170ff.
Wiedeking, Wendelin 74
Wilp, Charles 79
Wirt, Ken 313
Wolff, Heimfried 194ff.
Wolff, Otto 152
Wünsche, Horst Friedrich 123f.
Wuermeling, Franz-Josef 109

Zahn, Joachim 200
Zapatero, José Luis 370
Zatopek, Emil 67
Zeiss, Carl 55, 265, 267
Zetsche, Dieter 346, 349f.
Zorn, Werner 243ff.

Institutionen- und Firmenregister

Acer Computer GmbH 281
Adidas AG 9, 64ff., 387
Ado Gardinenwerke 79
AEG 247ff., 348, 350, 404, 413
Agfa 50, 335
AHBR (Allgemeine Hypothekenbank Rheinboden AG) 255
Airbus 369ff.
Aldi 240, 254
Altana AG 342
AMD (Advanced Micro Devices) 270
American Reinsurance Corporation 327ff., 413
Apple 314
ARD 135f., 244, 352f.
ARPA (Advanced Research Projects Agency) 244
AT&T (American Telephone & Telegraph Corporation) 280, 311
Audi AG 54, 74, 212, 347, 350
Austro-Daimler 71
Auto-Union 71
Aventis 333f., 337f.
Avsa-Grill 89
Awo (Awtowelo) 54

Babcock AG 342, 417
Bank deutscher Länder 61, 172, 388
Bank für Gemeinschaft 255
Bankhaus Mertins 144
BASF 47, 49, 335, 338

Bayer AG 46ff., 335ff., 417ff.
Bayer Schering Pharma AG 106ff.
BayernLB 235
Bayernwerk 102f.
Bentley 212
BGAG (Beteiligungsgesellschaft der Gewerkschaften AG) 253ff.
BHW 255
Blackstone Group 320, 420
Blaupunkt GmbH 134
BMG 313f.
BMW 10, 54, 74, 94ff.
Boehringer Ingelheim 336
Boeing Company 369ff., 390
Bolt Beranek and Newman (BBN) 244
Borgward-Werke 9, 162ff.
Bosch 249, 251, 350
Bremer Vulkan AG 307, 398, 413
Bremische Volksbank 256
Bristol-Myers Squibb 327
British Motor Corporation 168
Bugatti 71
Bundesanstalt für vereinigungsbedingte Sonderaufgaben (BvS) 308
Bundesverband der deutschen Industrie (BDI) 49, 170, 383f.

Bundesvereinigung der Deutschen Arbeitgeberverbände (BDA) 197ff., 383, 398, 400

Celanese 320, 334
Cerberus 257, 346
Chaos Computer Club 222f., 245
Chase Manhattan Bank 183
Ciba-Geigy AG 336
Commerzbank 261, 263, 416
Compaq Computer Corporation 281
Comroad AG 326
Concordia Bergbau-AG 127
Continental AG 273, 342
Coop eG 255
CSNet (Computer Science Network) 242, 245f.

Daimler-Benz 71, 74, 94ff., 163, 182f., 200, 273, 275, 334, 345ff., 390, 399, 407, 412ff.
Debis 217, 252
Degussa 342
Dell 281f.
Demag 377f.
Depfa Bank 274
Deutsche Angestellten Gewerkschaft (DAG) 187
Deutsche Bank AG 59, 95, 97, 235, 256, 263, 273, 275, 347f., 399, 418ff.

427

Deutsche Bundesbahn 220, 397, 412
Deutsche Bundesbank 32, 61, 172f., 194, 284ff., 388, 403
Deutsche Bundespost (DBP) 146, 219ff., 245, 400
Deutsche Postbank AG 412, 419, 224
Deutsche Reichspost 164
Deutsche Telekom AG 224, 291, 316ff., 324ff., 340, 342, 412ff., 420
Deutsche Zündwaren-Monopolgesellschaft (DZMG) 239
Deutscher Gewerkschaftsbund (DGB) 30, 36, 255, 384, 387, 393, 400
Deutscher Industrie- und Handelskammertag (DIHT) 152
Deutsches Industrie-Institut 171
Deutsches Institut für Wirtschaftsforschung (DIW) 227
Deutsches Museum Bonn 269
Diamond Multimedia 313
Dornier-Werke GmbH 251, 348
Dr. August Oetker KG 78
Dresdner Bank 263, 273, 412, 416f.

EADS 370, 373
EARN (European Academic Research Network) 245
Econ Verlag 119ff.
Egana-Goldpfeil 367f.
Elbo GmbH 307
EM.TV 322f.
EnBW 366f.
Ericsson 238, 240
Europäische Wirtschaftsgemeinschaft (EWG) 82, 86f., 154, 228, 388, 391, 395,
Europäische Zentralbank (EZB) 288, 417
Experton Group 280

Felten & Guilleaume 126
Fichtel & Sachs 378
Fielmann 175
Ford 102, 163, 166, 183, 210
Foto Quelle 204
Fraunhofer Institut 309, 311, 315
Fünf Weise 38, 393
Fujitsu 281f.

Garant Schuh + Mode AG 366f.
Gebrüder Dassler Schuhfabrik 67
General Electric Company 250
General Motors 74, 249, 413
Glaxo Wellcome 336f.
Goliath 164f., 168
Grenke Leasing 326
Gulfstream 249

H&M 174
Hans Glas GmbH 183
Hansa-Lloyd-Werke 163f.
Haspa (Hamburger Sparkasse) 222f.
Hasso-Plattner-Institut 243

Henkel KGaA 75ff., 80, 385
Herstatt-Bank 9, 259ff., 398
Hoechst AG 47, 49, 333ff.
Hoesch AG 146, 299, 304, 378, 414
Hughes 249

IBM 74ff., 221, 245, 279f.
ICI 176, 336
IG Farbenindustrie AG 41, 47ff., 56, 335
IG Metall 199, 249, 257, 388, 390, 413, 418
Ikarus 227
IKEA 295, 399
Infineon 270, 340
Institut für Energie- und Umwelttechnik (IUTA) 301
Intel Corporation 266
Internationale Standardisierungsorganisation (ISO) 311
IWF 169, 172, 184, 386

Jenaarbeit 360f.
Jenapharm 110

Karstadt-Quelle 205ff., 415
Kiepenheuer & Witsch Verlag 15
Kirch Media Holding 351, 415ff.
Klöckner 146, 197f.
KM Zündholz International 240f.
Kötter Security 89
Kohlberg Kravis Roberts (KKR) 328
KoKo (Kommerzielle Koordinierung) 231f., 234f., 268

INSTITUTIONEN- UND FIRMENREGISTER

Kraftwerk-Union (KWU) 250
Krauss-Maffei 378
Kreissparkasse Kirchweyhe 256
Krupp-Gruson 56
Krupp Stahl AG 297ff., 378, 381, 399, 407, 414

Labor für Impulstechnik 279
Lanxess 51
Lidl 240
Loewe 219, 222
Lohnerwerke 71
Lone Star 255
Lufthansa 217, 369ff., 387, 390, 392, 417
Lux GmbH 79

McKinsey 275
Mannesmann 251, 342, 375ff., 416, 418ff.
Marion Merrell Dow 335f.
Massachusetts Institute of Technology (MIT) 194
Meister, Lucius & Co. 335
Mercedes 71, 73f., 99, 182, 252, 345ff.
Merck KGaA 336, 412
Merrill Lynch 327
Messerschmitt-Bölkow-Blohm (MBB) 348, 407
Microsoft 178, 246
Mitsubishi 349
Morgan-Grenfell 275f.
MPEG (Moving Picture Experts Group) 311
MTU 251, 348
Münchener Rück 327ff., 413

Napster 309, 313f.
National Science Foundation 244
Neckermann 206f., 219
Neue Heimat 253ff.
Nike 65, 68, 419
Nixdorf Computer AG 277ff., 342
Nokia-Siemens Networks 142
Nordmende 134
Noris Bank 206
Novartis 336ff.
Nukem GmbH 104

OECD 27, 84, 129, 151
ÖTV 185ff., 398, 410
Opel GmbH 16, 163, 183, 186, 413
Oracle 178
Osram GmbH 250

Pan-American World Airways 372
Patrizier-Bräu AG 204
Pfanni 78
Philips 311, 221
Porsche AG 70ff., 211, 262, 350, 383,
Premiere AG 351ff., 409, 415
Privatbank Hardy & Co. 340
ProSiebenSat1 354ff., 416, 418
Prognos-Institut 160, 194
Puma AG 5, 67

Quelle Versandhaus 203ff., 219, 223, 415

Radio Bremen 162
Radio Luxemburg 244
Rat für gegenseitige Wirtschaftshilfe (RGW) 225ff., 385, 410

Recording Industry Association of America (RIAA) 313f.
Reichswerke Hermann Göring 55
Reuter & Straube AG 55
Rheinbahn AG 155, 180
Rheinstahl-Hanomag 167
Rhône-Poulenc 333f., 337
Riz (Radolfzeller Innovations- und Technologiezentrum) 78
Robotron 265, 267
Rote Armee Fraktion (RAF) 197f., 201f., 215, 271ff., 276, 400, 407, 409
Roussel Uclaf 335
Rowohlt Verlag 11ff.
Ruhrgas AG 273, 377, 403, 417
Ruhrkohle AG 92f., 395f., 404
RWE 102 f., 279, 414

S. Fischer Verlag 15
Sal. Oppenheim 261
Salamander AG 363ff.
Salzgitterwerke 55, 377, 380
Sandoz 336
Sanofi 336ff.
SAP 174ff., 342
Schering AG 9, 51, 106ff., 110f., 336, 381, 391, 420
Schlecker 240
Schrott Herholz 89
Schuh & Co. 89
Seat 212
Siemens AG 104, 134, 137ff., 146, 249, 250f., 270, 277f., 280ff., 348, 378, 420

Sistema 320
Skoda 212
Sony 312f., 238
Staatliche Plankommission (SPK) 157, 160
Steyr-Werke 71
Svenska Tändsticks Aktiebolaget 238
Swedish Match 240

Tata Consultancy Services 320
Taz (Die Tageszeitung) 213ff.
Telefunken 133f., 136, 404
Thyssen AG 61, 146, 299ff., 378, 414
ThyssenKrupp Nirosta 302
TNS Emnid 246
Toshiba 266

Toyota 212
Treuhand 95, 303ff., 408f., 412

Unity Media 355

Valvo 221
Veba-AG 342, 415
Verband der Deutschen Internetwirtschaft 243
Verdi 184, 186
Vereinigte Papierwerke 204
Vereinigte Stahlwerke 61
Vereinigung Deutscher Spielwarenhändler 152
Versandhaus Witt 78
VEW 273
Viag 342, 415
Vivendi AG 379

Vodafone 375f., 379f., 416, 418
Volkswagen AG 70ff., 163, 165, 182, 209ff., 358, 381, 405, 409

Westdeutsche Landesbank (WestLB) 256, 263, 273

X-Fab 270

ZDF 79, 135f., 244, 352f.
Zeiss Werke 55, 229, 265ff.
Zentralverband des Deutschen Handwerks 201
Zentrum für Zeithistorische Forschung 157
Ziloc 270

Abbildungsverzeichnis

akg-images:
Bayer-Kreuz S. 46; *Sowjetische AGs* S. 52; *Ludwig Erhard* S. 119

Bildarchiv Salamander-AG:
Kinder mit Lurchi-Heft S. 363

Bildarchiv SAP:
SAP-Gründer S. 174

dpa Picture Alliance:
Konferenz im Londonderry House S. 58; *Gläubiger der Herstatt-Bank* S. 259; *Premiere* S. 351

SV-Bilderdienst:
Reichsmarkscheine S. 29; *Adi Dassler* S. 64; *Porsche* S. 70; *Ölkrise* S. 179; *Bretton Woods* S. 169; *Hanns Martin Schleyer* S. 197; *Gustav Schickedanz* S. 203; *VW-Käfer* S. 209; *Robotron* S. 265

Ullstein-Bilderdienst:
Rowohlt S. 11; *Carepakete* S. 17; *Marshallplan* S. 23; *Verwaltungsrat Bi-Zone* S. 35; *Lebensmittelmarken* S. 40; *Persilplakat* S. 75; *Unterzeichnung Römische Verträge* S. 81; *Schweigemarsch der Bergarbeiter* S. 88; *Knutschkugel (BMW)* S. 94; *Versuchsreaktor Kahl* S. 100; *Packung Anovlar* S. 106; *Anton Sabel* S. 112; *Empfang Gastarbeiter* S. 125; *Walter Bruch* S. 131; *Werner von Siemens* S. 137; *Treffen im Rahmen der »konzertierten Aktion«* S. 144; *Einführung der Mehrwertsteuer* S. 150; *Treffen Ulbricht/Breschnew* S. 156; *Blitzkarren* S. 162; *Konferenz von Bretton Woods* S. 169; *ÖTV-Streik* S. 185; *Demonstration gegen Arbeitslosigkeit* S. 191; *Hans Magnus Enzensberger* S. 213; *BTX-Gerät* S. 219; *Bruderkuss Honecker/Breschnew* S. 225; *Treffen Strauß/Schalck-Golodkowski* S. 231; *Welthölzer* S. 237; *Online* S. 242; *»Totengräber Schrempp«* S. 247; *Neue Heimat* S. 253; *Alfred Herrhausen* S. 271; *Heinz Nixdorf* S. 277; *EU-Währungsunion* S. 283; *Expo 2000* S. 290; *Brücke Rheinhausen* S. 297; *Feierstunde zur Währungsunion* S. 303; *Shawn Fanning* S. 309; *Telekom-Aktie* S. 316; *Haffa-Brüder* S. 322; *Hans-Jürgen Schinzler* S. 327; *Fusion von Hoechst und Rhône-Poulenc* S. 333; *Feierstunde zum DAX* S. 339; *Werner Breitschwerdt* S. 345; *Airbus A380* S. 369; *Mannesmann-Prozess* S. 375

Wir danken allen Rechteinhabern für die freundliche Erlaubnis zum Abdruck der Abbildungen.

Vom Konkurs zum Vorzeigebetrieb – ein Modell für Deutschland

Christoph Glaser & Dominik Wessely · **Unternehmen statt unterlassen**
Von der ungewöhnlichen Rettung eines Traditionsbetriebs
192 Seiten mit farbigem Bildteil, Hardcover mit Schutzumschlag
€ [D] 19,95 · € [A] 20,60 · sFr 35,50
ISBN 978-3-430-20005-9

Im Mai 2001 musste die Kristallglasmanufaktur Theresienthal Insolvenz anmelden. Heute sind die 18 arbeitslosen Glasmacher dort wieder in Lohn und Brot. Zusammen mit über 60 Partnern aus Politik, Wirtschaft, Wissenschaft und Gesellschaft vollbrachten sie ein kleines Wunder: das 600 Jahre alte Traditionsunternehmen zurück an den Markt zu bringen. In ihrer spannenden und lebensnahen Reportage zeigen die Autoren, was passiert, wenn Menschen das machen, wofür sie eigentlich »nicht zuständig« sind – und wie ungewöhnliche Lösungen zum Erfolg führen können.

Buch zum preisgekrönten Kino-Film »Die Unzerbrechlichen«

Econ